ENERAL GUIDEBOOK ON INDUSTRIAL HEALTH

労働衛生の しおり

令和 5 年度

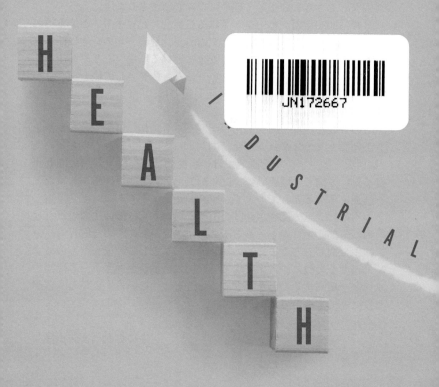

ま　え　が　き

　今年で第74回を迎える全国労働衛生週間は、9月1日から9月30日までを準備期間とし、10月1日から7日まで実施されます。

　近年、一般定期健康診断の結果をみると、なんらかの所見を有する労働者の割合は全受診者数のうちの半数を超えており、また、業務によるストレスなどが原因で発症したとする精神障害の労災請求件数、支給決定件数においても増加傾向が続いています。自殺者数に目を向けても、平成22年から減少傾向にありましたが、令和2年に増加に転じ、令和4年は前年より874人増加、その中でも約3,000人が勤務問題を原因・動機の一つとして亡くなっています。各事業場においては、労働による健康障害防止やメンタルヘルス不調への対応などをさらに強化して進めていく必要があります。

　また、2030年頃がピークとされる石綿含有建材を用いた建築物の解体作業における石綿によるばく露防止、健康寿命の延伸に伴い増加する高年齢労働者が安心かつ安全に働ける環境づくりや健康づくりの推進なども不可欠となっているほか、依然として後を絶たない化学物質等による健康障害の防止対策では、「自律的な管理」が求められます。

　このような状況の中、令和5年度から令和10年度までの5か年を計画期間としてスタートした、国が重点的に取り組む事項を定めた「第14次労働災害防止計画」では、自発的に安全衛生対策に取り組むこと、労働者の健康確保、高年齢労働者の労働災害防止対策などを推進することとしています。

　本書は、全国労働衛生週間の実施にあたり、労働衛生の現況をはじめ、労働衛生管理を進める際に不可欠な最新の情報を収録し、労働衛生に携わる方々のためのハンドブックとして作成したものです。

　本週間を契機に、各事業場で労働衛生活動が促進され、労働衛生水準が一層高まることを祈念するとともに、その推進に際し本書がお役に立てば幸いです。

　令和5年8月

中央労働災害防止協会

目　次

令和5年度　全国労働衛生週間実施要綱 ・・・・・・・・・・・・・・・・・・・・・・・・・ 7

Ⅰ　労働衛生の現況 ・・ 17

図1　労働災害および業務上疾病の推移 ・・・・・・・・・・・・・・・・・・・・・・・ 18
図2　疾病分類別業務上疾病者数（令和4年） ・・・・・・・・・・・・・・・・・ 19
図3　年別業務上疾病者数の推移 ・・・・・・・・・・・・・・・・・・・・・・・・・・・・・ 19
図4　年別健康診断結果 ・・・・・・・・・・・・・・・・・・・・・・・・・・・・・・・・・・・・・ 20
図5　「労働者災害補償保険法」に基づく石綿による肺がん
　　　および中皮腫の労災保険給付支給決定状況 ・・・・・・・・・・・・・・ 20
図6　新規化学物質製造・輸入届出状況 ・・・・・・・・・・・・・・・・・・・・・・・ 21
図7　過重労働による脳・心臓疾患、精神障害等の労災補償支給
　　　決定件数の推移 ・・ 22
図8　強いストレスとなっていると感じる事柄がある労働者の割合 ・・・・・ 22
図9　自殺者数の推移 ・・ 23
●職業性疾病関係
表1　業務上疾病発生状況（業種別・疾病別）（令和4年） ・・・・・・・ 24
表2　業務上疾病発生状況（年次別） ・・・・・・・・・・・・・・・・・・・・・・・・・・ 26
表3　特殊健康診断実施状況（年次別） ・・・・・・・・・・・・・・・・・・・・・・・・ 27
表4　特殊健康診断実施状況（対象作業別）（令和4年） ・・・・・・・・・・・ 28
表5　じん肺管理区分の決定状況（年次別） ・・・・・・・・・・・・・・・・・・・・ 31
表6　じん肺健康管理実施状況（業種別）（令和4年） ・・・・・・・・・・・・ 32
●一般疾病関係等
表7　定期健康診断結果推移（項目別の有所見率等）（年次別） ・・・・・・・・・ 34
表8-1　定期健康診断実施結果（業種別）（令和4年1～9月分） ・・・・・・・ 35
表8-2　定期健康診断実施結果（業種別）（令和4年10～12月分） ・・・・・・・ 37
表9-1　定期健康診断実施結果（都道府県別）（令和4年1～9月分） ・・ 39
表9-2　定期健康診断実施結果（都道府県別）（令和4年10～12月分） ・・ 40

Ⅱ　最近の健康管理等の動向 ・・・・・・・・・・・・・・・・・・・・・・・・・・・・・・ 41

Ⅲ　最近の労働衛生対策の展開 ・・・・・・・・・・・・・・・・・・・・・・・・・・・ 59

●労働衛生対策の体系 ・・・・・・・・・・・・・・・・・・・・・・・・・・・・・・・・・・・・・・ 60
第1章　労働衛生管理の基本 ・・・・・・・・・・・・・・・・・・・・・・・・・・・・・・・・・ 62

1	基本的対策 ……………………………………………………	62
2	危険性または有害性等の調査とその結果に基づく措置 …………	69
3	労働安全衛生マネジメントシステム導入のポイント …………	73

第2章　健康確保対策・快適職場形成 ……………………………… 78

1	健康管理 ………………………………………………………	78
2	健康保持増進対策 ……………………………………………	92
3	職場におけるメンタルヘルス対策 …………………………	95
4	情報機器作業における労働衛生管理 ………………………	107
5	高年齢労働者の安全と健康確保対策 ………………………	108
6	快適な職場環境の形成 ………………………………………	112
7	職場における受動喫煙防止対策 ……………………………	114
8	職場における感染症対策 ……………………………………	116

第3章　職業性疾病予防対策 ……………………………………… 119

1	化学物質による健康障害の防止対策 ………………………	119
2	石綿（アスベスト）による健康障害の防止対策 …………	150
3	粉じん障害の防止対策 ………………………………………	157
4	電離放射線障害の防止対策 …………………………………	164
5	酸素欠乏症等の防止対策 ……………………………………	169
6	高気圧障害の防止対策 ………………………………………	172
7	騒音障害の防止対策 …………………………………………	174
8	振動障害の防止対策 …………………………………………	179
9	職場における腰痛予防対策 …………………………………	183
10	熱中症の予防対策 ……………………………………………	188
11	労働衛生保護具 ………………………………………………	197

第4章　作業環境の評価に基づく作業環境管理 ………………… 206

1	作業環境測定の方法 …………………………………………	206
2	作業環境測定結果の評価と事後措置 ………………………	207
3	作業環境測定士制度 …………………………………………	209
4	作業環境測定の記録のモデル様式 …………………………	210
5	局所排気装置等の設置および定期自主検査の実施 ………	210
6	局所排気装置等の設置の特例 ………………………………	211

第5章　災害後の復旧・復興における労働衛生対策 …………… 212

1	復旧・復興時における労働衛生対策 ………………………	212
2	放射線障害防止対策 …………………………………………	215

Ⅳ 労働衛生関係法令・指針・通達等 ……………………… 223

1 労働衛生関係法令等 ……………………………………… 226

  (1) 労働衛生管理体制 ……………………………………… 226
  (2) 有機溶剤中毒予防規則 ………………………………… 228
  (3) 鉛中毒予防規則 ………………………………………… 229
  (4) 四アルキル鉛中毒予防規則 …………………………… 230
  (5) 特定化学物質障害予防規則 …………………………… 231
  (6) 高気圧作業安全衛生規則 ……………………………… 236
  (7) 電離放射線障害防止規則 ……………………………… 237
  (8) 東日本大震災により生じた放射性物質により汚染された土壌等を
    除染するための業務等に係る電離放射線障害防止規則 … 240
  (9) 酸素欠乏症等防止規則 ………………………………… 242
  (10) 事務所衛生基準規則 …………………………………… 243
  (11) 粉じん障害防止規則 …………………………………… 247
  (12) 石綿障害予防規則 ……………………………………… 248
  (13) 健康診断項目 …………………………………………… 249
  (14) 計画の届出一覧（衛生関係）………………………… 258
  (15) 作業環境管理関係 ……………………………………… 259
  (16) 表示義務および通知義務の対象となる化学物質等とその裾切り値
    一覧 ………………………………………………………… 266

2 労働衛生関係指針・通達等（概要）…………………… 276

  (1) 第10次粉じん障害防止総合対策（抄）……………… 276
  (2) 職場における腰痛予防対策指針（抄）……………… 279
  (3) 情報機器作業における労働衛生管理のためのガイドライン（抄）… 286
  (4) 労働安全衛生マネジメントシステムに関する指針 ……… 291
  (5) 労働者の心身の状態に関する情報の適正な取扱いのために事業者
    が講ずべき措置に関する指針(抄) …………………… 297
  (6) 過重労働による健康障害防止のための総合対策（抄）… 305
  (7) 労働者の心の健康の保持増進のための指針(抄) ……… 313
  (8) 心の健康問題により休業した労働者の職場復帰支援の手引き
    （概要）…………………………………………………… 320
  (9) 心理的な負担の程度を把握するための検査及び面接指導の実施並び
    に面接指導結果に基づき事業者が講ずべき措置に関する指針(抄) … 322
  (10) 事業場における労働者の健康保持増進のための指針（概要）… 332

⑾　事業場における治療と仕事の両立支援のためのガイドライン
　　（概要）……………………………………………………………………… 339
⑿　高年齢労働者の安全と健康確保のためのガイドライン（抄）……… 341
○化学物質関連
⑴　化学物質等による危険性又は有害性等の調査等に関する指針…… 351
⑵　化学物質等の危険性又は有害性等の表示又は通知等の促進に関す
　　る指針 ………………………………………………………………………… 365
3　労働安全衛生法令に見る用語定義集 ………………………………………… 374

Ⅴ　その他の法令・通達等 …………………………………………… 383
1　労働基準法施行規則第35条別表第1の2による業務上の疾病……… 384
2　女性労働基準規則による就業制限業務 …………………………………… 386
3　派遣労働者に関する労働安全衛生法等の適用関係 …………………… 388
4　労働時間等見直しガイドラインの概要 …………………………………… 391

◎ 主な労働衛生関係機関一覧 ……………………………………………… 395

令和5年度
全国労働衛生週間実施要綱

1　趣旨

　全国労働衛生週間は、昭和25年の第1回実施以来、今年で第74回を迎える。この間、全国労働衛生週間は、国民の労働衛生に関する意識を高揚させ、事業場における自主的労働衛生管理活動を通じた労働者の健康確保に大きな役割を果たしてきたところである。

　労働者の健康をめぐる状況については、高齢化の進行により、一般健康診断の有所見率が上昇を続けているほか、何らかの疾病を抱えながら働いている労働者が増加するとともに、女性の就業率が上昇し、働く女性の健康問題への対応も課題となっている。また、中高年齢の女性を中心に、転倒などの労働者の作業行動に起因する労働災害が高い発生率となっている。人生100年時代に向けて高年齢労働者が安心して安全に働ける職場環境づくりを推進していくためにも、高年齢労働者の安全と健康確保のためのガイドライン（エイジフレンドリーガイドライン）に基づく対策の推進とともに、労働者の健康管理や治療と仕事の両立への支援をさらに推進していく必要がある。

　また、過労死等事案の労災認定件数は、令和4年度には904件となっており、引き続き過労死等を防止するためには、働き方改革の推進と相まって、長時間労働による健康障害の防止対策の推進が必要である。このうち、特に精神障害による労災認定件数は令和4年度には710件と過去最多となっており、メンタルヘルス対策をさらに強化していく必要がある。

　さらに、労働者の健康確保において、産業医の選任義務のない小規模事業場における体制確保や取組の推進が大きな課題となっている。これらの事業場は全体の96%を占めており、小規模事業場における健康確保対策の推進が重要である。

　化学物質による休業4日以上の労働災害は、450件程度で推移し、特定化学物質障害予防規則等の特別規則の規制の対象となっていない物質を起因とするものが全体の8割を占めている。また、化学物質等による重大な遅発性の職業性疾病も後を絶たない。このため、厚生労働省では、従来、特別規則の対象となっていない全ての危険・有害な物質への対策を強化するため、事業者が自ら行ったリスクアセスメントの結果に基づき、ばく露防止のために講ずべき措置

を適切に実施する制度を導入した。この仕組みを実効あるものとするため、ばく露の上限となる濃度基準値の設定、危険性・有害性に関する情報伝達の仕組みの整備・拡充を行うため、所要の法令改正を順次、行っているところである。

また、職業がんの労災補償の新規支給決定者は、石綿による中皮腫・肺がんを中心に年間約1,000人にも及ぶところ、石綿の製造・使用等が禁止される前に石綿含有建材を用いて建設された建築物が今なお多数現存している。その解体工事が2030年頃をピークとして、増加が見込まれる中、解体・改修前に義務付けられている石綿の有無に関する事前調査や石綿の発散防止措置が適切に講じられていない事例が散見されたことを踏まえ、一定の建築物や工作物などの解体・改修工事については、資格者による事前調査や、石綿事前調査結果報告システムを用いた報告の義務化など、石綿によるばく露防止対策の強化を進めている。

このような状況を踏まえ、第14次労働災害防止計画（以下、「14次防」という。）において、令和5年度より「自発的に安全衛生対策に取り組むための意識啓発」や「労働者（中高年齢の女性を中心に）の作業行動に起因する労働災害防止対策の推進」、「労働者の健康確保対策の推進」、「化学物質等による健康障害防止対策の推進」等合計8つの重点を定め、労働災害防止対策を進めている。

さらに、建設アスベスト訴訟の最高裁判決（令和3年5月17日）を踏まえ、有害物質による健康障害の防止措置を義務づける労働安全衛生法第22条の規定に関連する労働安全衛生規則等11の省令の規定について、請負人や同じ場所で作業を行う労働者以外に対しても、労働者と同等の保護措置を講ずることを事業者に義務づける改正が実施され、令和5年4月に施行されており、事業者に求められる労働衛生対策の実施対象の幅は広がっている。

このような背景を踏まえ、今年度は、「目指そうよ二刀流　こころとからだの健康職場」をスローガンとして全国労働衛生週間を展開し、事業場における労働衛生意識の高揚を図るとともに、自主的な労働衛生管理活動の一層の促進を図ることとする。

2　スローガン
目指そうよ二刀流　こころとからだの健康職場

3　期間
10月1日から10月7日までとする。

なお、全国労働衛生週間の実効を上げるため、9月1日から9月30日までを準備期間とする。

4 主唱者
厚生労働省、中央労働災害防止協会

5 協賛者
建設業労働災害防止協会、陸上貨物運送事業労働災害防止協会、港湾貨物運送事業労働災害防止協会、林業・木材製造業労働災害防止協会

6 協力者
関係行政機関、地方公共団体、安全衛生関係団体、労働団体及び事業者団体

7 実施者
各事業場

8 主唱者、協賛者の実施事項
以下の取組を実施する。
(1) 労働衛生広報資料等の作成、配布を行う。
(2) 雑誌等を通じて広報を行う。
(3) 労働衛生講習会、事業者間で意見交換・好事例の情報交換を行うワークショップ等を開催する。
(4) 事業場の実施事項について指導援助する。
(5) その他「全国労働衛生週間」にふさわしい行事等を行う。

9 協力者への依頼
主唱者は、上記8の事項を実施するため、協力者に対し、支援、協力を依頼する。

10 実施者の実施事項
労働衛生水準のより一層の向上及び労働衛生意識の高揚を図るとともに、自主的な労働衛生管理活動の定着を目指して、各事業場においては、事業者及び労働者が連携・協力しつつ、次の事項を実施する。
(1) 全国労働衛生週間中に実施する事項

ア　事業者又は総括安全衛生管理者による職場巡視

イ　労働衛生旗の掲揚及びスローガン等の掲示

ウ　労働衛生に関する優良職場、功績者等の表彰

エ　有害物の漏えい事故、酸素欠乏症等による事故等緊急時の災害を想定した実地訓練等の実施

オ　労働衛生に関する講習会・見学会等の開催、作文・写真・標語等の掲示、その他労働衛生の意識高揚のための行事等の実施

(2)　準備期間中に実施する事項

　　下記の事項について、日常の労働衛生活動の総点検を行う。

　　ア　重点事項

　　　(ア)　過重労働による健康障害防止のための総合対策に関する事項

　　　　a　時間外・休日労働の削減、年次有給休暇の取得促進及び勤務間インターバル制度の導入など労働時間等の設定の改善による仕事と生活の調和（ワーク・ライフ・バランス）の推進

　　　　b　事業者による仕事と生活の調和（ワーク・ライフ・バランス）の推進や過重労働対策を積極的に推進する旨の表明

　　　　c　労働安全衛生法に基づく労働時間の状況の把握や長時間労働者に対する医師の面接指導等の実施の徹底

　　　　d　健康診断の適切な実施、異常所見者の業務内容に関する医師への適切な情報提供、医師からの意見聴取及び事後措置の徹底

　　　　e　小規模事業場における産業保健総合支援センターの地域窓口の活用

　　　(イ)　「労働者の心の健康の保持増進のための指針」等に基づくメンタルヘルス対策の推進に関する事項

　　　　a　事業者によるメンタルヘルスケアを積極的に推進する旨の表明

　　　　b　衛生委員会等における調査審議を踏まえた「心の健康づくり計画」の策定、実施状況の評価及び改善

　　　　c　4つのメンタルヘルスケア（セルフケア、ラインによるケア、事業場内産業保健スタッフ等によるケア、事業場外資源によるケア）の推進に関する教育研修・情報提供

　　　　d　労働者が産業医や産業保健スタッフに直接相談できる仕組みなど、労働者が安心して健康相談を受けられる環境整備

　　　　e　ストレスチェック制度の適切な実施、ストレスチェック結果の集団分析及びこれを活用した職場環境改善の取組

　　　　f　職場環境等の評価と改善等を通じたメンタルヘルス不調の予防から

早期発見・早期対応、職場復帰における支援までの総合的な取組の実施

g 「自殺予防週間」（9月10日～9月16日）等をとらえた職場における
メンタルヘルス対策への積極的な取組の実施

h 産業保健総合支援センターにおけるメンタルヘルス対策に関する支
援の活用

(ウ) 転倒・腰痛災害の予防に関する事項

a 事業者による労働災害防止対策に積極的に取り組む旨の表明

b 身体機能の低下等による労働災害の発生を考慮したリスクアセスメ
ントの実施

c 高年齢労働者が安全に働き続けることができるよう、「高年齢労働
者の安全と健康確保のためのガイドライン」を踏まえ事業場の実情に
応じた施設、設備、装置等の改善及び体力の低下等の高年齢労働者の
特性を考慮した、作業内容等の見直し

d 労働安全衛生法に基づく雇入時及び定期の健康診断の確実な実施と、
労働者の気付きを促すための体力チェックの活用

e 若年期からの身体機能の維持向上のための取組の実施

f 小売業及び介護施設の企業等関係者による「協議会」を通じた転
倒・腰痛災害等の予防活動の機運の醸成・企業における取組の推進

g ストレッチを中心とした転倒・腰痛予防体操（例：いきいき健康体
操）の実施

h 「職場における腰痛予防対策指針」に基づく腰痛の予防対策の推進

(a) リスクアセスメント及びリスク低減対策の実施

(b) 作業標準の策定及び腰痛予防に関する労働衛生教育（雇入れ時教
育を含む。）の実施

(c) 介護・看護作業における身体の負担軽減のための介護技術（ノー
リフトケア）や介護機器等の導入の促進

(d) 陸上貨物運送事業における自動化や省力化による人力への負担の
軽減

(エ) 化学物質による健康障害防止対策に関する事項

a 中小規模事業場を中心とした特定化学物質障害予防規則等の特別規
則の遵守の徹底（非製造業業種を含む。）、金属アーク溶接等作業にお
ける健康障害防止対策の推進

b 製造者・流通業者が化学物質を含む製剤等を出荷する際及びユーザ
ーが購入した際のラベル表示・安全データシート（SDS）交付の状

況の確認

c　SDSにより把握した危険有害性に基づくリスクアセスメントの実施とその結果に基づくばく露濃度の低減や適切な保護具の使用等のリスク低減対策の推進

d　ラベルやSDSの内容やリスクアセスメントの結果について労働者に対して行う教育の推進

e　危険有害性等が判明していない化学物質を安易に用いないこと、また、危険有害性等が不明であることは当該化学物質が安全又は無害であることを意味するものではないことを踏まえた取扱い物質の選定、ばく露低減措置及び労働者に対する教育の推進

f　皮膚接触や眼への飛散による薬傷等や化学物質の皮膚からの吸収等を防ぐための適切な保護具や汚染時の洗浄を含む化学物質の取り扱い上の注意事項の確認

g　特殊健康診断等による健康管理の徹底

h　塗料の剥離作業における健康障害防止対策の徹底

㋑　石綿による健康障害防止対策に関する事項

a　建築物等の解体・改修工事における石綿ばく露防止対策の徹底及びこれらの対策の実施に対する発注者による配慮の推進

(a)　有資格者による事前調査の実施、事前調査結果の掲示及び備え付けの徹底

(b)　労働基準監督署に対する届出の徹底

(c)　隔離・湿潤化の徹底

(d)　呼吸用保護具等の使用の徹底及び適正な使用の推進

(e)　作業後等の労働者の洗身や工具等の付着物の除去の徹底

(f)　石綿作業主任者の選任及び職務遂行の徹底

(g)　健康診断の実施の徹底及び離職後の健康管理の推進

(h)　作業実施状況の写真等による記録の徹底

b　吹付け石綿等が損傷、劣化し、労働者が石綿等にばく露するおそれがある建築物等における吹付け石綿、石綿含有保温材等の除去、封じ込め等の徹底（貸与建築物等の場合において貸与者等に措置の実施を確認し、又は求めることを含む。）

(a)　労働者が就業する建築物における石綿含有建材の使用状況の把握

(b)　封じ込め、囲い込みがなされていない吹付け材、保温材等の石綿使用の有無の調査

(c) 建材の損傷劣化状況に関する必要な頻度の点検の実施

(d) 建材の劣化状況等を踏まえた必要な除去等の実施

(e) 設備の点検、補修等の作業を外注する場合における、吹付け石綿や石綿含有保温材等の有無及びその損傷・劣化等の状況に関する当該設備業者等への情報提供の実施

c 石綿にばく露するおそれがある建築物等において労働者を設備の点検、補修等の作業等に臨時で就業させる場合の労働者の石綿ばく露防止

(a) 労働者を臨時に就業させる建築物等における吹付け石綿や石綿含有保温材等の有無及びその損傷・劣化等の状況に関する当該業務の発注者からの情報収集の実施

(b) 労働者が石綿にばく露するおそれがある場合（不明な場合を含む。）における労働者の呼吸用保護具等の使用の徹底

d 禁止前から使用している石綿含有部品の交換・廃棄等を行う作業における労働者の石綿ばく露防止対策の徹底

(a) 工業製品等における石綿含有製品等の把握

(b) 石綿含有部品の交換・廃棄等を行う作業における呼吸用保護具等の使用等

(カ) 「職場における受動喫煙防止のためのガイドライン」に基づく受動喫煙防止対策に関する事項

a 各事業場における現状把握と、それを踏まえ決定する実情に応じた適切な受動喫煙防止対策の実施

b 受動喫煙の健康への影響に関する理解を図るための教育啓発の実施

c 支援制度（専門家による技術的な相談支援、喫煙室の設置等に係る費用の助成）の活用

(キ) 「事業場における治療と仕事の両立支援のためのガイドライン」に基づく治療と仕事の両立支援対策の推進に関する事項

a 事業者による基本方針等の表明と労働者への周知

b 研修等による両立支援に関する意識啓発

c 相談窓口等の明確化

d 両立支援に活用できる休暇・勤務制度や社内体制の整備

e 両立支援コーディネーターの活用

f 産業保健総合支援センターによる支援の活用

(ク) 「STOP！熱中症　クールワークキャンペーン」に基づく熱中症予防

対策の推進に関する事項

  a　WBGT値の実測と、測定値に基づく熱中症リスクの評価、作業時間の短縮や、暑熱順化不足者の把握を含めた作業前ミーティングでの注意喚起など、評価を踏まえた適切な熱中症予防対策の実施

  b　自覚症状の有無にかかわらない水分・塩分の摂取

  c　救急措置の事前の確認と実施

  d　健康診断結果を踏まえた日常の健康管理や健康状態の確認

(ケ)　「テレワークの適切な導入及び実施の推進のためのガイドライン」に基づく労働者の作業環境、健康確保等の推進に関する事項

  a　「自宅等においてテレワークを行う際の作業環境を確認するためのチェックリスト【労働者用】」を活用した作業環境の確保及び改善

  b　「テレワークを行う労働者の安全衛生を確保するためのチェックリスト【事業者用】」を活用した労働者の心身の健康確保

(コ)　小規模事業場における産業保健活動の充実に関する事項

  a　産業医、産業保健師等の活用による産業保健活動の充実

  b　ストレスチェックの実施、ストレスチェック結果の集団分析及びこれを活用した職場環境改善の取組の推進

  c　一般健康診断結果に基づく事後措置の徹底

  d　小規模事業場における産業保健総合支援センターの地域窓口の活用

  e　中小企業における団体経由産業保健活動推進助成金の活用

(サ)　女性の健康課題に関する事項

  a　女性の健康課題に関する理解促進のための取組の実施

  b　産業保健総合支援センターにおける事業者や人事労務担当者、産業保健スタッフ向けの女性の健康課題に関する専門的研修の受講

  c　産業保健総合支援センターにおける女性の健康課題に関する相談窓口の活用

イ　労働衛生3管理の推進等

(ア)　労働衛生管理体制の確立とリスクアセスメントを含む労働安全衛生マネジメントシステムの確立をはじめとした労働衛生管理活動の活性化に関する事項

  a　労働衛生管理活動に関する計画の作成及びその実施、評価、改善

  b　総括安全衛生管理者、産業医、衛生管理者、衛生推進者等の労働衛生管理体制の整備・充実とその職務の明確化及び連携の強化

  c　衛生委員会の開催と必要な事項の調査審議

d 危険性又は有害性等の調査及びその結果に基づく必要な措置の推進

e 現場管理者の職務権限の確立

f 労働衛生管理に関する規程の点検、整備、充実

(イ) 作業環境管理の推進に関する事項

a 有害物等を取り扱う事業場における作業環境測定の実施とその結果の周知及びその結果に基づく作業環境の改善

b 局所排気装置等の適正な設置、稼働、検査及び点検の実施の徹底

c 事務所や作業場における清潔保持

d 換気、採光、照度、便所等の状態の点検及び改善

(ウ) 作業管理の推進に関する事項

a 自動化、省力化等による作業負担の軽減の推進

b 作業管理のための各種作業指針の周知徹底

c 適切、有効な保護具等の選択、使用及び保守管理の徹底

(エ) 「職場の健康診断実施強化月間」（9月1日～9月30日）を契機とした健康管理の推進に関する事項

a 健康診断の適切な実施、異常所見者の業務内容に関する医師への適切な情報提供、医師からの意見聴取及び事後措置の徹底

b 一般健康診断結果に基づく必要な労働者に対する医師又は保健師による保健指導の実施

c 高齢者の医療の確保に関する法律に基づく医療保険者が行う特定健診・保健指導との連携

d 健康保険法に基づく医療保険者が行う保健事業との連携

(オ) 労働衛生教育の推進に関する事項

a 雇入れ時教育、危険有害業務従事者に対する特別教育等の徹底

b 衛生管理者、作業主任者等労働衛生管理体制の中核となる者に対する能力向上教育の実施

(カ) 「事業場における労働者の健康保持増進のための指針」等に基づく心とからだの健康づくりの継続的かつ計画的な実施に関する事項

(キ) 快適職場指針に基づく快適な職場環境の形成の推進に関する事項

(ク) 「副業・兼業の促進に関するガイドライン」に基づく副業・兼業を行う労働者の健康確保対策の推進に関する事項

ウ 作業の特性に応じた事項

(ア) 粉じん障害防止対策の徹底に関する事項

a 「粉じん障害防止総合対策推進強化月間」（9月1日～9月30日）を

契機とした「第10次粉じん障害防止総合対策」に基づく取組の推進

 (a) 呼吸用保護具の適正な選択及び使用の徹底

 (b) ずい道等建設工事における粉じん障害防止対策

 (c) じん肺健康診断の着実な実施

 (d) 離職後の健康管理の推進

 (e) その他地域の実情に即した事項

 b 改正粉じん障害防止規則に基づく取組の推進

(イ) 電離放射線障害防止対策の徹底に関する事項

(ウ) 「騒音障害防止のためのガイドライン」に基づく騒音障害防止対策の徹底に関する事項

 a 騒音健康診断の実施

 b 聴覚保護具の使用

 c 騒音障害防止対策の管理者の選任

(エ) 「振動障害総合対策要綱」に基づく振動障害防止対策の徹底に関する事項

(オ) 「情報機器作業における労働衛生管理のためのガイドライン」に基づく情報機器作業における労働衛生管理対策の推進に関する事項

(カ) 酸素欠乏症等の防止対策の推進に関する事項

 a 酸素欠乏危険場所における作業前の酸素及び硫化水素濃度の測定の徹底

 b 換気の実施、空気呼吸器等の使用等の徹底

(キ) 建設業、食料品製造業等における一酸化炭素中毒防止のための換気等に関する事項

エ 東日本大震災等に関連する労働衛生対策の推進

(ア) 東京電力福島第一原子力発電所における作業や除染作業等に従事する労働者の放射線障害防止対策の徹底に関する事項

(イ) 「原子力施設における放射線業務及び緊急作業に係る安全衛生管理対策の強化について」（平成24年8月10日付け基発0810第1号）に基づく東京電力福島第一原子力発電所における事故の教訓を踏まえた対応の徹底に関する事項

オ 業務請負等他者に作業を行わせる場合の対策

 a 安全衛生経費の確保等、請負人等が安全で衛生的な作業を遂行するための配慮

 b その他請負人等が安全衛生に係る事項を円滑に実施するための配慮

第Ⅰ編 労働衛生の現況

図❶ 労働災害および業務上疾病の推移 （令和元年の数値には、平成31年の数値も含む。以下同様。）

令和4年の休業4日以上の死傷者数は132,355人、業務上疾病者数は9,506人、死亡者数は774人でした。

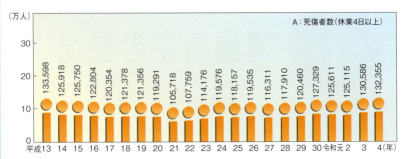

(注)平成23年は、東日本大震災を直接の原因とするもの（2,827人）を含む。
　　新型コロナウイルス感染症のり患によるものは除く。

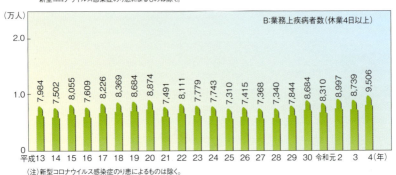

(注)新型コロナウイルス感染症のり患によるものは除く。

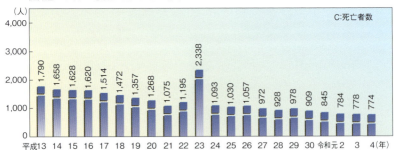

(注)平成23年は、東日本大震災を直接の原因とするもの（1,314人）を含む。
　　新型コロナウイルス感染症のり患によるものは除く。

資料：Aは平成23年までは「労災保険給付データ」および厚生労働省安全課調べ、平成24年からは「労働者死傷病報告」。Bは厚生労働省「業務上疾病調」。Cは厚生労働省安全課調べ

図 ❷ 疾病分類別業務上疾病者数（令和4年）

令和4年は、業務上の負傷に起因する疾病者数が7,081人、この中でも災害性腰痛が5,959人で、業務上の負傷に起因する疾病のうち8割以上を占めています。また、異常温度、異常気圧下など物理的因子による疾病は、1,115人となっています。

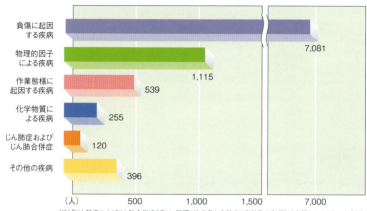

(注)「じん肺症およびじん肺合併症」数は、管理4決定数と合併症り患件数の和(随時申請にかかるものを含む)。
「その他の疾病」には、新型コロナウイルス感染症のり患によるものは除く。
資料：厚生労働省「業務上疾病調」

図 ❸ 年別業務上疾病者数の推移

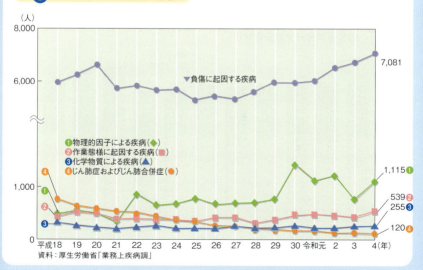

資料：厚生労働省「業務上疾病調」

図 ❹ 年別健康診断結果

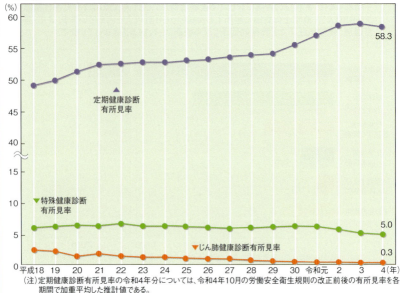

(注)定期健康診断有所見率の令和4年分については、令和4年10月の労働安全衛生規則の改正前後の有所見率を各期間で加重平均した推計値である。
(令和4年有所見率)＝(令和4年1〜9月の有所見率)×0.75＋(令和4年10〜12月の有所見率)×0.25
資料：厚生労働省「定期健康診断結果調」、「じん肺健康管理実施結果調」、「特殊健康診断結果調」

図 ❺ 「労働者災害補償保険法」に基づく石綿による肺がんおよび中皮腫の労災保険給付支給決定状況

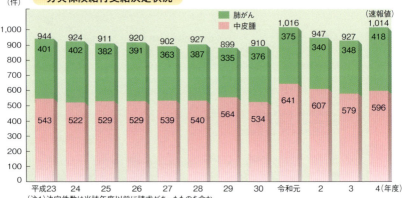

(注1)決定件数は当該年度以前に請求があったものを含む。
(注2)特別遺族給付金は含まない。
資料：厚生労働省職業病認定対策室調

図❻ 新規化学物質製造・輸入届出状況

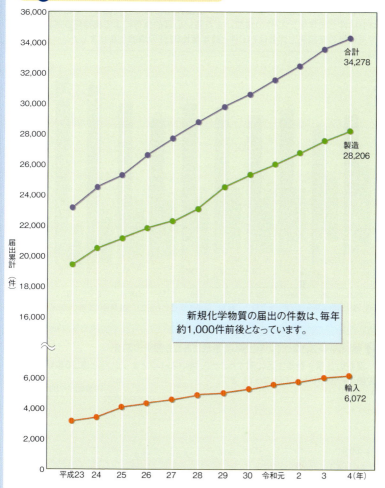

新規化学物質の届出の件数は、毎年約1,000件前後となっています。

年別届出件数

	昭和54〜平成22	平成23	平成24	平成25	平成26	平成27	平成28	平成29	平成30	令和元	令和2	令和3	令和4	昭和54〜令和4
製造	18,287	1,132	1,009	797	806	828	857	824	778	767	677	837	607	28,206
輸入	3,464	279	254	214	246	229	221	206	165	243	178	232	141	6,072
合計	21,751	1,411	1,263	1,011	1,052	1,057	1,078	1,030	943	1,010	855	1,069	748	34,278

資料:厚生労働省労働基準局調

図 ❼ 過重労働による脳・心臓疾患、精神障害等の労災補償支給決定件数の推移

　令和4年度は過重な労働による脳・心臓疾患に係る労災補償の支給決定件数は194件と前年度比22件の増加、また強い心理的負荷による精神障害等に係る労災補償の支給決定件数は710件と前年度比81件の増加となりました。

資料：厚生労働省職業病認定対策室調

図 ❽ 強いストレスとなっていると感じる事柄がある労働者の割合

　現在の仕事や職業生活に関することで、強いストレスとなっていると感じる事柄がある労働者の割合は53.3%となっています。

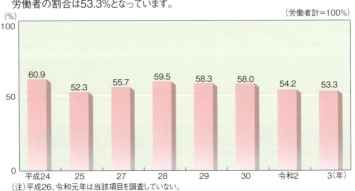

（注）平成26、令和元年は当該項目を調査していない。
資料：厚生労働省「労働安全衛生調査（実態調査）」

図 ❾ 自殺者数の推移

令和4年の自殺者数は21,881人と、前年に比べ874人増加し、男性は13年ぶりの増加、女性は3年連続前年より増加となっています。

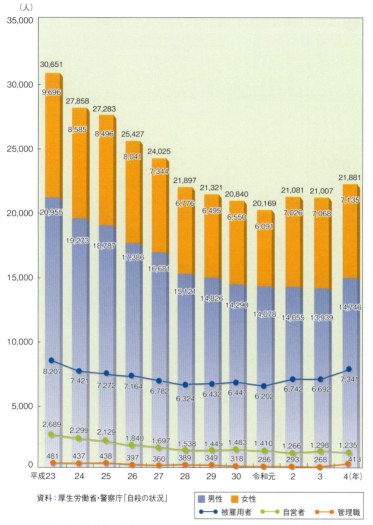

資料：厚生労働省・警察庁「自殺の状況」

(注)管理職は被雇用者の内数。

職業性疾病関係

表❶ 業務上疾病発生状況（業種別・疾病別）（令和4年）

業種 \ 疾病分類	(1) 負傷に起因する疾病	うち性腰痛（災）	物理的因子による疾病							作業態様に起因		
			(2) 有害光線による疾病	(3) 電離放射線による疾病	(4) 異常気圧下における疾病	(5) 異常温度条件による疾病	うち熱中症	(6) 騒音による耳の疾病	(7) 物理的(2)〜(6)因子以外による疾病	(8) 重激な業務による運動器疾患・内臓脱	(9) 負傷によらない腰痛	(10) 振動障害
食料品製造業	284(0)	225(0)	10(0)	0(0)	0(0)	63(0)	27(0)	0(0)	1(0)	6(0)	1(0)	0(0)
繊維・繊維製品製造業	20(0)	14(0)	0(0)	0(0)	0(0)	1(0)	1(0)	1(0)	0(0)	0(0)	0(0)	0(0)
木材・木製品家具装備品製造業	21(1)	19(0)	0(0)	0(0)	0(0)	5(1)	5(1)	0(0)	0(0)	1(0)	0(0)	0(0)
パルプ・紙・紙加工品印刷・製本業	47(0)	36(0)	0(0)	0(0)	0(0)	9(0)	8(0)	1(0)	0(0)	3(0)	0(0)	0(0)
化学工業	98(0)	77(0)	0(0)	0(0)	0(0)	20(0)	9(0)	2(0)	2(0)	2(0)	0(0)	0(0)
窯業・土石製品製造業	32(0)	25(0)	0(0)	0(0)	0(0)	13(0)	12(0)	1(0)	0(0)	0(0)	0(0)	0(0)
鉄鋼・非鉄金属製造業	40(0)	31(0)	0(0)	0(0)	0(0)	31(1)	13(0)	0(0)	0(0)	0(0)	0(0)	0(0)
金属製品製造業	91(0)	75(0)	0(0)	0(0)	0(0)	16(0)	15(0)	0(0)	1(0)	2(0)	0(0)	2(0)
一般・電気・輸送用機械工業	251(0)	213(0)	3(0)	0(0)	0(0)	39(0)	38(0)	1(0)	1(0)	2(0)	1(0)	0(0)
電気・ガス・水道業	5(0)	4(0)	0(0)	0(0)	0(0)	3(0)	3(0)	0(0)	0(0)	0(0)	0(0)	0(0)
その他の製造業	76(2)	59(0)	0(0)	0(0)	0(0)	18(1)	14(1)	0(0)	1(0)	0(0)	0(0)	1(0)
製造業小計	965(3)	778(0)	13(0)	0(0)	0(0)	218(3)	145(2)	6(0)	6(0)	18(0)	2(0)	3(0)
鉱業	3(0)	1(0)	0(0)	0(0)	0(0)	0(0)	0(0)	0(0)	0(0)	0(0)	0(0)	0(0)
建設業	370(11)	213(0)	0(0)	0(0)	1(0)	182(15)	179(14)	3(0)	8(3)	5(0)	0(0)	3(0)
運輸交通業	901(6)	746(0)	0(0)	0(0)	10(0)	141(2)	125(1)	1(0)	5(0)	23(0)	6(0)	0(0)
貨物取扱業	170(0)	154(0)	0(0)	0(0)	0(0)	17(0)	13(0)	0(0)	0(0)	3(0)	4(0)	0(0)
農林水産業	139(0)	88(0)	1(0)	0(0)	0(0)	36(0)	36(0)	0(0)	2(0)	2(0)	0(0)	1(0)
商業・金融・広告業	1,432(7)	1,234(0)	2(0)	0(0)	2(0)	121(0)	98(0)	0(0)	4(0)	36(0)	8(0)	0(0)
保健衛生業	2,228(0)	2,050(0)	0(0)	0(0)	0(0)	31(0)	22(0)	0(0)	4(0)	31(0)	8(0)	0(0)
接客・娯楽業	341(0)	284(0)	0(0)	0(0)	0(0)	88(0)	27(0)	1(0)	4(0)	4(0)	3(0)	0(0)
清掃・と畜業	227(0)	176(0)	0(0)	0(0)	0(0)	62(2)	58(2)	1(0)	0(0)	10(0)	0(0)	0(0)
その他の事業	305(7)	235(0)	3(0)	0(0)	1(0)	132(7)	124(7)	0(0)	2(0)	12(4)	4(0)	2(0)
合計	7,081(29)	5,959(0)	19(0)	0(0)	16(0)	1,028(33)	827(30)	12(0)	40(4)	145(0)	31(0)	10(0)

資料：厚生労働省「業務上疾病調」

(注)　1　表は休業4日以上のものである。
　　　2　疾病分類は労働基準法施行規則第35条によるものを整理したものである。
　　　3　表中の（　）は死亡で内数である。

(11) 肩腕障害手指症及び前腕頸腕症候群のする疾病	(12) 因作(8)～(11)業態様以外の疾病起	(13) 酸素欠乏症	(14) (がんを除く)化学物質による疾病	(15) じん肺及び肺合併症(じん肺のみ)	(16) 疾病原体による病	うち新型コロナウイルスによるもの患	がん (17) に電離放射線によるがん	(18) 化学物質によるがん	(19) が(8)～(17)以外原因のもの	(20) 心る過重な業務による脳血管疾患等	(21) るを伴う強い心理的負荷による精神障害業務	(22) 明らかな業務に起因することのその他の疾病	合計	新型コロナウイルスのり患によるものを除く
26 (0)	4 (0)	0 (0)	31 (0)	0	808 (0)	806 (0)	0 (0)	0 (0)	0 (0)	1 (0)	3 (0)	4 (0)	1,242 (0)	436 (0)
0 (0)	0 (0)	0 (0)	1 (0)	0	154 (1)	152 (1)	0 (0)	0 (0)	0 (0)	0 (0)	0 (0)	0 (0)	177 (1)	25 (0)
7 (0)	2 (0)	0 (0)	1 (0)	0	127 (0)	127 (0)	0 (0)	0 (0)	0 (0)	0 (0)	0 (0)	0 (0)	164 (2)	37 (2)
3 (0)	1 (0)	0 (0)	1 (0)	0	229 (0)	229 (0)	0 (0)	0 (0)	0 (0)	0 (0)	0 (0)	2 (1)	296 (1)	67 (1)
5 (0)	1 (0)	0 (0)	28 (1)	0	259 (0)	259 (0)	0 (0)	1 (0)	1 (0)	0 (0)	2 (0)	0 (0)	421 (0)	162 (1)
0 (0)	2 (0)	0 (0)	0 (0)	17	126 (0)	126 (0)	0 (0)	0 (0)	0 (0)	0 (0)	0 (0)	0 (0)	191 (0)	65 (0)
2 (0)	0 (0)	2 (2)	3 (0)	6	206 (0)	206 (0)	0 (0)	1 (0)	0 (0)	0 (0)	0 (0)	0 (0)	293 (0)	87 (3)
5 (0)	4 (0)	1 (0)	20 (0)	10	353 (1)	353 (1)	0 (0)	0 (0)	0 (0)	0 (0)	1 (0)	1 (0)	507 (1)	154 (0)
18 (0)	5 (0)	0 (0)	28 (0)	17	1,163 (0)	1,161 (0)	0 (0)	0 (0)	0 (0)	1 (1)	3 (0)	6 (1)	1,539 (2)	378 (2)
0 (0)	0 (0)	0 (0)	0 (0)	16	523 (0)	523 (0)	0 (0)	0 (0)	0 (0)	0 (0)	0 (0)	0 (0)	531 (1)	8 (0)
6 (0)	0 (0)	0 (0)	6 (0)	3	256 (0)	255 (0)	0 (0)	0 (0)	0 (0)	0 (0)	1 (0)	1 (0)	371 (3)	116 (3)
72 (0)	21 (0)	3 (2)	119 (0)	53	4,204 (3)	4,197 (3)	0 (0)	2 (0)	1 (0)	2 (0)	10 (0)	14 (2)	5,732 (15)	1,535 (12)
0 (0)	0 (0)	0 (0)	0 (0)	16	15 (0)	15 (0)	0 (0)	0 (0)	0 (0)	0 (0)	0 (0)	1 (0)	35 (0)	20 (0)
6 (0)	7 (1)	3 (3)	43 (1)	48	2,775 (1)	2,766 (1)	0 (0)	0 (0)	0 (0)	4 (1)	5 (0)	14 (6)	3,477 (42)	711 (41)
11 (0)	25 (0)	0 (0)	8 (0)	0	1,533 (1)	1,526 (1)	0 (0)	0 (0)	0 (0)	17 (7)	2 (0)	8 (0)	2,691 (17)	1,165 (16)
9 (0)	7 (0)	0 (0)	1 (0)	0	194 (0)	194 (0)	0 (0)	0 (0)	0 (0)	1 (0)	0 (0)	3 (1)	409 (1)	215 (1)
5 (0)	0 (0)	0 (0)	11 (0)	0	227 (0)	215 (0)	0 (0)	0 (0)	0 (0)	0 (0)	0 (0)	7 (0)	433 (4)	218 (4)
47 (0)	22 (0)	0 (0)	18 (0)	0	4,110 (1)	4,100 (1)	0 (0)	0 (0)	0 (0)	6 (0)	10 (1)	15 (0)	5,833 (11)	1,733 (11)
27 (0)	25 (0)	0 (0)	14 (0)	0	138,853 (8)	138,752 (8)	0 (0)	0 (0)	0 (0)	8 (0)	35 (1)	23 (0)	141,289 (9)	2,537 (1)
25 (0)	16 (0)	0 (0)	11 (0)	0	1,425 (1)	1,419 (1)	0 (0)	0 (0)	0 (0)	3 (0)	7 (0)	9 (0)	1,938 (0)	519 (0)
7 (0)	5 (0)	0 (0)	26 (1)	0	474 (0)	472 (0)	0 (0)	0 (0)	0 (0)	1 (0)	1 (0)	6 (0)	820 (5)	348 (4)
9 (0)	7 (0)	0 (0)	4 (0)	3	2,339 (0)	2,333 (0)	0 (0)	0 (0)	0 (0)	1 (0)	4 (0)	10 (0)	2,838 (0)	505 (0)
218 (0)	135 (1)	6 (5)	255 (3)	120	156,149 (17)	155,989 (16)	0 (0)	2 (0)	1 (0)	43 (11)	74 (1)	110 (12)	165,495 (116)	9,506 (100)

4 「化学物質」は労働基準法施行規則別表第1の2第7号に掲げる名称の化学物質である。

5 本統計の数字は令和4年中に発生した疾病で令和5年3月末日までに把握したものである。

表❷ 業務上疾病発生状況（年次別）（令和元年の数値には、平成31年の数値も含む。以下同様。）

	全製造業	繊維工業	化学工業	窯業・土石製品製造業	金属工業	機械器具工業	鉱業	建設業	運輸交通業	貨物取扱業	その他の事業	合計
昭和55年	(0.6) 7,020	(0.2) 263	(0.6) 493	(1.7) 947	(1.2) 1,811	(0.3) 1,473	(11.6) 1,394	(1.1) 3,965	(1.2) 2,518	(2.8) 600	(0.2) 3,147	(0.5) 18,644
60	(0.4) 5,298	(0.1) 162	(0.4) 325	(1.1) 600	(1.0) 881	(0.3) 1,110	(8.5) 974	(0.7) 2,679	(0.9) 1,835	(2.3) 433	(0.2) 3,369	(0.4) 14,588
平成元年	(0.3) 4,340	(0.1) 176	(0.3) 273	(1.0) 491	(0.9) 725	(0.3) 880	(8.6) 615	(0.6) 2,162	(0.9) 1,998	(1.6) 259	(0.3) 3,090	(0.3) 12,464
5	(0.2) 3,154	(0.1) 114	(0.2) 268	(0.7) 340	(0.5) 451	(0.3) 572	(6.8) 462	(0.4) 1,661	(0.6) 1,400	(0.9) 221	(0.1) 2,732	(0.2) 9,630
10	(0.2) 2,457	(0.1) 87	(0.2) 221	(0.7) 306	(0.4) 490	(0.1) 470	(8.7) 468	(0.3) 1,364	(0.4) 1,100	(0.6) 87	(0.1) 3,098	(0.2) 8,574
15	(0.2) 1,965	(0.1) 39	(0.1) 166	(0.6) 231	(0.4) 416	(0.1) 410	(9.0) 356	(0.3) 1,093	(0.4) 969	(0.3) 99	(0.1) 3,573	(0.1) 8,055
20	(0.2) 1,965	(0.1) 19	(0.2) 169	(0.6) 175	(0.4) 396	(0.1) 508	(6.4) 175	(0.3) 930	(0.4) 1,097	(0.3) 93	(0.1) 4,614	(0.1) 8,874
21	(0.1) 1,485	(0.2) 30	(0.1) 145	(0.6) 141	(0.3) 280	(0.1) 322	(5.1) 141	(0.2) 718	(0.4) 927	(0.3) 82	(0.1) 4,138	(0.1) 7,491
22	(0.2) 1,745	(0.1) 19	(0.2) 178	(0.5) 151	(0.3) 309	(0.1) 434	(5.0) 138	(0.3) 881	(0.4) 956	(0.3) 88	(0.1) 4,303	(0.2) 8,111
23	(0.2) 1,624	(0.1) 22	(0.2) 157	(0.5) 133	(0.3) 293	(0.1) 408	(4.3) 117	(0.2) 800	(0.4) 922	(0.3) 87	(0.1) 4,229	(0.2) 7,779
24	(0.2) 1,479	(0.1) 29	(0.1) 125	(0.5) 128	(0.2) 244	(0.1) 358	(4.4) 107	(0.2) 745	(0.4) 912	(0.3) 104	(0.1) 4,396	(0.1) 7,743
25	(0.1) 1,389	(0.2) 29	(0.1) 125	(0.4) 105	(0.3) 277	(0.1) 301	(4.0) 97	(0.2) 733	(0.4) 887	(0.3) 103	(0.1) 4,101	(0.1) 7,310
26	(0.2) 1,459	(0.2) 27	(0.2) 161	(0.4) 112	(0.3) 262	(0.1) 311	(2.5) 61	(0.2) 705	(0.3) 860	(0.3) 107	(0.1) 4,223	(0.1) 7,415
27	(0.1) 1,411	(0.1) 24	(0.1) 125	(0.3) 89	(0.3) 261	(0.1) 324	(2.1) 63	(0.2) 641	(0.4) 1,007		(0.1) 4,246	(0.1) 7,368
28※1	(0.1) 1,421	(0.0) 18	(0.1) 134	(0.3) 83	(0.3) 272	(0.1) 336	(2.7) 54	(0.2) 614	(0.4) 1,059		(0.1) 4,192	(0.1) 7,340
29	(0.1) 1,464	(0.1) 24	(0.1) 154	(0.3) 85	(0.3) 245	(0.1) 349	(1.4) 42	(0.2) 665	(0.4) 1,163		(0.1) 4,510	(0.1) 7,844
30	(0.2) 1,631	(0.1) 20	(0.2) 169	(0.3) 86	(0.2) 288	(0.1) 358	(1.6) 32	(0.2) 697	(0.5) 1,297		(0.2) 5,027	(0.2) 8,684
令和元年	(0.2) 1,569	(0.1) 24	(0.1) 137	(0.3) 86	(0.2) 296	(0.1) 377	(2.0) 39	(0.2) 605	(0.5) 1,169		(0.1) 4,928	(0.2) 8,310
2※2	(0.2) 1,853	(0.3) 105	(0.3) 173	(0.3) 96	(0.2) 190	(0.1) 430	(1.8) 35	(0.3) 883	(0.5) 1,438		(0.3) 10,829	(0.3) 15,038
3※3	(0.4) 3,672	(0.2) 58	(0.3) 364	(0.4) 108	(0.3) 525	(0.2) 908	(1.3) 25	(0.5) 1,770	(0.7) 1,870		(0.5) 20,734	(0.5) 28,071
4※4	(0.6) 5,732	(0.7) 177	(0.3) 421	(0.7) 191	(0.7) 800	(0.3) 1,539	(1.5) 35	(1.1) 3,477	(1.0) 3,100		(3.8) 153,151	(2.9) 165,495

資料：厚生労働省「業務上疾病調」

（注）　1　表は休業4日以上のものである。

　　　　2　（ ）は疾病者数年千人率　$疾病者数年千人率 = \dfrac{疾病者数}{労働基準法適用労働者数} \times 1{,}000$

　　　　3　平成26年までの労働基準法適用労働者数は経済センサス、平成27年からの労働基準法適用労働者数は労働力調査より。　4　※1は公表値を修正している。　5　※2は新型コロナウイルス感染症のり患によるもの（6,041）を含む。　6　※3は新型コロナウイルス感染症のり患によるもの（19,332）を含む。　7　※4は新型コロナウイルス感染症のり患によるもの（155,989）を含む。

表❸ 特殊健康診断実施状況（年次別）

項目 年	実　施 事業場数	受診者数 （A）	有所見者数 （B）	有所見率$\frac{B}{A}$ （%）
昭和55年	71,976	1,213,867	30,546	2.5
60	81,689	1,436,463	24,429	1.7
平成元年	80,242	1,415,940	25,015	1.8
5	76,986	1,553,650	52,353	3.4
10	78,099	1,606,353	93,438	5.8
15	79,055	1,637,878	97,328	5.9
16	81,986	1,661,201	101,039	6.1
17	85,938	1,739,513	107,777	6.2
18	88,577	1,883,529	114,142	6.1
19	88,556	1,955,230	123,809	6.3
20	91,016	2,099,488	135,540	6.5
21	86,879	1,985,552	122,841	6.2
22	92,879	2,138,360	134,272	6.3
23	90,217	2,093,544	129,499	6.2
24	92,394	2,101,445	131,454	6.3
25	101,452	2,229,617	134,434	6.0
26	110,489	2,347,420	135,678	5.8
27[※1]	129,812	2,575,063	144,842	5.6
28[※2]	148,775	2,910,631	175,016	6.0
29[※2]	154,609	3,008,834	183,589	6.1
30[※2]	158,931	3,115,040	194,176	6.2
令和元年[※2]	162,029	3,196,111	197,928	6.2
2	149,533	2,886,849	164,214	5.7
3	168,703	3,105,058	157,436	5.1
4	178,430	3,184,499	160,717	5.0

資料：厚生労働省「特殊健康診断結果調」
(注)　1　有機溶剤、鉛健康診断は平成元年10月より項目等が変更されている。
　　　2　※1　平成27年は公表値を修正している。
　　　3　※2　平成28〜30年は集計対象の報告書を精査の上再集計し、公表
値を修正している。再集計では再集計時までに提出された報告書が集
計対象となるため、通常よりも集計対象が多くなっている（令和元年
は精査後にのみ集計を行った）。

表④ 特殊健康診断実施状況（対象作業別）（令和4年）

対象作業		健診実施事業場数	受診労働者数	有所見者数	有所見率（%）
有機溶剤		40,725	699,721	23,208	3.3
鉛		3,337	47,726	678	1.4
四アルキル鉛		15	51	3	5.9
電離放射線		16,082	358,795	35,665	9.9
除染等電離放射線		671	7,073	598	8.5
高気圧	高　圧　室	36	436	21	4.8
	潜　　　水	332	2,637	125	4.7
	（小　　計）	368	3,073	146	4.8
製造禁止物質	黄りんマッチ	8	50	0	0.0
	ベンジジン	26	107	4	3.7
	4-アミノジフェニル	9	53	0	0.0
	4-ニトロジフェニル	6	50	1	2.0
	ビス（クロロメチル）エーテル	7	7	0	0.0
	β-ナフチルアミン	9	28	0	0.0
	ベンゼン含有ゴムのり	23	141	7	5.0
	（小　　計）	88	436	12	2.8
特定化学物質	ジクロルベンジジン	40	348	5	1.4
	α-ナフチルアミン	66	902	9	1.0
	塩素化ビフェニル	296	3,264	20	0.6
	o-トリジン	84	642	13	2.0
	ジアニシジン	36	235	5	2.1
	ベリリウム	142	979	12	1.2
	ベンゾトリクロリド	12	238	1	0.4
	アクリルアミド	609	6,188	57	0.9
	アクリロニトリル	337	6,259	44	0.7
	アルキル水銀化合物	50	218	2	0.9
	エチレンイミン	47	367	78	21.3
	塩化ビニル	212	2,596	85	3.3
	塩　　素	1,028	18,070	63	0.3
	オーラミン	44	256	14	5.5
	o-フタロジニトリル	17	99	1	1.0
	カドミウム	567	4,579	143	3.1
	クロム酸	2,617	29,859	424	1.4
	クロロメチルメチルエーテル	110	902	6	0.7
	五酸化バナジウム	292	3,706	150	4.0
	コールタール	572	13,957	52	0.4
	シアン化カリウム	825	9,099	109	1.2
	シアン化水素	255	3,606	30	0.8
	シアン化ナトリウム	677	7,341	98	1.3

対象作業	健診実施事業場数	受診労働者数	有所見者数	有所見率(％)
3,3'-ジクロロ-4,4'-ジアミノジフェニルメタン	343	3,562	105	2.9
臭化メチル	148	1,138	11	1.0
重クロム酸	596	4,662	82	1.8
水　　銀	668	4,728	110	2.3
トリレンジイソシアネート	578	8,570	56	0.7
ニッケルカルボニル	88	1,092	3	0.3
ニトログリコール	19	101	3	3.0
p-ジメチルアミノアゾベンゼン	24	157	0	0.0
p-ニトロクロルベンゼン	22	292	21	7.2
フッ化水素	2,322	41,862	190	0.5
β-プロピオラクトン	33	160	0	0.0
ベンゼン	1,436	22,787	413	1.8
ペンタクロルフェノール	21	298	1	0.3
マゼンタ	44	240	1	0.4
マンガン	3,907	65,152	519	0.8
沃化メチル	253	1,219	14	1.1
硫化水素	587	10,886	47	0.4
硫酸ジメチル	166	1,563	28	1.8
ニッケル化合物(ニッケルカルボニルを除き、粉状の物に限る)	2,222	60,504	256	0.4
砒素およびその化合物(アルシンおよび砒化ガリウムを除く)	882	12,329	117	0.9
酸化プロピレン	212	2,839	6	0.2
1,1-ジメチルヒドラジン	33	314	4	1.3
インジウムおよびその化合物	862	11,582	118	1.0
エチルベンゼン	16,796	166,177	1,386	0.8
コバルトおよびその化合物	3,446	81,335	283	0.3
1,2-ジクロロプロパン	92	862	89	10.3
クロロホルム	2,855	34,835	1,508	4.3
四塩化炭素	509	3,049	149	4.9
1,4-ジオキサン	985	9,246	474	5.1
1,2-ジクロロエタン	665	5,537	233	4.2
ジクロロメタン	4,212	50,379	3,260	6.5
ジメチル-2,2-ジクロロビニルホスフェイト	37	255	6	2.4
スチレン	4,620	42,778	3,297	7.7
1,1,2,2-テトラクロロエタン	229	1,304	44	3.4
テトラクロロエチレン	564	3,861	286	7.4
トリクロロエチレン	1,104	6,915	443	6.4
メチルイソブチルケトン	8,754	97,693	892	0.9
ナフタレン	1,380	23,094	361	1.6
リフラクトリーセラミックファイバー	1,405	29,048	277	1.0
オルトートルイジン	143	1,275	28	2.2

特定化学物質

対象作業		健診実施事業場数	受診労働者数	有所見者数	有所見率(%)
	三酸化二アンチモン	864	15,188	59	0.4
	溶接ヒューム	20,991	224,118	1,837	0.8
	（小　計）	94,052	1,166,696	18,438	1.6
石綿	アモサイト	519	5,543	41	0.7
	クロシドライト	320	4,384	36	0.8
	石綿（アモサイトおよびクロシドライトを除く）	1,600	21,644	203	0.9
	石綿の製造・取扱い業務の周辺業務	2,168	21,644	203	0.9
	（小　計）	4,607	53,215	483	0.9
法　定　特　殊　健　診　計		159,945	2,336,786	79,231	3.4
指導勧奨によるもの	紫外線，赤外線	3,136	74,673	2,037	2.7
	騒　音	6,513	339,033	43,543	12.8
	マンガン化合物（塩基性酸化マンガン）	36	1,083	53	4.9
	黄　りん	38	2,814	15	0.5
	有機りん剤	57	1,338	40	3.0
	亜硫酸ガス	23	220	15	6.8
	二硫化炭素（有機溶剤業務に係るものを除く）	19	347	37	10.7
	ベンゼンのニトロアミド化合物	10	111	15	13.5
	脂肪族の塩化または臭化炭化水素	16	227	11	4.8
	砒素またはその化合物（特化則適用以外のものに限る）	46	785	10	1.3
	フェニル水銀化合物	6	51	5	9.8
	アルキル水銀化合物（特化則適用以外のものに限る）	2	20	1	5.0
	クロルナフタリン	2	51	0	0.0
	沃　素	52	1,090	24	2.2
	米　杉　等	5	136	16	11.8
	超音波溶着機	92	1,451	84	5.8
	メチレンジフェニルイソシアネート	213	3,978	55	1.4
	フェザーミル等	1	14	1	7.1
	クロルプロマジン等	1	19	1	5.3
	キーパンチャー	11	136	23	16.9
	都市ガス配管工事	20	868	21	2.4
	地下駐車場	8	111	13	11.7
	振動（チェーンソー）	990	8,553	1,143	13.4
	振動（チェーンソー以外）	1,592	59,601	3,438	5.8
	腰痛[注1]	1,103	59,679	11,786	19.7
	金銭登録	7	223	44	19.7
	引金付工具	713	73,341	2,161	2.9
	VDT作業	2,535	195,868	16,043	8.2
	レーザー機器	1,238	21,892	851	3.9
指　導　勧　奨　計		18,485	847,713	81,486	9.6
総　　　　　計		178,430	3,184,499	160,717	5.0

資料：厚生労働省「特殊健康診断結果調」 （注）1　従来までは「重量物」と表記していたもの。名称を変更したもので、対象作業の内容，健診項目等は従来と同一である。　2　「受診労働者数」および「有所見者数」については，労働基準監督署に提出された健康診断結果報告書を累積して集計している。

表❺ じん肺管理区分の決定状況 （年次別）

年 ＼ 項目	じん肺健康診断受診労働者数（A）	管理2	管理3	管理4	有所見者数（B）	合併症り患者数	有所見率(%)(B)/(A)×100
平成13年	191,707	9,880	1,375	21	11,276	14	5.9
14	190,946	8,170	1,120	20	9,310	9	4.9
15	183,961	6,380	912	12	7,304	8	4.0
16	202,885	6,279	827	7	7,113	8	3.5
17	196,841	5,245	713	14	5,972	7	3.0
18	225,183	5,167	729	12	5,908	10	2.6
19	224,651	4,637	620	7	5,264	7	2.3
20	244,993	4,146	592	14	4,752	4	1.9
21	213,784	3,951	494	10	4,455	4	2.1
22	243,636	3,445	459	11	3,915	9	1.6
23	234,477	2,843	378	14	3,235	6	1.4
24	235,923	2,633	324	8	2,965	7	1.3
25	243,740	2,186	295	12	2,493	5	1.0
26	251,730	1,967	246	12	2,225	1	0.9
27	249,759	1,691	229	15	1,935	2	0.8
28	300,551※	1,573	221	13	1,807	2	0.6※
29	303,294※	1,456	219	9	1,684	4	0.6※
30	306,475※	1,161	195	10	1,366	3	0.4※
令和元年	318,984	1,011	187	13	1,211	4	0.4
2	271,502	945	159	12	1,116	2	0.4
3	297,837	797	148	9	954	3	0.3
4	292,090	766	162	18	946	1	0.3

資料：厚生労働省「じん肺健康管理実施結果調」
(注)　1　本統計中には、随時申請によるものは含まれていない。
　　　2　じん肺管理区分の管理4は、療養を要するもの。
　　　3　※部分は集計対象の報告書を精査の上再集計し、公表値を修正している。再集計では再集計時までに提出された報告書が集計対象となるため、通常よりも集計対象が多くなっている（令和元年は精査後にのみ集計を行った）。

表❻ じん肺健康管理実施状況（業種別）（令和4年）

業種名 区分	1 適用事業場数	2 粉じん作業従事労働者数	3 じん肺健康診断実施事業場数	4 じん肺健康診断受診労働者数	5 新規有所見労働者数
ゴ ム 製 品 製 造 業	377	7,421	245	3,952	0
上 記 以 外 の 化 学 工 業	1,939	34,219	1,261	18,420	0
セ メ ン ト 製 造 業	923	8,581	473	4,201	0
ガ ラ ス 製 造 業	241	4,443	150	2,322	0
陶 磁 器 製 造 業	577	6,922	250	3,128	2
耐 火 煉 瓦 製 造 業	155	4,031	96	2,635	0
そ の 他 の 窯 業	144	1,663	76	889	0
その他の土石製品製造業	1,545	14,363	716	8,000	2
製 鉄 ・ 製 鋼 ・ 圧 延 業	522	25,842	330	10,366	0
鋳 物 業	773	17,322	426	7,670	10
そ の 他 の 鉄 鋼 業	346	5,259	176	2,398	1
非 鉄 金 属 精 錬 圧 延 業	259	9,186	158	4,511	2
非 鉄 金 属 鋳 物 業	423	5,839	210	2,686	0
その他の非鉄金属製造業	321	5,484	163	2,279	0
金 属 製 品 製 造 業	14,656	113,302	6,536	50,138	23
一 般 機 械 器 具 製 造 業	6,449	71,642	3,237	32,406	14
電 気 機 械 器 具 製 造 業	1,863	31,497	1,096	17,219	11
造 船 業	2,714	25,393	1,398	10,169	0
その他の輸送用機械器具製造業	3,256	99,485	1,848	46,210	9
上 記 以 外 の 製 造 業	4,157	29,421	1,973	14,672	3
小 計	41,640	521,315	20,818	244,271	77
一 般 石 炭 鉱 業	4	133	3	120	0
そ の 他 の 石 炭 鉱 業	1	3	1	3	0
採 石 業	746	4,293	391	2,057	1
砂 利 採 取 業	154	591	66	369	0
そ の 他 の 土 石 採 取 業	73	441	37	318	0
金 属 鉱 業	11	75	2	14	0
石 油 等 鉱 業	5	31	5	32	0
そ の 他	158	2,586	104	1,064	0
小 計	1,152	8,153	609	3,977	1
トンネル建設工事業	297	4,211	155	3,502	0
上 記 以 外 の 建 設 業	4,387	37,474	2,376	19,444	19
上 記 以 外 の 事 業	5,055	44,284	2,853	20,896	4
計	52,531	615,437	26,811	292,090	101

資料：厚生労働省「じん肺健康管理実施結果調」
（注） 1 （ ）内の数字は随時申請で外数である。 2 表中の記号はそれぞれ次の意味を表す。PR₄(c)：エックス線写真の像が第4型（じん肺による大陰影の大きさが1個の

全国計

			管理3			管理4			有所見者数	合併症り患件数
計	管理1	管理2	イ	ロ	計	$PR_4(c)$	F(＋＋)	計		
(1) 3	(1) 0	(0) 2	(0) 1	(0) 0	(0) 1	(0) 0	(0) 0	(0) 0	(0) 3	(0) 0
(6) 11	(1) 2	(2) 8	(2) 0	(1) 1	(3) 1	(0) 0	(0) 0	(0) 0	(5) 9	(0) 0
(5) 5	(2) 3	(1) 2	(1) 0	(0) 0	(1) 0	(0) 0	(1) 0	(1) 0	(3) 2	(0) 0
(3) 1	(1) 0	(2) 1	(0) 0	(0) 0	(0) 0	(0) 0	(0) 0	(0) 0	(2) 1	(0) 0
(11) 46	(1) 0	(2) 37	(0) 5	(1) 4	(0) 9	(0) 0	(7) 0	(7) 0	(10) 46	(1) 0
(4) 10	(1) 3	(1) 6	(0) 0	(1) 1	(1) 1	(0) 0	(1) 0	(1) 0	(3) 7	(0) 0
(12) 33	(3) 1	(6) 26	(0) 1	(2) 5	(2) 6	(0) 0	(1) 0	(1) 0	(9) 32	(0) 0
(20) 48	(9) 7	(4) 28	(1) 3	(4) 7	(5) 10	(0) 1	(2) 2	(2) 3	(11) 41	(1) 0
(4) 17	(4) 2	(0) 13	(0) 1	(0) 1	(0) 2	(0) 0	(0) 0	(0) 0	(0) 15	(0) 0
(29) 107	(2) 4	(24) 67	(0) 15	(2) 19	(2) 34	(0) 0	(1) 2	(1) 2	(27) 103	(1) 1
(1) 28	(0) 4	(0) 22	(1) 1	(0) 0	(1) 1	(0) 0	(0) 1	(0) 1	(1) 24	(0) 0
(2) 6	(0) 1	(2) 4	(1) 1	(0) 0	(0) 0	(0) 0	(0) 0	(0) 0	(2) 5	(0) 0
(0) 24	(0) 0	(0) 20	(0) 1	(0) 3	(0) 4	(0) 0	(0) 0	(0) 0	(0) 24	(0) 0
(3) 6	(3) 2	(0) 3	(1) 1	(0) 0	(0) 1	(0) 0	(0) 0	(0) 0	(0) 4	(0) 0
(32) 202	(8) 23	(16) 165	(0) 6	(2) 5	(2) 11	(1) 0	(5) 3	(6) 3	(24) 179	(1) 0
(15) 104	(5) 14	(9) 83	(1) 5	(0) 0	(1) 5	(0) 0	(0) 2	(0) 2	(10) 90	(0) 0
(3) 33	(1) 5	(1) 23	(0) 4	(0) 0	(0) 4	(0) 0	(1) 1	(1) 1	(2) 28	(1) 0
(27) 43	(11) 9	(11) 29	(3) 5	(0) 0	(3) 5	(0) 0	(2) 0	(2) 0	(16) 34	(4) 0
(25) 99	(8) 10	(13) 80	(2) 5	(2) 2	(4) 7	(0) 0	(0) 2	(0) 2	(17) 89	(3) 0
(14) 37	(6) 5	(7) 23	(0) 4	(0) 4	(0) 8	(0) 0	(1) 1	(1) 1	(8) 32	(1) 0
(217) 863	(67) 95	(101) 642	(11) 59	(15) 52	(26) 111	(1) 1	(22) 14	(23) 15	(150) 768	(14) 1
(31) 0	(5) 0	(7) 0	(2) 0	(9) 0	(11) 0	(3) 0	(5) 0	(8) 0	(26) 0	(5) 0
(0) 2	(0) 2	(0) 0	(0) 0	(0) 0	(0) 0	(0) 0	(0) 0	(0) 0	(0) 0	(0) 0
(10) 52	(2) 8	(6) 32	(0) 7	(2) 4	(2) 11	(0) 1	(0) 0	(0) 1	(8) 44	(1) 0
(0) 1	(0) 0	(0) 1	(0) 0	(0) 0	(0) 0	(0) 0	(0) 0	(0) 0	(0) 1	(0) 0
(2) 0	(0) 0	(2) 2	(0) 0	(0) 0	(0) 0	(0) 0	(0) 0	(0) 0	(2) 0	(0) 0
(6) 2	(3) 0	(2) 2	(0) 0	(1) 1	(1) 1	(0) 0	(0) 0	(0) 0	(3) 2	(1) 0
(0) 0	(0) 0	(0) 0	(0) 0	(0) 0	(0) 0	(0) 0	(0) 0	(0) 0	(0) 0	(0) 0
(1) 7	(1) 2	(0) 4	(0) 1	(0) 0	(0) 1	(0) 0	(0) 0	(0) 0	(0) 5	(0) 0
(50) 64	(11) 12	(17) 39	(2) 8	(12) 4	(14) 12	(3) 1	(5) 0	(8) 1	(39) 52	(7) 0
(60) 6	(37) 1	(18) 3	(1) 2	(4) 0	(5) 2	(0) 0	(0) 0	(0) 0	(23) 5	(9) 0
(224) 113	(91) 15	(67) 64	(25) 15	(20) 17	(45) 32	(2) 0	(19) 2	(21) 2	(133) 98	(16) 0
(29) 34	(16) 11	(10) 18	(2) 4	(1) 1	(3) 5	(0) 0	(0) 0	(0) 0	(13) 23	(3) 0
(580) 1,080	(222) 134	(213) 766	(41) 88	(52) 74	(93) 162	(6) 2	(46) 16	(52) 18	(358) 946	(49) 1

肺野の3分の1を超えるものである）。F(＋＋)：じん肺による著しい肺機能の障害がある。
3　新規有所見労働者数は管理1であった労働者で、管理2以上に決定された者の数である。

● 一般疾病関係等

表❼ 定期健康診断結果推移（項目別の有所見率等）（年次別）

(%)

項目＼年	項目別の有所見率												有所見率
	聴力（1000Hz）	聴力（4000Hz）	胸部X線検査	喀痰検査	血圧検査	貧血検査	肝機能検査	血中脂質検査	血糖検査	尿検査（糖）	尿検査（蛋白）	心電図検査	
平成18年	3.6	8.2	3.9	1.8	12.5	6.9	15.1	30.1	8.4	2.9	3.7	9.1	49.1
19年	3.6	8.1	4.0	2.0	12.7	7.0	15.1	30.8	8.4	2.8	4.0	9.2	49.9
20年	3.6	7.9	4.1	2.0	13.8	7.4	15.3	31.7	9.5	2.7	4.1	9.3	51.3
21年	3.6	7.9	4.4	2.0	14.2	7.6	15.5	32.6	10.0	2.7	4.2	9.7	52.3
22年	3.6	7.6	4.4	2.0	14.3	7.6	15.4	32.1	10.3	2.6	4.4	9.7	52.5
23年	3.6	7.7	4.3	1.7	14.5	7.6	15.6	32.2	10.4	2.7	4.2	9.7	52.7
24年	3.6	7.7	4.3	2.2	14.5	7.4	15.1	32.4	10.2	2.5	4.2	9.6	52.7
25年	3.6	7.6	4.2	1.9	14.7	7.5	14.8	32.6	10.2	2.5	4.2	9.7	53.0
26年	3.6	7.5	4.2	1.9	15.1	7.4	14.6	32.7	10.4	2.5	4.2	9.7	53.2
27年	3.5	7.4	4.2	1.8	15.2	7.6	14.7	32.6	10.9	2.5	4.3	9.8	53.6
28年	3.4※1	7.0※1	4.3※1	1.6※1	15.2※1	7.8	15.2※1	32.1※1	11.1※1	2.6※1	4.4※1	9.9	54.1※1
29年	3.5※1	6.9※1	4.3※1	1.7※1	15.4※1	7.8	15.3※1	31.8※1	11.4	2.8	4.6※1	9.9	54.4※1
30年	3.5※1	6.9※1	4.5※1	1.8※1	15.7※1	7.7	15.7※1	31.7※1	11.7	2.8	4.4※1	9.9	55.8※1
令和元年	3.5	6.9	4.6	1.6	16.2	7.7	15.9	32.0	11.9	2.9	4.4	10.0	57.0
2年	3.9	7.4	4.5	2.1	17.9	7.7	17.0	33.3	12.1	3.2	4.0	10.3	58.5
3年	3.9	7.3	4.5	2.1	17.8	8.0	16.6	33.0	12.5	3.4	3.8	10.5	58.7
4年※2	3.9	7.4	4.5	1.9	18.2	8.3	15.8	31.6	12.7	3.5	3.8	10.7	58.3

資料：厚生労働省「定期健康診断結果調」

(注)　※1　公表値を修正している。

　　　※2　令和4年分については、令和4年10月の労働安全衛生規則の改正前後の有所見率を各期間で加重平均した推計値である。

（令和4年有所見率）＝（令和4年1～9月の有所見率）×0.75＋（令和4年10～12月の有所見率）×0.25

表 8-1 定期健康診断実施結果 (業種別) (令和4年1〜9月分)

業　種		健診実施事業場数	受診者数	所見のあった者	
				人数	有所見率 (%)
製造業	食 料 品 製 造 業	4,453 (949)	455,662	266,957	58.6
	繊　維　工　業	319 (80)	25,123	14,909	59.3
	衣 服 繊 維 製 造 業	315 (31)	22,507	13,456	59.8
	木 材・木 製 品 製 造 業	286 (61)	19,505	12,132	62.2
	家 具・装 備 品 製 造 業	174 (25)	15,259	9,025	59.1
	パルプ・紙・紙加工品製造業	737 (186)	61,310	38,409	62.6
	印　刷・製　本　業	910 (201)	77,144	45,757	59.3
	化　学　工　業	3,842 (861)	394,880	221,048	56.0
	窯業・土石製品製造業	695 (136)	56,458	34,587	61.3
	鉄　　鋼　　業	600 (122)	73,894	40,505	54.8
	非 鉄 金 属 製 造 業	529 (102)	54,664	31,708	58.0
	金 属 製 品 製 造 業	2,715 (462)	192,077	115,441	60.1
	一 般 機 械 器 具 製 造 業	2,758 (530)	353,623	201,631	57.0
	電 気 機 械 器 具 製 造 業	3,200 (658)	466,288	265,682	57.0
	輸 送 用 機 械 器 具 製 造 業	2,583 (582)	447,431	233,753	52.2
	電 気・ガ ス・水 道 業	787 (98)	76,543	54,167	70.8
	そ の 他 の 製 造 業	1,386 (196)	100,758	59,487	59.0
	小　　　計	26,289 (5,280)	2,893,126	1,658,654	57.3
鉱業	石　炭　鉱　業	2 (0)	118	100	84.7
	土　石　採　取　業	17 (2)	733	524	71.5
	そ の 他 の 鉱 業	36 (1)	1,732	1,112	64.2
	小　　　計	55 (3)	2,583	1,736	67.2
建設業	土　木　工　事　業	689 (89)	49,756	35,270	70.9
	建　築　工　事　業	972 (120)	86,689	53,873	62.1
	そ の 他 の 建 設 業	1,078 (152)	87,482	55,744	63.7
	小　　　計	2,739 (361)	223,927	144,887	64.7

業　　種		健診実施 事業場数	受診者数	所見のあった者	
				人数	有所見率 （％）
運輸交通業	鉄道・軌道・水運・航空業	981　(133)	92,439	43,408	47.0
	道 路 旅 客 運 送 業	2,401　(675)	181,597	133,915	73.7
	道 路 貨 物 運 送 業	5,686　(1,749)	371,728	245,705	66.1
	そ の 他 の 運 輸 交 通 業	30　(6)	1,813	848	46.8
	小　　　　計	9,098　(2,563)	647,577	423,876	65.5
貨物取扱業	陸 上 貨 物 取 扱 業	1,193　(231)	89,199	54,730	61.4
	港 湾 運 送 業	185　(33)	15,298	9,821	64.2
	小　　　　計	1,378　(264)	104,497	64,551	61.8
農　　　　　　　林　　　　　　　業		103　(17)	4,385	3,080	70.2
畜　　産　　・　　水　　産　　業		74　(15)	4,856	3,042	62.6
商　　　　　　　　　　　　　　業		15,535　(3,155)	1,034,618	619,153	59.8
金　　融　　・　　広　　告　　業		1,601　(79)	194,591	113,942	58.6
映　　画　　・　　演　　劇　　業		198　(19)	10,990	6,225	56.6
通　　　　　　　信　　　　　　　業		851　(92)	103,569	58,885	56.9
教　　育　　・　　研　　究　　業		3,002　(288)	375,459	215,694	57.4
保　　健　　衛　　生　　業		15,573　(2,921)	1,545,147	838,049	54.2
接　　客　　娯　　楽　　業		4,241　(1,000)	166,298	95,172	57.2
清　　掃　　・　　と　　畜　　業		1,998　(361)	140,325	97,194	69.3
官　　　　　公　　　　　署		67　(10)	13,710	9,528	69.5
そ　　の　　他　　の　　事　　業		9,540　(1,588)	972,106	582,373	59.9
合　　　　　　　　計		92,342　(18,016)	8,437,764	4,936,041	58.5

資料：厚生労働省「定期健康診断結果調」
(注)　1　本表は、令和4年10月の労働安全衛生規則の改正前に基づくもので、（R4.1.1～
　　　　　R4.9.30）のみを計上。
　　　　※　次表8－2とは健診実施事業場数等の一部が重複しており、単純に合計する
　　　　　ことはできない。
　　　2　「健診実施事業場数」欄は健診実施延事業場数である。
　　　3　（　）内は年2回以上健診を実施した事業場数で内数である。

表 8-2 定期健康診断実施結果（業種別）（令和 4 年 10～12 月分）

業　種		健診実施事業場数	受診者数	所見のあった者 人数	有所見率 (%)
製造業	食 料 品 製 造 業	2,221 (133)	196,847	114,524	58.2
	繊 維 工 業	206 (13)	12,230	6,893	56.4
	衣 服 繊 維 製 造 業	167 (10)	10,603	6,066	57.2
	木 材 ・ 木 製 品 製 造 業	142 (11)	8,519	5,229	61.4
	家 具 ・ 装 備 品 製 造 業	80 (3)	5,359	3,286	61.3
	パルプ・紙・紙加工品製造業	424 (26)	26,507	16,302	61.5
	印 刷 ・ 製 本 業	440 (36)	30,001	17,113	57.0
	化 学 工 業	2,318 (163)	184,657	96,806	52.4
	窯 業 ・ 土 石 製 品 製 造 業	481 (27)	28,940	17,112	59.1
	鉄 鋼 業	438 (46)	60,718	29,762	49.0
	非 鉄 金 属 製 造 業	354 (26)	28,620	15,340	53.6
	金 属 製 品 製 造 業	1,616 (126)	95,821	56,966	59.5
	一 般 機 械 器 具 製 造 業	1,745 (181)	178,770	102,767	57.5
	電 気 機 械 器 具 製 造 業	1,959 (200)	245,680	136,497	55.6
	輸 送 用 機 械 器 具 製 造 業	1,670 (148)	234,752	121,437	51.7
	電 気 ・ ガ ス ・ 水 道 業	353 (17)	23,825	14,321	60.1
	そ の 他 の 製 造 業	793 (67)	48,856	29,514	60.4
	小　計	15,407 (1,233)	1,420,705	789,935	55.6
鉱業	石 炭 鉱 業	0 (0)	0	0	
	土 石 採 取 業	6 (0)	155	81	52.3
	そ の 他 の 鉱 業	18 (3)	1,028	589	57.3
	小　計	24 (3)	1,183	670	56.6
建設業	土 木 工 事 業	304 (17)	22,431	15,127	67.4
	建 築 工 事 業	590 (30)	54,368	33,402	61.4
	そ の 他 の 建 設 業	617 (51)	50,934	32,556	63.9
	小　計	1,511 (98)	127,733	81,085	63.5

業　　　種		健診実施 事業場数	受診者数	所見のあった者	
				人数	有所見率 （％）
運輸交通業	鉄道・軌道・水運・航空業	489　(22)	44,787	18,060	40.3
	道 路 旅 客 運 送 業	1,243　(55)	83,946	58,062	69.2
	道 路 貨 物 運 送 業	2,712　(260)	127,659	86,083	67.4
	そ の 他 の 運 輸 交 通 業	22　(1)	1,363	794	58.3
	小　　　　　計	4,466　(338)	257,755	162,999	63.2
貨物取扱業	陸 上 貨 物 取 扱 業	652　(34)	42,636	25,311	59.4
	港 湾 運 送 業	139　(14)	11,647	6,991	60.0
	小　　　　　計	791　(48)	54,283	32,302	59.5
農　　　　　　　　林　　　　　　　　業		78　(8)	4,173	2,679	64.2
畜　　産　　・　　水　　産　　業		46　(4)	3,744	2,259	60.3
商　　　　　　　　　　　　　　　　業		6,740　(350)	482,096	287,653	59.7
金　　融　　・　　広　　告　　業		2,105　(43)	309,464	172,506	55.7
映　　画　　・　　演　　劇　　業		122　(3)	6,461	3,397	52.6
通　　　　　　　　信　　　　　　　　業		802　(48)	139,980	84,169	60.1
教　　育　　・　　研　　究　　業		1,747　(88)	237,037	137,062	57.8
保　　健　　衛　　生　　業		8,892　(433)	647,104	340,386	52.6
接　　客　　娯　　楽　　業		1,452　(93)	60,136	37,544	62.4
清　　掃　　・　　と　　畜　　業		1,426　(109)	105,112	73,965	70.4
官　　　　　　公　　　　　　署		40　(1)	11,258	6,379	56.7
そ　　の　　他　　の　　事　　業		7,800　(650)	931,025	546,658	58.7
合　　　　　　　　　計		53,449　(3,550)	4,799,249	2,761,648	57.5

資料：厚生労働省「定期健康診断結果調」
(注)　1　本表は、令和4年10月の労働安全衛生規則の改正後に基づくもので、(R4.10.1
　　　　　〜R4.12.31) のみを計上。
　　　　※　前表8−1とは健診実施事業場数等の一部が重複しており、単純に合計する
　　　　　ことはできない。
　　　2　「健診実施事業場数」欄は健診実施延事業場数である。
　　　3　（　）内は年2回以上健診を実施した事業場数で内数である。

表 9−1 定期健康診断実施結果（都道府県別）（令和4年1〜9月分）

都道府県	健診実施事業場数	受診者数	所見のあった者 人数	所見のあった者 有所見率（％）
北 海 道	3,427 (554)	281,125	176,168	62.7
青　　森	1,019 (224)	82,222	54,593	66.4
岩　　手	1,128 (349)	97,378	62,000	63.7
宮　　城	1,697 (304)	143,336	90,413	63.1
秋　　田	741 (191)	55,957	38,842	69.4
山　　形	859 (154)	73,004	50,512	69.2
福　　島	1,630 (309)	143,069	85,192	59.5
茨　　城	1,956 (388)	197,583	120,133	60.8
栃　　木	1,583 (290)	155,895	95,604	61.3
群　　馬	1,672 (284)	147,950	87,023	58.8
埼　　玉	4,340 (773)	386,928	232,548	60.1
千　　葉	3,493 (555)	319,920	176,304	55.2
東　　京	9,589 (1,591)	1,014,580	575,339	56.7
神 奈 川	5,376 (986)	513,521	301,176	58.6
新　　潟	1,975 (401)	158,324	84,073	53.1
富　　山	1,060 (180)	93,021	55,499	59.7
石　　川	990 (185)	84,216	46,870	55.7
福　　井	826 (293)	70,767	42,539	60.1
山　　梨	639 (92)	53,214	31,535	59.3
長　　野	1,610 (329)	127,544	73,519	57.6
岐　　阜	1,658 (349)	135,103	78,399	58.0
静　　岡	3,092 (639)	282,815	166,421	58.8
愛　　知	6,713 (1,339)	695,650	378,215	54.4
三　　重	1,489 (366)	147,697	80,402	54.4
滋　　賀	1,307 (321)	122,864	65,548	53.4
京　　都	1,999 (384)	168,397	100,719	59.8
大　　阪	6,833 (1,148)	656,978	375,522	57.2
兵　　庫	4,434 (972)	378,264	218,404	57.7
奈　　良	807 (170)	64,918	38,023	58.6
和 歌 山	629 (114)	51,038	31,019	60.8
鳥　　取	488 (178)	35,952	20,620	57.4
島　　根	486 (122)	36,810	22,717	61.7
岡　　山	1,648 (444)	130,524	77,613	59.5
広　　島	2,302 (598)	207,130	124,436	60.1
山　　口	1,011 (185)	93,857	53,171	56.7
徳　　島	481 (89)	38,675	24,100	62.3
香　　川	754 (184)	61,036	36,344	59.5
愛　　媛	949 (130)	73,269	41,965	57.3
高　　知	373 (57)	30,657	18,791	61.3
福　　岡	3,427 (609)	323,711	193,618	59.8
佐　　賀	691 (120)	58,257	35,473	60.9
長　　崎	781 (160)	63,005	40,232	63.9
熊　　本	1,125 (187)	101,894	61,258	60.1
大　　分	755 (129)	63,146	38,374	60.8
宮　　崎	653 (117)	56,716	31,859	56.2
鹿 児 島	987 (214)	85,664	49,081	57.3
沖　　縄	860 (259)	74,603	53,835	72.2
合　　計	92,342 (18,016)	8,437,764	4,936,041	58.5

資料：厚生労働省「定期健康診断結果調」
(注) 1 本表は、令和4年10月の労働安全衛生規則の改正前に基づくもので、（R4.1.1〜R4.9.30）のみを計上。
　　※ 次表9−2とは健診実施事業場数等の一部が重複しており、単純に合計することはできない。
　　2 「健診実施事業場数」欄は健診実施延事業場数である。
　　3 （ ）内は年2回以上健診を実施した事業場数で内数である。

表 9-2 定期健康診断実施結果(都道府県別)(令和4年10～12月分)

都道府県	健診実施事業場数	受診者数	所見のあった者	
			人数	有所見率(%)
北 海 道	1,927 (79)	144,618	89,427	61.8
青　　森	635 (29)	43,803	28,249	64.5
岩　　手	631 (92)	45,521	27,010	59.3
宮　　城	1,049 (75)	85,762	53,816	62.8
秋　　田	394 (40)	29,181	20,027	68.6
山　　形	630 (41)	46,393	31,357	67.6
福　　島	806 (54)	51,989	30,934	59.5
茨　　城	967 (54)	90,284	53,812	59.6
栃　　木	959 (68)	83,498	50,670	60.7
群　　馬	890 (36)	61,377	36,856	60.0
埼　　玉	1,873 (89)	143,617	84,877	59.1
千　　葉	1,878 (126)	151,883	82,325	54.2
東　　京	6,803 (362)	911,655	504,968	55.4
神 奈 川	2,899 (151)	274,812	158,558	57.7
新　　潟	1,255 (97)	93,270	50,566	54.2
富　　山	694 (38)	53,169	31,555	59.3
石　　川	579 (42)	45,075	25,391	56.3
福　　井	479 (108)	27,342	16,708	61.1
山　　梨	426 (28)	29,353	18,401	62.7
長　　野	996 (107)	76,146	41,793	54.9
岐　　阜	980 (56)	72,379	42,815	59.2
静　　岡	1,730 (101)	150,012	85,764	57.2
愛　　知	4,269 (306)	434,109	238,780	55.0
三　　重	724 (52)	59,173	32,248	54.5
滋　　賀	589 (42)	50,150	26,372	52.6
京　　都	1,038 (70)	94,449	57,916	61.3
大　　阪	3,664 (197)	342,060	190,802	55.8
兵　　庫	2,249 (142)	187,120	107,948	57.7
奈　　良	388 (28)	30,579	17,668	57.8
和 歌 山	321 (13)	24,444	14,363	58.8
鳥　　取	278 (64)	17,584	9,839	56.0
島　　根	307 (39)	24,365	14,951	61.4
岡　　山	945 (97)	82,807	45,288	54.7
広　　島	1,321 (121)	99,161	58,505	59.0
山　　口	658 (49)	54,195	29,263	54.0
徳　　島	330 (18)	28,559	16,213	56.8
香　　川	475 (25)	35,901	21,393	59.6
愛　　媛	593 (31)	45,658	24,984	54.7
高　　知	318 (13)	25,173	16,699	66.3
福　　岡	2,044 (130)	167,824	97,952	58.4
佐　　賀	426 (22)	31,725	19,622	61.9
長　　崎	429 (21)	33,048	20,601	62.3
熊　　本	667 (53)	51,480	30,439	59.1
大　　分	532 (54)	49,935	28,761	57.6
宮　　崎	427 (18)	31,592	17,989	56.9
鹿 児 島	547 (49)	45,936	27,710	60.3
沖　　縄	430 (23)	41,083	29,463	71.7
合　　計	53,449 (3,550)	4,799,249	2,761,648	57.5

資料：厚生労働省「定期健康診断結果調」

(注)　1　本表は、令和4年10月の労働安全衛生規則の改正後に基づくもので、(R4.10.1～R4.12.31)のみを計上。

　　　※　前表9-1とは健診実施事業場数等の一部が重複しており、単純に合計することはできない。

　　　2　「健診実施事業場数」欄は健診実施延事業場数である。

　　　3　( )内は年2回以上健診を実施した事業場数で内数である。

第II編 最近の健康管理等の動向

特集 1

新5か年計画がスタート
"第14次労働災害防止計画"

〈計画期間：令和5年（2023年）4月1日〜令和10年（2028年）3月31日〉

> 「労働災害防止計画」とは、労働災害を減少させるために国が
> 重点的に取り組む事項を定めた5か年計画です。

事業場の規模、雇用形態や年齢等によらず、どのような働き方に
おいても、労働者の安全と健康が確保されていることを前提として、
多様な形態で働く一人ひとりが潜在力を十分に発揮できる社会の実
現に向け、国、事業者、労働者等の関係者が一体となって重点的に
取り組むべき事項を定めた「第14次労働災害防止計画」が策定され
ました。

計画では、労働災害や職業性疾病の現状を踏まえ8つの重点対策
を示し、計画期間内に達成することを目指す各指標を定めています。

8つの重点対策

① 自発的に安全衛生対策に取り組むための意識啓発
② 労働者（中高年齢の女性を中心に）の作業行動に起因する労働
　災害防止対策の推進
③ 高年齢労働者の労働災害防止対策の推進
④ 多様な働き方への対応や外国人労働者等の労働災害防止対策の
　推進
⑤ 個人事業者等に対する安全衛生対策の推進
⑥ 業種別の労働災害防止対策の推進
⑦ 労働者の健康確保対策の推進
⑧ 化学物質等による健康障害防止対策の推進

この計画における労働衛生に関する主な重点対策を、以下に紹介
します。

特集1

労働者（中高年齢の女性を中心に）の作業行動に起因する労働災害防止対策の推進

現状
・転倒は、高年齢になるほど労働災害発生率が上昇。
・加齢による骨密度の低下により、特に高年齢女性の転倒災害発生率が高い。
・腰痛災害は、陸上貨物運送事業、保健衛生業で多発。

具体的取組み
・転倒しにくい環境づくり（段差の解消・見える化等）、個々の労働者の転倒や怪我のしやすさへの対応（運動プログラムの導入、スポーツの習慣化の推進等）。
・第三次産業（卸売業・小売業、医療・福祉）において、正社員以外の労働者への安全衛生教育の実施を徹底。

目標（2027年までに）
・転倒災害対策（ハード・ソフト両面からの対策）に取り組む事業場の割合を50％以上とする。
・転倒の年齢層別死傷年千人率を、男女ともその増加に歯止めをかける。
・転倒による平均休業見込日数を40日以下とする。
・社会福祉施設での腰痛の死傷年千人率を減少させる。

労働者の健康確保対策の推進

現状
・小規模事業場におけるメンタルヘルス対策の取組が低調。
・精神障害等の労災認定件数は増加傾向（令和3年度に過去最高）。（22ページ図7参照）
・産業医の選任義務がない事業場（労働者数50人未満）においては、産業保健活動が低調な傾向。

具体的取組み
（メンタルヘルス対策）
・ストレスチェックの実施にとどまらず、ストレスチェックの結果をもとに集団分析を行い、職場環境の改善を実施。
・職場のハラスメント防止対策に取り組む。
（過重労働対策）
・長時間労働者への医師による面接指導や、産業保健スタッフ（保健師、看護師等）による相談支援を受けるよう勧奨する。
（産業保健活動の推進）
・事業場の状況に応じて必要な産業保健活動を実施。
・治療と仕事の両立において、支援を必要とする労働者が申し出しやすいよう、職場環境の整備や両立支援コーディネーターを活用した円滑な支援を図る。

目標（2027年までに）
・メンタルヘルス対策に取り組む事業場の割合を80％以上とする。
・小規模事業場（労働者数50人未満）におけるストレスチェック実施の割合を50％以上とする。
・各事業場において必要な産業保健サービスを提供している事業場の割合を80％以上とする。
・仕事等に関する強い不安、悩みまたはストレスがある労働者の割合を50％未満とする。

化学物質等による健康障害防止対策の推進

現状
（化学物質）
・化学物質の性状に関連の強い労働災害※が年間約500件発生。製造業のみならず、建設業、第三次産業における労働災害も多い。
・上記約500件の8割を占めるのは、特定化学物質障害予防規則等の個別規制の対象外となっている物質による。

（熱中症）
・熱中症により毎年20人以上の労働者が死亡している。

具体的取組み
（化学物質）
・危険性・有害性の情報の伝達。
・リスクアセスメントの実施。

（熱中症）
・作業場所の暑さ指数を把握し対策を実施。

目標
・危険性または有害性が把握されている化学物質のうち、義務対象となっていない物質について、ラベル表示・SDSの交付を行っている事業場の割合を2025年までにそれぞれ80％以上とする。
・危険性または有害性が把握されている化学物質のうち、義務対象となっていない物質について、リスクアセスメントを行っている事業場の割合を2025年までに80％以上とするとともに、リスクアセスメント結果に基づいて、労働者の危険または健康障害を防止するため必要な措置を実施している事業場の割合を2027年までに80％以上とする。
・化学物質の性状に関連の強い死傷災害※の件数を第13次労働災害防止計画期間と比較して、2027年までに5％以上減少させる。
・熱中症災害防止のために暑さ指数を把握し活用している事業場の割合を2027年までに2023年と比較して増加させる。
・熱中症による死亡者数の増加率を第13次労働災害防止計画期間より減少させる。

※有害物等との接触、爆発、火災によるもの

★「第14次労働災害防止計画」の全文は厚生労働省ホームページでご確認ください。
https://www.mhlw.go.jp/stf/seisakunitsuite/bunya/0000197308.html

特集 2

化学物質の自律的な管理

　化学物質による休業 4 日以上の労働災害（がん等の遅発性疾病を除く。）は、年間450件程度で推移しているが、その原因となった化学物質は、有機溶剤中毒予防規則や特定化学物質障害予防規則などの特別規則で規制されていない化学物質によるものが約 8 割を占める状況にあります。このような背景を踏まえて、令和 4 年に労働安全衛生法の政省令が改正され、特別規則で規制されていない化学物質のうち、国によるGHS分類で危険性・有害性が確認された約2,900物質すべてについて製造・取扱う事業者は、リスクアセスメントを実施し、その結果に基づいてばく露が最小限度となるための措置を事業者が自ら選択して実施する制度が導入されることになりました。これは、化学物質管理を従来の「個別規制型の管理」から「自律的な管理」に移行させていくものです。以下に示すとおり、**令和 5 年 4 月 1 日までに施行**された規定と**令和 6 年 4 月 1 日に施行**される規定とがあります。

➡詳細は123ページ参照

今回の省令改正に伴い、以下の指針がそれぞれ改正、公示されました。

○改正「**化学物質等による危険性又は有害性等の調査等に関する指針（化学物質リスクアセスメント指針）**」（351ページ参照）

○公示「**化学物質による健康障害防止のための濃度の基準の適用等に関する技術上の指針**」（労働者のばく露が濃度基準値以下であることを確認するための方法、個人ばく露測定における試料採取方法および分析方法ならびに有効な保護具の適切な選択および使用等について規定したもの。372ページ参照）

特集2

令和5年4月1日までに施行された規定

1．化学物質管理体系の見直し
（1）リスクアセスメント対象物に関する事業者の責務
　　リスクアセスメント対象の674物質について、必要な措置を講じてばく露を最小限度にする。令和6年度以降に3年間をかけて、危険性・有害性が確認されたすべての物質がリスクアセスメント対象物となる予定。リスクアセスメント対象物以外もばく露を最小限度にするように努める。

（2）皮膚等障害化学物質等への直接接触の防止
　　皮膚への刺激性・腐食性・皮膚吸収による健康影響のおそれのないことが明らかな物質以外の製造・取り扱いに際して、労働者に適切な保護具を着用させるように努める。

（3）衛生委員会の付議事項の追加
　　ばく露を最小限度にするために講ずる措置に関すること。

（4）がん等の把握強化
　　化学物質を取り扱う事業場で1年以内に2名以上の労働者が同種のがんに罹患したことを把握した時に、業務起因性が疑われた場合は、所轄都道府県労働局長に報告。

（5）リスクアセスメント結果等の記録の作成・保存等
　　リスクアセスメントの結果およびリスク低減措置の内容等について記録を作成、保存し、労働者に周知。リスク低減措置の内容と労働者のばく露状況について、労働者の意見を聴取し、記録を作成し、保存。

（6）がん原性物質の作業記録の保存
　　労働者にがん原性物質（国によるGHS分類の結果、発がん性の区分が区分1に該当する物質（エタノールおよび特別管理物質を除く））を製造し、または取り扱う業務を行わせる場合は、その業務の作業歴を記録し、その記録を30年間保存する。令和5年度は121物質が対象、令和6年度には77物質が追加、その後も条件

を満たせば追加される。

2．化学物質管理実施体制の強化

職長等に対する安全衛生教育が必要となる業種について、すべての食料品製造業に拡大。さらに新聞業、出版業、製本業および印刷物加工業が追加。

3．化学物質の危険性・有害性に関する情報伝達の強化

（1）SDS等による通知方法の柔軟化

相手方の承諾を得ずに磁気ディスクなどの記録媒体の交付、FAX送信、電子メール送信、通知事項が記載されたホームページアドレスや二次元コードなどを知らせて閲覧を求める、といった方法でも通知可能。

（2）SDSの「人体に及ぼす作用」の確認・更新

SDSの「人体に及ぼす作用」を5年以内ごとに1回確認。変更が必要な場合は1年以内に更新し、顧客等に通知。

（3）事業場内における別容器保管時の措置

リスクアセスメント対象物を他の容器に移し替えて保管する際に、ラベル表示や文書の交付等により、内容物の名称や危険性・有害性情報を伝達。

（4）注文者が必要な措置を講じなければならない設備の範囲拡大

化学物質の製造・取扱設備の改造、修理、清掃等の仕事を外注する注文者が化学物質の危険性と有害性等を記載した文書を交付する際に、その設備の範囲が、リスクアセスメント対象物の製造・取扱設備にまで拡大。

4．その他

（1）特別規則の適用除外

所轄都道府県労働局長から管理が良好と認められた事業場は、特別規則の適用物質の管理を自律的な管理とすることができる（特殊健康診断と保護具使用の規定を除く）。

（2）管理が良好な場合の特殊健康診断の頻度の緩和

作業環境測定等の結果に基づいて、特殊健康診断の頻度を緩和

特集2

することができる。

令和6年4月1日に施行される規定

1．化学物質管理体系の見直し

（1）リスクアセスメント対象物質の拡大

　　リスクアセスメント対象物に234物質が追加。また、令和7年4月1日施行予定として655物質、令和8年4月1日施行予定として812物質の追加候補物質が公表されている。

（2）リスクアセスメント対象物に関する事業者の責務

　　濃度基準値が設定された67物質のばく露を濃度基準値以下にする。令和5年度に約180物質、令和6年度に約180物質、令和7年度以降に約390物質の濃度基準値設定の検討がされる。設定後は約1年間の猶予の後に施行される予定。

（3）皮膚等障害化学物質等への直接接触の防止

　　皮膚への刺激性・腐食性・皮膚吸収による健康影響が明らかな化学物質等の製造・取り扱いに際して、労働者に適切な保護具を着用させる。

（4）衛生委員会の付議事項の追加

　①　上記（2）の措置に関すること。

　②　リスクアセスメント対象物健康診断結果と結果に基づく措置に関すること。

（5）化学物質労災発生事業場等への労基署長による指示

　　化学物質による労災を発生させた事業場等で、労働基準監督署長（労基署長）が必要と認めた場合は、事業者に改善を指示することができる。事業者は化学物質管理専門家から助言を受け、改善措置計画を労基署長に提出し、必要な改善措置を実施。

（6）リスクアセスメントに基づく健康診断等の実施等

　　リスクアセスメントの結果に基づき、必要があると認める場合、または、濃度基準値を超えてばく露したおそれがある場合は、リ

49

スクアセスメント対象物に係る医師または歯科医師による健康診断を実施し、その記録を5年間（がん原性物質に関する健康診断は30年間）保存。

2. 化学物質管理実施体制の強化
（1）化学物質管理者の選任義務化
リスクアセスメント対象物の製造事業場は、専門的講習の修了者から選任。取扱い事業場および譲渡提供事業場は、化学物質管理者の職務を担当するために必要な能力を有する者（専門的講習に準ずる講習の修了者等）を選任。

（2）保護具着用管理責任者の選任義務化
保護具を着用させる事業場は、保護具に関する知識および経験を有すると認められる者から選任。

（3）雇入れ時等安全衛生教育の拡充
危険性・有害性のある化学物質を製造または取り扱うすべての事業場で雇入れ時等安全衛生教育を実施。

3. 化学物質の危険性・有害性に関する情報伝達の強化
（1）SDS等による通知事項の追加
SDS記載事項に、「想定される用途及び当該用途における使用上の注意」を追加。

（2）SDS等による含有量表示の適正化
SDS記載の成分の含有量を10％刻みでの記載方法から重量％での記載に変更。

4. その他
第3管理区分事業場の措置強化
① 　第3管理区分に該当した場合に、外部の作業環境管理専門家に改善方策の意見を聞き、必要な改善措置を講ずる。
② 　外部の作業環境管理専門家が改善困難と判断した場合や措置を実施しても区分が変わらない場合は、個人サンプリング測定等の結果に応じた呼吸用保護具を作業者に使用させ、労基署長に届け出る。

Topic 1

新しい「労働者の疲労蓄積度自己診断チェックリスト」を公表
～働き方の変化に合わせて20年ぶりの見直し～

中央労働災害防止協会（中災防）は、労働者や家族が簡易に疲労蓄積度を判定できる「労働者の疲労蓄積度自己診断チェックリスト」につき、令和3年度から見直し作業を進めてきました。令和5年4月に、その成果として20年ぶりに新たなチェックリストとして取りまとめたほか、「活用ガイド」を作成し、中災防ホームページ（下記URL）で公表しました。

＜見直しのポイント＞

○「食欲」「睡眠」に関する最新の知見を踏まえた設問の見直し、「勤務間インターバル」等の項目の新たな追加、また、テレワークを行う場合も考慮した記載内容の修正、「精神的負担」の項目の細分化など、多様な観点に立ち、働く人が自ら、また、家族が、疲労の蓄積をチェックできるものとしました。

○チェックリストの活用場面や過重労働による健康障害を防止するための実施事項を示した「活用ガイド」を、新たに作成しました。

中災防では、見直しを進めるに当たり、医学や産業保健の専門家、企業の安全衛生の実務経験者などからなる「労働者の疲労蓄積度自己診断チェックリストの見直しに関する検討委員会」を設け、新たなチェックリストをまとめ、その有効性を検証しました。委員会の報告書は中災防ホームページでご覧いただけます。

★「労働者の疲労蓄積度自己診断チェックリスト」〔本人用・家族用〕 中災防「安全衛生情報センター」
https://www.jaish.gr.jp/td_chk/tdchk_menu.html

★調査研究報告書および活用ガイド 中災防「調査・研究」
https://www.jisha.or.jp/research/report/index.html

Topic 2

111事例を掲載
「腰痛を防ぐ職場の事例集」公開

　中災防は令和4年度に、小売業、社会福祉施設等を対象に腰痛等発生の改善・防止に関して、専門家（安全管理士、衛生管理士、理学療法士、ヘルスケア・トレーナー等）が複数の事業場を訪問し、①現場確認、②対策の提案、③対策の実施、④フォロー等を行いました。また、腰痛対策について先進的な取り組みを実施している事業場に、ヒアリングを行いました。その結果、111事例が集まり、これらを盛り込んだ好事例集を作成して厚生労働省ホームページで公開しています。

　好事例集は腰痛予防対策を行うようになった「きっかけ」、対策の「内容」と「成果」で構成されており、対策のカテゴリ別に掲載しています。目次にもカテゴリ、タイトル、業態、従業員規模、費用の目安が記されているので、知りたい事例の検索が容易に行えます。小売、介護・看護の現場だけでなく、その他の業種でも活用できるさまざまな腰痛予防対策事例が掲載されている事例集となっています。

★「腰痛を防ぐ職場の事例集」
https://www.mhlw.go.jp/content/11300000/001087637.pdf

Topic

Topic **3**

騒音障害防止のためのガイドライン 30年ぶりに改訂

平成4年に定められた「騒音障害防止のためのガイドライン」（以下、「ガイドライン」という。）は、屋内作業場を中心に騒音レベルの測定と測定結果に基づく措置、聴力検査を含む騒音健康診断の実施、労働衛生教育等の具体的な措置が定められ、製造業や造船業などにおける騒音性難聴の発生抑制を担ってきました。しかし、騒音性難聴は、未だに年間300件（労災新規認定者数）に上る状況にあり、更なる対策が必要です。

このため、その後の技術の発展や知見の蓄積も踏まえて騒音障害防止対策が見直され、令和5年4月にガイドラインが改訂されました。新たなガイドラインにおいては、

① 騒音障害防止対策の管理者を選任し、組織的な対策を実施
② 騒音源が移動する場合等に対応した新たな測定方法の導入
③ 聴覚保護具の選定基準の明確化
④ 聴力異常を早期に発見するための健康診断項目の見直し
⑤ 管理者向け労働衛生教育の推進

が示されています。 　　　　　　　　　　➡詳細は174ページ参照

改めて、騒音障害防止対策の管理者に対する労働衛生教育（3時間）の実施、使用する聴覚保護具の遮音性能の確認と正しい選択、騒音測定機器の校正（精度管理）などを実施するとともに、実測が困難な屋外作業場などに対する騒音レベルの推計方法についても知っておきましょう。

『厚生労働省ガイドラインに基づく騒音障害防止のために
【管理者教育用テキスト】』中災防（令和5年9月発行）

Topic **4**

金属アーク溶接等作業主任者限定技能講習が始まります
～令和6年1月1日から～

金属アーク溶接等作業※に係る作業主任者は、特定化学物質及び四アルキル鉛等作業主任者技能講習（以下、「特化物技能講習」という。）を修了した者のうちから、特定化学物質作業主任者を選任しなければならないとされていますが、金属アーク溶接等作業のみに従事する者が特化物技能講習を受講する場合、溶接ヒューム以外の科目を受講する必要がある等、受講者の負担が大きいため、特化物技能講習の講習科目を金属アーク溶接等作業に係るものに限定した「金属アーク溶接等作業主任者限定技能講習」が新設されます。金属アーク溶接等作業を行う場合においては、金属アーク溶接等作業主任者限定技能講習を修了していれば、金属アーク溶接等作業主任者に選任することができることとする改正が行われます。

従前どおり、金属アーク溶接等作業を行う場合において、特化物技能講習を修了した者のうちから特定化学物質作業主任者を選任しても差し支えありません。

なお、金属アーク溶接等作業主任者限定技能講習を修了した者が特化物技能講習を受講する場合において、特化物技能講習に係る講習科目の省略や講習時間の短縮は認められません。

金属アーク溶接等作業主任者限定技能講習

講習科目	範囲	講習時間
健康障害及びその予防措置に関する知識	溶接ヒュームによる健康障害の病理、症状、予防方法及び応急措置	1時間
作業環境の改善方法に関する知識	溶接ヒュームの性質、金属アーク溶接等作業に係る器具その他の設備の管理、作業環境の評価及び改善の方法	2時間
保護具に関する知識	金属アーク溶接等作業に係る保護具の種類、性能、使用方法及び管理	2時間
関係法令	労働安全衛生法、労働安全衛生法施行令及び労働安全衛生規則中の関係条項、特定化学物質障害予防規則	1時間

※金属アーク溶接等作業：金属をアーク溶接する作業、アークを用いて金属を溶断し、またはガウジングする作業その他の溶接ヒュームを製造し、または取り扱う作業

Topic

Topic **5**

石綿事前調査には資格が必要になります
～令和5年10月1日から～

　肺がんや中皮腫を発症するおそれがある石綿は平成18年から輸入、製造、使用等が禁止されていますが、近年はそれ以前に着工した石綿を使用している建築物等の解体・改修工事が増えています。

　その際に石綿粉じんが飛散し、労働者や近隣住民が吸引することによって引き起こされる健康障害が懸念されることから、平成17年に石綿障害予防規則により、解体等に係る作業の法整備がなされました。その中に、保護具の選択、石綿粉じんの飛散防止対策を講じるために必要な石綿の含有率を、あらかじめ建築物、工作物等について調査しなければならない旨（事前調査）が定められています。その調査者については令和5年10月1日より必要な知識を有する資格者等に依頼することが必要になります。

> 【事前調査を行うことができる者】
> ①　一般建築物石綿含有建材調査者
> ②　特定建築物石綿含有建材調査者
> ③　一戸建て等建築物石綿含有建材調査者
> ④　令和5年9月30日以前に（一社）日本アスベスト調査診断協会に登録され、事前調査を行う時点においても引き続き登録されている者

　さらに、調査の義務はありましたが資格者が定められていなかった工作物に対しても、令和8年1月1日からは資格者（工作物石綿事前調査者）により調査しなければなりません。

　なお、義務化される以前であっても、可能な限りそれまでの間も、これらの資格者に調査を依頼することが望まれています。

Topic 6

自動車運転者の時間外労働の上限は年960時間となります
～令和6年4月1日から～

　運輸・郵便業においては、過労死等のうち脳・心臓疾患の労災支給決定件数が全業種で最も多い業種である（令和4年度：56件（うち死亡の件数は22件））等、長時間・過重労働が課題になっています。

　トラック、バス、ハイヤー・タクシー等の自動車運転者について、過労死等の防止の観点から、労働時間等の労働条件の向上を図るため拘束時間の上限、休息期間等について設けられた「自動車運転者の労働時間等の改善のための基準」（改善基準告示）が令和4年12月に改正され、令和6年4月1日から適用されます。適用後は、自動車運転者の時間外労働の上限は、原則月45時間・年360時間、臨時的特別な事情がある場合でも年960時間となります。

【適用】
・運送を業とするか否かを問わず、自動車運転者を労働者として使用する全事業（例：工場等の製造業における配達部門の自動車運転者等、自家用自動車（事業用自動車以外の自動車をいう。）の自動車運転者）
・物品または人を運搬するために自動車を運転する時間が現に労働時間の半分を超えており、かつ、当該業務に従事する時間が年間総労働時間の半分を超えることが見込まれる場合に該当

「2024年問題」
　この改正が施行される令和6（2024）年、ドライバー不足による輸送量の減少で物流が滞る可能性があり、全産業に及ぶ影響が懸念されています。取り組むべき対策として、働き方改革の推進、輸送の業務効率化などがあげられます。

★自動車運転者の長時間労働改善に向けたポータルサイト
https://driver-roudou-jikan.mhlw.go.jp/

Topic

Topic 7

第10次粉じん障害防止総合対策が策定される

　粉じん障害の防止に関しては、粉じん障害防止規則（以下、「粉じん則」という。）が全面施行された昭和56年以降、粉じん則の周知徹底およびじん肺法との一体的運用を図るため、これまで9次にわたり、粉じん障害防止総合対策を推進してきました。

　その結果、昭和55年当時、6,842人であったじん肺新規有所見労働者の発生数は、その後大幅に減少し、令和4年には101人となるなど、対策の成果はあがっているものの、じん肺新規有所見労働者は依然として発生しており、引き続き粉じんばく露防止対策を推進することが重要です。

　また、トンネル建設工事の作業環境を将来にわたってよりよいものとする観点から、最新の技術的な知見等に基づき、坑内作業場における粉じん障害防止対策を強化するため、粉じん則等の一部が改正され、令和6年4月から施行されます。

　以上の状況を踏まえ、令和5年4月より、以下4つの重点項目に加え、地域の実情に即した事項への対応が第10次粉じん障害防止総合対策に掲げられました。

　①　呼吸用保護具の適正な選択および使用の徹底
　②　ずい道等建設工事における粉じん障害防止対策
　③　じん肺健康診断の着実な実施
　④　離職後の健康管理の推進
　⑤　その他地域の実情に即した事項

　　　　　　　　　　　　➡詳細は157ページ参照

57

Topic **8**

労働者死傷病報告等の電子申請　原則義務化へ
～令和7年1月1日から～

　労働災害が発生したときに事業者が提出しなくてはならない労働者死傷病報告について、報告者（事業者）の負担軽減や報告内容の適正化、統計処理の効率化等をより一層推進するため、デジタル技術の活用により、令和7年1月1日から報告は電子申請が原則義務化されることになりました（電子申請によることが困難な場合における紙媒体での報告については、経過措置として認められます）。

【報告の円滑化、負担軽減のための方策】
・スマートフォン等からでも電子申請が可能となるよう、「労働安全衛生法関係の届出・申請等帳票印刷に係る入力支援サービス」のシステム改修を行い、e-Gov（総務省が運営する行政情報ポータルサイト）と連携。
・パソコン、スマートフォン等を所持していない事業者は、労働基準監督署に設置しているタブレットにおいて、電子申請ができる体制を整備する。

○関連して、以下の報告についても、原則電子申請が義務となります。

・じん肺健康管理実施状況報告
・総括安全衛生管理者・安全管理者・衛生管理者・産業医選任報告
・定期健康診断結果報告書
・有害な業務に係る歯科健康診断結果報告書
・心理的な負担の程度を把握するための検査結果等報告書
・有機溶剤等健康診断結果報告書

第III編 最近の労働衛生対策の展開

● 労働衛生対策の体系

事業者が行う労働衛生対策	基本的対策	労働衛生管理体制
		作業環境管理
		作業管理
		健康管理
		労働衛生教育
		労働安全衛生マネジメントシステム／リスクアセスメント
	職業性疾病予防対策	化学物質による健康障害防止対策
		石綿による健康障害防止対策
		粉じん障害防止対策
		物理的因子等による疾病・酸素欠乏症等の防止対策
	健康確保対策	健康の保持増進対策
		過重労働による健康障害防止対策
	快適職場づくり対策	快適職場の形成促進

国の主な支援事業等	研究体制の整備等 ◆産業医科大学の運営 ◆労働衛生機関の育成 ◆労災病院等との連携 ◆労働安全衛生総合研究所 ◆安全衛生教育センター　等

- ●総括安全衛生管理者、衛生管理者、産業医、安全衛生推進者等、作業主任者等の選任
- ●衛生委員会等の設置

- ●作業環境の測定、評価および改善

- ●作業時間の適正化、作業方法等の改善、保護具の使用等

- ●健康診断、健康測定、事後措置、保健指導

- ●雇入れ時、作業内容変更時、危険有害業務の就業時等の教育、能力向上教育等

- ●継続的労働衛生管理、危険性・有害性等の調査およびその結果に基づく措置

- ●危険有害性情報の伝達（表示、ＳＤＳの交付）
- ●化学物質のリスクアセスメント
- ●化学物質へのばく露防止対策
- ●新規化学物質の有害性の調査

- ●石綿対策の適切な実施

- ●粉じん対策の実施（換気装置・呼吸用保護具・健康診断等）

- ●高気圧障害、酸素欠乏症等、電離放射線障害、騒音障害、振動障害、腰痛、情報機器作業、熱中症等に関する対策

- ●心身両面にわたる健康の保持増進（ＴＨＰ）
- ●職場におけるメンタルヘルス対策（ストレスチェック等）

- ●過重労働による健康障害防止のための対策の実施（面接指導等）

- ●快適職場環境形成のための措置の実施
- ●職場における受動喫煙防止対策

◆エイジフレンドリー補助金

◆相談窓口の設置・専門家の派遣・研修等
◆化学物質管理支援事業
◆職場における化学物質管理に関する総合対策
◆化学物質の有害性調査等事業
◆フィットテスト測定機器購入補助金

受動喫煙防止対策に関する各種支援事業
◆受動喫煙防止対策助成金
◆相談支援

産業保健活動総合支援事業
◆産業保健総合支援センター
◆地域窓口（地域産業保健センター）

第1章　労働衛生管理の基本

1　基本的対策

　労働衛生対策を進めるに当たっては、まず、作業環境、作業方法と労働者の関わりを明らかにした上で、何らかの問題がある場合には労働者に健康障害をもたらすことがないよう適切な措置を講じるとともに、快適な職場環境の形成を進めることが必要です。このためには、経営トップの方針の下、衛生管理者、産業医等を中核とした労働衛生管理体制を確立するとともに、労働衛生教育を徹底し、労働衛生管理活動に対する正しい認識のもとで、作業環境管理、作業管理、健康管理を総合的に実施することが必要です。

　さらに、心身両面にわたる健康づくり、メンタルヘルス対策、過重労働対策も活力ある職場を維持するための重要な取組みとなっています。

（1）　労働衛生管理体制の確立

　労働衛生対策を円滑かつ効果的に推進するためには、まず事業者自身が、労働衛生管理は事業活動を展開する上で不可欠な要素であることを認識する必要があります。そして、総括安全衛生管理者、衛生管理者、安全衛生推進者、衛生推進者、産業医、作業主任者等の責任を明確にし、労働衛生対策を進めるのに必要な権限を与え、これらの者が協力して労働衛生対策を推進するための組織を確立することが必要です。

　さらに、各種の対策を実効あるものとするためには、現場の労働者を含むすべての関係者が、積極的に労働衛生活動に参加することや衛生委員会等を効果的に運営することが大切です。

基本的対策

（2） 作業環境管理

　作業環境管理は、作業環境中の種々の有害要因を取り除いて良好な作業環境を確保するもので、職場における労働者の健康障害を防止するための根本的な対策の一つです。

　作業環境管理を進めるに当たっては、職場の環境を正しく把握することが重要です。そのためには的確な作業環境測定を行い、その結果を適切に評価することが必要です。そして、その結果から、局所排気装置など各種の設備の改善や適正な整備を行います。また、これらの設備の作業前および定期の点検・検査の励行等も良好な作業環境の実現と維持のために大切です。

　このように、作業環境測定は、測定することが目的ではなく、その結果の評価に基づき必要な措置が講じられ、良好な作業環境の実現と維持につながるものでなければなりません。作業環境測定を作業環境測定機関に委託する場合にも、測定結果の適切な評価とそれに基づく措置を実施するため、測定機関と十分な意思疎通を図ることが重要です。このような見地から、事業場における作業内容を十分に把握し、作業環境測定機関に対して測定条件に関する必要な情報を提供できる者として、少なくとも第2種作業環境測定士の資格を有する者を社内に配属することが望ましいといえます。

（3） 作業管理

　有害な物質やエネルギーが人に及ぼす影響は、作業の内容や作業の方法によっても異なります。これらの要因を適切に管理して、労働者への影響を少なくすることが作業管理です。

　作業管理の進め方としては、作業に伴う有害要因の発生を防止・抑制したり、ばく露が少なくなるように作業の手順や方法を定めること、作業方法の変更などにより作業の負荷や姿勢などによる身体への悪影響を減少させること、保護具を適正に用い、ばく露を少なくすることなどがあります。

63

第1章　労働衛生管理の基本

（4）　健康管理

　健康管理は、健康診断およびその結果に基づく事後措置、健康測定およびその結果に基づく健康指導、メンタルヘルス問題まで含めた幅広い内容を有しています。健康管理は、健康診断や健康測定を通じて労働者の健康状態を把握し、作業環境や作業との関連を検討することにより、労働者の健康障害を未然に防ぐこと、さらに健康の増進につながるような積極的な内容のものであることが必要です。

　これからの健康管理は、高年齢期になっても心身ともに健康で快適な生活が送れるよう、継続的かつ計画的に心身両面にわたる健康の保持増進を図ることが求められています。

（5）　労働衛生教育

　労働衛生対策を総合的に進めるに当たっては、労働者の従事する作業が健康に与える影響や健康障害を防ぐための労働衛生管理体制、作業環境管理、作業管理および健康管理についての正しい理解が大切であり、この理解を深めることを目的とする労働衛生教育が重要です。労働衛生教育は、雇入れ時、作業内容変更時、危険有害業務に就かせるときなどに必ず行う必要がありますが、このような場合だけでなく、あらゆる機会を活用して計画的、継続的に実施することが重要です。

　また、最近の急速な技術革新の進展、就業形態の多様化等に対応するためには、衛生管理者、安全衛生推進者、衛生推進者、作業主任者、職長等の労働衛生管理体制の中核となる者に対する能力向上教育や、危険または有害な業務に現に就いている者に対する労働衛生教育が重要となっています。

（6）　リスクアセスメントと労働安全衛生マネジメントシステム

　事業場において建設物、機械設備、原材料、作業行動等に起因する危険性または有害性を特定し、リスクの程度を見積もり、その結果に基づいてリスクを低減するための優先度を設定し、リスク低減措

置の内容を検討すること(以下、「リスクアセスメント」という。)および優先度に対応してリスク低減措置を実施すること(以下、「リスクアセスメント等」という。)は、労働災害防止に極めて有効な手法です。

　リスクアセスメント等の基本的考え方や実施事項については、厚生労働省から「危険性又は有害性等の調査等に関する指針」(以下、「リスクアセスメント指針」という。)、「化学物質等による危険性又は有害性等の調査等に関する指針」(351ページ参照)および「機械の包括的な安全基準に関する指針」が公表されています。また、最近多くの事業場で導入が進められている労働安全衛生マネジメントシステム(以下、「OSHMS」という。)は自主的な安全衛生活動を進めていくための極めて効果的な仕組みです。このOSHMSは、事業場が体系的かつ継続的に実施する一連の自主的安全衛生活動に関する仕組みで、事業実施の際に生産管理等と一体となって運用されるものです。

　これらの詳細は次の2および3で述べますが、OSHMSの概略は、経営トップの安全衛生方針の表明のもと、リスクアセスメントを行い、これらに基づいて、安全衛生目標を設定し、安全衛生計画の作成、実施、評価および改善(PDCA:Plan-Do-Check-Act)を適切かつ継続的に実施していくというものです。厚生労働省から自主的な安全衛生活動を促進するための指針として、「労働安全衛生マネジメントシステムに関する指針」(以下、「OSHMS指針」という。)(291ページ参照)が公表されています。

(7)　ISO45001(OSHMS国際規格)

　OSHMSの国際規格ISO45001が、2013年の検討開始から約4年半を経て、2018年3月に発行されました。また、ISO45001を内容を変えずに日本語に翻訳した日本産業規格JIS Q 45001およびISO45001に日本独自の要求事項を追加したJIS Q 45100が同年9月に発行されました(詳細は次ページ、コラム参照)。

第1章　労働衛生管理の基本

　コラム

ISO45001（ISO労働安全衛生マネジメントシステム）

1．ISO45001の発行

　労働安全衛生マネジメントシステム（OSHMS）の国際規格ISO45001は、2018年3月12日に発行されました。中央労働災害防止協会（中災防）は、規格開発の国際会議の場にエキスパートを派遣し、日本の意見が反映されるよう努めてきました。

　JIS Q 45001はISO45001を和訳した日本産業規格であり、ISO 45001と同等であることが国際的に認められています。そのためISO（JIS Q）45001と表記されることもあります。

2．厚生労働省OSHMS指針等との関係

　OSHMSはISO45001の発行前からいくつかの基準、規格がありました。国内では1999年に、厚生労働省（当時は労働省）が「労働安全衛生マネジメントシステムに関する指針」（平成11年労働省告示第53号、改正：令和元年厚生労働省告示第54号）（OSHMS指針）を策定しました。一方、国際的には2001年に国際労働機関（ILO）がガイドラインを、それ以前には、一部の国際的な認証機関等の集まりによって、1999年　にOHSAS（Occupational Health and Safety Assessment Series）18001を作成しました。

　これまではOSHMS指針やOHSAS18001によりOSHMSに取り組んできた国内の事業場も多いと思われますが、OHSAS18001認証は2021年9月に廃止されており、認証を継続する場合は、ISO45001へ移行することとなりました。

3．ISO45001の概要と特徴

　ISO45001の概要を図1に示します。ISO45001の特徴としては次の点が挙げられます。

① 　組織及びその状況の理解（箇条4.1）により、組織の外部及び内部の課題等を把握し、その中からリスク及び機会となる事項に取り組む。

② 　働く人及びその他の利害関係者である協力会社や顧客、行政等のニーズと期待を把握し、その中からリスク及び機会となる事項に取

66

り組む（箇条4.2）。
③ 安全衛生リスクへの対応はもとより、安全衛生の成果を上げるためのさまざまな活動を安全衛生機会として重要視している（箇条6）。

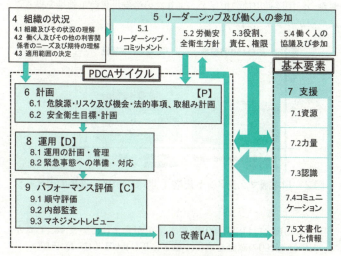

図1　ISO45001の構成

4．日本版マネジメント規格「JIS Q 45100」

日本では、以前からOSHMS指針でも規定されている日常的な安全衛生活動などボトムアップの活動が現場で熱心に行われてきており、労働災害防止に大きな効果を発揮してきました。日本はこれらの活動をISO45001に取り入れるよう国際会議で主張しましたが、内容が詳細すぎるとの理由により採用されませんでした。「ISO規格に具体的な安全衛生活動が明示されていないからやらなくてもよい」という安直な判断から安全衛生活動が実施されなくなると、安全衛生水準がレベルダウンすることが懸念されます。

このため、厚生労働省と経済産業省が協議し、これらの活動を取り入れ、ISO45001と一体で運用する日本版マネジメント規格（JIS Q 45100）が作成されました。

第1章 労働衛生管理の基本

コラム

　JIS Q 45100は、国内ですでに普及が進んでいるOSHMS指針の項目のうち、ISO45001には明示されていないものを中心に規定されています。両者を一体的に運用することで、OSHMS指針にも対応し、なおかつ、国際通用性の担保と、より高い労働災害防止効果を得ることにつながります（図2）。

図2　日本版マネジメント規格「JIS Q 45100」運用のイメージ

　JIS Q 45100にはISO45001の要求事項が含まれています。したがって、JIS Q 45100の認証を取得すると、ISO45001とJIS Q 45100の2つの認証が取得できます。

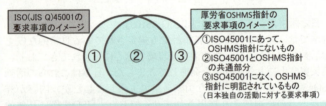

図3　「JIS Q 45100」はISO（JIS Q）45001およびOSHMS指針を満たす

詳しくは、下記の『中災防　ISO45001（JIS Q 45001)、JIS Q 45100総合サイト』を参照ください。https://www.jisha.or.jp/iso45001/index.html

2 危険性または有害性等の調査とその結果に基づく措置

　厚生労働省が示しているリスクアセスメント指針には以下の3つがあります。

① 　危険性又は有害性等の調査等に関する指針（平成18年3月10日付け危険性又は有害性等の調査等に関する指針公示第1号）

② 　化学物質等による危険性又は有害性等の調査等に関する指針（平成27年9月18日付け危険性又は有害性等の調査等に関する指針公示第3号、改正令和5年4月27日付け危険性又は有害性等の調査等に関する指針公示第4号）

③ 　機械の包括的な安全基準に関する指針（平成19年7月31日付け基発第0731001号）

　ここでは、①のリスクアセスメント指針に沿って基本的な事項を述べ（**図10**）、②の化学物質リスクアセスメント指針については、第3章の「職業性疾病予防対策」で紹介し、③の機械の包括的な安全基準に関する指針については、https://www.jisha.or.jp/oshms/machinery/about01.htmlを参照し、生産技術部門等で適切な人材育成を図ったうえでの取組みが望まれます。

（1）　実施体制・実施時期等

　リスクアセスメントは、事業場のトップをはじめ、安全・衛生管理者、職長等がそれぞれの職務に応じた役割を担い、また、安全衛生委員会の活動を通じ労働者を参画させるなど、全社的な実施体制のもとで推進しなければなりません。

　リスクアセスメントは、「建設物を設置し、移転し、変更し、または解体するとき」、「設備、原材料等を新規に採用し、または変更するとき」、「作業方法または作業手順を新規に採用し、または変更するとき」のほかに、リスクに変化が生じ、または生ずるおそれがあるときに実施する必要があります。

第1章 労働衛生管理の基本

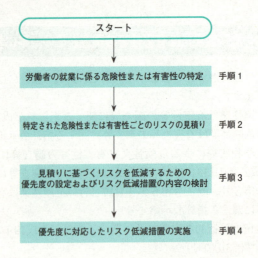

図10 リスクアセスメント等の基本的な手順

　また、労働災害が発生した場合であって過去のリスクアセスメントの内容に問題がある場合や、機械設備等の経年劣化、労働者の入れ替わり、新たな安全衛生の知見の集積があった場合もリスクアセスメントを実施する必要があります。

　さらに、既存の設備等やすでに採用されている作業方法等については、計画的にリスクアセスメントを実施し、職場にあるリスクを継続的に除去・低減していくことが大切です。

（2）情報の入手

　リスクアセスメントを実施する場合、作業標準、使用する機械設備や材料等の仕様書や危険有害性に関する情報、安全データシート（SDS）等を事前に入手（用意）する必要があります。これらの情報のうち自ら収集することができないものについては、機械設備や化学物質等のメーカー等から入手します。

危険性または有害性等の調査とその結果に基づく措置

（3）　危険性または有害性の特定

　危険な機械、有害な薬品など職場に潜む危険性や有害性については、作業標準などの情報をもとに、はさまれ・巻き込まれ、爆発・火災、中毒、腰痛など機械設備、有害物、作業等に応じてあらかじめ作成された危険性または有害性の分類に基づき特定します。この分類は事業場独自のものでも差し支えありません。

　なお、危険性または有害性の特定に当たっては、深夜業、連続する単純作業、疲労等により、負傷または疾病が発生する可能性やその重篤度が高まる影響についても考慮する必要があります。

（4）　リスクの見積り

　リスクの見積りは、リスク低減の優先度を決定するために行うものです。リスクは、「危険性または有害性によって生ずるおそれのある負傷または疾病の重篤度」および「それらの発生する可能性の度合」を考慮して見積もります。

　また、見積りに当たっては、負傷または疾病が生じた場合の対象者および内容を明確に予測すること、最悪の状況を想定した最も重篤な負傷または疾病を見積もることなどに留意します。

（5）　リスク低減措置の検討および実施

　法令に定められた事項がある場合にはそれを必ず実施するとともに、次に掲げる優先順位でリスク低減措置を検討の上、実施します。

① 　危険性または有害性を除去または低減する措置
　　危険有害な作業の廃止・変更、危険性や有害性のより低い材料への代替等
② 　工学的対策
　　全体換気装置、局所排気装置の設置等
③ 　管理的対策
　　マニュアルの整備、立入禁止措置、ばく露管理、教育訓練等
④ 　個人用保護具の使用

第1章　労働衛生管理の基本

　なお、リスク低減措置の検討に当たっては、安易に③や④の措置に頼るのではなく、①から④の順序で措置を検討し、③、④は①および②の補完措置と考えます。また、③および④のみによる措置は、①および②の措置を講じることが困難でやむを得ない場合の措置となります。

　死亡、後遺障害、重篤な疾病をもたらすおそれのあるリスクに対しては、根本的なリスク低減措置を講じるまで作業中止となります。ただし技術的課題等により、適切なリスク低減の実施に時間を要する場合等に、事業者の判断（委任）により作業を行うためには、暫定的な措置を直ちに講じなければなりません。

（6）　記録

　リスクアセスメント等を実施した時は、洗い出した作業、特定した危険性または有害性、見積もったリスク、設定したリスク低減措置の優先度、実施したリスク低減措置の内容を記録して保管し、次回のリスクアセスメント実施の際の参考とします。暫定的な低減措置を実施した場合などは、時期を見て適切な措置を実施する必要がありますが、そのためにもどのような優先度で、どのような措置を実施したかの記録が必要となります。

中災防では、リスクアセスメントの人材育成の研修として、安全衛生スタッフ等を対象とした「安全衛生スタッフ向けリスクアセスメント研修」、および現場の監督者、作業者等を対象とした「職場リーダー向けリスクアセスメント研修」に加えて、事業場からの依頼により講師を派遣する「出張研修」も実施しています。

★お問合せ先

　　中災防・技術支援部　TEL：03-3452-6404

3 労働安全衛生マネジメントシステム（OSHMS）導入のポイント

OSHMSの規格・基準には66ページに示したISO45001のほか、厚生労働省によるOSHMS指針、ILOガイドライン等がありますが、これらの内容に大きな違いはありません。

OSHMS指針の概要は図11に示すとおりです。以下に、OSHMSを導入するに当たってのポイントを簡潔にまとめます。

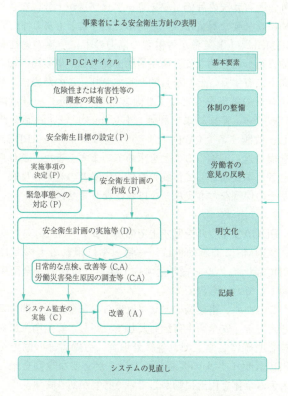

図11　OSHMS指針（厚生労働省）の概要

第1章　労働衛生管理の基本

（1）　これまでの安全衛生管理との相違点

　これまでの一般的な安全衛生管理は、法令に違反しないように措置を講じることに主眼が置かれがちでした。しかし、生産工程などの多様化に伴って、法令上の規制のない危険性または有害性も増加しています。また、KY活動、ヒヤリ・ハット報告、職場巡視などの日常的な安全衛生活動が行われていても、その結果を集約し、事業場全体として優先順位付けをした上で計画的に改善措置を講じるという仕組みになっていないために、部署によって対策の濃淡が生じたり、改善状況の評価（フォローアップ）が十分になされていないために、必要な対策が抜け落ちるということもありました。

　OSHMSは、「事業者が労働者の協力の下に一連の過程を定めて、継続的に行う自主的な安全衛生活動を促進し、事業場の安全衛生水準の向上に資すること」を目的としており、このために、リスクアセスメントの結果をもとに「計画を立て」（Plan）→「計画を実施し」（Do）→「実施結果を評価し」（Check）→「評価を踏まえて見直し、改善する」（Act）という一連のサイクル（PDCAサイクル）を繰り返し実施することを求めています。また、これらの活動を支える基本要素として体制の整備、労働者の意見の反映、明文化、記録とその保管なども実施しなければなりません。

（2）　PDCAサイクルを回す上でのポイント

①　OSHMSによる効果は、一朝一夕に現れるものではなく、PDCAサイクルを繰り返す中で徐々に職場の安全衛生水準が向上していくものです。

　　このため、事業場のトップは自らの安全衛生に関する基本的考え方を「安全衛生方針」として表明し、安全衛生に対する姿勢を明確にした上で、各級管理者、労働者等の協力を得て、PDCAサイクルの要所要所で自らが必要な役割を果たし、システム全体を円滑に動かしていく必要があります。

②　OSHMSの要となるリスクアセスメントを確実に進めてい

労働安全衛生マネジメントシステム（OSHMS）導入のポイント

くことが大切です。進め方などについては、前記の「2　危険性または有害性等の調査とその結果に基づく措置」に基づいてください。

③　安全衛生計画を確実に実施するには、それぞれの担当者を定めて責任と権限を明確化するとともに、実施結果を点検し改善していくなどフォローする仕組みが必要です。安全衛生委員会が設置されている場合には、そのような場の活用も有効です。

④　システムが問題なく回っているかどうかについては定期的に監査する必要があります。システム監査は事業場内部の者が行うことが基本で、被監査者に対して耳の痛いことも言わなければなりませんが、長い目で見れば必ず事業場の安全衛生水準の向上に役立つ重要な役割を担うことになります。事業場のトップはシステム監査者の役割を関係者に明示するなど、監査者が活動しやすい環境を整えることが大切です。

（3）　OSHMS導入に向けて

①　**現在、取り組んでいる安全衛生活動からスタートできます。**

　　OSHMSは基本的に従来の安全衛生活動から移行可能なシステムです。すでにOSHMSを実施している多くの事業場においても、それまでの安全衛生活動にリスクアセスメントやシステム監査などを付加することでシステムを構築しています。

　　OSHMS指針はシステムの枠組みを示しているもので、具体的なシステムの中身は事業場の実情に応じて構築することを想定しています。

　　このため、中小規模の事業場であっても、これまでの安全衛生活動の蓄積や推進体制などを考慮して、無理のないレベルからスタートし、PDCAサイクルを回す中で徐々に中身を充実させていくことで、システムの構築を実現することができます。

②　**文書化により情報が共有化され、各人の役割が明確になり活動の継続が可能となります。**

第1章　労働衛生管理の基本

　　OSHMS指針で作成を求めている文書は、いずれも日常の安全衛生活動を推進する上で必要であり、役に立つ文書です。近年のように、分社化等の企業形態の変化、就業形態の多様化、雇用の流動化などが進む中にあって、安全衛生の知識経験を確実に継承していくためには、安全衛生活動の計画や目標、実施状況などを文書化し、担当者が交代した場合の引き継ぎをしやすくしておくことが重要です。また、文書化によって、問題点や欠落点が発見しやすくなるというメリットもあります。

③　**リスクアセスメントにより危険または有害な芽を確実に除去することが可能です。**

　　危険性または有害性の除去等の本質的な対策や、工学的な対策によるリスク低減がなされていないのに、注意喚起やマニュアルの整備などソフト対策をもって「リスクレベルが下がった」と評価したり、重大な災害に至るリスクの低減を後回しにして、改善のしやすい事項から優先的に対策を講じていくようでは、リスク管理の本来の姿が見えなくなってしまいます。

　　「リスクレベルは下がっているのに災害が減らない」という場合は、リスクアセスメントが適切に行われているか、危険または有害な芽が確実に除去されているかどうかを確認してみてください。

　　なお、OSHMS指針は令和元年7月に主に次のとおり改正されました。

　　㋐　従来は事業場単位でOSHMSを運用することが原則でしたが、同一法人内の複数の事業場を併せて運用することも可能となりました。これは第三次産業など多店舗展開型企業では店舗単位でのOSHMSの運用が困難であり、本社が一括して管理することが現実的であることを踏まえたものです。

　　㋑　近年、健康経営や働き方改革など労働者の心身の健康の確保・増進の重要性が高まっていることから、健康保持増

進のための活動および健康教育に関する事項を安全衛生計画に含めることが求められました。

| 第2章 | 健康確保対策・快適職場形成 |

1　健康管理

（1）　健康診断

　職場における健康診断は、労働者の健康状況を把握するための基本となる対策です。労働者個人にとっては疾病の早期発見、健康確保のための健康意識の向上等の意義があり、事業者にとっては医師の意見を勘案した上で、労働者が当該作業に就業してよいか（就業の可否）、当該作業に引き続き従事してよいか（適正配置）などを判断するためのものです。また健康診断は、健康状況の経時的変化を含めて総合的に把握した上で、労働者が常に健康に働けるよう保健指導、作業管理あるいは作業環境管理にフィードバックしていかなければなりません。

　労働安全衛生法に基づき、労働者の健康状況を把握する健康診断は、一般健康診断と特殊健康診断に大別されます（健康診断の種類、項目等の詳細はⅣ.1.（13）参照）。

　また、これらの健康診断とは別に、新たな化学物質規制の制度の導入によって、リスクアセスメント対象物健康診断が制定されました（令和6年4月1日施行）（127ページ参照）。

ア　一般健康診断

　労働安全衛生法第66条第1項に定められた健康診断を指しており、その中には以下のような健康診断が含まれます。

1）　雇入時健康診断

　常時使用する労働者を雇い入れた際の健康状態を把握し、適正な配置や就業後の健康管理の基礎資料を得るために行います。

2）　定期健康診断

健康管理

　常時使用するすべての労働者に定期（1年以内ごとに1回）に
実施するもので、「一般健康診断」といえば、この定期健康診断
のことを指す場合もあります。

　近年、高血圧、糖尿病、虚血性心疾患などのいわゆる生活習慣
病を有する労働者が増加する傾向があり、コロナ禍を経て働き方
が大幅に変わっていることからも、定期健康診断の有所見率の動
向が注視されているところです。このような状況下において、職
務上の適切な配慮や適切な健康管理がなされない場合、健康状態
が増悪することが想定されます。経時的な変化に留意しながら疾
病の早期発見と予防のための適切な管理を行うことは労働力を確
保する上で極めて重要になります。このため、定期に労働者の一
般的な健康状態を把握し、必要により医師等の意見を勘案した労
働時間の短縮、作業転換等の就業上の措置や保健指導を実施する
ことを目的として実施します。あわせて、労働者にその結果を通
知することにより、労働者自らが自身の健康に配慮することも大
きな目的となっています。

3）　特定業務従事者健康診断

　深夜業務、重量物の取扱い業務など労働安全衛生規則に定めら
れている「特定業務」に常時従事している労働者に対し、対象と
なる業務による有害な健康影響を生じていないかを確認するため、
定期健康診断と同じ項目の健康診断を、配置替えの際および6カ
月以内ごとに1回、定期に実施するものです。ただし、胸部エッ
クス線検査は年1回とされているほか、年2回のうち1回は医師
の判断により省略ができる検査項目があります。

　なお、深夜業務に従事する労働者については、自ら定期健康診
断と同じ内容の健康診断を受診し、その結果を証明する書面を事
業者に提出することができます（251ページ参照）。

4）　海外派遣労働者健康診断

　労働者を海外に6カ月以上派遣しようとするとき、または海外
に6カ月以上派遣した労働者を国内の業務に従事させるときは、

79

第2章 健康確保対策・快適職場形成

定期健康診断項目に海外派遣労働者に対する健康診断項目のうちから医師が必要であると認める検査項目を追加して健康診断を行います。

5) 給食従業員の検便

食堂または炊事場における給食の業務に従事する労働者に対し、雇入れの際または当該業務への配置替えの際、検便による健康診断を行います。

イ 特殊健康診断

一定の有害業務に従事する労働者に対し、それぞれの業務に対する特別の項目について、医師による健康診断を行わなければなりません。すべての労働者が受診する一般健康診断の定期健康診断では、幅広い意味で労働者の「健康」の状態を把握しますが、特殊健康診断の場合は、有害業務に従事することによる健康影響の有無を確認し、業務上疾病を予防することが目的となります。よって健康診断結果を解釈する上で「有所見者（受診した労働者のうち異常の所見のある者）がいない」ことが前提となります。特殊健康診断で「有所見者がいる」ことは、有害業務により健康障害を引き起こした可能性を示唆するものであるからです。

特殊健康診断は、法令により実施しなければならないものと、行政指導により実施が勧奨される健康診断に大別されます。

1) 法令により実施義務のある特殊健康診断

ア）じん肺健康診断　イ）高気圧作業健康診断

ウ）電離放射線健康診断　エ）特定化学物質健康診断

オ）石綿健康診断　カ）鉛健康診断

キ）四アルキル鉛健康診断　ク）有機溶剤健康診断

ケ）除染等業務従事者健康診断　コ）歯科特殊健康診断

ア）はじん肺法に基づき、常時粉じん作業に従事する労働者に対して行う健康診断で、対象者の所見状況により健康診断の実施頻度（1年以内ごとまたは3年以内ごと）が異なります。

イ）～コ）は労働安全衛生法第66条第2項および第3項で定め

80

健康管理

る有害業務に従事する者に対する健康診断になり、雇入時または配置替えの際および6カ月以内に1回定期に実施しなければなりません（鉛業務では1年以内ごとに1回の業務あり）。さらに、「特定化学物質健康診断」の一部の化学物質および「石綿健康診断」では、発がんなど長期間が経過した後に健康障害の発症のおそれがあることを考慮し、それらの業務に従事させなくなった場合においてもその者を雇用している間は、特殊健康診断の対象者としなければなりません。

なお、エ）（特別管理物質等を除く）、カ）、キ）およびク）の特殊健康診断については、一定の要件を満たす労働者の実施頻度を1年以内ごとに1回に緩和することができます（132ページ参照）。

2）　指導勧奨による特殊健康診断

法令で定められた有害な業務以外でも、健康に影響を及ぼすおそれのある有害業務については、行政指導により特殊健康診断を実施することが勧奨されています。具体的には、「情報機器作業」、「騒音作業」、「重量物取扱い作業、介護・看護作業等腰部に著しい負担のかかる作業」、「振動工具の取扱い業務」など29種類があり、それぞれ指針・通達等で健康診断項目等が定められています。

「騒音障害防止のためのガイドラインの改訂について」（令和5年4月20日付け基発0420第2号）が発出され、騒音健康診断の検査項目の見直しが行われました。改訂の主なポイントは、定期健康診断（騒音）における4,000ヘルツの聴力検査の音圧を、40dBから25dBおよび30dBに変更、雇入れ時または配置替え時や定期健康診断（騒音）の二次検査での聴力検査に、6,000ヘルツの検査が追加されました。

（2）　健康診断実施後の措置

定期健康診断の結果をみると、労働者の半数以上が有所見者という状況になっています。また、脳血管疾患および虚血性心疾患等の

脳・心臓疾患による労災支給決定件数も高水準にあり、脳・心臓疾患の発生防止の徹底を図る必要があります。

こうした職場における労働者の健康管理には、健康診断の的確な実施に加え、その結果に基づく事後措置や保健指導の実施が必要です。一方、労働者には自主的な健康管理の努力が求められます。

そのため、事業者は、健康診断を受けた労働者に対し、遅滞なく、当該健康診断の結果を通知する必要があります。また、健康診断（労働安全衛生法第66条の２の規定に基づく深夜業に従事する労働者が自ら受けた健康診断および労働者災害補償保険法第26条第２項第１号の規定に基づく二次健康診断を含む。）の結果、異常所見があると診断された労働者については、当該労働者の健康を保持するために必要な措置について、３カ月以内に、医師または歯科医師の意見を聴き、その意見の内容を健康診断個人票に記載することとされています。

さらに、事業者は医師または歯科医師の意見を勘案し、その必要があると認めるときは、当該労働者の実情を考慮して、就業場所の変更、作業の転換、労働時間の短縮、深夜業の回数の減少、昼間勤務への転換等の措置を講ずるほか、作業環境測定の実施、施設または設備の設置または整備、当該医師または歯科医師の意見の衛生委員会等への報告その他の適切な措置を講じなければなりません。

また、健康診断の結果、特に健康の保持に努める必要があると認める労働者に対しては、医師または保健師による保健指導を行うよう努めることとされています。

このような健康診断実施後の措置に関しては、「健康診断結果に基づき事業者が講ずべき措置に関する指針」が厚生労働大臣より公表されています（平成８年10月１日付け健康診断結果措置指針公示第１号）。

なお、「雇用管理分野における個人情報のうち健康情報を取り扱うに当たっての留意事項」（平成29年５月29日付け基発0529第３号）では、「個人情報の保護に関する法律についてのガイドライン（平

健康管理

成28年11月個人情報保護委員会)」に基づき、健康情報の保護に留意し、適正な取扱いを確保するよう事業者に求めています。

(3) 産業医・産業保健機能の強化、長時間労働者に対する面接指導等の強化

　働き方改革関連法の成立に伴い、改正労働安全衛生法が平成31年4月1日から施行され、長時間労働やメンタルヘルス不調などにより、健康リスクが高い状況にある労働者を見逃さないため、産業医による面接指導や健康相談等が確実に実施されるための整備が図られました。その概要は以下のとおりです。

ア　産業医・産業保健機能の強化

1）　産業医の活動環境の整備

　ア）産業医の独立性・中立性の強化

　　産業医は、「労働者の健康管理等を行うのに必要な医学に関する知識に基づいて、誠実にその職務を行わなければならない。」という理念規定の創設、産業医の知識・能力の維持向上等

　イ）産業医への権限・情報提供の充実強化

　　産業医の権限の具体化、産業医等に対する労働者の健康管理等に必要な情報の提供等

　ウ）産業医の活動と衛生委員会等との関係の強化

　　産業医からの勧告を受けたときの衛生委員会への報告、産業医による衛生委員会等に対する調査審議の求め等

2）　健康相談の体制整備、健康情報の適正な取扱い

　面接指導や健康診断の結果など、労働者の健康情報が適正に取り扱われ、労働者が安心して産業医等による健康相談等を受けられるようにするために、健康情報の事業場内での取扱いルールの明確化・適正化が推進されるよう示されました。また、労働者が産業医等に直接相談できるようにするための環境整備やその仕組みの労働者への周知が行われることとなっています。

イ　長時間労働者に対する面接指導等の強化

83

第2章　健康確保対策・快適職場形成

　医師による面接指導が確実に実施されるようにされ、労働者の健康管理が強化されました。面接指導が確実に実施されるために、①労働時間の客観的な状況の把握、②労働者への労働時間に関する情報の通知、が求められ、③医師による面接指導の対象となる労働者の要件が拡大されました。また、④研究開発業務従事者に対する医師による面接指導の実施、⑤高度プロフェッショナル制度対象労働者に対する医師による面接指導の実施が義務付けられています。また、努力義務として、⑥産業医が面接指導を行う労働者以外の労働者であって健康への配慮が必要なものについては、必要な措置を講じるよう示されています。

（4）　過重労働による健康障害防止

　過重労働による脳・心臓疾患の発症は、本人やその家族はもちろん、企業にとっても重大な問題です。社会的にもいわゆる「過労死」等として大きな問題となっていることから、過労死のない社会を実現するという目的のもと、平成26年「過労死等防止対策推進法」が公布され、過労死等の防止のための対策を効果的に推進することが国の責務と定められました。平成27年には過労死等の防止のための対策等を取りまとめた「過労死等の防止のための対策に関する大綱」が閣議決定されています。この大綱は3年ごとに見直しが行われ、令和3年7月30日付けで新しい大綱が閣議決定されています。大綱では、将来的に過労死をゼロとすることを目指し、以下の6つについて数値目標が示されています。

① 週労働時間40時間以上の雇用者のうち、週労働時間60時間以上の雇用者の割合を5％以下（令和7年（2025年））

② 労働者数30人以上の企業のうち、
　㈠ 勤務間インターバル制度を知らなかった企業割合を5％未満（令和7年（2025年））
　㈡ 勤務間インターバル制度を導入している企業割合を15％以上（令和7年（2025年））

健康管理

　特に勤務間インターバル制度の導入率の低い中小企業への導入に向けた取組みを推進する。

③　年次有給休暇の取得率を70％以上（令和7年（2025年））

④　メンタルヘルス対策に取り組んでいる事業場の割合を80％以上（令和9年（2027年））

⑤　使用する労働者数50人未満の小規模事業場におけるストレスチェック実施の割合を50％以上（令和9年（2027年））

⑥　各事業場において必要な産業保健サービスを提供している事業場の割合を80％以上（令和9年（2027年））

　なお、数値目標④から⑥は第14次労働災害防止計画（2023年度～2027年度）に位置付けられた目標です。

◎詳細は厚生労働省ホームページ参照。

https://www.mhlw.go.jp/stf/newpage_04739.html

　平成30年7月に、働き方改革を推進して、長時間労働を是正し、多様で柔軟な働き方の実現を目指すため、労働基準法、労働安全衛生法等の改正が公布されています。労働時間に関する制度の見直しとしては、時間外労働の上限の設定、勤務間インターバル制度の普及促進、産業医・産業保健機能の強化等が実施されています。

　脳・心臓疾患の労災認定基準については、働き方の多様化や職場環境の変化を踏まえて、業務の過重性の評価や対象疾病について令和3年9月に改正が行われました。労働者に業務による明らかな過重負荷が加わることにより、脳血管疾患または虚血性心疾患等を発症したとして労災認定された件数は令和4年度は、194件となっています。

　業務による脳・心臓疾患の発症を防止するためには、疲労回復のための十分な睡眠時間または休息時間が確保できないような長時間にわたる過重労働を排除するとともに、疲労が蓄積するおそれのある場合の健康管理対策を強化することが必要です。労働安全衛生法では、すべての事業者を対象に、長時間労働者への医師による面接指導の実施を定めています（**図12**）。また、事業者は、長時間労働

第2章　健康確保対策・快適職場形成

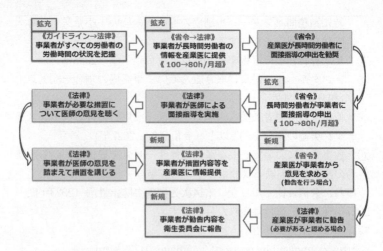

図12　過重労働者に対する面接指導の実施等の流れ、労働安全衛生法改正による変更点（平成31年4月1日施行）

者に対し、労働時間に関する情報を提供しなければならないものとされています（労働安全衛生規則第52条の2第3項）。なお、働き方改革関連法の施行に伴い、これらの措置のさらなる推進が図られています。

また、「過重労働による健康障害防止のための総合対策」（平成18年策定、令和2年改正）において、過重労働による健康障害を防止するために事業者に対し必要な措置等を講じるよう求めています（Ⅳ.2.(6)参照）。

過重労働による健康障害を防止するためには、時間外・休日労働時間の短縮、事業者、産業医等による事業場内の健康管理の徹底に加え、厚生労働省や中央労働災害防止協会のホームページ上で公開されている「労働者の疲労蓄積度自己診断チェックリスト（2023年改正版）（本人用・家族用）」(https://www.jaish.gr.jp/td_chk/tdchk_menu.html) などを活用し、労働者自身も自らの積極的な健康管理を進めていくことが重要です。なお、本チェックリストは中

健康管理

央労働災害防止協会が厚生労働省の補助事業により、令和３年度から見直し作業を進め、その成果として令和５年４月に20年ぶりに新たなチェックリストとして取りまとめたものになります（詳細はトピックス１（51ページ）を参照）。

（5） 情報通信機器を用いた産業医の職務の一部実施に関する留意事項等について（令和３年３月31日付け基発0331第４号）

近年の急速なデジタル技術の進展に伴い、情報通信機器を用いて遠隔で産業医の職務を実施することへのニーズが高まっていること等を踏まえ、実施にあたっての考え方および実施時の留意事項が示されました。主な内容は次のとおりです（詳細については通達を参照ください）。

【本通達に係る産業医の職務ごとの留意すべき事項（一部抜粋、改変)】

ア 医師による面接指導

労働安全衛生法で規定されている医師による面接指導（長時間労働者、高ストレス者）について、「情報通信機器を用いた労働安全衛生法第66条の８第１項、第66条の８の２第１項、第66条の８の４第１項及び第66条の10第３項の規定に基づく医師による面接指導の実施について」（平成27年９月15日付け基発0915第５号（最終改正：令和２年11月19日付け基発1119第２号））で示す次の留意事項を遵守するとともに、面接指導を実施する医師が必要と認める場合には直接対面により実施すること。

面接指導について

労働安全衛生法第66条の８第１項において、面接指導は「問診その他の方法により心身の状態を把握し、これに応じて面接により必要な指導を行うこと」とされており、医師が労働者と面接し、労働者とのやりとりやその様子（表情、しぐさ、話し方、声色等）から労働者の疲労の状況やストレスの状況、その

第2章　健康確保対策・快適職場形成

他の心身の状況を把握するとともに、把握した情報を元に必要な指導や就業上の措置に関する判断を行うものであるため、労働者の様子を把握し、円滑にやりとりを行うことができる方法により行う必要がある。

イ　作業環境の維持管理および作業管理

　作業環境の維持管理および作業管理に係る産業医の定期巡視の実施は、実地で作業環境や作業内容等を確認する必要がある。製造工程や使用する化学物質を変更する等、事業場の作業環境や作業内容等に大きな変更が生じる場合は、産業医が実地で確認することが適当であること。

ウ　衛生教育

　情報通信機器を用いて遠隔で実施する際は、「インターネット等を介したeラーニング等により行われる労働安全衛生法に基づく安全衛生教育等の実施について」(令和3年1月25日付け基安安発0125第2号、基安労発0125第1号、基安化発0125第1号)に基づき実施する。

エ　労働者の健康障害の原因の調査および再発防止のための措置

　労働者の健康障害の原因の調査および再発防止対策の策定について、医学に関する専門的知識を踏まえた検討を行うことが求められているものであり、視覚や聴覚を用いた情報収集だけでなく、臭いや皮膚への刺激等臭覚や触覚による情報を得る必要もあることが想定されることから、原則として事業場において産業医が実地で作業環境を確認する。ただし、労働者の健康障害の原因の調査および再発防止のための措置について取りまとめられた報告書等を確認する等により、事業場において産業医が実地での作業環境等の確認は不要であると判断した場合には、この限りでない。

オ　定期巡視

　産業医の定期巡視については、少なくとも毎月1回(労働安全衛生規則第15条で定める条件を満たす場合は少なくとも2月に1

回)、産業医が実地で実施する必要がある。

カ　安全衛生委員会等への出席

　情報通信機器を用いてオンラインで開催される安全衛生委員会等へ出席する際は、「情報通信機器を用いた労働安全衛生法第17条、第18条及び第19条の規定に基づく安全委員会等の開催について」（令和2年8月27日付け基発0827第1号）に基づき、次のいずれかの要件を満たして運営するものである必要がある。

a　対面により安全委員会等を開催する場合と同様に、情報通信機器を用いた安全委員会等において、委員相互の円滑な意見交換等が即時に行われ、必要な事項についての調査審議が尽くされていること。

b　情報通信機器を用いた安全委員会等は上記aによって開催することを原則とするが、委員相互の円滑な意見交換等および必要な事項についての十分な調査審議が可能となるよう、開催期間、各委員への資料の共有方法および意見の表明方法、委員相互で異なる意見が提出された場合の調整方法、調査審議の結果を踏まえて事業者に対して述べる意見の調整方法等についてあらかじめ安全委員会等で定められている場合は、電子メール等を活用した即時性のない方法により開催して差し支えないこと。

（6）　事業場における治療と仕事の両立支援

　疾病や障害を抱える労働者の中には、仕事上の理由で適切な治療を受けられない場合や、疾病に対する労働者自身の不十分な理解や、職場の理解・支援体制不足により、離職に至ってしまうことが少なくありません。一方近年の診断技術や治療方法の進歩により、かつては「不治の病」とされていた疾病においても生存率が向上し、「長く付き合う病気」に変化しつつあり、労働者が病気になったからといって、必ずしもすぐに離職しなければならないという状況ではなくなってきています。今後、労働力の高齢化が進むことが見込まれる中で、事業場において疾病を抱えた労働者の治療と仕事の両

第2章 健康確保対策・快適職場形成

立への対応が必要となる場面はさらに増えることが予想されます。

このような状況を踏まえ、厚生労働省は平成28年2月「事業場における治療と職業生活の両立支援のためのガイドライン」（以下、「ガイドライン」という。）を公表しました。このガイドラインでは、職場における意識啓発のための研修や治療と職業生活を両立しやすい休暇制度・勤務制度の導入などの環境整備、治療と職業生活の両立支援の進め方に加え、特に「がん」について留意すべき事項が取りまとめられました。

その後、数回改訂が行われ、最新は令和4年3月に改訂版（ピンクガイドライン）が公表されています。これまでに「がんに関する留意事項」をはじめとして、「脳卒中に関する留意事項」、「肝疾患に関する留意事項」、「難病に関する留意事項」、「心疾患に関する留意事項」、「糖尿病に関する留意事項」が掲載されています（IV.2.(11) 参照）。

また、平成30年3月に治療と仕事の両立支援のため、企業と医療機関が情報のやり取りを行う際の参考となるよう、ガイドライン掲載の様式例に沿って各様式例の作成のポイントを示した「企業・医療機関連携マニュアル」が公表されています。

全国の産業保健総合支援センターでは、患者（労働者）と事業者の個別調整支援、事業場および患者（労働者）からの相談、啓発セミナー、情報提供、事業場への個別訪問支援を行っています。

（7） 産業保健総合支援センターおよび地域窓口（地域産業保健センター）

国は、職場の産業保健活動を支援するため産業保健活動総合支援事業として、以下のように産業保健総合支援センターおよび地域の産業保健の拠点を整備しています。

ア 産業保健総合支援センター

a 趣旨・目的

産業医、産業看護職、衛生管理者等の産業保健関係者を支援

健康管理

するとともに、事業主等に対し職場の健康管理への啓発を行うことを目的として、全国47の都道府県に産業保健総合支援センターが設置されています（398ページ参照）。

b　業務内容

・産業保健に関するさまざまな問題について、専門スタッフが実地または、センターの窓口（予約）、電話、電子メール等で相談に応じ、解決方法を助言

・産業保健関係者を対象として、産業保健に関する専門的かつ実践的な研修の実施

・メールマガジン、ホームページ等による情報提供。産業保健に関する図書・教材の閲覧等

・事業主、労務管理担当者を対象に、職場の健康問題に関するセミナーの実施

・地域の産業保健活動に役立つ調査研究を実施し、成果を公表・活用

イ　地域窓口（地域産業保健センター）

a　趣旨・目的

労働者数50人未満の小規模事業場にあっては、経営基盤が脆弱であること等の理由により、事業者が独自に医師を確保し、労働者に対する保健指導、健康相談等の産業保健サービスを提供することが困難な状況にある場合があります。このため、アの産業保健総合支援センターと連携し、地域の小規模事業場の事業者およびそこで働く労働者に対する産業保健サービスを充実させることを目的に、おおむね監督署管轄区域ごとに地域窓口（地域産業保健センター）が設けられています。

b　業務内容

地域産業保健センターでは、労働者数50人未満の小規模事業場の事業者や労働者に対して、次の事項を原則無料で提供しています。

・長時間労働者への医師による面接指導の相談

第2章　健康確保対策・快適職場形成

・健康相談窓口による健康診断結果に基づいた健康管理、作業関連疾患の予防方法、メンタルヘルスに関すること等について医師や保健師による相談

　なお、一部のセンターでは、休日、夜間にも利用ができるよう窓口を開設
・訪問指導を希望する事業場について、医師等が個別に訪問し、健康診断結果に基づいた健康管理等に関する指導・助言。医師による職場巡視を行い、改善が必要な場合は助言等。さらに事業主からの相談や要望に応じて、産業保健総合支援センターと連携し、事業場の状況に即した労働衛生管理の総合的な助言・指導の実施
・地域の産業保健関係機関等のリストを作成し、希望する事業場に情報提供

2　健康保持増進対策

　高年齢労働者の増加、急速な技術革新の進展、社会経済情勢の変化、労働者の就業意識や働き方の変化、業務の質的変化等に伴い、労働者がいつまでも健康で、その能力を十分に発揮できるということは、労働者にとっても大変重要なことです。

　しかし、定期健康診断の結果をみると、年々有所見者の割合が増加しており、中でも血中脂質検査、血圧、肝機能検査などの項目で有所見率が高い傾向にあります。

　労働者の心身の健康問題に対処するためには、すべての労働者を対象として、早い段階から心身両面についての健康教育等の予防対策に職場として取り組むとともに、労働者が自分の健康は自分で守るという考え方も大切です。職場の健康保持増進に対する取組みの推進と、その取組みに対する労働者の協力も重要となります。

　また、健康寿命とともに職業生涯が延伸し、高年齢労働者が職場

健康保持増進対策

においてより大きな役割を担うようになり、高年齢労働者が安心して安全に働ける職場環境づくりや労働災害の予防的観点から、健康づくりを推進していくことが求められています。

労働者の健康を確保し、ひいては、身体機能低下がもたらす労働災害の防止を図ることを目的として、事業場における健康保持増進のためにさまざまな施策が展開されています。

（1） 心身両面にわたる健康保持増進

国は昭和63年に「事業場における労働者の健康保持増進のための指針」（THP指針）（Ⅳ.2.(10)参照）を策定し、心身両面にわたる健康保持増進対策を推進しています。

健康保持増進措置は、労働者が自主的・自発的に取り組むことですが、その自助努力を支援する制度や、適切な生活習慣が継続して行える環境づくりなど、事業者の積極的な健康管理を推進する取組みが必要です。そこで、THP指針では、事業場内の健康保持増進措置を適切かつ有効に行うための基本となる実施方法と留意すべきポイントを示しています。

① THPの推進には、中長期的な視点で安全衛生計画を立て、事業者による方針表明から結果評価までをPDCAサイクルに沿って取り組むことが重要である（図13）。この際、衛生委員会等に計画を付議し、推進体制を整備することが望ましい。

② 措置内容は、「健康指導」と「それ以外の取組み」の大きく2つに分けられており、「健康指導」については、「労働者の健康状態の把握」と「把握した労働者の健康状態を踏まえて実施される運動指導や保健指導などの実施」の2ステップで行う（図14）。

③ 対象者については、健康障害を起こす危険因子を有する労働者を特定して健康状態の改善を目指す「ハイリスクアプローチ」だけではなく、対象を集団全体に広げて危険因子の有無に関係なく事業場全体の健康状態の改善を目指す「ポピュレーシ

93

第2章 健康確保対策・快適職場形成

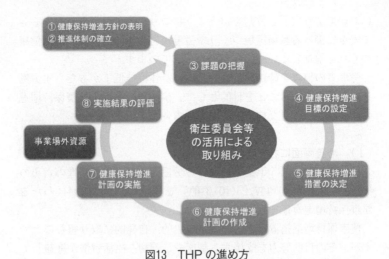

図13　THPの進め方

	労働者の健康状態の把握	
Step1	健康診断	・運動指導プログラム作成 ・運動実践のための指導
	必要に応じて行う健康測定など	・問診などによる生活状況調査 ・運動機能検査、運動負荷試験 ・事業場の特色に応じて実施される医学的検査や調査など
	把握した労働者の健康状態を踏まえた健康指導の実施	
Step2	運動指導	・安全に楽しくかつ効果的に実践できる運動
	メンタルヘルスケア	・ストレスに対する気づきの援助 ・リラクセーション
	保健指導	・勤務形態や生活習慣による健康上の問題を解決 ・睡眠・喫煙・飲酒などに関する健康的な生活
	歯科保健指導	・歯と口の健康づくり
	栄養指導	・食習慣、食行動の改善

図14　健康保持増進措置における「健康指導」の例

職場におけるメンタルヘルス対策

ョンアプローチ」を組み合わせて行うことが効果的である。

④　健康づくりに無関心な人にも参加してもらうような環境づくりや仕組みづくりの工夫が大事である。

⑤　労働者の高齢化を見据えた若年期からの運動の習慣、歯・口腔の健康維持等の健康保持増進に取り組むことが有効である。

⑥　健康情報を含む労働者の個人情報は「要配慮個人情報」として慎重に扱うことが極めて重要である。

3　職場におけるメンタルヘルス対策

（1）労働者の心の健康確保をめぐる状況

　職業生活等に関して強い不安やストレスを感じる労働者が5割を超え、仕事による強いストレスが原因で精神障害を発病し、労災認定される労働者が令和4年度は710件となっています。

　また、わが国における自殺者数は、平成22年以降減少傾向が続いていましたが、令和2年から再び増加に転じ、令和4年は21,881人となりました。性別では男性は13年ぶりの増加で、令和3年に対して807人増加の14,746人となり、女性は3年連続の増加で令和3年に対して67人増加し7,135人となっています。また、職業別では有職者（被雇用者・勤め人、自営業・家族従事者）が、令和3年に対して586人増加し8,576人で全体に占める割合は39.2％と高い割合となっています。このような状況において、急激に進んだテレワークにおける孤立、孤独対策を含めた職場のメンタルヘルス対策に関する取組みは重要な課題となっています。

　一方、メンタルヘルス対策に取り組んでいる事業場の割合は、59.2％（令和3年「労働安全衛生調査（実態調査）」）となっていますが、令和5年から5年計画で進められる第14次労働災害防止計画（14次防）では令和9年までにメンタルヘルス対策に取り組む事業場の割合を80％以上とする目標を掲げています。なお、平成27年に

第２章　健康確保対策・快適職場形成

施行となったストレスチェック制度（後述(3)参照）を踏まえた当面のメンタルヘルス対策の推進について、国の基本方針と実施事項が示されています（平成28年４月１日付け基発0401第72号）。ストレスチェック制度の実施とあわせて、より一層、事業場における積極的な取組みが期待されます。

　また、「『過労死等ゼロ』緊急対策を踏まえたメンタルヘルス対策の推進について」（平成29年３月31日付け基発0331第78号、改正：令和４年３月31日付け基発0331第33号、雇均発0331第５号）により、各都道府県労働局長は、精神障害に関する労災支給決定が行われた事業場等や、違法な長時間労働が認められる等の事業場に対するメンタルヘルス対策の監督指導を進めることとされています。

（2）　心の健康の保持増進のための指針

　平成18年３月31日に、労働安全衛生法第70条の２第１項の規定に基づく、「労働者の心の健康の保持増進のための指針」が示され、この指針に基づき、各事業場では、その実態に即した形で、メンタルヘルス対策への取組みが進められました。その後この指針は、ストレスチェック制度の制定に伴い、平成27年11月30日に改正され、制度の実施方法や活用に関する内容が盛り込まれました（Ⅳ.２.(7)参照）。

　指針では、事業者は、事業場におけるメンタルヘルスケアを積極的に推進するため、衛生委員会等において十分調査審議を行い、「心の健康づくり計画」を策定するとともに、その実施に当たっては、関係者に対する教育研修・情報提供を行い、「４つのケア」（セルフケア、ラインによるケア、事業場内産業保健スタッフ等によるケア、事業場外資源によるケア）を継続的かつ計画的に推進し、ストレスチェック制度の活用や職場環境等の改善（一次予防）、メンタルヘルス不調への対応（二次予防）、職場復帰のための支援・再発防止（三次予防）が円滑に行われるようにする必要があるとしています（図15、図16）。

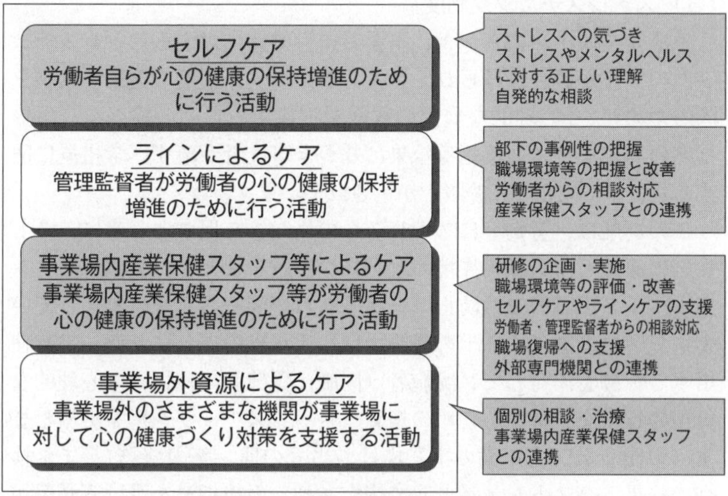

職場におけるメンタルヘルス対策

セルフケア
労働者自らが心の健康の保持増進のために行う活動
- ストレスへの気づき
- ストレスやメンタルヘルスに対する正しい理解
- 自発的な相談

ラインによるケア
管理監督者が労働者の心の健康の保持増進のために行う活動
- 部下の事例性の把握
- 職場環境等の把握と改善
- 労働者からの相談対応
- 産業保健スタッフとの連携

事業場内産業保健スタッフ等によるケア
事業場内産業保健スタッフ等が労働者の心の健康の保持増進のために行う活動
- 研修の企画・実施
- 職場環境等の評価・改善
- セルフケアやラインケアの支援
- 労働者・管理監督者からの相談対応
- 職場復帰への支援
- 外部専門機関との連携

事業場外資源によるケア
事業場外のさまざまな機関が事業場に対して心の健康づくり対策を支援する活動
- 個別の相談・治療
- 事業場内産業保健スタッフとの連携

図15　4つのケア

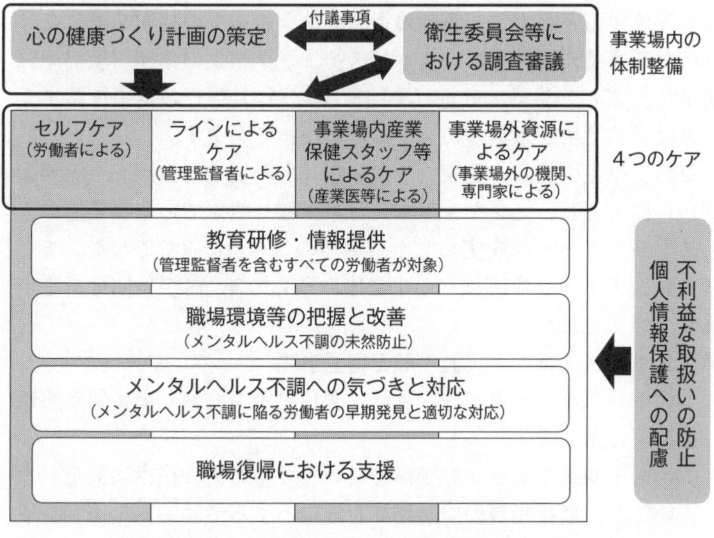

心の健康づくり計画の策定 ⇔（付議事項）⇔ 衛生委員会等における調査審議　　事業場内の体制整備

| セルフケア（労働者による） | ラインによるケア（管理監督者による） | 事業場内産業保健スタッフ等によるケア（産業医等による） | 事業場外資源によるケア（事業場外の機関、専門家による） |

4つのケア

教育研修・情報提供
（管理監督者を含むすべての労働者が対象）

職場環境等の把握と改善
（メンタルヘルス不調の未然防止）

メンタルヘルス不調への気づきと対応
（メンタルヘルス不調に陥る労働者の早期発見と適切な対応）

職場復帰における支援

不利益な取扱いの防止
個人情報保護への配慮

図16　メンタルヘルスケアの具体的な進め方

第2章　健康確保対策・快適職場形成

（3）ストレスチェック制度

　労働安全衛生法に基づき、事業者に労働者に対するストレスチェックの実施が義務付けられ、ストレスチェック制度の適切な実施を図るために、「心理的な負担の程度を把握するための検査及び面接指導の実施並びに面接指導結果に基づき事業者が講ずべき措置に関する指針」（Ⅳ.2.(9)参照）が示されています。

　この制度は、労働者にストレスへの気づきを促すとともに、ストレスの原因となる職場環境の改善につなげることで、労働者のメンタルヘルス不調の未然防止（一次予防）を図ることを目的としています。労働者数50人以上の事業場は、1年以内ごとに1回、常時使用する労働者に対して、実施者（医師、保健師等）による心理的な負担の程度を把握するための検査（ストレスチェック）を実施します（労働者数50人未満の事業場は、当分の間、努力義務）。また検査の結果、高ストレス者として選定され、面接指導を受ける必要があるとされた労働者から申出があった場合には、医師による面接指導を実施するとともに、医師の意見を聴き就業上の措置を講じなければなりません。さらに、ストレスチェック結果の集団（職場や部署単位）ごとの集計・分析（集団分析）、およびその結果を踏まえた職場環境改善が事業者の努力義務となっています。

　なお、厚生労働省の発表（令和3年「労働安全衛生調査（実態調査）」）によると、メンタルヘルス対策に取り組んでいる事業場のうちストレスチェックを実施した事業場の割合は65.2％でした。また、ストレスチェックを実施した事業場のうちの76.4％が集団分析を実施していました。

ア　ストレスチェック実施手順と留意事項

　ストレスチェック実施の流れは図17に示すとおりで、留意事項を以下に示します。

① ストレスチェックを受検しないことや結果の提供に同意しないこと、面接指導の申し出等を理由とする労働者への不利益取扱いは禁止されています。

98

職場におけるメンタルヘルス対策

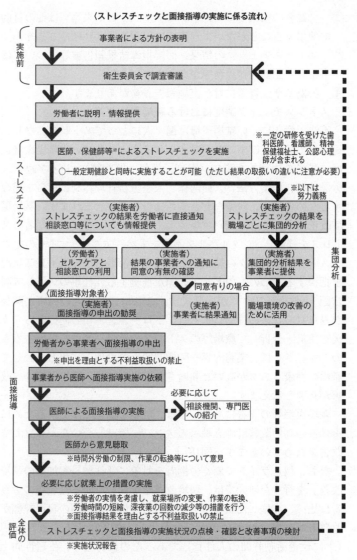

図17 ストレスチェック制度 実施の流れ

第2章　健康確保対策・快適職場形成

② 労働者の個人情報（ストレスチェックの結果等）は他の目的で使用することがないよう適切に保護しなければなりません。

③ ストレスチェックの結果、面接指導結果報告書等については、事業者に記録保存義務等があります（5年）。

④ 労働基準監督署に対し実施報告義務があります。

イ　ストレスチェック制度における職場環境改善

　不快で働きにくい職場環境は働く人にとってストレスになり、健康に影響を及ぼすことが考えられます。ここでいう職場環境には、職場の物理的な環境（温度、換気、照明等）、レイアウト、労働時間、作業方法、人間関係、人事労務管理体制、疲労を回復するための施設、設備などさまざまなものが含まれます。職場環境改善とは、こういった職場環境を改善することで、労働者のストレスを軽減しメンタルヘルス不調を未然に防ごうとするものです。

　ストレスチェックの結果から事業場や部署単位のストレス状況を把握するためのものとして、国が推奨する「仕事のストレス判定図」（健康リスク）があります。これは、働く人の健康と関係がみられる仕事の量的負担とコントロール、上司と同僚からの支援を集計・分析して職場等のストレスの健康リスクを評価するものです。さらに、業務内容や労働時間などの他の情報と合わせて、職場の健康リスクが高いと判断された場合には、職場環境等の改善が必要と考えます。

　職場環境等の改善にあたっては、職場を働きやすくするために実効性の高い改善計画を職場のメンバーで話し合いながら立てて、改善を進めていきます（**図18**）。

　なお、製造ラインで働く労働者を対象に「従業員参加型の環境改善」を行った研究では、環境改善を実施しなかった職場の労働者に比べ、実施した職場の労働者の自分の生産性への自己評価が改善しており、改善にかかった費用が労働者一人あたり7,600円（主に改善活動時間の人件費）であったのに対して、生産性向上から期待できる便益は15,200円と考えられるとの報告があり、職

職場におけるメンタルヘルス対策

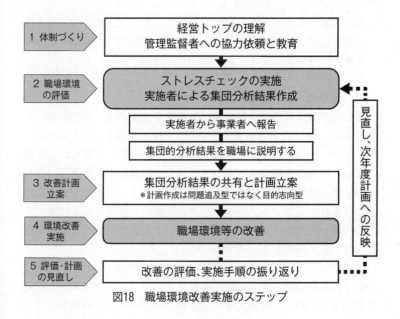

図18 職場環境改善実施のステップ

場環境改善を実施することには一定の費用はかかるものの、それを上回る生産性の向上が期待できます。

ウ 国等の支援

① ストレスチェック制度実施マニュアル、医師向けのマニュアル、実施プログラム、面接指導を実施する実施規程例等の関連情報は、下記の厚生労働省ホームページまたは「こころの耳」（106ページ参照）からアクセスできます。

https://www.mhlw.go.jp/bunya/roudoukijun/anzeneisei12/index.html

② 事業場がストレスチェックや職場環境改善等を実施する場合、（独）労働者健康安全機構の助成金を利用することができます。
　▶問合せ先：（独）労働者健康安全機構（397ページ参照）
　　　　　　ナビダイヤル：0570-783046（ナヤミヲシロウ）

第２章　健康確保対策・快適職場形成

③　ストレスチェック制度サポートダイヤルで、制度の実施方法
などに関する相談に応じています。受付時間：平日10時〜17時
▶全国統一ナビダイヤル：0570-031050

（４）　職場の人間関係とメンタルヘルスケア

　厚生労働省の発表（令和３年「労働安全衛生調査（実態調査)」）
によると、職場におけるストレスは、「対人関係」が25.7％となっ
ています。さらにコロナ禍によりテレワークが急速に進んだこと等
により、職場の人間関係はメンタルヘルス対策の大きな課題になっ
ています。さらに職場におけるパワーハラスメント、嫌がらせ、い
じめ、暴行、セクシュアルハラスメント等のハラスメントに関する
公的機関への相談件数、ハラスメントによる精神障害の労災認定件
数もここ数年増加しています。

　平成30年３月に出された「職場のパワーハラスメント防止対策に
ついての検討会報告書」の結果を踏まえ、パワーハラスメント対策
を推進するために、令和元年６月５日、ハラスメント対策を強化し
た「女性の職業生活における活躍の推進に関する法律等の一部を改
正する法律」が公布され（令和２年６月１日施行）、労働施策総合
推進法、男女雇用機会均等法および育児・介護休業法について、職
場のハラスメントに関する部分が改正されました（参照：厚生労働省
ホームページ「職場におけるハラスメントの防止のために（セクシュア
ルハラスメント／妊娠・出産・育児休業等に関するハラスメント/パワ
ー ハ ラ ス メ ン ト)」https://www.mhlw.go.jp/stf/seisakunitsuite/
bunya/koyou_roudou/koyoukintou/seisaku06/index.html)。

ア　パワーハラスメント

　労働施策総合推進法（労働施策の総合的な推進並びに労働者の
雇用の安定及び職業生活の充実等に関する法律）の改正で、職場
におけるパワーハラスメントとは、以下の３つの要素をすべて満
たすものと示されています。

①職場において行われる優越的な関係を背景とした言動であって、

職場におけるメンタルヘルス対策

②業務上必要かつ相当な範囲を超えたものにより、

③労働者の就業環境が害されること

なお、優越的な関係は、上司から部下に対して使われる場合が多いのですが、職場での経験年数や仕事における専門知識も含まれるので、先輩・後輩間や同僚間、さらには部下から上司に対して行われるものもあります。

パワーハラスメント防止のため、事業主と労働者には以下の事項に努めることが責務として法律上明確化されています。

事業主の責務としては、

- 職場におけるパワーハラスメントを行ってはならないこと等これに起因する問題（以下、「ハラスメント問題」という。）に対する労働者の関心と理解を深めること
- その雇用する労働者が他の労働者に対する言動に必要な注意を払うよう研修を実施する等、必要な配慮を行うこと
- 事業主自身（法人の場合はその役員）がハラスメント問題に関する関心と理解を深め、労働者に対する言動に必要な注意を払うこと

労働者の責務としては、

- ハラスメント問題に関する関心と理解を深め、他の労働者に対する言動に注意を払うこと
- 事業主の講ずる雇用管理上の措置に協力すること

事業主は、職場のパワーハラスメントを防止するために以下の措置を講じなければいけません。

①職場におけるパワーハラスメントの内容・パワーハラスメントを行ってはならない旨の方針を明確化し、労働者に周知・啓発すること

②行為者について、厳正に対処する旨の方針・対処の内容を就業規則等の文書に規定し、労働者に周知・啓発すること

③相談窓口をあらかじめ定め、労働者に周知すること

④相談窓口担当者が、相談内容や状況に応じ、適切に対応できる

第2章　健康確保対策・快適職場形成

　　ようにすること
　⑤事実関係を迅速かつ正確に確認すること
　⑥速やかに被害者に対する配慮のための措置を適正に行うこと
　⑦事実関係の確認後、行為者に対する措置を適正に行うこと
　⑧再発防止に向けた措置を講ずること
　⑨相談者・行為者等のプライバシーを保護するために必要な措置
　　を講じ、その旨労働者に周知すること
　⑩相談したこと等を理由として、解雇その他不利益取扱いをされ
　　ない旨を定め、労働者に周知・啓発すること
　なお、上記改正法に基づいて、「事業主が職場における優越的な
関係を背景とした言動に起因する問題に関して雇用管理上講ずべき
措置等についての指針（令和2年厚生労働省告示第5号）」が策定
されており、職場におけるパワーハラスメントの内容やパワーハラ
スメントに該当すると考えられる例、該当しないと考えられる例、
事業主が講ずべき雇用管理上の措置の具体的な内容等について定め
られています。
　相談体制の整備等の雇用管理上必要な措置を講じることの事業主
への義務付けは、令和4年4月1日より全事業場が対象となりまし
た。

イ　セクシュアルハラスメント

　職場におけるセクシュアルハラスメント、妊娠・出産・育児休業
等に関するハラスメントについては、男女雇用機会均等法、育児・
介護休業法により、雇用管理上の措置を講じることがすでに義務付
けられています。
　令和2年の法改正により、以下のとおり、事業場の規模を問わず、
防止対策が強化されました。
　①セクシュアルハラスメント等の防止に努めることを事業主およ
　　び労働者の責務として明確化
　②事業主に相談等をした労働者に対する不利益取扱いの禁止
　③自社の労働者が他社の労働者にセクシュアルハラスメントを行

職場におけるメンタルヘルス対策

った場合の協力対応

（①、②の内容は職場におけるパワーハラスメントと同様です。）

ウ　心理的負荷による精神障害の労災認定基準の改正

　厚生労働省ではハラスメントにかかる心理的負荷の評価、労災申請にかかる審査の迅速化や効率化について検討し、「心理的負荷による精神障害の労災認定基準（平成23年12月26日付け基発1226第1号）」（**図19**）を定めています。

　令和2年6月から施行されたパワーハラスメント防止対策の法制化に伴い、職場における「パワーハラスメント」の定義が法律上規定されたことなどから、認定基準別表1の「業務による心理的負荷

●業務による心理的負荷（ストレス）の評価基準

評価方法	出来事＋出来事後の総合評価 1段階による評価
特別な出来事	「極度の長時間労働」を月160時間程度の時間外労働と明示 「心理的負荷が極度のもの」に強姦やわいせつ行為等を例示
具体例	「強」「中」「弱」の心理的負荷の具体例を記載
労働時間	強い心理的負荷となる時間外労働時間数等を記載 ・発病直前の連続した2カ月間に、1月当たり約120時間以上 ・発病直前の連続した3カ月間に、1月当たり約100時間以上 ・「中」の出来事後に、月100時間程度　等
評価期間	セクシュアルハラスメントやいじめが長期間継続する場合には6カ月を超えて評価
複数の出来事	具体的な評価方法を記載 ・強＋中または弱→強　　　　　　　・中＋弱　　　　→中 ・中＋中…　　　→強または中　　　・弱＋弱　　　　→弱 近接の程度、出来事の数、その内容で総合判断
発病者の悪化	発病後であっても特に強い心理的負荷で悪化した場合は労災対象とする

図19　心理的負荷による精神障害の認定基準の概要

第2章　健康確保対策・快適職場形成

評価表」の改正を行い、評価表をより明確化、具体化しています（令和2年5月29日付け基発0529第1号）。

　この改正により「心理的負荷評価表」は次のようになりました。

- 「出来事の類型」に、「パワーハラスメント」を追加
- 「上司等から、身体的攻撃、精神的攻撃等のパワーハラスメントを受けた」を「具体的出来事」に追加
- 「具体的出来事」の「（ひどい）嫌がらせ、いじめ、又は暴行を受けた」の名称を「同僚等から、暴行又は（ひどい）いじめ・嫌がらせを受けた」に修正
- パワーハラスメントに該当しない優越性のない同僚間の暴行やいじめ、嫌がらせ等を評価する項目として位置付ける

（5）　職場復帰の支援

　心の健康問題により休業し、医学的に業務に復帰するのに問題がない程度に回復した労働者を対象に、実際の職場復帰に当たり事業者が行う職場復帰支援の内容を総合的に示した「心の健康問題により休業した労働者の職場復帰支援の手引き」（Ⅳ.2.(8)参照）が公表されています。

　また、国が職場復帰支援の事例集をとりまとめ、これらを分析して事業場の規模等に応じたモデルプログラムを作成しており、（独）労働者健康安全機構ホームページで提供されています（397ページ参照）。

（6）　メンタルヘルス関連情報等の収集先と支援機関

ア　働く人のメンタルヘルス・ポータルサイト「こころの耳」
　　（https://kokoro.mhlw.go.jp）
　　国が開設している、働く人のメンタルヘルス（心の健康確保と自殺や過労死などの予防）のためのポータルサイト。

イ　「あかるい職場応援団」
　　（https://www.no-harassment.mhlw.go.jp）

国が開設している、職場のパワーハラスメントの予防・解決のためのポータルサイト。

ウ 「働き方・休み方改善ポータルサイト」

（https://work-holiday.mhlw.go.jp）

国が開設している、働き方・休み方の見直しや、改善に役立つ情報を提供するポータルサイト。

エ 産業保健総合支援センター、地域産業保健センター（地域窓口）

職場におけるメンタルヘルス対策やメンタルヘルスに係る健康管理に関する相談について、各都道府県ごと、地域ごとに設置された両センターが支援しています（398ページ参照）。

4 情報機器作業における労働衛生管理

情報機器作業には、ディスプレイやキーボード等で構成されるVDT（Visual Display Terminals）機器を使用する作業が広く行われていますが、タブレットやスマートフォン等の携帯用情報機器が急速に普及していることから、作業形態は多様化しています。そのため、情報機器作業における健康管理を一律かつ網羅的に行うのではなく、事業場が個々の作業形態に応じて判断できるよう健康管理を行うこと、それぞれの作業内容や使用する情報機器、作業場所ごとに、健康影響に関与する要因のリスクアセスメントを実施し、その結果に基づいて必要な対策をとることが求められます。このような背景から、令和元年7月、旧「VDT作業における労働衛生管理のためのガイドライン」が「情報機器作業における労働衛生管理のためのガイドライン」（令和元年7月12日付け基発0712第3号）に名称を変更するとともに、「作業管理」の見直し等の改正が行われました（Ⅳ.2.(3)参照）。

さらに、働く時間や場所を柔軟に活用することのできる働き方としてテレワークの導入・定着が図られています。テレワークの推進は、労使双方にとってプラスなものとなるよう、働き方改革の推進

107

第2章　健康確保対策・快適職場形成

の観点にも配慮して行うことが有益であり、使用者が適切に労務管理を行い、労働者が安心して働くことのできる良質なテレワークとなることが望まれます。そこで、参考として「テレワークの適切な導入及び実施の推進のためのガイドライン（以下、「テレワークガイドライン」という。）」（令和3年3月25日）が公表されました。

　作業場が労働者の自宅等、事業者が業務のために提供している作業場以外である場合、事務所衛生基準規則（昭和47年労働省令第43号）、労働安全衛生規則（一部、労働者を就業させる建設物その他の作業場に係る規定）および「情報機器作業における労働衛生管理のためのガイドライン」は一般には適用されません。そこで、安全衛生に配慮したテレワークが実施されるよう、これらの衛生基準と同等の作業環境となるよう、事業者はテレワークを行う労働者に教育・助言等を行い、テレワークガイドラインの別紙2「自宅等においてテレワークを行う際の作業環境を確認するためのチェックリスト（労働者用）」を活用すること等により、自宅等の作業環境に関する状況の報告を求めるとともに、必要な場合には、労使が協力して改善を図る、または自宅以外の場所（サテライトオフィス等）の活用を検討することが必要となります。

（テレワークの適切な導入及び実施の推進のためのガイドライン：参照 https://www.mhlw.go.jp/content/000759469.pdf）

5　高年齢労働者の安全と健康確保対策

（1）高年齢労働者の安全と健康確保をめぐる状況

　わが国の健康寿命は世界最高水準となり、今後さらなる延伸が期待される人生100年時代を迎え、高齢者から若者まですべての人が元気に活躍でき、安心して暮らせる社会づくりが求められています。総務省の労働力調査によれば、60歳以上の雇用者数は過去10年間で1.5倍に増加しており、わが国では、高齢者が働くことは特別なことではなく、年齢にかかわりなく働く社会へ向かいつつあります。

高年齢労働者の安全と健康確保対策

こうした中で、労働災害による休業4日以上の死傷者数のうち、60歳以上の労働者が占める割合は増加傾向にあり、令和4年には、休業4日以上の死傷者の28.7%が60歳以上という状況になっています。

　高齢者の身体機能は、近年向上しているとはいえ、壮年者に比べて聴力、視力、平衡感覚、筋力等の低下が見られ、高齢者の労働災害を防止するためには、その特性に応じた的確な対応が必要です。一方、厚生労働省の発表（令和3年「労働安全衛生調査（実態調査）」）によると、高齢者の労働災害防止対策に　何らか取り組んでいる事業場の割合は78.0%であり、取組内容（複数回答）別にみると、「本人の身体機能、体力等に応じ、従事する業務、就業場所等を変更」が41.4%、「作業前に体調不良等の異常がないかを確認」が36.1%となっています。

（2）高年齢労働者の安全と健康確保のためのガイドライン

　厚生労働省は令和2年3月16日に「高年齢労働者の安全と健康確保のためのガイドライン」（エイジフレンドリーガイドライン）を公表しました。このガイドラインは、事業者と労働者に求められる取組みを具体的に示したものであり、「人生100年時代に向けた高年齢労働者の安全と健康確保に関する有識者会議　報告書」（令和2年1月、厚生労働省）を踏まえて策定されたものです（Ⅳ.2.(12)参照）。

●事業者に求められる取組み

　高年齢労働者の就労状況や業務の内容など各事業場の実情に応じて、法令で義務付けられているものに加え、実施可能な高齢者労働災害防止対策に積極的に取り組むよう努めることが求められています。なお、事業場における安全衛生管理の基本的体制および具体的取組みの体系について図解すると、**図20**のとおりとなります。

　【具体的な取組み】

　（1）安全衛生管理体制の確立等

　（2）職場環境の改善

第2章 健康確保対策・快適職場形成

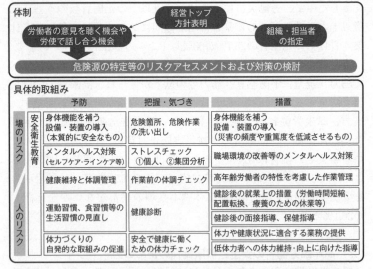

図20 事業場における安全衛生管理の基本的体制および具体的取組み

(3) 高年齢労働者の健康や体力の状況の把握
(4) 高年齢労働者の健康や体力の状況に応じた対応
(5) 安全衛生教育

●労働者に求められる取組み

生涯にわたり健康で活躍できるようにするため、労働者は事業者が実施する労働災害防止対策の取組みに協力するとともに、自己の健康を守るための努力の重要性を理解し、自らの健康づくりに積極的に取り組むよう努めることが求められています。

【具体的な取組み】

(1) 健康診断等による健康や体力の状況の客観的な把握と維持管理
(2) 日常的な運動、食習慣の改善等による体力の維持と生活習慣の改善

厚生労働省は、ガイドライン普及のための周知セミナーや、関係

機関・団体による「中小規模事業場 安全衛生サポート事業」等の
安全衛生活動支援、「エイジフレンドリー補助金」（高年齢労働者
（60歳以上）を常時1名以上雇用している中小企業事業者に対する
補助事業）などの各種支援によって、高年齢労働者が安心して安全
に働ける職場環境づくりを推進していくとしています。

（3）高年齢労働者の身体機能の維持による転倒災害予防

　加齢に伴う身体機能の低下は、労働災害発生の要因の一つとなっ
ています。年齢を重ねるにつれ「立つ、座る、歩く、走る」などの
運動機能やバランス感覚などが低下することから、「転倒」、「墜
落・転落」の災害が増加しています。

　このような機能低下に対しては、施設・設備を改善して補う必要
があることは言うまでもありませんが、機能低下は多様であり、個
人差もあります。そして機能低下は自覚しないうちに徐々に進行す
ることが多く、日常生活や行動上に支障が出るまで放置しがちで、
未然に防ぐよう意識することがむずかしいという問題もあります。

　そこで厚生労働省は、平成21年度に「高年齢労働者の身体的特性
の変化による災害リスク低減推進の手法等の検討」を中央労働災害
防止協会に委託して行いました。その結果、自らの身体機能の変化
に気づき、転倒等のリスクを把握する方法として「転倒等リスク評
価セルフチェック票」がまとめられました（厚生労働省ホームペー
ジ https://www.mhlw.go.jp/new-info/kobetu/roudou/gyousei/
anzen/dl/101006-1a_03.pdf）。前述のエイジフレンドリーガイドラ
インにおいても、高年齢労働者の健康や体力の状況把握の項におい
て、このセルフチェック票の活用が推奨されています。このセルフ
チェック票の活用にあたっては、身体機能計測の際にけがをする可
能性もありますので、周囲の環境や事前の準備運動を入念に行うな
ど注意が必要です。中央労働災害防止協会では、このセルフチェッ
ク票を使用した高年齢労働者の転倒災害防止をはじめとする働き方
に関係したセミナーや講師派遣も行っています（中央労働災害防止

第2章　健康確保対策・快適職場形成

協会ホームページhttps://www.jisha.or.jp/campaign/tentou/index.
html）。

　また、日本整形外科学会では、身体の衰えにより「立つ」「歩く」
といった機能が低下するロコモティブシンドローム（運動器症候
群）を予防するための運動として「ロコトレ」（https://locomo-joa.
jp/check/locotre/）を推奨しています。

（4）　高年齢労働者の安全と健康確保のための改善事例等

　中央労働災害防止協会では、「生涯現役社会の実現につながる高
年齢労働者の安全と健康確保のための職場改善ツール（エイジアク
ション100[1]）」を作成（令和3年3月改訂）するとともに、「高年
齢労働者の活躍促進のための安全衛生対策―先進企業の取組事例集
―[2]」を公表しています。

　なお、高年齢労働者の特性に配慮した作業環境や作業方法等の具
体的な改善例については、「高年齢労働者に配慮した職場改善事例
（製造業）[3]」を参照することができます。

　　※1：https://www.jisha.or.jp/research/pdf/202103_01.pdf
　　※2：https://www.jisha.or.jp/research/report/201703_01.html
　　※3：https://www.mhlw.go.jp/new-info/kobetu/roudou/gyousei/anzen/1003-2.html

6　快適な職場環境の形成

　労働者は生活の3分の1を職場で過ごしていることから、職場は
いわば労働者の生活の場の一部ともいえます。その生活の場が浮遊
粉じんで汚れている、臭気がある、暑すぎる、寒すぎる、暗い、騒
音でうるさいなど作業環境に問題があったり、不自然な姿勢での作
業や大きな筋力を必要とする作業内容であったりする場合には、労
働者にとって不快であるだけでなく、生産性の面からも能率の低下
をきたします。

　そこで、作業環境や施設設備についての現状を的確に把握し、職

快適な職場環境の形成

場の意見・要望等を聴いて、快適職場の目標を掲げ、その実施の優先順位に基づいて計画的かつ着実に職場の改善を進めることが必要です。例えば、空気を清浄化する、温度・湿度を適切に管理する、重筋労働を少なくして作業者の心身の負担を軽減する、疲れた時に身体を横にすることのできる休憩室等を設置する、暑熱環境下で作業をした時に汗を流すシャワーを設置する等です。

職場の快適性が高いと、職場のモラールの向上、労働災害の防止、健康障害の防止が期待できるだけでなく、事業活動の活性化に対しても良い影響を及ぼします。その際、人が快適と感じるかどうかは個人差があり、職場の環境という物理的な面のみでは測れませんが、多くの人にとっての快適さを目指すことを基本としながら、個人差にも配慮することが必要です。

なお、当然のことですが、職場が安全衛生関係法令等に違反しているような不安全・不衛生な状態では、快適職場とはいえません。

(1) 快適職場指針

労働安全衛生法第71条の2と第71条の3において、事業者は快適な職場環境を形成するように努めなければならないとされています。その具体的な措置として「事業者が講ずべき快適な職場環境の形成のための措置に関する指針」（平成4年7月1日付け労働省告示第59号）が公表されています。快適職場指針では、仕事による疲労やストレスを感じることの少ない、働きやすい職場づくりをめざして、「快適職場づくり」を事業場の自主的な安全衛生活動の一環として位置付け、職場の快適化を安全衛生委員会等で十分に検討して具体化すべきことを定めています。

職場によっては、屋外作業、重筋作業、不自然な姿勢での作業等の労働負荷の大きい作業や、作業者が高齢化していることがあります。これらの職場において快適化を進めていくためには、それぞれの職場の特性を踏まえて対応する必要があります。このため、業種の特性等を考慮し、例えば建設業については、「建設業における快

113

第2章　健康確保対策・快適職場形成

適職場形成のための対象作業・対象事項及び対策の例」（平成7年9月26日付け基安発第13号）が示されています。

また、林業、陸上貨物運送事業、鉱業および採石業についても、「快適職場形成のための対策の方法及び改善事例」がそれぞれ示されています。

（2）職場環境のソフト面（心理的・制度的側面）の快適化

職場が快適であるためには、作業環境、作業方法等のハード面の快適化が欠かせません。しかし、近年、職場の人間関係や仕事のやりがい等の職場環境のソフト面に関するさまざまな問題が生じています。このようなソフト面の課題を早期に発見し対応することによって、職場で働く人々はより快適に働くことができます。

職場環境のソフト面の現状や課題を的確に把握し、改善に役立てるための調査票「快適職場調査（ソフト面）」が国の委託調査研究により開発され、自由に利用することができます。

（事業所用チェックシート：

参照 https://www.jaish.gr.jp/user/anzen/sho/sho_07_ p16s.pdf）

7　職場における受動喫煙防止対策

受動喫煙による健康への悪影響については、流涙、鼻閉、頭痛等の諸症状や呼吸抑制、心拍増加、血管収縮等生理学的反応等に関する知見等が得られているほか、肺がんや冠動脈心疾患等のリスクを増加させるとされています。健康増進法（平成14年法律第103号）では、事務所その他多数の者が利用する施設を管理する者は、受動喫煙防止対策を講ずるように努めなければならないとされています。

平成30年7月、たばこの受動喫煙防止対策を強化する健康増進法の改正がなされ、多くの人が利用する屋内施設の原則禁煙と罰則の適用を段階的に施行し、令和2年4月より、全面施行されています。一方、職場の受動喫煙防止対策について、厚生労働省は労働者の安

全と健康の保護を目的として、事業者に屋内における当該労働者の受動喫煙を防止するための措置について努力義務を課しています。

令和元年7月に示された「職場における受動喫煙防止のためのガイドライン」は、従業員に対する受動喫煙防止対策として、①20歳未満の従業員は、屋内、屋外を含め喫煙エリアへの立入一切禁止、②事業者は、従業員の受動喫煙を防止するための措置を講ずることを努力義務とすること、を設けています。

また、国は受動喫煙の健康への有害性に関する理解を図るための啓発や事業者に対する効果的な支援を実施しており、令和5年度は以下の支援事業を実施しています。

① 受動喫煙防止対策助成金

労働保険が適用される中小企業事業主を対象に、一定の要件を満たす喫煙室の設置等に必要な経費の2分の1、飲食店を営んでいる事業者は3分の2を助成（上限100万円）。

▶申請先：各都道府県労働局労働基準部健康課（または健康安全課）

② 受動喫煙防止対策に係る相談支援

職場の受動喫煙防止対策に関する各種支援事業（技術的支援）

・専門家による電話相談窓口

　a.受動喫煙防止対策のための計画、実施体制、問題点等に関する相談（ソフト面）

　b.受動喫煙防止対策のための施設・設備等に関する相談（ハード面）

　c.受動喫煙防止対策助成金の申請に関する相談

・実地指導

・説明会の開催

・団体の会合に対する講師派遣

▶問合せ先：050-3537-0777

（令和5年度受託先：(一社)日本労働安全衛生コンサルタント会）

◎詳細は厚生労働省ホームページ参照。

第2章 健康確保対策・快適職場形成

受動喫煙防止対策助成金

https://www.mhlw.go.jp/stf/seisakunitsuite/bunya/0000049868.
html

受動喫煙防止対策の技術的相談支援

https://www.mhlw.go.jp/stf/seisakunitsuite/bunya/0000049989.
html

8 職場における感染症対策

職場においては、毎年冬に流行する季節性インフルエンザやノロ
ウイルス感染症、さらには風疹や結核、HIV感染症などに対するも
のがあります。また、令和2年から日本だけでなく世界中で感染拡
大をした新型コロナウイルス感染症（COVID-19）は、令和5年5
月8日から感染症上の位置づけが「5類感染症」となり、感染対策
の実施については個人・事業者の判断が基本となりました（感染症
の予防及び感染症の患者に対する医療に関する法律）。

それぞれの感染症に応じた防止対策を講じることは、労働者の健
康管理とともに経営上の課題としても重要なこととなります。

（1）感染症について

私たちの身の回りには、細菌やウイルスなどのさまざまな微生物
が存在し、共存しています。微生物が病気を起こす力を病原性と呼
び、病原性が人間の抵抗力よりも強くなった場合、体内に侵入した
微生物は増殖します。このことを「感染」といいます。その後、発
熱や下痢、咳などの症状が出るようになる病気のことを「感染症」
といいます。

（2）感染症予防の基本

感染症が成立するには、「感染源（病原体）」、「感染経路（手な
ど）」、「感染を受けやすい人（主体）」の3つの要素が必要となり、

これらのいずれかを絶つことにより、感染症を予防することができます。

① 感染源を絶つ

感染源には微生物に感染した人間や動物、それらの排せつ物などにより、人から人にうつる伝染性の感染症と、動物や昆虫あるいは傷口から感染する非伝染性の感染症があります。そこで、「感染源を絶つ」ためには殺菌消毒をすることになりますが、殺菌消毒の方法は病原体により異なります。

② 感染経路を絶つ

感染経路は、以下の5つに分類されます。これらの「感染経路を絶つ」ための取組みとして、清潔・清掃・衛生管理が挙げられます。

・接触感染：感染源に直接接触する（麻疹（はしか）、水痘（みずぼうそう）、アデノウイルス、新型コロナウイルスなど）

・飛沫感染：咳やくしゃみにより唾液に混じった微生物が飛散する（インフルエンザ、普通感冒、マイコプラズマ肺炎、新型コロナウイルスなど）

・空気感染：微生物を含む飛沫の水分が蒸発し、5μm以下の小粒子として長時間空気中に浮遊する（結核、麻疹、水痘など）

・物質媒介型感染：汚染された食物、水、血液、器具などから伝ぱされる（食中毒、B型肝炎、C型肝炎など）

・昆虫などを媒介した感染：蚊・ハエ・ネズミなどを経由して伝ぱする（マラリア、リケッチア症など）

③ 感染を受けやすい人（主体）は抵抗力を高める

病原性が非常に強い場合は誰でも感染しますが、抵抗力が非常に弱い場合も病気を発症させることになります。したがって、感染してもほとんど症状が出ずに終わってしまう人もいれば、一度症状が出るとなかなか治りにくく、時には死に至ってしまうような感染症もあります。

抵抗力を高めるには、バランスのとれた食事、適度な運動、休

養、睡眠、予防接種（ワクチン）が挙げられます。なお、抵抗力とは、病原体などに打ち勝つための体力や免疫力のことで、免疫とは自分を病原体から守る機能です。

（3）職域における感染症防止対策

感染症への対策は、原因となる病原体や感染経路が異なるため、それぞれの感染症によって予防方法が異なります。しかし、労働者が業務中に感染症にかからないようにすることや感染症の拡大を防ぐことなど、労働者の感染症に対する理解を深める「衛生教育」の実施、感染の陽性者や濃厚接触者が出た場合の対応に関する「規程の策定」「ワクチン接種の勧奨」などのように、事業場が行う基本的な対策は同じです。

また、国際交流の増加や都市の過密化により、新たな感染症（エボラ出血熱、MERS、ジカウイルス感染症、エムポックス（サル痘）など）の出現に対しては、国や地方自治体等からの情報や最新情報を収集しながら総合的に取り組む必要があります。

新型コロナウイルス感染症は令和5年5月8日から5類感染症に位置づけられたことから、政府としては一律に日常における基本的感染対策を求めないことになりました。また、感染症法に基づき、新型コロナウイルス陽性者、濃厚接触者の外出自粛も求めないことになり、個人を尊重し、自主的な取組みをベースにした対応を行うことになりました。厚生労働省では企業の方向けに「新型コロナウイルスに関するQ&A」を公表していますが、5類感染症に位置づけられたことに伴い、Q&Aの内容についても随時更新されています。

第3章　職業性疾病予防対策

1　化学物質による健康障害の防止対策

（1）　化学物質の製造等の禁止・許可・管理等の規制

　職場で幅広く取り扱われる化学物質のうち、労働者に健康障害を発生させるおそれのあるものについては、健康障害の程度に応じ労働安全衛生法（以下、この章において「安衛法」という。）により、①製造、輸入、譲渡、提供、使用が禁止されているもの（ベンジジン、β-ナフチルアミン等）、②製造に際し、厚生労働大臣の許可を受けなければならないもの（ジクロルベンジジン、PCB、ジアニシジン等）、③その他製造・取扱い上の管理が必要なものの3つに分けてそれぞれ規制されています。②、③の化学物質については、有機溶剤中毒予防規則（以下、この章において「有機則」という。）、特定化学物質障害予防規則（以下、この章において「特化則」という。）等において、それぞれの物質の有害性、取扱い状況に応じて密閉設備、局所排気装置等の設置、保護具の使用、健康診断の実施、有害性の表示等の講ずべき措置を定め、適切な管理を行うよう求めています。

　このほか、人体に対する有害性が確定していないものであっても、重度の健康障害を生ずるおそれのあるものについては、未然にこれを防止する観点からの適切な対策の実施が可能となるよう、必要に応じて法令に基づき健康障害を防止するための指針等を示すこととされています。

　また、化学物質の適正な管理を行うためには、その取扱いについて作業のマニュアルを作成し、保管、運搬、廃棄などについてその基準を策定するとともに、作業主任者の選任等安全衛生管理体制を

119

第3章 職業性疾病予防対策

確立するほか、労働者に対する適切な安全衛生教育の実施が必要です。

（2） 有機溶剤による中毒予防の規制

有機溶剤とは、ほかの物質を溶かす性質を持つ有機化合物の総称であり、さまざまな職場で、塗装、洗浄、印刷等の作業に幅広く使用されています。有機溶剤は、常温では液体ですが、一般に揮発性が高いため、蒸気となって作業者の呼吸器から吸収されやすく、また、脂肪を溶かす性質があることから皮膚からも吸収されます。有機溶剤の濃度の高い蒸気を吸入すると中枢神経が作用を受けて急性中毒を引き起こすほか、低濃度であっても長期間吸入すると肝臓、造血器等に作用し慢性中毒を引き起こします。

有機則においては、44種類の有機溶剤を有害性のリスクが高くなる可能性の大きい順に、第1種、第2種および第3種の3つに分類し、発散源を密閉する設備または局所排気装置、プッシュプル型換気装置等の設置、作業主任者の選任、局所排気装置等の定期自主検査、作業環境測定、健康診断の実施、保護具の使用、貯蔵および空容器の処理などについて規制しています（Ⅳ.1.（2）参照）。

有機溶剤中毒の発生例の多くは、ほとんどが換気の不十分な場所での取扱い作業で発生しています。その原因としては不十分な換気、呼吸用保護具の未着用、衛生管理者や作業主任者の未選任のほかに、作業者に対する有機溶剤中毒予防のための労働衛生教育の不足などが指摘されます。

（3） 特定化学物質による健康障害予防の規制

特定化学物質（以下、「特化物」という。）は労働者に職業がん、皮膚炎、神経障害などを発症させるおそれのある化学物質で、令和5年7月現在75種類の特化物およびこれに準ずる4物質が特化則により規制されています（最近の改正動向については(4)参照）。

これらの化学物質による健康障害の予防対策について特化則では、

化学物質による健康障害の防止対策

規制対象物質を①製造設備の密閉化、作業規程の作成などの措置を条件とした製造の許可を必要とする「第1類物質」、②製造もしくは取扱い設備の密閉化または局所排気装置等の設置などの措置を必要とする「第2類物質」、および③主として大量漏えい事故の防止措置を必要とする「第3類物質」に分類して、健康障害の防止措置を規定しています（Ⅳ.1.(5)参照）。

なお、有機溶剤のうち発がん性を踏まえて、物質ごとに業務や含有量の違いにより特定化学物質の規制を受けるエチルベンゼンなどの「特別有機溶剤」があります。

ア　特定化学物質の発散の防止

特化物による健康障害を防止する上では、労働者の特化物へのばく露を防止することがもっとも重要、かつ基本的な対策です。

特化則では特化物の種類や取り扱われる工程などに応じ、特化物の蒸気、粉じんなどが発散する場所において、発散源の密閉化、局所排気装置等の設置など発散源に対して講ずべき措置を具体的に定めています。例えば、第1類物質の容器からの出し入れや反応槽への投入を行う場合には発散源の密閉化、囲い式フードの局所排気装置またはプッシュプル型換気装置を設けることとされています。

イ　漏えいの防止

特化物による急性中毒や薬傷は毎年多数発生していますが、これらの中には設備の異常や誤操作により特化物が漏えいして被災する例が多く見られます。このため特定化学設備（第3類物質または第2類物質のうちの特定のものを内部に保有する定置式の設備をいう）の材料は腐食しにくいものとし、バルブやコックの材質は耐久性のあるものとするよう規定されています。

また、特定化学設備を使用する作業では誤操作を防止するため、バルブやコックについては開閉の方向などを表示することとされ、さらに、特化物の漏えいを防止するためあらかじめ作業方法や手順などを適切かつ確実なものとするなどの作業規程を定め、これ

第3章　職業性疾病予防対策

に従って作業を行うこととされています。

ウ　発がん性物質等に関する特別な管理

　　第1類物質および第2類物質のなかには、職業がんなど労働者に重度の健康障害を生ずるおそれがあり、その発症までに長い期間がかかるものがあります。特化則ではこれらを「特別管理物質」として、次のような措置を講ずるよう規定しています。

①　人体へ及ぼす作用、取扱い上の注意事項を作業場に掲示

②　作業の記録の作成およびその30年間の保存

③　作業環境測定の結果および健康診断結果の30年間の保存

エ　一酸化炭素中毒の予防

　　特化物による中毒の中で特に多いのが第3類物質である一酸化炭素による中毒です。一酸化炭素は極めて急性毒性が強く、死に至ることも多いものです。

　　特化則は一酸化炭素の製造、取扱いについて規制していますが、実際に発生した災害を見ると、自然換気が不十分な場所でのガソリンエンジン等の内燃機関や火気等の使用が原因で発生したものが目立っています。一酸化炭素は各種燃料の不完全燃焼で発生するほか、工業用原料などの主成分として幅広く使用されており、また無色、無臭の気体であることから一酸化炭素を吸入しても気がつかないことが多く、第三次産業を含むさまざまな業種で災害が発生しています。

　　対策としては、①閉塞空間や自然換気の不十分な場所では内燃機関等の使用を避けること、②やむを得ず使用する場合には十分な換気を行い、一酸化炭素が滞留しないようにすること、③コンクリートの養生等で練炭等を燃焼させた場所へは、立入禁止の措置を講じ、その旨を周知するとともに、内部に立ち入る際はあらかじめ十分な換気が行われたことを検知器等で確認すること、が必要です。また、燃焼器具を使用する場合には十分な換気の確保が必要です。

オ　労働衛生教育、衛生管理体制

化学物質による健康障害の防止対策

　特化物を取り扱う作業については、作業者が取り扱う化学物質の有害性、中毒等の予防対策等について十分に理解するよう、労働衛生教育を行うことが必要です。また特化物を取り扱う作業については特定化学物質作業主任者を選任し、作業の指揮、局所排気装置等の点検、保護具の着用状況の確認など現場において必要な労働衛生管理に当たらせます。

（4）　化学物質をめぐる最近の制度改正

ア　労働安全衛生規則等の改正（新たな化学物質規制の制度の導入）（令和4年5月31日公布）

　国内で輸入、製造、使用されている化学物質は数万種類にのぼり、その中には、危険性や有害性が不明な物質が多く含まれます。化学物質を原因とする労働災害（がん等の遅発性疾病を除く。）は年間450件程度で推移しており、がん等の遅発性疾病も後を絶ちません。これらを踏まえ、新たな化学物質規制の制度が導入されました（図21参照）。

　リスクアセスメント対象物[※1]について、リスクアセスメントの結果に基づき事業者自ら選択した対策を実施する制度（化学物質の自律的な管理）が導入されました。また、リスクアセスメント対象物のうち、ばく露の上限となる濃度基準値を国が設定した化学物質は、ばく露を濃度基準値以下にすることが求められます。

※1　リスクアセスメント対象物：安衛法第57条の3でリスクアセスメントの実施が義務付けられている危険・有害物質

（ア）　ラベル表示・SDS等による通知の義務対象物質の追加

　リスクアセスメント対象物に、国によるGHS分類で危険性・有害性が確認されたすべての物質が順次追加されます（令和6年4月1日施行）。また、令和4年2月公布の改正労働安全衛生法施行令（以下、この章において「安衛令」という。）では、国によるGHS分類の結果、発がん性、生殖細胞変異原性、生殖毒性、急性毒性のカテゴリーで比較的強い有害性が確認された234物質がラベル表示等

第3章 職業性疾病予防対策

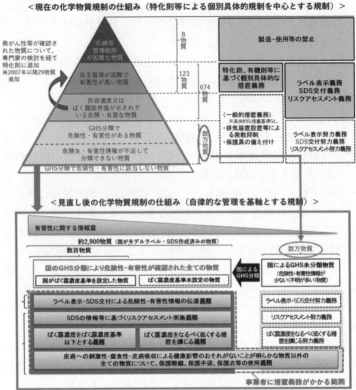

図21 新たな化学物質規制の制度 （資料：厚生労働省）

の義務対象に追加されました。ただし、令和6年4月1日時点で現存するものには、令和7年3月31日までの間、安衛法第57条第1項のラベル表示義務の規定は適用されません。今後のラベル・SDS義務対象への追加候補物質は、（独）労働者健康安全機構労働安全衛生総合研究所化学物質情報管理研究センターのウェブサイト（https://www.jniosh.johas.go.jp/groups/ghs/arikataken_report.html）にCAS登録番号付きで公開されています。

化学物質による健康障害の防止対策

（イ）　リスクアセスメント対象物に関する事業者の義務

a　労働者がリスクアセスメント対象物にばく露される濃度の低減措置

① 労働者がリスクアセスメント対象物にばく露される程度を、以下の方法等で最小限度にしなければなりません（令和5年4月1日施行）。

　　i　代替物等を使用する。ii 発散源を密閉する設備、局所排気装置または全体換気装置を設置し、稼働する。iii 作業の方法を改善する。iv 有効な呼吸用保護具を使用する。

② リスクアセスメント対象物のうち、一定程度のばく露に抑えることで労働者に健康障害を生ずるおそれがない物質として厚生労働大臣が定める物質（濃度基準値設定物質）は、労働者がばく露される程度を、厚生労働大臣が定める濃度の基準（濃度基準値）以下としなければなりません（令和6年4月1日施行）。

b　aに基づく措置の内容と労働者のばく露の状況を、労働者の意見を聴く機会を設け、記録を作成し、3年間保存しなければなりません（a①に関する部分は令和5年4月1日施行、a②に関する部分は令和6年4月1日施行）。ただし、がん原性のある物質として厚生労働大臣が定めるもの（がん原性物質）は30年間保存です。

c　a①のリスクアセスメント対象物以外の物質も、労働者がばく露される程度を、a① i ～ivの方法等で、最小限度にするように努めなければなりません（努力義務：令和5年4月1日施行）。

（ウ）　皮膚等障害化学物質等への直接接触の防止

　皮膚・眼刺激性、皮膚腐食性または皮膚から吸収され健康障害を引き起こしうる化学物質と当該物質を含有する製剤を製造し、または取り扱う業務に労働者を従事させる場合には、その物質の有害性に応じて、以下の労働者に障害等防止用保護具（保護めがね、不浸

透性の保護衣、保護手袋または履物等の適切な保護具）を使用させなければなりません。

①　健康障害を起こすおそれのあることが明らかな物質を製造し、または取り扱う業務に従事する労働者（努力義務：令和5年4月1日施行、義務：令和6年4月1日施行）

②　健康障害を起こすおそれがないことが明らかなもの以外の物質を製造し、または取り扱う業務に従事する労働者（①の労働者を除く）（努力義務：令和5年4月1日施行）

（エ）　衛生委員会の付議事項の追加（①に関する部分は令和5年4月1日施行、②～④に関する部分は令和6年4月1日施行）

　衛生委員会の付議事項に、（イ）aと（ク）aに関する以下①～④の事項を追加し、化学物質の自律的な管理の実施状況の調査審議を行うことが義務付けられます[2]。

①　労働者が化学物質にばく露される程度を最小限度にするために講ずる措置に関すること

②　濃度基準値の設定物質について、労働者がばく露される程度を濃度基準値以下とするために講ずる措置に関すること

③　リスクアセスメントの結果に基づき事業者が自ら選択して講ずるばく露防止措置の一環として実施した健康診断の結果とその結果に基づき講ずる措置に関すること

④　濃度基準値設定物質について、労働者が濃度基準値を超えてばく露したおそれがあるときに実施した健康診断の結果とその結果に基づき講ずる措置に関すること

[2]　衛生委員会の設置義務のない労働者数50人未満の事業場も、労働安全衛生規則（以下、この章において「安衛則」という。）第23条の2に基づき、上記の事項について、関係労働者からの意見聴取の機会を設けなければなりません。

（オ）　がん等の遅発性疾病の把握強化（令和5年4月1日施行）

　化学物質を製造し、または取り扱う同一事業場で、1年以内に複数の労働者が同種のがんに罹患したことを把握したときは、その罹

患が業務に起因する可能性について医師の意見を聴かなければなりません。また、医師がそのり患が業務に起因するものと疑われると判断した場合は、遅滞なく、その労働者の従事業務の内容等を、所轄都道府県労働局長に報告しなければなりません。

（カ）　リスクアセスメント結果等に関する記録の作成と保存（令和5年4月1日施行）

　リスクアセスメントの結果と、その結果に基づき事業者が講ずる労働者の健康障害を防止するための措置の内容等は、関係労働者に周知するとともに、記録を作成し、次のリスクアセスメント実施までの期間（ただし、最低3年間）保存しなければなりません。

（キ）　労働災害発生事業場等への労働基準監督署長による指示（令和6年4月1日施行）

　労働災害の発生またはそのおそれのある事業場について、労働基準監督署長が、その事業場で化学物質の管理が適切に行われていない疑いがあると判断した場合は、事業場の事業者に対し、改善を指示することができます。なお、改善の指示を受けた事業者は、化学物質管理専門家（要件は、厚生労働省告示第274号、同第275号で示されている）から、リスクアセスメントの結果に基づき講じた措置の有効性の確認と望ましい改善措置に関する助言を受けた上で、1カ月以内に改善計画を作成し、労働基準監督署長に報告し、必要な改善措置を実施しなければなりません。

（ク）　リスクアセスメント対象物に関する事業者の義務（健康診断等）

　a　リスクアセスメントの結果に基づき事業者が自ら選択して講じるばく露防止措置の一環としての健康診断の実施・記録作成等（令和6年4月1日施行）

　　• リスクアセスメントの結果に基づき事業者が自ら選択して講ずるばく露防止措置の一環として、リスクアセスメント対象物による健康影響の確認のため、事業者は、労働者の意見を聴き、必要があると認めるときは、医師等（医師または歯科

第 3 章　職業性疾病予防対策

医師）が必要と認める項目の健康診断を行い、その結果に基づき必要な措置を講じなければなりません。

- （イ）a②の濃度基準値設定物質について、労働者が濃度基準値を超えてばく露したおそれがあるときは、速やかに、医師等による健康診断を実施しなければなりません。
- 上記の健康診断（リスクアセスメント対象物健康診断）を実施した場合は、その記録を作成し、5 年間（がん原性物質に関する健康診断は30年間）保存しなければなりません。

b　がん原性物質の作業記録の保存（令和 5 年 4 月 1 日施行）

リスクアセスメント対象物のうち、労働者にがん原性物質を製造し、または取り扱う業務を行わせる場合は、その業務の作業歴を記録しなければなりません。また、その記録を30年間保存しなければなりません。

（ケ）　化学物質管理者の選任の義務化（令和 6 年 4 月 1 日施行）

a　選任が必要な事業場

リスクアセスメント対象物を製造、取扱い、または譲渡提供をする事業場（業種・規模要件なし）では、化学物質管理者を選任しなければなりません。化学物質管理者の選任は、個別の作業現場ごとではなく、工場、店社、営業所等事業場ごとに行います。事業場の状況に応じ、複数名の選任も可能です。なお、一般消費者の生活の用に供される製品のみを取り扱う事業場は、対象外です。

b　選任要件

リスクアセスメント対象物の製造事業場は、専門的講習（カリキュラムは、厚生労働省告示第276号で示されている）の修了者のなかから選任します。なお、リスクアセスメント対象物の製造事業場以外の事業場は、資格要件がありませんが、専門的講習に準ずる講習等の受講が推奨されています。

c　職務

化学物質管理者の職務は次のとおりです。

①ラベル・SDS等の確認、②化学物質に関わるリスクアセスメ

ントの実施管理、③リスクアセスメント結果に基づくばく露防止措置の選択、実施の管理、④化学物質の自律的な管理に関わる各種記録の作成・保存、⑤化学物質の自律的な管理に関わる労働者への周知、教育、⑥ラベル・SDSの作成（リスクアセスメント対象物の製造事業場の場合）、⑦リスクアセスメント対象物による労働災害が発生した場合の対応

（コ）　保護具着用管理責任者の選任の義務化（令和6年4月1日施行）

リスクアセスメントの結果に基づく措置として労働者に保護具を使用させる事業場では、保護具着用管理責任者を選任しなければなりません。選任要件は、化学物質の管理に関わる業務を適切に実施できる能力を有する者となっています。保護具着用管理責任者の職務は、有効な保護具の選択、労働者の使用状況の管理その他保護具の管理に関わる業務です。

（サ）　雇入れ時等教育の拡充（令和6年4月1日施行）

雇入れ時等の教育のうち、特定の業種では一部教育項目の省略が認められていましたが、この省略規定が廃止されます。危険性・有害性のある化学物質を製造し、または取り扱うすべての事業場で、化学物質の安全衛生に関する必要な教育を行わなければなりません。

（シ）　職長等に対する安全衛生教育が必要となる業種の拡大（令和5年4月1日施行）

安衛法第60条の規定で、事業者は、新たに職務に就くこととなった職長その他の作業中の労働者を直接指導または監督する者に対し、安全衛生教育を行わなければならないとされています。その対象業種に、食料品製造業（うま味調味料製造業と動植物油脂製造業は、すでに職長教育の対象）、新聞業、出版業、製本業、印刷物加工業が追加されました。

（ス）　SDS等による通知方法の柔軟化（令和4年5月31日施行）

SDS情報の通知手段は、譲渡提供をする相手がその通知を容易に確認できる方法であれば、事前に相手方の承諾を得ずに、以下の方

第3章　職業性疾病予防対策

法で通知が可能になりました。

①文書の交付、磁気ディスク・光ディスクその他の記録媒体の交付、②FAX送信、電子メール送信、③通知事項が記載されたホームページのアドレス、二次元コード等を伝達し、閲覧を求める。

(セ)　SDS等の「人体に及ぼす作用」の定期確認と更新（令和5年4月1日施行）

SDSの通知事項である「人体に及ぼす作用」について、5年以内ごとに1回、記載内容の変更の要否を確認し、変更があるときは、確認後1年以内に更新しなければなりません。そして、更新した場合は、SDS通知先に変更内容を通知しなければなりません。なお、現在SDS交付が努力義務となっている安衛則第24条の15の特定危険有害化学物質等も、同様の更新と通知が努力義務となりました。

(ソ)　SDS等による通知事項の追加と含有量表示の適正化（令和6年4月1日施行）

SDSの通知事項に新たに「（譲渡提供時に）想定される用途および当該用途における使用上の注意」が追加されます。また、SDSの通知事項である、成分の含有量の記載について、従来の10パーセント刻みでの記載方法を改め、重量パーセントの記載が必要となります。製品により、含有量に幅があるものは、濃度範囲の表記も可能です。また、重量パーセントへの換算方法を明記していれば重量パーセントによる表記を行ったものとみなされます。

(タ)　化学物質を事業場内で別容器等で保管する際の措置の強化（令和5年4月1日施行）

安衛法第57条で譲渡・提供時のラベル表示が義務付けられている化学物質（ラベル表示対象物）について、譲渡・提供時以外も、以下の場合はラベル表示・文書の交付その他の方法で、内容物の名称やその危険性・有害性情報を伝達しなければなりません。

・ラベル表示対象物を、他の容器に移し替えて保管する場合
・自ら製造したラベル表示対象物を、容器に入れて保管する場合

(チ)　注文者が必要な措置を講じなければならない設備の範囲の拡

化学物質による健康障害の防止対策

大（令和5年4月1日施行）

安衛法第31条の2の規定で、化学物質の製造・取扱設備の改造、修理、清掃等の仕事を外注する注文者は、請負人の労働者の労働災害を防止するため、化学物質の危険性と有害性、作業において注意すべき事項、安全確保措置等を記載した文書を交付しなければならないとされています。この措置の対象となる設備の範囲が広がり、化学設備、特定化学設備に加えて、SDS等による通知の義務対象物の製造・取扱設備も対象となりました。

(ツ) 化学物質管理の水準が一定以上の事業場の個別規制の適用除外（令和5年4月1日施行）

化学物質管理の水準が一定以上であると所轄都道府県労働局長が認定した事業場は、その認定に関する特別規則（特化則等）について個別規制の適用を除外し、特別規則の適用物質の管理を、事業者による自律的な管理（リスクアセスメントに基づく管理）に委ねることができます。

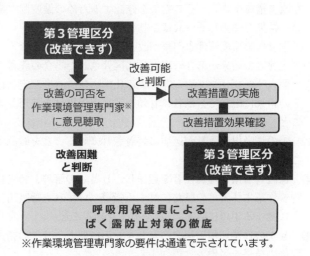

※作業環境管理専門家の要件は通達で示されています。

図22 第3管理区分の事業場の対策

第 3 章　職業性疾病予防対策

（テ）　ばく露の程度が低い場合における健康診断の実施頻度の緩和（令和 5 年 4 月 1 日施行）

　有機溶剤、特定化学物質（特別管理物質等を除く）、鉛、四アルキル鉛に関する特殊健康診断の実施頻度について、作業環境管理やばく露防止対策等が適切に実施されている場合には、事業者は、その実施頻度（通常は 6 月以内ごとに 1 回）を 1 年以内ごとに 1 回に緩和できます。

（ト）　作業環境測定結果が第 3 管理区分の事業場に対する措置の強化（令和 6 年 4 月 1 日施行）

　a　作業環境測定の評価結果が第 3 管理区分に区分された場合の義務

　　①　当該作業場所の作業環境の改善の可否と、改善できる場合の改善方策について、外部の作業環境管理専門家の意見を聴かなければなりません。

　　②　①の結果、当該場所の作業環境の改善が可能な場合、必要な改善措置を講じ、その効果を確認するための濃度測定を行い、結果を評価しなければなりません。

　b　a①で作業環境管理専門家が改善困難と判断した場合とa②の測定評価の結果が第 3 管理区分に区分された場合の義務

　　①　個人サンプリング測定等による化学物質の濃度測定を行い、その結果に応じて労働者に有効な呼吸用保護具を使用させること。

　　②　①の呼吸用保護具が適切に装着されていることを確認すること。

　　③　保護具着用管理責任者を選任し、bとcの管理、特定化学物質作業主任者等の職務に対する指導（いずれも呼吸用保護具に関する事項に限る。）等を担当させること。

　　④　a①の作業環境管理専門家の意見の概要と、a②の措置と評価の結果を労働者に周知すること。

　　⑤　上記措置を講じたときは、遅滞なくこの措置の内容を所轄

労働基準監督署に届け出ること。

c　bの場所の評価結果が改善するまでの間の義務

①　6カ月以内ごとに1回、定期に、個人サンプリング測定等による化学物質の濃度測定を行い、その結果に応じて労働者に有効な呼吸用保護具を使用させること。

②　1年以内ごとに1回、定期に、呼吸用保護具が適切に装着されていることを確認すること。

d　その他

①　作業環境測定の結果、第3管理区分に区分され、上記a、bの措置を講ずるまでの間の応急的な呼吸用保護具についても、有効な呼吸用保護具を使用させること。

②　b①とc①で実施した個人サンプリング測定等による測定結果、測定結果の評価結果を保存すること（粉じんは7年間、特別管理物質は30年間）。

③　b②とc②で実施した呼吸用保護具の装着確認結果を3年間保存すること。

第3章　職業性疾病予防対策

新たな化学物質規制項目の施行期日

	規制項目	令和4年5月31日	令和5年4月1日	令和6年4月1日
化学物質管理体系の見直し	ラベル表示・通知をしなければならない化学物質の追加			●
	ばく露を最小限度にすること（ばく露を濃度基準値以下にすること）		●	●
	ばく露低減措置等の意見聴取、記録作成・保存		●	
	皮膚等障害化学物質等への直接接触の防止（健康障害を起こすおそれのある物質関係）		●	●
	衛生委員会付議事項の追加		●	
	がん等の遅発性疾病の把握強化		●	
	リスクアセスメント結果等に係る記録の作成保存		●	
	化学物質労災発生事業場等への労働基準監督署長による指示			●
	リスクアセスメントに基づく健康診断の実施・記録作成等			●
	がん原性物質の作業記録の保存		●	
実施体制の確立	化学物質管理者・保護具着用管理責任者の選任義務化			●
	雇入れ時等教育の拡充			●
	職長等に対する安全衛生教育が必要となる業種の拡大		●	
情報伝達の強化	SDS等による通知方法の柔軟化	●		
	SDS等の「人体に及ぼす作用」の定期確認および更新		●	
	SDS等による通知事項の追加および含有量表示の適正化			●
	事業場内別容器保管時の措置の強化		●	
	注文者が必要な措置を講じなければならない設備の範囲の拡大		●	
管理水準良好事業場の特別規則等適用除外			●	
特殊健康診断の実施頻度の緩和			●	
第3管理区分事業場の措置強化				●

化学物質による健康障害の防止対策

イ 特化則等の改正（塩基性マンガンと溶接ヒューム）（令和3年 4月1日施行）

「塩基性マンガン」および「溶接ヒューム」について、労働者に神経障害等の健康障害を及ぼすおそれがあることから、特定化学物質の管理第2類物質に新たに「溶接ヒューム」が追加されました。また、管理第2類物質であった「マンガン及びその化合物（塩基性酸化マンガンを除く。）」について「（塩基性酸化マンガンを除く。）」が削除され、塩基性酸化マンガンも特定化学物質の管理第2類物質となりました。この結果、溶接ヒュームおよび塩基性酸化マンガンに係る作業または業務について、新たに作業主任者の選任、作業環境測定の実施（塩基性酸化マンガンのみ）および有害な業務に現に従事する労働者に対する健康診断の実施など、法令に応じた措置が必要となりました。

金属アーク溶接等作業を継続して行う屋内作業場では、溶接ヒューム濃度測定の結果に応じて、有効な呼吸用法保護具を選択し労働者に使用させることが義務付けられ（令和4年4月1日施行）、面体を有する呼吸用保護具を労働者に使用させるときには、1年以内ごとに1回、フィットテストを実施し、その結果の記録を3年間保存することが義務付けられました（令和5年4月1日施行）。
中災防ではフィットテスト実施者に対する教育実施要領による研修会を開催します。
★お問合せ先
　　中災防・北海道安全衛生サービスセンター　　TEL：011-512-2031
　　中災防・東北安全衛生サービスセンター　　TEL：022-261-2821
　　中災防・中部安全衛生サービスセンター　　TEL：052-682-1731
　　中災防・中国四国安全衛生サービスセンター TEL：082-238-4707
　　中災防・九州安全衛生サービスセンター　　TEL：092-437-1664
　　中災防・労働衛生調査分析センター　　　　TEL：03-3452-6377
　　中災防・大阪労働衛生総合センター　　　　TEL：06-6448-3464

第3章　職業性疾病予防対策

ウ　安衛法、安衛令、安衛則の改正（健康管理手帳の交付対象）（平成31年4月10日施行）

　労働基準法施行規則、別表第1の2に掲げる業務上の疾病に、オルト−トルイジンによる膀胱がんが追加されたこと等を受け、安衛令第23条の健康管理手帳の交付の対象となる業務に、オルト−トルイジンおよびオルト−トルイジンを含有する製剤その他の物を製造し、または取り扱う業務が追加されました（平成31年4月10日付け基発0410第6号を参照）。

エ　安衛則、有機則、鉛則、四アルキル則、特化則の改正（特殊健康診断）（令和2年7月1日施行）

　特化則等が制定されてから40年以上が経過し、化学物質による健康障害に関する事情が変わってきたことを受け、健康障害に係る健康診断項目について、安衛則、有機則、鉛中毒予防規則（以下、この章において「鉛則」という。）、四アルキル鉛中毒予防規則（以下、この章において「四アルキル鉛則」という。）および特化則について以下のとおり改正が行われ、令和2年7月1日より施行されました（令和2年3月4日付け基発0304第4号を参照）。

（ア）尿路系に腫瘍のできる特化物（11物質）の特殊健康診断の見直し

　ヒトに対して尿路系の腫瘍を生じる可能性が指摘されているベンジジンおよびその塩、ジクロルベンジジンおよびその塩、アルファ−ナフチルアミンおよびその塩、オルト−トリジンおよびその塩、ジアニシジンおよびその塩、オーラミン、パラ−ジメチルアミノアゾベンゼン、マゼンタ、4−アミノジフェニルおよびその塩、ベータナフチルアミンおよびその塩、4−ニトロジフェニルおよびその塩の11物質について、オルト−トルイジン等に係る特殊健康診断項目との整合がとられました（特化則の改正）。

（イ）特別有機溶剤（9物質）の特殊健康診断の見直し

　特別有機溶剤であるクロロホルム、四塩化炭素、1,4−ジオキサン、1,2−ジクロロエタン、スチレン、1,1,2,2-テトラクロロエタン、テ

136

化学物質による健康障害の防止対策

トラクロロエチレン、トリクロロエチレン、メチルイソブチルケトンの9物質について、物質によって発がんの部位が異なる等の理由により専門家の検討を踏まえ、発がんリスクや物質の特性に応じた特殊健康診断項目の見直しがされました（特化則の改正）。

（ウ）重金属（3物質）の特殊健康診断の見直し

　カドミウムまたはその化合物については、ヒトに対して肺がんを引き起こす可能性が指摘されたことと、腎臓機能障害を予防・早期発見するため、項目の追加等が行われました（特化則の改正）。また、四アルキル鉛の特殊健康診断の主目的を急性中毒予防から無機鉛と同様の長期的なばく露による健康障害の予防とし、鉛則の特殊健康診断の項目との整合がとられました（鉛則、四アルキル鉛則の改正）。

（エ）その他の見直し

①　肝機能検査の見直し

　　オーラミン、シアン化カリウム、シアン化水素、シアン化ナトリウム、弗化水素、硫酸ジメチル、塩素化ビフェニル等、オルト-フタロジニトリル、ニトログリコール、パラ-ニトロクロルベンゼン、ペンタクロルフェノールまたはそのナトリウム塩の11物質については、職業ばく露による肝機能障害リスクの報告がないことから肝機能検査を行わないこととなりました。ただし、高濃度職業ばく露で肝機能障害のリスクを否定できない、塩素化ビフェニル等、オルト-フタロジニトリル、ニトログリコール、パラ-ニトロクロルベンゼン、ペンタクロルフェノールまたはそのナトリウム塩については、二次健診で医師が認めた場合に肝機能検査を実施することとなりました（特化則の改正）。

②　赤血球系の血液検査の例示の見直し

　　ニトログリコール、ベンゼン等、塩素化ビフェニル等、オルト-フタロジニトリル、パラ-ニトロクロルベンゼン、弗化水素の6物質については、臨床の現場であまり使われていない全血

137

第3章　職業性疾病予防対策

比重検査が血液検査の例示から削除されました（特化則の改正）。

③　腎機能検査の見直し

有機溶剤44物質について、医師が認めた場合に「腎機能検査」を実施できることとなっていること、また、他の方法でスクリーニングできることから、腎機能障害の有無にかかわらず「尿中の蛋白の有無の検査」が必須項目から削除されました（有機則の改正）。

④　作業条件の簡易な検査の追加

労働者のばく露状況を確認し、スクリーニングするため、健康診断の必須項目に「作業条件の簡易な調査」が追加されました（有機則、鉛則、四アルキル鉛則、特化則の改正）。

(オ)　健康管理手帳等の様式の改正（3物質）

ベンジジンおよびその塩、ベータナフチルアミンおよびその塩、ジアニシジンおよびその塩の3物質については、特殊健康診断の項目の見直しにあわせて、健康管理手帳および健康診断実施報告書の様式の改正が行われました（安衛則の改正）。

令和2年7月1日より、特殊健康診断項目に「尿中マンデル酸とフェニルグリオキシル酸の和（スチレン取り扱い作業者の一次健診項目）」、「尿中メチルイソブチルケトン（メチルイソブチルケトン取り扱い作業者の一次健診項目で医師が必要と認める場合）」、「血中カドミウム（カドミウム取り扱い作業者の一次健診項目）」、「尿中カドミウム（カドミウム取り扱い作業者の二次健診項目で医師が必要と認める場合）が追加となりました。

中災防では、これらの項目の検査を受託しています。

★お問合せ先

　　中災防・労働衛生調査分析センター　　TEL：03-3452-0420

　　中災防・大阪労働衛生総合センター　　TEL：06-6448-3788

化学物質による健康障害の防止対策

（5） その他の化学物質による障害予防の規制
ア　鉛および四アルキル鉛による健康障害予防の規制

　　鉛および四アルキル鉛による健康障害予防対策については、そ
れぞれ鉛則（Ⅳ.1.(3)参照）、四アルキル鉛則（Ⅳ.1.(4)参照）
に基づいた対策をとることが必要です。

イ　労働者のダイオキシン類へのばく露防止の規制

　　廃棄物焼却施設における労働者のダイオキシン類へのばく露を
防止するため、安衛則により、特別教育の実施、空気中のダイオ
キシン類濃度の測定、発散源の湿潤化、保護具の使用等が事業者
に義務付けられています。

　　ばく露防止対策の細部については「廃棄物焼却施設内作業にお
けるダイオキシン類ばく露防止対策要綱」（平成13年4月25日付
け基発第401号）に基づき、労働者のダイオキシン類へのばく露
防止措置の徹底が図られてきました。

　　焼却炉をあらかじめ取り外した上で、処理施設に運搬して付着
物の除去と解体を行う「移動解体」作業についても、改正要綱
（平成26年1月10日付け基発0110第1号）により規制の対象とさ
れています。

ウ　ナノマテリアルに対するばく露防止等のための予防的対応

　　労働現場におけるナノマテリアルに対するばく露防止対策等の
実効を上げるための具体的管理方法として、「ナノマテリアルに
対するばく露防止等のための予防的対応について」（平成21年3
月31日付け基発第0331013号）が示されています。

エ　がんその他の重度の健康障害を生ずるおそれのある化学物質への対応

　　国が実施したがん原性試験の結果、がん原性を示すことが認め
られた物質については、予防的な観点から望ましいばく露防止の
措置、労働衛生教育、労働者の把握等について定めた「労働安全
衛生法第28条第3項の規定に基づき厚生労働大臣が定める化学物
質による健康障害を防止するための指針」（平成24年10月10日付

139

第3章　職業性疾病予防対策

け健康障害を防止するための指針公示第23号）が公表されています。令和2年2月7日の改正によりアクリル酸メチルとアクロレインの2物質が加えられました。

オ　女性労働者の就業を禁止する業務

　　特化則、有機則、鉛則の規制対象物質のうち、妊娠や出産・授乳機能に影響のある、女性労働基準規則の対象物質（26物質）の取り扱いについては以下の業務への就業が禁止されています（V.2参照）。

　　①　労働安全衛生法令に基づく作業環境測定を行い、「第3管理区分」（規制対象となる化学物質の空気中の平均濃度が規制値を超える状態）となった屋内作業場でのすべての業務

　　②　タンク内、船倉内などで規制対象の化学物質を取り扱う業務で、呼吸用保護具の使用が義務付けられている業務

（6）　化学物質等の表示・文書交付制度

　化学物質等による労働災害には、事業者および労働者が化学物質等の危険有害性、適切な取り扱い方法等を知らなかったことを原因とするものが見られます。

　この背景には、化学物質等の危険有害性を外見から判断することが非常に困難であること、化学物質等はさまざまな種類のものが各事業場で使用されていること、事業者および化学物質等を取り扱っている労働者に化学物質等の危険有害性等に関する情報が十分に周知されていないこと等があります。

　国際的には、米国、EU諸国等において安全データシート（SDS）等の制度が定着しており、また、国際労働機関（ILO）において「職場における化学物質の使用の安全に関する条約（第170号条約）」が採択され、職場における化学物質等の危険有害性の周知の重要性が確認されています。

　さらに、「化学品の分類および表示に関する世界調和システム」（GHS）に関する国連勧告により、個々の化学物質について、危険

化学物質による健康障害の防止対策

有害性の分類項目ごとに、それぞれの危険有害性の程度を区分し、その区分に応じた絵表示、注意喚起語、危険有害性情報等を表すこととされています。

わが国においても、GHS国連勧告を踏まえた危険有害性の表示制度が、労働安全衛生法に取り入れられています。また、「ラベルでアクション」運動実施を通じてSDSの確認とリスクアセスメントの実施による労働災害防止が推進されています。

わが国においてはGHS国連勧告をJIS規格として取り入れ、JIS Z 7253：2012「GHSに基づく化学品の危険有害性情報の伝達方法―ラベル、作業場内の表示及び安全データシート（SDS）」と、JIS Z 7252：2009「GHSに基づく化学物質等の分類方法」が制定され、この規格によってラベルとSDSが作成されてきました。これらの規格は、令和元年5月25日にJIS Z 7253：2019「GHSに基づく化学品の危険有害性情報の伝達方法―ラベル、作業場内の表示及び安全データシート（SDS）」と、JIS Z 7252：2019「GHSに基づく化学品の分類方法」と改正されました。この改正では、GHS国連文書第6版に基づき、項目名称の変更と追加（鈍性化爆発物の追加）、用語および定義の変更と追加、SDS記載内容および分類基準と分類手順の見直しなどが行われています（**図23**）。SDSの表記にかかわる大きな変更として、従来「区分外」、「分類対象外」としていた「Not classifies」と「No classification」、「Not applicable」を「区分に該当しない」とすることや、製造者の同意が得られれば、製造者名を入れることができるようになったことなどが挙げられます。

表示および文書交付制度については「化学物質等の危険性又は有害性等の表示又は通知等の促進に関する指針」（平成24年3月26日付け厚生労働省告示第151号）が定められており、以下のような規定があります。

① GHSに基づく分類の結果、以下に定められた物理化学的危険

141

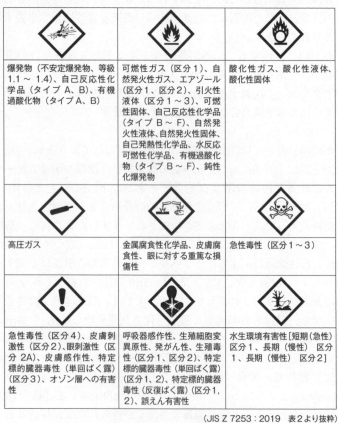

(JIS Z 7253：2019 表2より抜粋)

図 23 危険有害性を表す標章（絵表示）

性または健康有害性を有するものについては、その容器または包装に一定の危険有害性についてのラベル表示を行い、また、これを他人に譲渡提供する場合には、相手側の事業者に対してSDSを交付すること。

ⅰ 危険有害性クラス（引火性液体のような物理化学的危険性

および発がん性、急性毒性のような健康有害性の種類）

　　ⅱ　危険有害性区分（危険有害性の強度等）

　　ⅲ　ラベル要素

②　事業者は、事業場内で労働者に危険有害化学物質等を扱わせるときは、以下のことを行うこと。

　　ⅰ　表示に関して

　　　(ⅰ)　化学物質の容器または包装への表示（困難な場合、代替措置が可能）

　　　(ⅱ)　容器・包装を用いない場合は、表示内容の掲示

　　　(ⅲ)　表示、掲示、SDSの内容に変更が生じた場合の速やかな書き換え

　　ⅱ　SDSに関して

　　　(ⅰ)　自ら化学物質を製造・輸入する事業者は、SDSの作成

　　　(ⅱ)　SDSの作業場の見やすい場所への掲示等による労働者への周知

　　　(ⅲ)　リスクアセスメントへの活用

　　　(ⅳ)　安全衛生教育への活用

　　ⅲ　安全衛生委員会での審議

　なお、表示および文書交付制度の運用に当たっての留意事項が「労働安全衛生法等の一部を改正する法律等の施行等（化学物質等に係る表示及び文書交付制度の改善関係）に係る留意事項について」（平成18年10月20日付け基安化発第1020001号、改正：平成22年12月16日付け基安化発1216第1号）により示されています。

　第14次労働災害防止計画には、安衛法第57条および第57条の2に基づくラベル表示・安全データシート（SDS）の交付の義務対象となっていないが危険性または有害性が把握されている物質について、ラベル・SDSの交付を行っている事業場の割合を2025年までにそれぞれ80%以上とする目標が掲げられています。

　安衛法第57条による容器等への表示の義務付けは、令和3年1月

第3章　職業性疾病予防対策

1日に、ベンジルアルコールが安衛令別表第9に追加され、対象が674物質になりました（令和5年7月現在）。表示内容は、名称、人体に及ぼす作用・安定性および反応性、標章（絵表示）などとなっています。

安衛法第57条の2における文書（SDS）の交付義務については、表示対象物質と同じ674物質（令和5年7月現在）が対象となっています。記載内容は、名称、成分およびその含有量、物理的および化学的性質、人体に及ぼす作用、貯蔵または取扱い上の注意、流出その他の事故が発生した場合において講ずべき応急の措置、通知を行う者の氏名（法人にあってはその名称）、危険性または有害性の要約、安定性および反応性などとなっています。

なお、これら表示および文書交付制度の対象物質については、さらに拡大することが検討されています。

（7）　化学物質の有害性の調査

化学物質の有害性を的確に把握し、疾病の適切な予防措置をとるため、安衛法において、化学物質の有害性調査の制度が定められています。

ア　新規化学物質の有害性の調査

新規化学物質の有害性調査制度は、以下のとおり、新規化学物質が職場に導入される前に、事業者に、その有害性を調査させ、必要な健康障害防止措置を講じさせることによって、労働者の健康障害を未然に防止するものです。

① 新規化学物質を製造または輸入しようとする事業者は、あらかじめ化学物質の有害性の調査を行い、その結果を厚生労働大臣に届け出ること（当該新規化学物質を試験研究のため製造・輸入する場合、また一定量（1年間に100kg）以下で製造・輸入することについて厚生労働大臣の確認を受けた場合などを除く。）。

なお、化学物質の有害性調査は、微生物を用いる変異原性試験（細胞の遺伝子に突然変異を引き起こすかどうかを調べる試

> ※ テストガイドラインと安衛法GLP
>
> 新規化学物質を製造し、または輸入しようとする事業者が実施する必要のある変異原性試験またはがん原性試験については、試験の信頼性を確保するため、安衛法および関係規則等により一定の基準(テストガイドラインおよび安衛法GLP (Good Laboratory Practice, 優良試験所基準))に従って行われるべきことが定められています(図24)。
>
>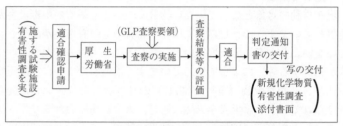
>
> 図24 安衛法GLP制度
>
> 新規化学物質の有害性調査の結果を届け出る際には、試験結果報告書のほか、安衛法GLPに適合した試験施設等において行われたことを証明する書面を添付することが必要です。

験)または、がん原性試験とされています。
② 有害性の調査を実施した事業者は、その結果に基づいて自主的に労働者の健康障害を防止するために必要な措置を講じること。
③ 厚生労働大臣は、有害性の調査の結果について学識経験者の意見を聴き、必要があると認めるときは、設備の密閉化や保護具の備付けなどの措置を講じることを勧告することができること。

イ 既存化学物質の有害性の調査

既存化学物質の有害性調査制度は、以下のとおり、有害性の知見等が得られた化学物質を対象に、国が変異原性試験、がん原性試験を実施し、その結果に基づき、ばく露実態の把握、リスク評

第 3 章 職業性疾病予防対策

価を行った上で、特別規則の制定や指針等を定め、労働者の健康障害を防止するものです。国は、一般の試験施設で実施することが困難ながん原性試験等を実施するため、(独)労働者健康安全機構日本バイオアッセイ研究センターを設置し、長期または短期の吸入試験等の有害性調査を実施しています。

(8) 化学物質等による危険性または有害性等の調査とその結果に基づく措置

現在規制の対象となっていない物質についても多くの中毒災害が発生しています。これらの多くは化学物質の危険有害性が認識されていないことや不注意な取扱いが行われること（誤って混合し、ガスが発生する等）によって生じています。前述したように、改正安衛法で、通知対象物（現行674物質）のリスクアセスメントが義務付けられています。災害を未然に防ぐため、職場におけるリスクアセスメントを着実に実施し、その結果に基づいて労働者の健康障害を防止するための措置を講じることが必要です。

※令和 3 年 7 月の「職場における化学物質等の管理のあり方に関する検討会報告書」を踏まえ、国によるGHS分類で物理化学的危険性または健康有害性が確認されたすべての物質について、令和 3 年度には発がん性、生殖細胞変異原性、生殖毒性、急性毒性のカテゴリーで区分 1 相当の有害性を有する物質（234物質）が追加されました（施行は令和 6 年 4 月 1 日）。今後順次、対象物質が増える予定です。

リスクアセスメントの方法については、「化学物質等による危険性又は有害性等の調査等に関する指針」（以下、「化学物質リスクアセスメント指針」という。）（351ページ参照）に詳細が定められています。なお、リスクアセスメント指針は、製造業等の特定された業種を対象としていますが、化学物質リスクアセスメント指針は、業種を問わず、化学物質等による危険性または有害性を対象としていますので、この点に留意しておく必要があります。

ア 実施体制・実施時期等

リスクアセスメントは、全社的な実施体制のもとで推進し、技

化学物質による健康障害の防止対策

術的な事項については、適切な能力を有する化学物質管理者等が実施します。

リスクアセスメントの実施時期は、「化学物質等を原材料等として、新規に採用し、又は変更するとき」、「化学物質等を製造し、又は取り扱う業務に係る作業の方法又は手順を新規に採用し、又は変更するとき」、「化学物質等による危険性又は有害性等について変化が生じ、又は生じるおそれがあるとき」に実施します。

また、化学物質等に係る労働災害の発生した場合であって、過去のリスクアセスメントの内容に問題のある場合や一定期間経過し新たな知見が得られたとき、過去にリスクアセスメントを実施したことがないとき等については、計画的にリスクアセスメントを実施し、職場にあるリスクを継続的に除去・低減していくことが大切です。

イ　対象の選定と情報の入手

事業場における「化学物質等による危険性又は有害性等」をリスクアセスメントの対象とします。

リスクアセスメントを実施する場合に事前に入手する必要がある情報としては、SDS、関連する機械設備等についての危険性または有害性に関する情報、作業標準・作業手順書等、作業環境測定結果、特殊健康診断結果、生物学的モニタリング結果、個人ばく露濃度の測定結果などがあります。また、新たな化学物質等の提供等を受ける場合には、当該化学物質等を譲渡し、または提供する者から、該当するSDSを入手することが必要です。

ウ　危険性または有害性の特定

作業標準等に基づき、化学物質等による危険性または有害性を特定するために必要な単位で作業を洗い出した上で、GHSで示されている危険性または有害性の分類等に則して、各作業における危険性または有害性を特定します。

エ　リスクの見積り

リスクの見積りは、化学物質等により労働者に危険を及ぼし、

147

第3章　職業性疾病予防対策

または健康障害を生ずるおそれの程度（発生可能性）および危険
または健康障害の程度（重篤度）を考慮する方法と、労働者が化
学物質等にさらされる程度（ばく露の程度）および化学物質等の
有害性の程度を考慮する方法があります。化学物質等への労働者
のばく露量を測定し、測定結果を日本産業衛生学会の許容濃度等
のばく露限界値と比較してリスクを見積もる方法が確実性の高い
手法です。

　　ばく露量の測定方法としては、労働者に個人サンプラー等を装
着して呼吸域付近の気中濃度を測定する個人ばく露測定のほか、
一般的に広く普及している作業環境測定の気中濃度と作業状況か
らばく露量を見積もる方法や労働者の血液、尿等の生体試料中の
化学物質や代謝物の量を測定し、ばく露量を把握する生物学的モ
ニタリング方法があります。いずれの方法も、測定値の精度やば
らつき、作業時間、作業頻度、換気状況などから、日間変動や場
所的または時間的変動を考慮する必要があります。また実測に代
えて、ばく露推定モデルを活用する方法もあります。

　　なお、化学物質等にかかる危険または健康障害を防止するため
の具体的な措置が安衛法令等に規定されている場合、これらの規
定を確認することにより、リスクアセスメントに準じる方法とす
ることができます。

オ　リスク低減措置の検討および実施

　　リスクの見積り結果に基づいてリスク低減措置の内容の検討を
行います。

　　法令に定められた事項がある場合にはそれを必ず実施するとと
もに、**図25**に掲げる優先順位でリスク低減措置の内容を検討の上、
実施します。

カ　リスクアセスメント結果等の労働者への周知等

　　事業者は、対象の化学物質等の名称、業務の内容、リスクアセ
スメントの結果、実施するリスク低減措置の内容等を労働者に周
知します。

化学物質による健康障害の防止対策

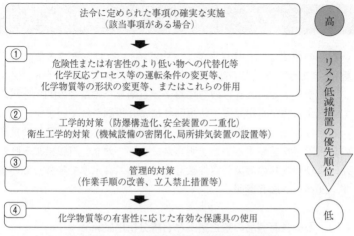

図25　リスク低減措置の検討および実施

（9）化学物質リスクアセスメントに係わる相談窓口、支援等

国は、事業場の化学物質のリスクアセスメント実施の支援のため、相談窓口等を設置しています。

ア　法令、通知に関する相談窓口

都道府県労働局または労働基準監督署の健康主務課

イ　支援事業

SDSやラベルの作成やリスクアセスメントについて、相談窓口の設置、専門家による訪問支援

◎詳細は厚生労働省ホームページ参照

https://www.mhlw.go.jp/stf/seisakunitsuite/bunya/0000046255.html

---

中災防では、化学物質のリスクアセスメント、SDSの作成などに関する研修会のほか、化学物質管理に関する技術サービス（リスクアセスメントからリスク低減措置の実施支援など）を実施しています。
★お問合せ先
　中災防・労働衛生調査分析センター　TEL：03-3452-6377

第3章　職業性疾病予防対策

2　石綿（アスベスト）による健康障害の防止対策

　石綿の種類は、クリソタイル（白石綿）、クロシドライト（青石綿）、アモサイト（茶石綿）、トレモライト、アクチノライト、アンソフィライトで、これらの石綿および石綿をその重量の0.1%を超えて含有する物が石綿障害予防規則等により規制されています。

　石綿は、その繊維を吸入すると石綿肺、肺がん、中皮腫等の重度の健康障害を誘発することが明らかになっており、石綿による肺がんおよび中皮腫の労災認定件数も依然として高水準で推移しています（20ページ図5参照）。

（1）　石綿含有製品の禁止措置と石綿分析用試料等

　現在石綿および石綿をその重量の0.1％を超えて含有するすべての石綿含有製品（以下、「石綿等」という。）について、現に使用されている物で平成24年3月1日以降、引き続き使用されている間を除き、製造、使用等が全面的に禁止されています。

　しかし、石綿が用いられている建築物、工作物または船舶（鋼製の船舶に限る。）の解体または改修の作業（以下、「解体等の作業」という。）が令和10年頃をピークに増加が見込まれることから、解体等の作業に伴う事前調査や分析技術の教育に使用する試料として、分析用試料のための石綿を確保する必要が生じました。そこで安衛令が改正され、石綿分析用試料等に限って製造を厚生労働大臣が許可することができることとなりました（製造許可物質）。なお、石綿分析用試料等の製造、使用等に係る対策として、設備、測定、健康診断などの規定が平成30年に整備されています。

（2）　石綿障害予防規則

　平成17年以前の石綿に係る規制は、特化則により行われていましたが、石綿障害予防規則（以下、この章において「石綿則」とい

石綿（アスベスト）による健康障害の防止対策

う。）が同年2月に公布され、その年の7月に施行されました。この規則は、従来からの石綿含有製品の製造や使用以外に、今後、急増すると予測される解体等の作業による石綿ばく露で発生する健康障害を未然に防止することを目的に制定されたものです。

　石綿則は、解体等の作業の実態、科学的知見の集積状況等を踏まえ、逐次整備充実されているところですが、平成26年の改正により、吹付け石綿の除去についての措置、石綿を含む保温材や耐火被覆材などの取扱いに関する規制が強化されました。

　この改正に伴い、より具体的な対策を定めた安衛法第28条第1項に基づく「建築物等の解体等の作業での労働者の石綿ばく露防止に関する技術上の指針」の見直しが行われ、平成26年6月1日から、「建築物等の解体等の作業及び労働者が石綿等にばく露するおそれがある建築物等における業務での労働者の石綿ばく露防止に関する技術上の指針」（平成26年3月31日技術上の指針公示第21号。以下、「技術上の指針」という。）が新たに適用されました。しかし、この後も事前調査の不徹底などにより、石綿含有建材が把握されずに建築物等の解体等の作業が開始された事案が発生するなどしたことから、一層の石綿ばく露防止対策等の充実を図るため、令和2年7月1日に石綿則の大きな改正が行われ、規制が強化されることとなりました（令和3年4月1日施行（一部は令和2年10月1日、令和4年4月1日または令和5年10月1日））。なお、この規制強化に合わせて技術上の指針も改正されています（令和2年9月8日技術上の指針公示第22号）。さらに船舶の解体等の作業を行う際の事前調査に係る改正（令和5年10月1日施行）や工作物の解体等の作業を行う際の事前調査に係る改正（令和8年1月1日施行）が行われました。

　また、バスマット等の板状の製品の材料として輸入された珪藻土の一部に基準を超える石綿が含有している事案が発生したため、石綿則の改正が行われ、石綿を含有するおそれのある製品の輸入時の措置が強化されました（令和3年12月1日等施行）。この他、危険

151

第3章　職業性疾病予防対策

有害な作業を行う事業者に対して、作業を請け負わせる一人親方等や同じ場所で作業を行う労働者以外の人に対する保護措置を講ずる義務が課されたことにより、石綿則についてもこれらに係る措置の実施について具体的な事項を取り入れる改正が行われています（令和5年4月1日施行）。

　建築物等の解体等に係る事業者に対する主な規制は以下のとおりです。規制の対象作業と規制項目の関係はⅣ.1. (12)「石綿障害予防規制」を参照。

ア　事前調査および分析調査（第3条関係）

　解体等の作業を行うときは、あらかじめ、石綿使用の有無を設計図書等や目視により調査する必要があります（事前調査）。また、この事前調査を行ったにもかかわらず、当該解体等対象建築物等について石綿等の使用の有無が明らかとならなかったときは、石綿等の使用の有無について、分析による調査を行わなければなりません。その結果については、所定の項目を記録し、調査終了日から3年間保存するとともに、解体等の作業を行う作業場には、調査終了日、事前調査等を行った部分、「石綿使用の有無」および「石綿なしと判断した根拠」について、労働者が見やすい箇所に掲示することが定められています。なお、この事前調査は、令和5年10月1日以降に解体等の作業が開始されるものについて、建築物の調査は「建築物石綿含有建材調査者講習登録規程」（平成30年厚生労働省・国土交通省・環境省告示第1号）の講習を修了した特定建築物石綿含有建材調査者および一般建築物石綿含有建材調査者、一戸建て等石綿含有建材調査者ならびに令和5年9月30日までに（一社）日本アスベスト調査診断協会に登録された者、そして、船舶の調査は厚生労働大臣が定める内容の講習を修了した船舶石綿含有資材調査者、またはこれと同等以上の知識を有すると認められる者といったように、適切に調査を実施するために必要な知識を有する者として厚生労働大臣が定める要件を満たしたものによる実施が義務付けられます。また、工作物の調査

石綿（アスベスト）による健康障害の防止対策

についても、令和5年1月に行われた石綿則の改正により厚生労働大臣が定める要件を満たしたものによる実施が義務付けられており、その要件については別途定めるとされています（工作物の調査等に係る改正は令和8年1月1日施行）。

　石綿等の使用の有無についての分析による調査についても同様に、令和5年10月1日以降に解体等の作業が開始されるものについて、必要な知識を有する者として厚生労働大臣が定めるものによる実施が義務付けられます。

イ　作業計画、事前調査結果等の報告（第4条関係）

　あらかじめ、①作業の方法および順序、②石綿粉じんの発散を防止しまたは抑制する方法、③労働者への石綿粉じんのばく露を防止する方法の3つの事項が示された作業計画を定め、その計画に基づいて作業を行うとともに、関係労働者に周知させることが必要です。なお、令和4年4月1日からは、一定規模以上の建築物および工作物の解体・改修工事について事前調査結果等の所轄労働基準監督署長への報告が義務付けられています。

ウ　吹き付けられた石綿および石綿含有保温材等の除去等に係る措置（第6条関係）

　吹き付けられた石綿および石綿含有保温材等の除去・囲い込み・封じ込めの作業を行うときは、作業場所の隔離をはじめとした次の措置を講じるとともに、その隔離を解く際には作業部位の湿潤化と石綿および石綿含有保温材等の除去完了の確認が必要とされました。

①　当該作業場所をそれ以外の作業場所から隔離すること。

②　作業場所の排気にろ過集じん方式の集じん・排気装置を使用すること。

③　作業場所の出入口に前室、洗身室、更衣室を設置すること。

④　作業場所および前室を負圧に保つこと。

⑤　隔離を行った作業場所において初めて作業を行う場合には、作業開始後速やかにろ過集じん方式の集じん・排気装置の排気

153

口からの石綿等の粉じんの漏えいの有無を点検すること。

⑥　ろ過集じん方式の集じん・排気装置に変更を加えたときは排気口からの石綿等の粉じんの漏えいの有無を点検すること。

⑦　その日の作業開始前および作業を中断したときは、前室が負圧に保たれていることを点検すること。

エ　石綿含有成形品の除去に係る措置（第6条の2）

石綿含有成形品を建築物、工作物または船舶から除去する作業では、切断等以外の方法により作業を実施しなければなりません。ただし、切断等以外の方法により実施することが技術上困難なときは、この限りではありません。やむを得ず切断等する場合は、作業場所の隔離（負圧は不要）や作業中の石綿含有成形品の湿潤化が必要となります[※]。

オ　石綿含有仕上げ塗材の電動工具による除去に係る措置（第6条の3）

石綿含有仕上げ塗材を電動工具を使用して除去する作業を行う際、作業場所の隔離（負圧は不要）や作業中の石綿含有仕上げ塗材の湿潤化が必要となります[※]。

カ　発注者の責務等（第8条）

建築物等の解体等の作業を行う仕事の発注者は、石綿等の使用の状況等に係る情報を有している場合、その仕事の請負人にその情報を通知するよう努めなければなりません。また、事前調査が適切に行われるよう所持する情報を事前調査を実施する事業者に提供するといった配慮や写真等による事前調査等の記録の作成が適切に行われるよう配慮することが求められます。

キ　石綿等の切断等の作業等に係る措置（第13条関係）

石綿等の切断等の作業、石綿等を塗布し、注入し、または張り付けた物の解体等の作業等を行うときは、石綿等を湿潤な状態にする必要があります[※]。

ク　保護具の使用（第14条、第44条、第45条関係）

作業を行うときは、労働者に呼吸用保護具、作業衣または保護

石綿（アスベスト）による健康障害の防止対策

衣を使用させる必要があります。なお、隔離した作業場所における吹付け石綿等の除去の作業にあっては、呼吸用保護具は、防じん機能を有する電動ファン付き呼吸用保護具またはこれと同等以上の性能を有する空気呼吸器、酸素呼吸器もしくは送気マスクに限定されます。

ケ　作業主任者の選任・職務（第19条、第20条関係）

技能講習を修了した者のうちから石綿作業主任者を選任し、次の事項を行わせる必要があります。

① 作業に従事する労働者が石綿等の粉じんにより汚染され、またはこれらを吸入しないよう、作業の方法を決定し、労働者を指揮すること。

② 局所排気装置、プッシュプル型換気装置、除じん装置その他労働者が健康障害を受けることを予防するための装置を一月を超えない期間ごとに点検すること。

③ 保護具の使用状況を監視すること。

コ　特別の教育（第27条関係）

作業に従事する労働者に対しては次の科目についての教育が必要です。

① 石綿の有害性

② 石綿等の使用状況

③ 石綿等の粉じんの発散を抑制するための措置

④ 保護具の使用方法

⑤ その他石綿等のばく露の防止に関し必要な事項

サ　作業の記録（第35条）

石綿等を製造し、または取り扱う作業場において、常時これらの作業に従事する労働者については、その作業の記録および事故等による汚染の概要を記録し、これを保存することが求められます。記録の保存期間は、労働者が常時これらの作業に従事しないこととなった日から40年間となります。

シ　作業計画による作業の記録

155

第3章 職業性疾病予防対策

　解体工事や改修工事の終了後においても、石綿ばく露防止のための必要な措置が適切に実施されたかどうかを確認できるよう、作業計画に基づく作業について、写真その他実施状況を確認できる方法により記録し、保存しなければなりません。

※なお、石綿等の湿潤化と同等の措置として、除じん性能を有する電動工具の使用等も認められる見込み（令和6年4月1日施行予定）。

（3）　健康診断

　安衛法第66条、石綿則第40条、じん肺法第7条等において、石綿等を取り扱い、試験研究や石綿分析用試料等のため製造する業務に常時従事する者および石綿等の粉じんを発散する場所における業務（周辺業務）に従事する者に石綿およびじん肺健康診断を義務付けています。これらの業務に従事したことのある、現に使用しているものについても同様です。

　石綿およびじん肺健康診断は、石綿等を取り扱う従事者等を対象とした特別な健康診断です。石綿健康診断は、6カ月以内ごとに1回定期に実施します。健康診断結果は、常時当該業務に従事しないこととなった日から40年間の記録の保存が義務付けられています。

（4）　健康管理手帳

　安衛法第67条では、がんその他の重度の健康障害を生ずるおそれのある業務（石綿を製造し、または取り扱う業務（以下、「直接業務」という。）および、直接業務に伴い石綿の粉じんを発散する作業場における直接業務以外の業務（以下、「周辺業務」という。））に従事し、一定の要件に該当する者は、離職の際にまたは離職の後に都道府県労働局に申請すると、健康管理手帳の交付を受けることができます。交付要件は次のとおりです。

①　両肺野に石綿による不整形陰影があり、または石綿による胸膜肥厚があること（直接業務または周辺業務）。

②　石綿等の製造作業、石綿等が使用されている保温材等の張付け、

補修除去の作業、石綿等の吹付けの作業または石綿等が吹き付けられた建築物等の解体等の作業（吹き付けられた石綿等の除去の作業を含む。）に1年以上従事した経験を有し、かつ、初めて石綿等の粉じんにばく露した日から10年以上を経過していること（直接業務のみ）。

③ 石綿等を取り扱う作業（②の作業を除く。）に10年以上従事した経験を有していること（直接業務のみ）。

④ ②および③に掲げる要件に準ずる者として厚生労働大臣が定める要件（平成19年厚生労働省告示第292号）に該当すること。

この健康管理手帳の交付を受けると、定められた項目による健康診断を決まった時期に年2回（じん肺の健康管理手帳については年1回）、無料で健康診断を受けることができます。

3　粉じん障害の防止対策

古くから知られている代表的な職業性疾病である、じん肺およびじん肺合併症による業務上疾病者数は、減少傾向にあるものの、依然として多い状況にあります。このような粉じんによる障害を防止する対策としては、労働衛生管理体制の確立、労働衛生教育の実施のほか、

①粉じん濃度の測定、②粉じんの発散防止対策および粉じんへのばく露を低減するための対策、③粉じん作業従事労働者の離職後も含めた健康管理、が重要であり、それらの対策は、粉じん障害防止規則（以下、この章において「粉じん則」という。）およびじん肺法に規定されています。

また、トンネル建設工事の切羽付近における作業環境等の改善に関し、「トンネル建設工事の切羽付近における作業環境等の改善のための技術的事項に関する検討会報告書」（令和2年1月30日公表）を踏まえ、粉じん則および安衛則が改正され、令和3年4月1日か

第3章　職業性疾病予防対策

ら施行されています（一部施行：令和4年4月1日）。

これにより、粉じん作業を行う坑内作業場における空気中の粉じんの濃度の測定について、当該坑内作業場の切羽に近接する場所で行うこと、当該空気中の粉じんの濃度の測定を行うときは、原則として、当該坑内作業場における粉じん中の遊離けい酸の含有率を測定すること、空気中の粉じんの濃度の測定の結果に応じて換気装置の風量の増加その他必要な措置を講じたときは、その効果を確認するため、当該坑内作業場の切羽に近接する場所の空気中の粉じんの濃度を測定することなどが規定されています。その測定の結果等に応じて、当該作業に従事する労働者に有効な防じん機能を有する電動ファン付き呼吸用保護具等を使用させることとされました。

さらに、作業環境測定が必要な特定粉じん作業において評価結果が第三管理区分に区分され、改善が困難な場合、個人サンプリング法等による濃度測定結果に基づく有効な呼吸用保護具の使用が義務化され、令和6年4月から施行されることになります。

これまで9次にわたる粉じん障害防止総合対策により、アーク溶接作業や岩石等の裁断等の作業、金属等の研磨作業、屋外における岩石・鉱物の研磨作業または、ばり取り作業および屋外における鉱物等の破砕作業などによるじん肺所見が認められる労働者数は減少しているものの、じん肺新規有所見労働者は依然として発生しており、粉じんばく露の防止に効果的な対策である呼吸用保護具の適正な選択と使用の徹底並びに粉じんの有害性と対策の必要性について周知および指導等を業種や職種を問わず実施する必要があります。

以上を踏まえ、令和5年度から5か年を推進期間とする「第10次粉じん障害防止総合対策」では、事業者が特に実施すべき措置として以下のとおり示しています。

（1）　呼吸用保護具の適正な選択および使用の徹底

事業者は、粉じんの有害性を十分に認識し、労働者に有効な呼吸用保護具を使用させるため、次の措置を講じること。

粉じん障害の防止対策

ア　保護具着用管理責任者の選任および呼吸用保護具の適切な選択と使用等の推進

　　令和5年5月25日付け基発0525第3号「防じんマスク、防毒マスク及び電動ファン付き呼吸用保護具の選択、使用等について」等に基づき、保護具に関して必要な教育を受けた保護具着用管理責任者（安衛則第12条の6第1項に規定する保護具着用管理責任者をいう。〔令和6年4月1日施行〕）を選任し、防じんマスクの適切な選択等の業務に従事させること。（平成17年2月7日付け基発第0207006号「防じんマスクの選択、使用等について」は廃止。）

イ　電動ファン付き呼吸用保護具の使用

　　電動ファン付き呼吸用保護具は、防じんマスクを使用する場合と比べて、一般的に防護係数が高く身体負荷が軽減されるなどの観点から、より有効な健康障害防止措置であり、じん肺法第20条の3の規定により粉じんにさらされる程度を低減させるための措置の一つとして使用すること。

　　なお、電動ファン付き呼吸用保護具を使用する際には、取扱説明書に基づき動作確認等を確実に行うこと。

ウ　改正省令に関する対応

　　令和4年5月の労働安全衛生規則等の一部を改正する省令（令和4年厚生労働省令第91号）による改正において、第三管理区分に区分された場所で、かつ、作業環境測定の評価結果が第三管理区分に区分され、その改善が困難な場所では、厚生労働大臣の定めるところにより、濃度を測定し、その結果に応じて労働者に有効な呼吸用保護具を使用させること、当該呼吸用保護具に係るフィットテストを実施することが義務付けられた（令和6年4月1日施行）ことから、これらの改正内容に基づき適切な呼吸用保護具の着用等を行うこと。

（2）　ずい道等建設工事における粉じん障害防止対策

ア　ずい道等建設工事における粉じん対策に関するガイドラインに

第3章　職業性疾病予防対策

基づく対策の徹底

　粉じん則の改正（令和2年厚生労働省令第128号）およびそれに基づく厚生労働省告示の改正に伴い改正された、ずい道等建設工事における粉じん対策に関するガイドライン（令和2年7月20日付け基発0720第2号の別添1。以下、「ずい道粉じん対策ガイドライン」という。）に基づく措置を講じること。主な改正事項は、次のとおりである。

　①「ずい道等の掘削等作業主任者の職務」を追加、②「粉じん発生源に係る措置」の強化、③「換気装置等による換気」の強化、④「粉じん目標濃度レベル」の引き下げ（強化）と改善措置の充実、⑤「呼吸用保護具の使用基準」の強化、⑥「粉じん濃度等の測定結果等の周知」の充実、⑦切羽に近接する場所の「空気中の粉じん濃度等の測定」の実施（新設）、⑧測定結果に応じた「呼吸用保護具の選択及び使用」（新設）

　特に、次の作業において、労働者に使用させなければならない呼吸用保護具は電動ファン付き呼吸用保護具等に限られることに留意すること。①動力および発破を用いて鉱物等を掘削する場所における作業、②動力を用いて鉱物等を積み込み、または積み卸す場所における作業、③コンクリート等を吹き付ける場所における作業

　また、その使用に当たっては、粉じん作業中にファンが有効に作動することが必要であるため、予備電池の用意や休憩室での充電設備の備え付け等を行うこと。さらに、必要に応じ、建設業労働災害防止協会の「令和2年粉じん障害防止規則等改正対応版ずい道等建設工事における換気技術指針」（令和3年4月）も参照すること。

　なお、安衛法第88条に基づく「ずい道等の建設等の仕事」に係る計画の届出を厚生労働大臣または労働基準監督署長に提出する場合には、改正ガイドライン内記載の「粉じん対策に係る計画」を添付すること。

イ　健康管理対策の推進

①　じん肺健康診断の結果に応じた措置の徹底

じん肺の定期健康診断

粉じん作業従事との関連	じん肺管理区分	頻度
常時粉じん作業に従事	1	3年以内ごとに1回
	2、3	1年以内ごとに1回
常時粉じん作業に従事したことがあり、現に非粉じん作業に従事	2	3年以内ごとに1回
	3	1年以内ごとに1回

じん肺の離職時健康診断

粉じん作業従事との関連	じん肺管理区分	直前のじん肺健康診断から離職までの期間
常時粉じん作業に従事	1	1年6月以上
	2、3	6月以上
常時粉じん作業に従事したことがあり、現に非粉じん作業に従事	2、3	6月以上

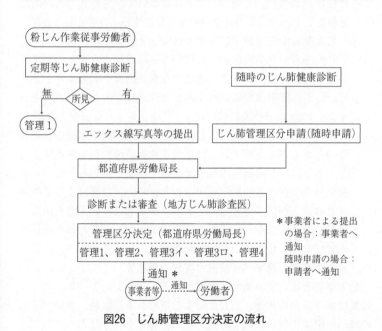

図26 じん肺管理区分決定の流れ

第3章　職業性疾病予防対策

　　じん肺法に基づき、**図26**に示すとおりじん肺健康診断を実施し、毎年じん肺健康管理状況報告を提出すること。また、労働者のじん肺健康診断に関する記録の作成に当たっては、粉じん作業職歴を可能な限り記載し、作成した記録の保存を確実に行うこと。じん肺健康診断の結果に応じて、当該事業場における労働者の実情等を勘案しつつ、**図27**による粉じんばく露の低減措置または粉じん作業以外への転換措置を行うこと。

② 　健康管理システム

　　粉じん作業を伴うずい道等建設工事を施工する事業者は、ずい道等建設労働者が工事ごとに就業先を変えることが多い状況に鑑み、事業者が行う健康管理や就業場所の変更等、就業上適切な措置を講じやすくするために、平成31年3月に運用を開始した健康情報等の一元管理システムについて、労働者本人の同意を得た上で、労働者の健康情報等を登録するよう努めること。

③ 　じん肺有所見労働者に対する健康管理教育等の推進

　　じん肺有所見労働者のじん肺がさらに悪化することの防止を図るため、産業医等による継続的な保健指導を実施するとともに、「『じん肺有所見者に対する健康管理教育のためのガイドライン』の周知・普及について」（平成9年2月3日付け基発第70号）において示された「じん肺有所見者に対する健康管理教育のためのガイドライン」に基づく健康管理教育を推進すること。さらに、じん肺有所見労働者は、喫煙が加わると肺がんの発生リスクがより一層上昇すること、一方、禁煙により発生リスクの低下が期待できることから、事業者は、じん肺有所見労働者に対する肺がんに関する検査の実施およびじん肺有所見労働者に対する積極的な禁煙の働きかけを行うこと。

ウ　元方事業者の講ずべき措置の実施の徹底等

　元方事業者は、ずい道粉じん対策ガイドラインに基づき、粉じん対策に係る計画の調整、教育に対する指導および援助、清掃作業日の統一、関係請負人に対する技術上の指導等を行うこと。

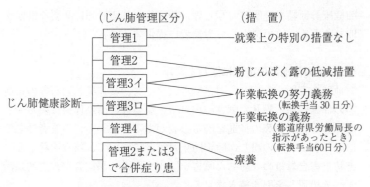

図27 じん肺管理区分に基づく就業上の措置

(3) じん肺健康診断の着実な実施

事業者は、じん肺法に基づき、じん肺健康診断を実施し、毎年じん肺健康管理実施状況報告を提出すること。また、労働者のじん肺健康診断に関する記録の作成に当たっては、粉じん作業職歴を可能な限り記載し、作成した記録の保存を確実に行うこと。

(4) 離職後の健康管理の推進

粉じん作業に従事し、じん肺管理区分が管理2または管理3の離職予定者に対し、「離職するじん肺有所見者のためのガイドブック」（平成29年3月策定。以下「ガイドブック」という。）を配付するとともに、ガイドブック等を活用し、離職予定者に健康管理手帳の交付申請の方法等について周知すること。その際、特に、じん肺合併症予防の観点から、積極的な禁煙の働きかけを行うこと。なお、定期的な健康管理の中で禁煙指導に役立てるため、粉じん作業に係る健康管理手帳の様式に、喫煙歴の記入欄があることに留意する。

また、粉じん作業に従事させたことがある労働者が、離職により事業者の管理から離れるに当たり、雇用期間内に受けた最終のじん

第３章　職業性疾病予防対策

肺健康診断結果証明書の写し等、離職後の健康管理に必要な書類を取りまとめ、求めに応じて労働者に提供すること。

（5）その他地域の実情に即した事項

地域の実情をみると、引き続き、アーク溶接作業と岩石等の裁断等の作業に係る粉じん障害防止対策、金属等の研磨作業に係る粉じん障害防止対策等の推進を図る必要があることから、事業者は必要に応じ、これらの粉じん障害防止対策等について、第９次粉じん障害防止総合対策の「粉じん障害を防止するため事業者が重点的に講ずべき措置」を引き続き講じること。

4　電離放射線障害の防止対策

電離放射線は、診断や治療における医学利用、食品照射や害虫駆除などの農業利用、厚さ計やレベル計、非破壊検査装置などの工業利用のほか、原子力発電の燃料等から発生するなど、さまざまな産業分野に関係しています。

これらの分野で使用されている放射線装置や放射性物質から発生する電離放射線の被ばくによる障害を防止するために、電離放射線障害防止規則（以下、この章において「電離則」という。）に基づき以下のような対策を講じる必要があります（Ⅳ.1.(7)参照）。

なお、東京電力福島第一原子力発電所の事故により放出された放射性物質（事故由来放射性物質）に汚染された廃棄物等の処分業務などを行う労働者の放射線障害を防止するため、平成25年7月電離則が改正され、規制内容が拡大されました（第５章参照）。

また、原子力緊急事態が発生した場合などに備え、緊急作業に係る事故の状況により、電離則第７条第２項で定める100mSvの被ばく限度により対応を行うことが困難であると認めるときは、被ばく限度を250mSvを超えない範囲で厚生労働大臣が別に定めることができるとする「特例緊急被ばく限度の設定」と、それに伴う所要の

電離放射線障害の防止対策

電離則の改正が平成28年4月に行われました。

　国際放射線防護委員会（ICRP）は最近の疫学データを基に眼の水晶体の被ばく限度（等価線量限度）の見直しを行った結果、これまでの150mSv/年よりも低い、「5年間の平均で20mSv/年、かついずれの1年においても50mSvを超えない」ことを勧告しました。このICRPの勧告を踏まえて、放射線業務従事者の眼の水晶体に受ける等価線量の限度を引き下げるため、電離則が改正されました（令和3年4月1日施行）。この改正により、事業者は、放射線業務従事者の眼の水晶体に受ける等価線量を、1年間につき150mSvとしていたものを、5年間につき100mSvおよび1年間につき50mSvを超えないようにしなければなりません。なお、一定条件に合致する一定の医師※の眼の水晶体に受ける等価線量限度については経過措置が定められています。

　その他、眼の水晶体について、線量の測定および算定方法の一部変更、線量の測定結果の算定・記録・保存期間の追加、電離放射線健康診断結果報告書様式の項目の一部変更が行われています。

　※放射線業務従事者のうち、遮へいその他の適切な放射線防護措置を講じてもなおその眼の水晶体に受ける透過線量が5年間につき100mSvを超えるおそれのある医師であって、その行う医療に高度の専門的な知識経験を必要とし、かつ、そのために後任者を容易に得ることができないもの。

（1）外部被ばくの防護

　エックス線装置、荷電粒子加速装置、放射性物質装備機器および密封された放射性物質の取扱い作業では、放射線を体の外から被ばくするので、これを外部被ばくと呼びます。

　外部被ばくの防護では、以下に示す防護対策が基本となりますが、放射線管理組織を確立して、作業環境測定、放射線装置等の定期自主検査、各種記録の整備を行うことも重要です。

ア　放射線源の隔離

第3章　職業性疾病予防対策

　　エックス線装置などの放射線装置は原則として区画された専用の
場所（放射線装置室）に設置し、管理区域、立入禁止区域を設定して
必要のない者の立入りを禁止します。

　　密封された放射性物質の取扱いは専用の器具を用いるか、または
遠隔操作装置によって取り扱うようにし、素手で扱うことは厳に
慎まなければなりません。

イ　遮へい

　　放射線装置や放射性物質の取扱いに当たっては、含鉛手袋、鉛
エプロン、防護めがね等の着用によって被ばく線量の低減を図る
必要があります。また、放射線源と作業者の間に遮へい壁等を設
けて作業位置の放射線レベルを下げるようにします。

ウ　作業管理

　　放射線業務では、取り扱う放射性物質や作業場所の放射線レベ
ル等を考慮した作業方法、作業時間などに関する適正な作業計画
を立てます。また、一定の放射線業務については、作業主任者を
選任して作業を行います。

（2）　内部被ばくの防護

　非密封の放射性物質を取り扱う作業では、放射性物質の飛沫等が
空気中に広がったり、身体、衣服、設備機器等の表面に付着したり
する汚染が生じます。汚染が生じると、作業者が呼吸によって体内
に放射性物質を取り込んだりするほか、皮膚に傷口があったりする
と、その傷口から放射性物質が体内に入ることがあります。この場
合、体内の放射性物質からの放射線に被ばくすることとなり、放射
性物質が体外に排泄されるまで被ばくが続きます。この被ばくのこ
とを内部被ばくと呼びます。

　なお、体内に入った放射性物質は、その化学的性質等によって吸
収や排泄の速度が異なるほか、特定の臓器に集まる性質もあり、同
量の摂取でも放射性物質の種類により被ばくの程度が異なります。

　内部被ばくを防止するためには、以下に示すとおり、汚染をでき

166

電離放射線障害の防止対策

るかぎり少なくすることが基本となります。なお、放射線源が密封されていても、その程度は使用目的や放射線の種類によって異なるので、それぞれの線源の密封の程度を把握するとともに、漏えい検査を定期的に実施して異常の有無を確認することが必要です。

ア　汚染区域の隔離

　管理区域を設定するとともに、非密封の放射性物質は放射性物質取扱作業室内（事故由来廃棄物は事故由来廃棄物等取扱施設内）で取り扱います。

イ　汚染管理

　放射性物質のガス、蒸気または粉じんの発散源を密閉する設備または局所排気装置を設けて、空気中の放射性物質の濃度を一定限度以下に抑え、定期的な作業環境測定によってこれを確認します。

　設備機器等の表面汚染についても定期的に検査、測定して一定限度以下に抑えるとともに、放射性物質取扱作業室から外部に退出するときや、そこから物品を持ち出すときは必ず汚染の状況を検査します。

　放射性廃棄物の処理、貯蔵、保管、廃棄等に当たっては、放射性物質が漏れたり飛散したりすることのないように適切な材料および構造の容器、設備によらなければなりません。

ウ　作業管理

　外部被ばく防護の場合と同様の作業管理を行うほか、放射性物質取扱作業室には専用の作業衣を備え、汚染の危険度の高い作業では適切な保護衣類、手袋、履物、呼吸用保護具等を使用します。

（3）　被ばく管理

　放射線業務従事者の被ばくの限度として、実効線量で5年間につき100mSvを、かつ、1年間につき50mSvを超えないことなどが定められています。なお、妊娠可能な女性については、3月につき5mSvを超えないこととされています。

　放射線業務従事者および管理区域に一時的に立ち入る者について、

第3章　職業性疾病予防対策

電子線量計、ガラスバッジ、ルミネスバッジ等の個人被ばく線量計を着用して被ばく線量を測定します。これによって線量が被ばく限度を超えないようにするとともに、さらに線量の低減化を図っていくことが大切です。

なお、線量が1日で1mSvを超えるおそれがある場合、電子線量計のように毎日の読み取りが可能なものの着用が必要となります。

（4）　特別な作業の管理

核燃料加工施設、原子力発電所など一定の原子力施設で核燃料物質等を取り扱う作業、事故由来廃棄物等の処分に係る作業を行う場合は、作業の方法および順序、放射線の監視、汚染の検査および除去等に関する作業規程を作成し、これにより作業を行うとともに、関係労働者に周知させなければなりません。

（5）　健康管理

雇入れ、配置替えの際およびその後6カ月以内ごとに1回定期に電離放射線健康診断を行い、その結果に基づいて適切な事後措置を行います。健康診断結果の記録は、30年間保存（5年間保存した後、（公財）放射線影響協会に引き渡すことができる。）することとなっています。

（6）　安全衛生教育

放射線の被ばくを防止する上で、作業者自らが電離放射線の生体に与える影響、装置の構造や取扱いの方法などについて十分な知識を有することが重要なので、これらについての教育の徹底を図る必要があります。

特に、エックス線装置またはガンマ線照射装置を用いて透過写真撮影業務を行う労働者、一定の原子力施設で核燃料物質等を取り扱う業務を行う労働者および事故由来廃棄物等の処分の業務を行う労働者に対しては、電離則で定められた科目の特別教育を行う必要が

あります。

(7) 作業環境測定

管理区域に該当する部分については外部放射線による線量当量率の測定、放射性物質取扱作業室や事故由来廃棄物等取扱施設内の空気中放射性物質濃度の測定は、1カ月以内ごとに1回、定期に測定し、その結果を記録して、5年間保存しなければなりません。なお、空気中放射性物質濃度は、作業環境測定士の資格を持ったものでなければ測定できません。

5 酸素欠乏症等の防止対策

酸素欠乏症の発生状況は**図28**のとおりです。

酸素欠乏症・硫化水素中毒（以下、「酸素欠乏症等」という。）は、致死率が高く非常に危険ですが、作業環境測定、換気、送気マスク等の呼吸用保護具の使用などの措置を適正に実施すれば発生を防ぐことができます。酸素欠乏症等の特徴は次のとおりです。

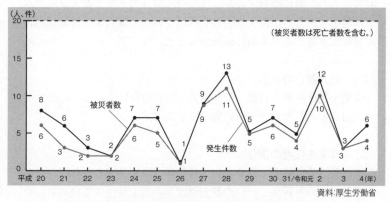

資料：厚生労働省

図28　年別酸素欠乏症発生状況（硫化水素中毒含まず）

第3章　職業性疾病予防対策

① **酸素欠乏症**

　　空気中の酸素濃度が通常の濃度よりも低下している状態を酸素欠乏という。酸素欠乏症あるいは硫化水素中毒が発生するおそれのある場所として法令で定められた場所（以下、「酸素欠乏危険場所」という。）等で酸素欠乏の状態にある空気を吸入し、酸素欠乏症にかかると目まいや意識喪失、さらには死に至る場合もある。

② **硫化水素中毒**

　　硫化水素は自然界のさまざまな現象の中で発生している。汚泥等の攪拌や化学反応等によっては急激に高濃度の硫化水素ガスが空気中に発散されることもある。硫化水素ガスは嗅覚の麻痺や眼の損傷、呼吸障害、肺水腫を引き起こし、死に至る場合がある。

　酸素欠乏症等を防止するためには、次のような対策を講じる必要があります（酸素欠乏症等防止規則（Ⅳ.1.(9)参照））。

（1）　酸素欠乏危険場所の事前確認

　タンク、マンホール、ピット、槽、井戸、たて坑などの内部が酸素欠乏危険場所に該当するか、作業中に酸素欠乏空気および硫化水素の発生・漏えい・流入等のおそれはないか、酸素または硫化水素の濃度測定等により事前に確認すること。

（2）　立入禁止の表示

　酸素欠乏危険場所に誤って立ち入ることのないように、その場所の入口などの見やすい場所に表示すること。

（3）　作業主任者の選任

　酸素欠乏危険場所で作業を行う場合は、酸素欠乏危険作業主任者を選任し、作業指揮、(5)の酸素濃度等の測定等法令で決められた職務を行わせること。

170

酸素欠乏症等の防止対策

（4） 特別教育の実施

酸素欠乏危険場所において作業に従事する者には、酸素欠乏症、硫化水素中毒の防止に関する特別教育を実施すること。

（5） 測定の実施

その日の作業を開始する前に、酸素濃度、硫化水素濃度の測定を行うこと。また、測定者の安全を確保するために必要な措置を講じること。

（6） 換気の実施

作業場所の酸素濃度が18％以上、硫化水素濃度が10ppm以下に保たれるよう継続して換気すること。

また、酸素欠乏空気、硫化水素の漏洩・流入がないようにすること。

（7） 保護具の使用

換気できないときまたは換気しても酸素欠乏のおそれがある場所では、指定防護係数が1,000以上の全面形面体を有する、循環式呼吸器、空気呼吸器、エアラインマスクおよびホースマスクの中から有効なものを選択して、着用させること。なお、保護具は同時に作業する作業者の人数と同数以上を備えておくこと。

また、墜落のおそれのある場合には墜落制止用器具を使用させること。

（8） 二次災害の防止

酸素欠乏症等が発生した際、救助者には必ず空気呼吸器等または送気マスクを使用させること。墜落のおそれのある場合には墜落制止用器具を使用させること。

また、救助活動は単独行動をとらず、救助者と同じ装備をした監視者を配置すること。

第3章 職業性疾病予防対策

6 高気圧障害の防止対策

潜函工法などの圧気工法における高圧室内業務や潜水業務においては、高気圧下で作業を行うことにより、体内の酸素、窒素、二酸化炭素の分圧が高まることによる酸素中毒、窒素中毒、二酸化炭素中毒、高気圧から大気圧への減圧による減圧障害、といった高気圧障害になるおそれがあります。そのため、高気圧作業安全衛生規則（以下、この章において「高圧則」という。）により規制が行われています。

主な高気圧障害の特徴は次のとおりです。

① **酸素中毒**：大気圧下における空気中の酸素の分圧は20kPa（0.2気圧）程度だが、160kPa（1.6気圧）を超える程度の高い分圧の酸素を吸入すると中枢神経が冒される急性酸素中毒となり、吐き気、めまい、視野狭窄、呼吸困難、けいれん発作などの症状が生じる。また、50kPa（0.5気圧）を超える分圧の酸素を長時間呼吸すると肺が冒される慢性酸素中毒となり、胸部違和感、咳・痰、肺活量の減少などの症状が生じる。

② **窒素中毒（窒素酔い）**：400kPa（4気圧）を超える程度の高い分圧の窒素を吸入すると、麻酔作用により飲酒時のように愉快で大雑把になり、判断力が低下するなどの症状が生じる。

③ **二酸化炭素中毒**：体内の二酸化炭素が過剰になって正常な生体機能を維持できなくなった状態で、頭痛、めまい、発汗、意識障害などの症状が生じる。

④ **減圧障害**

a．**空気（動脈ガス）塞栓症**：急速に浮上したり、十分に息を吐かずに浮上した場合に、肺が過膨張となり、行き場を失った肺内の空気が肺胞を傷付け、肺の間質気腫を起こす。さらに肺の毛細血管に空気が侵入し、気泡状となって動脈を経由し、脳動脈などを閉塞し、意識障害や脳梗塞を引き起こす。

172

高気圧障害の防止対策

 b．**減圧症**：加圧により体内組織の不活性ガスの溶解量が増加し、
減圧のときに減圧の速度が速いと溶解した不活性ガスの体外へ
の排出が追いつかずに体内で気泡化し、血液循環を阻害したり
組織を圧迫して、皮膚のかゆみ、関節や筋肉、胸部・腹部の痛
み、運動障害、めまい、意識障害などの症状が生じる。

（1）　高圧室内業務に係る規制

　高圧室内業務の設備については、作業室の気積を労働者1人当た
り4㎡以上、気こう室の床面積を1人当たり0.3㎡以上、気積を1
人当たり0.6㎡以上とすること、送気管・排気管の設置、作業室内、
気こう室内の圧力を表示する圧力計の設置等の規制があります。

　また、高圧室内作業については、高圧室内作業主任者免許を受け
た者のうちから高圧室内作業主任者を選任するとともに、加圧速度
を毎分0.08MPa以下とすること、連絡員の常時配置等の規制があり
ます。

（2）　潜水業務に係る規制

　潜水業務の設備については、送気を調節する空気槽の設置、空気
清浄装置、圧力計・流量計の設置等の規制があります。また、潜水
士免許所持者以外の者の就業制限、さがり綱の設置、空気圧縮機等
から送気して行う場合等の連絡員の配置等の規制があります。

（3）　高圧室内業務と潜水業務に共通する規制
ア　特別教育および健康管理

　高圧室内業務と潜水業務の双方に関係する規制として、次の**表12**
に掲げる業務を行う労働者への特別教育の実施、高気圧作業に係る
特殊健康診断の実施、病者の就業禁止、再圧室の設置等があります。
イ　減圧（浮上）停止時間および休業計画

　空気のみを使用した呼吸用ガスから、酸素、窒素、ヘリウムを含
む混合ガスを使用する高圧室内業務および潜水業務に対応した規制

第3章　職業性疾病予防対策

表12　高気圧作業における特別教育が必要な業務（高圧則第11条第1項）

業　務　内　容
①　作業室及び気こう室へ送気するための空気圧縮機を運転する業務
②　作業室への送気の調節を行うためのバルブ又はコックを操作する業務
③　気こう室への送気又は気こう室からの排気の調整を行うためのバルブ又はコックを操作する業務
④　潜水作業者への送気の調節を行うためのバルブ又はコックを操作する業務
⑤　再圧室を操作する業務
⑥　高圧室内作業に係る業務

内容に高圧則が改正され、平成27年4月1日から施行されました。

　これにより減圧停止時間（潜水業務の場合は浮上停止時間）は、「高気圧作業安全衛生規則第8条第2項等の規定に基づく厚生労働大臣が定める方法等」（平成26年12月1日厚生労働省告示第457号）により求めることとされています。

　また、酸素中毒、窒素中毒を防止するための呼吸用ガス中の酸素および窒素の分圧ならびに酸素ばく露量の制限、減圧を停止する圧力や時間などを示した作業計画の作成および労働者への作業計画の周知、作業計画に定めた事項の実施記録の5年間保存等が規定されています。

7　騒音障害の防止対策

　職場における騒音は、安衛則に規定する有害要因の1つであり、事業者は、労働者の健康障害を防止するため、騒音ばく露を抑制する必要があります。騒音性難聴は、長期間にわたる騒音ばく露により発症すること、聴力低下が進行してからでは回復されないとされ

騒音障害の防止対策

ていることから、労働衛生管理による騒音ばく露の低減と初期症状の早期発見が欠かせません。

　厚生労働省は、令和5年4月に「騒音障害防止のためのガイドライン」を改訂し、安衛則第588条に定める8屋内作業場（騒音の作業環境測定が義務付けられている作業場）および騒音レベルが高いとされる52作業場について、作業環境管理、作業管理および健康管理により騒音ばく露低減化を図るとともに、騒音障害防止対策の管理者による組織的な対策の取組および管理者に対する教育を定めました。また、手持ち動力工具など騒音源が移動する場合にも対応し、必要に応じて個人ばく露測定による等価騒音レベルの測定を行うことができるようになりました。

　ガイドラインに示されている具体的な騒音障害防止対策は、次のとおりです。

（1）作業環境管理

ア　別表第1に掲げる作業場

　a　所定の作業環境測定により、等価騒音レベルの測定、評価、措置および記録を行うこと。

　b　測定は、6カ月以内ごとに1回、定期に行うこと。ただし、施設、設備、作業工程または作業方法を変更した場合は、その都度、測定すること。

イ　別表第2に掲げる作業場

　a　屋内作業場

　(a)　所定の方法により、等価騒音レベルの測定、評価、措置および記録を行うこと。

　(b)　騒音源が移動する場合等においては、所定の個人ばく露測定により、等価騒音レベルの測定、措置および記録を行うことができる。

　(c)　測定は、6カ月以内ごとに1回、定期に行うこと。ただし、第Ⅰ管理区分に区分されることが継続している場所等につい

第3章　職業性疾病予防対策

ては、定期に行う測定を省略することができる。

(d) 施設、設備、作業工程または作業方法を変更した場合は、その都度、測定すること。

b　坑内作業場

(a) 所定の定点測定により、等価騒音レベルの測定、措置および記録を行うこと。

(b) 騒音源が移動する場合等においては、所定の個人ばく露測定により、等価騒音レベルの測定、措置および記録を行うことができる。

(c) 測定は、6カ月以内ごとに1回、定期に行うこと。ただし、等価騒音レベルが継続的に85dB未満である場所については、定期に行う測定を省略することができる。

(d) 施設、設備、作業工程または作業方法を変更した場合は、その都度、測定すること。

c　屋外作業場

(a) 所定の定点測定または個人ばく露測定により、等価騒音レベルの測定、措置および記録を行うこと。

(b) 地面の上に騒音源があって、周辺に建物や壁等がない場所については、定点測定または個人ばく露測定に代えて、所定の方法により騒音レベルを推計し、措置および記録を行うことができる。

(c) 測定は、6カ月以内ごとに1回、定期に行うこと。ただし、等価騒音レベルが継続的に85dB未満である場所については、定期に行う測定を省略することができる。

(d) 施設、設備、作業工程または作業方法を変更した場合は、その都度、測定すること。

(2)　作業管理

a　聴覚保護具の使用

(a) 必要かつ十分な遮音値をもつ聴覚保護具を選定すること。

騒音障害の防止対策

なお、危険作業等において安全確保のために周囲の音を聞く必要がある場合や会話の必要がある場合は、遮音値が必要以上に大きい聴覚保護具を選定しないよう配慮すること。

(b) 管理者は、労働者に対し聴覚保護具の正しい使用方法を指導すること。また、目視等により正しく使用されていることを確認すること。

b 作業時間の管理

作業環境を改善するための措置を講じた結果、第Ⅰ管理区分とならない場合または等価騒音レベルが85dB未満とならない場合は、労働者が騒音作業に従事する時間の短縮を検討すること。等価騒音レベルが3dB上がるごとに、許容される1日のばく露時間の目安は半分となる。

(3) 健康管理

a 騒音健康診断

(a) 雇入時等健康診断

騒音作業に常時従事する労働者に対し、その雇入れの際または当該業務への配置替えの際に、ガイドラインに定める項目(オージオメータによる聴力の検査を含む。)について、医師による健康診断を行うこと。

(b) 定期健康診断

騒音作業に常時従事する労働者に対し、6カ月以内ごとに1回、定期に、ガイドラインに定める項目(オージオメータによる選別聴力検査を含む。)について、医師による健康診断を行うこと。

選別聴力検査の結果、30dBの音圧での検査で異常が認められる者その他医師が必要と認める者については、オージオメータによる聴力の検査を行うこと。

b 騒音健康診断結果に基づく事後措置

健康診断の結果に応じて、次に掲げる措置を講ずること。

第 3 章　職業性疾病予防対策

(a)　前駆期の症状が認められる者および軽度の聴力低下が認められる者に対しては、第Ⅱ管理区分に区分された場所または等価騒音レベルが85dB以上90dB未満である場所においても聴覚保護具を使用させるほか、必要な措置

(b)　中等度以上の聴力低下が認められる者に対しては、聴覚保護具を使用させるほか、騒音作業に従事する時間の短縮、配置転換その他必要な措置

c　騒音健康診断結果の記録および報告

騒音健康診断を実施したときは、その結果を記録し、5 年間保存すること。

また、定期健康診断については、実施後遅滞なく、その結果を所轄労働基準監督署長に報告すること。

（4）　労働衛生教育

a　管理者に対する労働衛生教育

管理者を選任しようとするときは、次の科目について労働衛生教育を行うこと。

①　騒音の人体に及ぼす影響

②　適正な作業環境の確保と維持管理

③　聴覚保護具の使用および作業方法の改善

④　関係法令等

b　労働者に対する労働衛生教育

騒音作業に労働者を常時従事させようとするときは、次の科目について労働衛生教育を行うこと。ただし、第Ⅰ管理区分に区分されていることが継続している場所または等価騒音レベルが継続的に85dB未満である場所において業務に従事する労働者については、省略することができる。

①　騒音の人体に及ぼす影響

②　聴覚保護具の使用

振動障害の防止対策

（5）計画の届出

安衛法第88条の規定に基づく計画の届出を行う場合において、当該計画が別表第1または別表第2に掲げる作業場に係るものであるときは、届出に騒音障害防止対策の概要を示す書面または図面を添付すること。

8　振動障害の防止対策

振動障害は、従来、林業のチェーンソー取扱作業者や鉱業のさく岩機取扱作業者に多くみられましたが、建設業、製造業等の振動工具の取扱作業者にも発生しています。

振動工具の中には、さく岩機のように振動を利用することによってその機能を発揮するものもありますが、チェーンソーのように作業や運転に伴って振動が発生するものもあります。このような振動工具を取り扱う業務については、次のような振動障害の防止対策を講じる必要があります。

（1）　振動工具の種類

振動工具には、チェーンソーのほか、次のものがあります。

(ア)　ピストンによる打撃機構を有する工具（①さく岩機、②チッピングハンマー、③リベッティングハンマー、④コーキングハンマー、⑤ハンドハンマー、⑥ベビーハンマー、⑦コンクリートブレーカー、⑧スケーリングハンマー、⑨サンドランマー、⑩ピックハンマー、⑪多針タガネ、⑫オートケレン、⑬電動ハンマー）

(イ)　内燃機関を内蔵する工具（可搬式のもの）（①エンジンカッター、②ブッシュクリーナー）

(ウ)　携帯用皮はぎ機等の回転工具（(オ)を除く。）（①携帯用皮はぎ機、②サンダー、③バイブレーションドリル）

(エ)　携帯用タイタンパー等の振動体内蔵工具（①携帯用タイタンパー、②コンクリートバイブレーター）

179

第3章　職業性疾病予防対策

㋔　携帯用研削盤、スイング研削盤その他手で保持し、または支え
て操作する型式の研削盤（使用する研削といしの直径が150mmを
超えるもの。）

㋕　卓上用研削盤または床上用研削盤（使用するといしの直径が
150mmを超えるもの。）

㋖　締付工具（①インパクトレンチ）

㋗　往復動工具（①バイブレーションシャー、②ジグソー）

（2）　振動障害の防止対策

　振動障害は、振動工具の使用に伴って発生する振動が人体に伝ぱ
することによって多様な症状を呈する症候群です。振動障害防止の
ためには、振動の周波数、振動の強さおよび振動ばく露時間により
手腕への影響を評価し、対策を講ずることが有効とされています。
　このため、厚生労働省では、国際標準化機構（ISO）等が取り入
れている「周波数補正振動加速度実効値の３軸合成値」と「振動ば
く露時間」で規定される１日８時間の等価振動加速度実効値（日振
動ばく露量$A(8)$）の考え方などをもとに、振動障害の予防対策とし
て平成21年７月10日付けで、①チェーンソー取扱い作業指針につい
て（基発0710第１号）、②チェーンソー以外の振動工具の取扱い業
務に係る振動障害予防対策指針について（基発0710第２号）、③振
動工具の「周波数補正振動加速度実効値の３軸合成値」の測定、表
示等について（基発0710第３号）、④振動障害総合対策要綱（基発
0710第５号）、⑤「振動工具取扱い作業者等に対する安全衛生教育
の推進について（事務連絡）」を公表しています。なお、④の要綱
については、平成24年度までを計画期間としていましたが、「今後
の振動障害予防対策の推進について」（平成25年９月19日付け基安
労発0919第１号）により、引き続き④の要綱による対策内容を推進
するとともに、以下の点についても、効果的な予防対策を講じるこ
ととされました。

　㋐　振動障害予防対策に係る危険性又は有害性等の調査（リスク

振動障害の防止対策

アセスメント）等の推進について

(イ) 振動工具に係る危険性情報等の通知の推進について

(ウ) 振動工具の適切な点検・整備等について

振動障害の予防対策の概要は、以下のとおりです。

ア **振動工具を製造または輸入する事業者等が講ずべき措置**

a 主に労働者が取り扱う振動工具について、「周波数補正振動加速度実効値の３軸合成値」を測定・算出すること。

b 測定・算出した３軸合成値を振動工具に表示すること。

c 取扱説明書、カタログ、ホームページ等において次の措置を講じること。

① ３軸合成値、振動測定の準拠規格、振動工具の重量等を明記すること。

② 振動工具の使用者が適切に日振動ばく露量$A(8)$に基づく対策を講ずることができるよう、１日当たりの振動ばく露限界時間の算出方法等の説明を記載し、または記載したパンフレットを添付すること。

③ 振動工具の製造時の振動加速度レベルを劣化させないための点検・整備について、その具体的な時期、その対象となる工具の状態、その方法等を示すこと。

イ **振動工具を使用する事業者が講ずべき措置**

a 振動工具の選定基準と点検整備

使用する工具は振動や騒音ができる限り少なく軽量なものを選び、工具のメーカー等が取扱説明書等で示した時期および方法により定期的に点検整備し、常に最良の状態に保つようにすること。また、「振動工具管理責任者」を選任し、点検・整備状況を定期的に確認し、その状況を記録すること。

b 作業時間の管理

① 振動業務とそれ以外の業務を組み合わせて、振動業務に従事しない日を設けるよう努めること。

② 使用する工具の「周波数補正振動加速度実効値の３軸合成

第3章　職業性疾病予防対策

値」を表示、取扱説明書等により把握し、当該値と1日当たりの「振動ばく露時間」から、上記通達に示す方法により1日8時間の等価振動加速度実効値（日振動ばく露量$A(8)$）を求め、これら通達に定める振動ばく露時間の抑制等の措置を講ずること。

③　使用する工具および業務に応じて、一連続の振動ばく露時間の制限または一連続作業後の休止時間を設けること。

c　工具の操作方法および作業方法

工具の操作方法については、ハンドル等以外の部分は持たない、また、ハンドル等は軽く握り、かつ、強く押さえない、防振手袋を利用するなど余分な振動のばく露を避けること。

作業方法については、工具をスプリングバランサー等により支持するなど、工具を支える力を極力少なくし、筋の緊張を持続させることのない方法を工夫すること。

d　健康診断の実施およびその結果に基づく措置

振動業務に従事する労働者に対する健康診断の実施など適切な健康管理については、「振動工具（チェンソー等を除く。）の取扱い等の業務に係る特殊健康診断について」（昭和49年1月28日付け基発第45号）、「振動工具の取扱い業務に係る特殊健康診断の実施手技について」（昭和50年10月20日付け基発第609号）および「チェンソー取扱い業務に係る健康管理の推進について」（昭和50年10月20日付け基発第610号、改正平成21年7月10日付け基発0710第1号）に基づき実施すること。

e　安全衛生教育の実施

労働者を新たに振動業務に就かせ、または労働者の取り扱う振動工具の種類を変更したときは、当該労働者に対し、振動が人体に与える影響、日振動ばく露量$A(8)$に基づくばく露許容時間等の工具の適正な取扱いおよび管理方法についての教育を行うこと。

職場における腰痛予防対策

9 職場における腰痛予防対策

　腰痛の発生件数は増加傾向にあり、新型コロナウイルスり患によるものを除き、毎年業務上疾病に占める割合の約6割を占めています。

　とくに小売業、介護施設では「転倒」および腰痛等の「動作の反動・無理な動作」など職場における労働者の作業行動を起因とする労働災害が増加しています。そこで小売業、介護施設の腰痛対策の一助として、中央労働災害防止協会は厚生労働省委託事業により、小売業、介護施設などの腰痛対策事例を盛り込んだ「腰痛を防ぐ職場の事例集」を作成しました（詳細はトピックス2（52ページ）を参照）。

　重量物取扱いなどによる腰痛予防のためには、「職場における腰痛予防対策指針」に基づき、以下のような対策を講ずる必要があります（Ⅳ.2.(2)参照）。

(1) 一般的な腰痛予防対策

ア 作業管理

　a　自動化、省力化

　　作業の全部または一部を自動化または省力化し、労働者の負担を軽減することが望ましい。それが困難な場合には、負担を減らす台車等の適切な補助機器や道具、介護・看護作業等においては福祉用具等を導入すること。

　b　作業姿勢、動作

　①　前屈、中腰、ひねり、後屈ねん転等の不自然な姿勢を取らないこと。適宜、前屈や中腰姿勢は膝を着いた姿勢に置き換え、ひねりや後屈ねん転は体ごと向きを変え、正面を向いて作業するよう心がける。また、作業時は、作業対象にできるだけ身体を近づけて作業すること。

　②　不自然な姿勢を取らざるを得ない場合には、前屈やひねり

183

第 3 章　職業性疾病予防対策

　　　　等の程度をできるだけ小さくし、不自然な姿勢をとる頻度と
　　　　時間を減らすようにすること。また、適宜、台に寄りかかり、
　　　　壁に手を着き、床に膝を着く等をして身体を支えること。
　　③　作業台や椅子は適切な高さに調節すること。立位、椅座位
　　　　に関わらず、作業台の高さは肘の曲げ角度がおよそ90度にな
　　　　る高さとすること。椅子座面の高さは、足裏全体が着く高さ
　　　　とすること。
　　④　立位、椅座位等において、同一姿勢を長時間取らないよう
　　　　にすること。長時間の立位作業では、片足を乗せておくこと
　　　　のできる足台や立位のまま腰部を乗せられる座面の高い椅子
　　　　等を利用し、長時間の座位作業では、適宜、立位姿勢をとる
　　　　ように心がけること。
　　⑤　腰部に負担のかかる動作では、姿勢を整え、かつ、腰部の
　　　　不意なひねり等の急激な動作を避けること。持ち上げる、引
　　　　く、押す等の動作では、膝を軽く曲げ、呼吸を整え、下腹部
　　　　に力を入れながら行うこと。
　　⑥　転倒やすべり等の防止のために、足もとや周囲の安全を確
　　　　認するとともに、不安定な姿勢や動作は取らないようにする
　　　　こと。また、大きな物や重い物を持っての移動距離は短くし、
　　　　人力での階段昇降は避け、省力化を図ること。
　c　作業の実施体制
　　①　作業時間、作業量等の設定に際しては、作業に従事する労
　　　　働者の数、作業内容、作業時間、取り扱う重量、自動化等の
　　　　状況、補助機器や道具の有無等が適切に割り当てられている
　　　　か検討すること。
　　②　腰部に過度の負担のかかる作業では、無理に1人で作業を
　　　　進めず、複数人で作業できるようにすること。人員配置は、
　　　　労働者の健康状態（腰痛の有無を含む）、特性（年齢、性別、
　　　　体格、体力など）、技能・経験等を考慮して行うこと。
　d　作業標準

職場における腰痛予防対策

標準的な作業動作、作業姿勢、作業手順、作業時間等をもとに作業標準を策定し、また定期的に見直し、新しい機器、設備等を導入した場合にも、その都度見直すこと。

e　休憩・作業量、作業の組合せ等

①　適宜、休憩時間を設け、その時間には姿勢を変えるようにすること。作業時間中にも、小休止・休息が取れるようにすること。また、横になって安静を保てるよう十分な広さを有し、適切な温度に調節できる休憩設備を設けるよう努めること。

②　不自然な姿勢を取らざるを得ない作業や反復作業等を行う場合には、他の作業と組み合わせる等により、当該作業ができるだけ連続しないようにすること。

③　夜勤、交代勤務および不規則勤務にあっては、作業量が昼間時における同一作業の作業量を下回るよう配慮し、適宜、休憩や仮眠が取れるようにすること。

④　過労を引き起こすような長時間勤務は避けること。

f　靴、服装等

①　作業時の靴は、足に適合したものを使用すること。ハイヒールやサンダルを使用しないこと。

②　作業服は、重量物の取扱い動作や適切な姿勢の保持を妨げないよう、伸縮性、保温性、吸湿性のあるものとすること。

③　腰部保護ベルトは、個人により効果が異なるため、一律に使用させるのではなく、個人ごとに効果を確認してから使用の適否を判断すること。

イ　作業環境管理

a　温度

腰痛の発生や悪化を防ぐため、屋内作業場で作業を行う場合では、作業場内の温度を適切に保ち、また、低温環境下の作業では、保温のための衣服の着用や暖房設備の設置にも配慮すること。

b　照明

作業場所、通路、階段等で、足もとや周囲の安全が確認でき

185

第3章　職業性疾病予防対策

るように適切な照度を保つこと。

c　作業床面

転倒やつまずき等による瞬間的な腰部への負担を防ぐため、床面は凹凸がなく、防滑性や耐衝撃性等に優れたものが望ましい。

d　作業空間や設備、荷の配置等

作業そのものや動作に支障がないよう十分に広い作業空間を確保し、機器・設備、荷の配置、作業台や椅子の高さ等に人間工学的な配慮をすること。

e　振動

車両系建設機械の操作・運転により腰部と全身に著しく粗大な振動、あるいは、車両運転により腰部と全身に長時間振動を受ける場合、腰痛の発生が懸念されるため、座席等について振動ばく露の軽減対策をとること。

ウ　健康管理

a　健康診断

重量物取扱い作業、介護・看護作業等腰部に著しい負担のかかる作業に常時従事する労働者に対しては、当該作業に配置する際（再配置を含む）およびその後6カ月以内ごとに1回、定期に医師による腰痛の健康診断を行うこと。

また、腰痛の健康診断の結果について医師から意見を聴取し、労働者の腰痛を予防するため必要があると認めるときは、作業の実施体制、作業方法等の改善、作業時間の短縮等、必要な措置を講ずること。また、睡眠改善や保温対策等の日常生活における腰痛予防に効果的な内容を助言することも重要である。

b　腰痛予防体操

腰部に著しい負担のかかる作業に常時従事する労働者に、適宜、腰痛予防を目的とした腰痛予防体操を行うこと。

c　職場復帰支援

休業者等が職場に復帰する際には、産業医等の意見を十分に

職場における腰痛予防対策

尊重し、作業方法、作業時間等について就労上必要な措置を講じ、休業者等が復帰時に抱く不安を十分に解消すること。

エ　労働衛生教育等

a　労働衛生教育

重量物取扱い作業、介護・看護作業、車両運転作業等に従事する労働者に対し、当該作業に配置する際およびその後必要に応じ、次の項目による腰痛予防の労働衛生教育を実施すること。

① 腰痛の発生状況および原因

② 腰痛発生要因の特定およびリスクの見積り方法

③ 腰痛発生要因の低減措置

④ 腰痛予防体操

b　その他

・労働者が精神的ストレスを蓄積しないよう、上司や同僚のサポートや相談窓口をつくる等の組織的な対策を整えること。

・産業医等の指導の下に、睡眠、禁煙、運動習慣、バランスのとれた食事、休日の過ごし方に関する指導を行うこと。

オ　リスクアセスメントおよび労働安全衛生マネジメントシステム

費用対効果の検討および的確な優先順位設定の下に、リスクに応じた合理的に実行可能な対策を講じるため、それぞれの作業態様や職場ごとに、腰痛の発症に関与する要因のリスクアセスメントを実施し、その結果に基づいて適切な予防対策を実施していくことが重要である。また、予防対策を効果的に行うためには、事業実施に係る管理と一体となって進める必要があることから、事業場に安全衛生マネジメントシステムの考え方を導入することが重要である。

（2）　作業態様別の対策

指針では、腰痛の発生が比較的多い次の5つの作業について、作業態様別の対策を示しています（Ⅳ.2.(2)参照）。

① 重量物取扱い作業

② 立ち作業

第３章　職業性疾病予防対策

③　座り作業
④　福祉・医療分野等における介護・看護作業
⑤　車両運転等の作業

10　熱中症の予防対策

　夏季を中心に熱中症の発生が相次ぐ中、職場においても熱中症が発生しており、さらには重篤化して死亡災害となる事例も生じていることから、「熱中症」を考慮した労働災害防止対策が必要になっています。高温多湿な環境下において、体内の水分と塩分（ナトリウムなど）のバランスが崩れたり、体内の調整機能が破綻するなどして発症する障害を総称して「熱中症」といいます。

　職場における熱中症による死傷者数（死亡者数と休業４日以上の業務上疾病者数を加えた数）の推移は図29のとおりです。平成29年までは、毎年400〜500人台で推移していましたが、平成30年はそれまでに経験のない酷暑に見舞われ、死傷者数が1,178人となり、過去10年間において最多となっています。令和４年は死傷者数が827

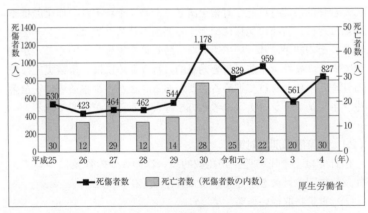

図29　職場における熱中症による死傷者数の推移（平成25年〜令和４年）

熱中症の予防対策

人となり、うち死亡者数は30人となりました。業種別にみると、死傷者数については、建設業179件、製造業145件となっており、これら2つの業種で全体の約4割を占めています。また、死亡者数は、建設業で14件と最も多く、次に警備業で多く発生しており、熱中症による重篤な労働災害が後を絶たない状況にあります。熱中症の発生状況を見ると、暑さ指数（WBGT）を把握せず、熱中症予防のための労働教育を行っていませんでした。また、熱中症発症時・緊急時の措置が適切になされていませんでした。

　このようなことから、厚生労働省では関係省庁および関係団体等との連携の下、平成29年より毎年「STOP！熱中症　クールワークキャンペーン」を展開し、すべての職場において基本的な熱中症予防対策を講ずるよう広く呼びかけるとともに、熱中症の初期症状を早期に把握し、重篤化や死亡に至ることがないよう、期間中、事業者が暑さ指数（WBGT）を把握してそれに応じた適切な対策を講じ、緊急時の対応体制の整備を図るなど、重点的な対策の徹底を図るものとしています。

　令和5年の当該キャンペーンの実施要綱では、その期間を5月1日から9月30日までとし、4月を「準備期間」、7月を「重点取組期間」として、各事業場における重点実施事項を示しています。

◆事業場における重点実施事項

（1）準備期間中（4月）

ア　暑さ指数（WBGT）の把握の準備

　日本産業規格JIS Z 8504またはJIS B 7922に適合したWBGT指数計を準備し、点検する。

イ　作業計画の策定等

　夏季の暑熱環境下における作業に対する作業計画を策定する。作業計画には、新規入職者や休み明け労働者等に対する暑熱順化プログラム、暑さ指数（WBGT）に応じた十分な休憩時間の確保、WBGT基準値（**表13**）を大幅に超えた場合の作業中止に関する事項を含める必要がある。また、熱中症の症状を呈して体調

189

第3章 職業性疾病予防対策

表13 身体作業強度等に応じたWBGT基準値

区分	身体作業強度（代謝率レベル）の例	WBGT基準値	
		暑熱順化者のWBGT基準値 ℃	暑熱非順化者のWBGT基準値 ℃
0 安静	安静、楽な座位	33	32
1 低代謝率	軽い手作業（書く、タイピング、描く、縫う、簿記）；手および腕の作業（小さいベンチツール、点検、組立てまたは軽い材料の区分け）；腕および脚の作業（通常の状態での乗り物の運転、フットスイッチおよびペダルの操作）。立位でドリル作業（小さい部品）；フライス盤（小さい部品）；コイル巻き；小さい電機子巻き；小さい力で駆動する機械；2.5km/h以下での平たんな場所での歩き。	30	29
2 中程度代謝率	継続的な手および腕の作業［くぎ打ち、盛土］；腕および脚の作業（トラックのオフロード運転、トラクターおよび建設車両）；腕と胴体の作業（空気圧ハンマーでの作業、トラクター組立て、しっくい塗り、中くらいの重さの材料を継続的に持つ作業、草むしり、除草、果物および野菜の収穫）；軽量な荷車および手押し車を押したり引いたりする；2.5km/h～5.5km/hでの平たんな場所での歩き；鍛造	28	26
3 高代謝率	強度の腕および胴体の作業；重量物の運搬；ショベル作業；ハンマー作業；のこぎり作業；硬い木へのかんな掛けまたはのみ作業；草刈り；掘る；5.5km/h～7km/hでの平たんな場所での歩き。重量物の荷車および手押し車を押したり引いたりする；鋳物を削る；コンクリートブロックを積む。	26	23
4 極高代謝率	最大速度の速さでのとても激しい活動;おのを振るう；激しくシャベルを使ったり掘ったりする；階段を昇る；平たんな場所で走る；7km/h以上で平たんな場所を歩く。	25	20

（令和3年4月20日付け基発0420第3号 表1−1）

190

不良となった場合等を想定したリスクアセスメントに基づく措置も考慮する。

ウ　緊急時の措置

　事業場において、労働者の体調不良時に搬送を行う病院の把握や緊急時の対応について確認を行い、労働者に対して周知する。

（2）キャンペーン期間中（5月～9月）

ア　暑さ指数（WBGT）の把握

　日本産業規格に適合したWBGT指数計による随時把握を基本とし、暑さ指数（WBGT）を把握する。なお、その地域を代表する一般的な暑さ指数（WBGT）を参考とすることは有効であるが、個々の作業場所や作業ごとの状況は反映されていないことに留意する。特に、測定方法や測定場所の差異により、参考値は、実測した暑さ指数（WBGT）よりも低めの数値となることがあるため、直射日光下における作業、炉等の熱源の近くでの作業、冷房設備がなく風通しの悪い屋内における作業については、実測することが必要である。

> 地域を代表する一般的な暑さ指数（WBGT）の参照：
> 環境省熱中症予防情報サイト（https://www.wbgt.env.go.jp/）
> 建設現場における熱中症の危険度の簡易判定のためのツール：
> 建設業労働災害防止協会ホームページ（https://www.kensaibou.or.jp/safe_tech/leaflet/files/heat_stroke_risk_assessment_chart.pdf）

イ　暑さ指数（WBGT）の評価

　暑さ指数（WBGT）（実測または作業場所に合わせて補正したもの）は、**表13**のWBGT基準値（**表14**により衣類の補正をしたもの）に照らして評価し、熱中症リスクを正しく見積もる。WBGT基準値を超えまたは超えるおそれのある場合には、暑さ

第３章　職業性疾病予防対策

表14　衣類の組合せにより暑さ指数（WBGT）に加えるべき着衣補正値（℃−WBGT）

組合せ	コメント	暑さ指数(WBGT)に加えるべき着衣補正値（℃−WBGT）
作業服	織物製作業服で、基準となる組合せ着衣である。	0
つなぎ服	表面加工された綿を含む織物製	0
単層のポリオレフィン不織布製つなぎ服	ポリエチレンから特殊な方法で製造される布地	2
単層のSMS不織布製のつなぎ服	SMSはポリプロピレンから不織布を製造する汎用的な手法である。	0
織物の衣服を二重に着用した場合	通常、作業服の上につなぎ服を着た状態	3
つなぎ服の上に長袖ロング丈の不透湿性エプロンを着用した場合	巻付型エプロンの形状は化学薬剤の漏れから身体の全面および側面を保護するように設計されている。	4
フードなしの単層の不透湿つなぎ服	実際の効果は環境湿度に影響され、多くの場合、影響はもっと小さくなる。	10
フードつき単層の不透湿つなぎ服	実際の効果は環境湿度に影響され、多くの場合、影響はもっと小さくなる。	11
服の上に着たフードなし不透湿性のつなぎ服	−	12
フード	着衣組合せの種類やフードの素材を問わず、フード付きの着衣を着用する場合。フードなしの組合せ着衣の着衣補正値に加算される。	＋1

注記１　透湿抵抗が高い衣服では、相対湿度に依存する。着衣補正値は起こりうる最も高い値を示す。

注記２　SMSはスパンボンド−メルトブローン−スパンボンドの３層構造からなる不織布である。

注記３　ポリオレフィンは、ポリエチレン、ポリプロピレン、ならびにその共重合体などの総称である。　　　　　（令和３年４月20日付け基発0420第３号　表１−２）

指数（WBGT）の低減をはじめとした以下のウからオまでの対策を徹底する。

ウ　評価結果に基づく措置 – 作業環境管理

1)　暑さ指数（WBGT）の低減等

準備期間中に検討した設備対策により暑さ指数（WBGT）の低減対策を行う。

2)　休憩場所の整備等

準備期間中に検討した休憩場所の設置を行う。休憩場所には、氷、冷たいおしぼり、水風呂、シャワー等の身体を適度に冷やすことのできる物品および設備を設ける。また、水分および塩分の補給を定期的かつ容易に行うことができるよう飲料水、スポーツドリンク、塩飴等の備え付けを行う。さらに、状態が悪化した場合に対応できるように、休憩する者を一人きりにしないことや連絡手段を明示する等に留意する。

エ　評価結果に基づく措置 – 作業管理

1)　作業時間の短縮等

準備期間中に検討した作業計画に基づき、WBGT基準値に応じた休憩等を行う。測定した暑さ指数（WBGT）がWBGT基準値を大幅に超える場合は、原則として作業を行わないこととする。WBGT基準値を大幅に超える場所で、やむを得ず作業を行う場合は、次に留意して作業を行う。

①　単独作業を控え、休憩時間を長めに設定する。

②　管理者は、作業中労働者の心拍数、体温および尿の回数・色等の身体状況、水分および塩分の摂取状況を頻繁に確認する。なお、熱中症発症のしやすさには個人差があることから、ウェアラブルデバイスなどのIoT機器を活用することによる健康管理も有効である。

第3章　職業性疾病予防対策

<参考>休憩時間の目安（＊）

　暑熱順化した作業者において、WBGT基準値を1℃程度超過しているときには1時間当たり15分以上の休憩、2℃程度超過しているときには30分以上の休憩、3℃程度超過しているときには45分以上の休憩、それ以上超過しているときには作業中止が望ましい。暑熱順化していない作業者においては、上記よりもより長い時間の休憩等が望ましい。

（＊）身体を冷却する服の着用をしていない等、特段の熱中症予防対策を講じていない場合。

　（出典：米国産業衛生専門家会議（ACGIH）の許容限界値（TLV）を元に算出。）

---

2)　暑熱順化

　　暑熱順化の有無が、熱中症の発生リスクに大きく影響することから、7日以上かけて熱へのばく露時間を次第に長くすることが望ましい。特に、新規採用者等に対して他の労働者と同様の暑熱作業を行わせないよう、計画的な暑熱順化プログラムを組むようにする。

　　なお、夏季休暇等のため熱へのばく露が中断すると4日後には暑熱順化の顕著な喪失が始まることに留意し、暑熱順化ができていない場合には、特に作業時間の短縮等に留意の上、作業を行う。

3)　水分および塩分の摂取

　　労働者はのどの渇きに関する自覚症状の有無にかかわらず、水分および塩分の作業前後の摂取および作業中の定期的な摂取を行う。管理者は、労働者の水分および塩分の摂取を確認するための表の作成、作業中の巡視における確認などにより、労働者からの申出にかかわらず定期的な水分および塩分の摂取の徹底を図る。

　　なお、尿の回数が少ないまたは尿の色が普段より濃い状態は、体内の水分が不足している状態である可能性があるので留意する。

熱中症の予防対策

4) 服装等

準備期間中に検討した服、帽子、ヘルメット等を着用する。必要に応じて、通気性の良い衣類に変更する。

5) プレクーリング

暑さ指数（WBGT）が高い暑熱環境の下で、作業強度を下げたり通気性の良い衣服を採用したりすることが困難な作業においては、必要に応じて作業開始前にあらかじめ深部体温を下げ、作業中の体温上昇を抑えるプレクーリングを検討する。

オ　評価結果に基づく措置－健康管理

1) 健康診断結果に基づく対応等

熱中症の発症に影響を及ぼすおそれのある次のような疾病を有する者に対しては、医師等の意見を踏まえ配慮を行う。

①糖尿病、②高血圧症、③心疾患、④腎不全、⑤精神・神経関係の疾患、⑥広範囲の皮膚疾患、⑦感冒等、⑧下痢等

2) 日常の健康管理等

作業当日の朝食の未摂取、睡眠不足、前日の多量の飲酒、体調不良等が熱中症の発症に影響を与えるおそれがあることについて指導を行うとともに、作業当日の作業開始前には、労働者に対し、当日の朝食の未摂取、睡眠不足、前日の多量の飲酒、体調不良等の健康状態の確認を行い、必要に応じ作業の配置換え等を行う。また、熱中症の具体的症状について労働者に教育し、労働者自身が早期に気づくことができるようにする。

3) 労働者の健康状態の確認

作業開始前に労働者の健康状態を確認する。

作業中は巡視を頻繁に行い、声をかけるなどして労働者の健康状態を確認する。また、単独での長時間労働を避けさせ、複数の労働者による作業においては、労働者にお互いの健康状態について留意するよう指導するとともに、異変を感じた際には躊躇することなく周囲の労働者や管理者に申し出るよう指導する。

195

第3章　職業性疾病予防対策

<参考　熱中症の症状と重症度分類>

分類	症　状	重症度
Ⅰ度	**めまい・生あくび・失神** 「立ちくらみ」という状態で、脳への血流が瞬間的に不十分になったことを示し、"熱失神"と呼ぶこともある。 **筋肉痛・筋肉の硬直** 筋肉の「こむら返り」のことで、その部分の痛みを伴う。発汗に伴う塩分(ナトリウムなど)の欠乏により生じる。これを"熱けいれん"と呼ぶこともある。 **大量の発汗**	小
Ⅱ度	**頭痛・気分の不快・吐き気・嘔吐・倦怠感・虚脱感** 体がぐったりする、力が入らないなどがあり、従来から"熱疲労"といわれていた状態である。 **集中力や判断力の低下**	
Ⅲ度	**意識障害・けいれん・手足の運動障害** 呼びかけや刺激への反応がおかしい、体がガクガクとひきつけがある、真直ぐ走れない・歩けないなど。 **高体温** 体に触ると熱いという感触がある。従来から"熱射病"や重度の日射病といわれていたものがこれに相当する。	大

（令和3年4月20日付け基発0420第3号　表3）

カ　労働衛生教育

　期間中、なるべく早期に機会をとらえて実施する。特に熱中症の症状、予防方法、緊急時の救急処置、熱中症の事例については、雇入れ時や新規入場時に加え、日々の朝礼等の際にも繰り返し実施する。

キ　異常時の措置

　少しでも本人や周りが異変を感じた際には、必ず、一旦、作業を離れ、病院に搬送するなどの措置をとるとともに、症状に応じて救急隊を要請する。なお、本人に自覚症状がない、または大丈夫との本人からの申出があったとしても、明らかに熱中症の症状を呈している場合は、病院への搬送や救急隊の要請を行う。病院

労働衛生保護具

に搬送するまでの間や救急隊が到着するまでの間には、必要に応じて水分および塩分の摂取を行ったり、衣服を脱がせ水をかけて全身を急速冷却すること等により効果的な体温の低減措置に努める。その際には、一人きりにせずに誰かが様子を観察する。

（3）　重点取組期間中（7月）

ア　作業環境管理

暑さ指数（WBGT）の低減効果を再確認し、必要に応じ追加対策を行う。

イ　作業管理

1)　期間中に梅雨明けを迎える地域が多く、急激な暑さ指数（WBGT）の上昇が想定されるが、その場合は、労働者の暑熱順化ができていないことから、プログラムに沿って暑熱順化を行うとともに、暑さ指数（WBGT）に応じた作業の中断等を徹底する。

2)　水分および塩分の積極的な摂取や熱中症予防管理者等によるその確認の徹底を図る。

ウ　異常時の措置

異常を認めたときは、躊躇することなく救急隊を要請する。

11　労働衛生保護具

労働衛生保護具は、作業中の事故や危険から身体を守るために装着するもので、作業の種類によって、以下のような保護具を使用することとなっています。

有害物質の吸入や酸素欠乏による健康障害または急性中毒を防止するための呼吸用保護具（防じんマスク、防毒マスク、電動ファン付き呼吸用保護具、送気マスク、自給式呼吸器等）、有害化学物質、病原体、熱や炎などから身体を保護する防護服（化学防護服、バイオハザード対策用防護服、耐熱・耐炎防護服、溶接等作業用防護服

第3章　職業性疾病予防対策

等）、有害化学物質の接触、切創や火傷等を防ぐための保護手袋（化学防護手袋、耐切創手袋、防振手袋、溶接用かわ保護手袋等）、眼および顔面を有害光線や飛来物から防護するための保護めがね（遮光めがね、保護めがね、レーザー用保護めがね、顔面保護具等）、騒音を遮断音することで騒音性難聴を防止するための聴覚保護具（耳栓、イヤーマフ等）などがあります。

保護具は、「適正な選択」、「適正な使用」、「保守管理」を行わなければ、十分な性能が発揮されず効果が得られません。労働衛生教育を行うことも重要です。

(1) 呼吸用保護具

「労働安全衛生法施行令及び労働安全衛生法関係手数料令の一部を改正する政令等の施行について」（令和5年3月27日付け基発0327第16号）により、防毒機能を有する電動ファン付き呼吸用保護具が譲渡等制限および型式検定の対象になりました（令和5年10月1日施行）。

これに伴い、①型式検定に合格していない防毒機能を有する電動ファン付き呼吸用保護具は、令和8年9月30日までしか使用できませんので、それまでに型式検定に合格したものに変更する必要があります。②防毒マスクの使用が義務付けられている作業場所等で、防毒機能を有する電動ファン付き呼吸用保護具（以下、「G-PAPR」という。）も使用することができるようになります。③すでに「電動ファン付き呼吸用保護具」と規定されている政省令等については、「防じん機能を有する電動ファン付き呼吸用保護具」（以下、「P-PAPR」という。）と名称変更されました。

また、「防じんマスク、防毒マスク及び電動ファン付き呼吸用保護具の選択、使用等について」（令和5年5月25日付け基発0525第3号。以下、「呼吸用保護具の選択、使用通達」という。）が発出され、「化学物質等による危険性又は有害性等の調査等に関する指針」（平成27年9月18日付け危険性又は有害性等の調査等に関する指針

公示第３号）および「化学物質による健康障害防止のための濃度の基準の適用等に関する技術上の指針」（令和５年４月27日付け技術上の指針第24号。以下、「技術上の指針」という。）で定めるリスク低減措置として呼吸用保護具を使用する場合に、その適切な選択、使用、保守管理等に当たって留意すべき事項が示されました。

これにより「防じんマスクの選択、使用等について」（平成17年２月７日付け基発第0207006号）および「防毒マスクの選択、使用等について」（平成17年２月７日付け基発第020700号）は廃止されました。

呼吸用保護具の選択・使用通達で示された留意事項は次のような項目についてですが、重要な内容が多岐にわたって示されていますので、本通達を参照してください。

第１［共通事項］①趣旨等（新設）、②基本的考え方（新設）、③管理体制等（強化）、④呼吸用保護具の選択（強化）、⑤呼吸用保護具の適切な装着（強化）、⑥電動ファン付き呼吸用保護具の故障時等の措置（新設）、第２［防じんマスク及びP-PAPRの選択及び使用に当たっての留意事項］①防じんマスク及びP-PAPRの選択（新設・強化）、②防じんマスク及びP-PAPRの使用（新設・強化）、第３［防毒マスク及びG-PAPRの選択及び使用に当たっての留意事項］①防毒マスク及びG-PAPRの選択及び使用（新設・強化）、②防毒マスクおよびG-PAPRの吸収缶（強化）、第４［呼吸用保護具の保守管理上の留意事項］①呼吸用保護具の保守管理（強化）、第５［製造者が留意する事項］（強化）

旧通達では、酸素濃度18％未満の場所ではろ過式呼吸用保護具を使用してはならないとされていましたが、新通達では、酸素欠乏またはそのおそれがある場所および有害物質の濃度が不明な場所ではろ過式呼吸用保護具を使用させてはならないと改められました。酸素欠乏のおそれがある場所では、指定防護係数が1,000以上の全面形面体を有する、循環式呼吸器、空気呼吸器、エアラインマスクおよびホースマスクの中から有効なものを選択する必要があります。

第3章 職業性疾病予防対策

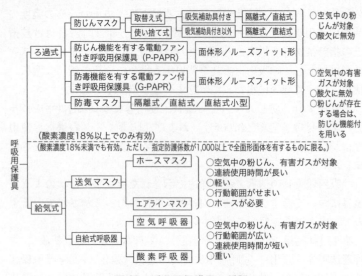

図30 呼吸用保護具の種類

主な労働衛生保護具の日本産業規格（JIS）

<T 8113> 溶接用かわ製保護手袋 <T 8114> 防振手袋 <T 8115> 化学防護服 <T 8116> 化学防護手袋 <T 8117> 化学防護長靴 <T 8141> 遮光保護具 <T 8143> レーザ保護フィルタ及びレーザ保護めがね	<T 8147> 保護めがね <T 8150> 呼吸用保護具の選択、使用及び保守管理方法 <T 8151> 防じんマスク <T 8152> 防毒マスク <T 8153> 送気マスク <T 8155> 空気呼吸器 <T 8156> 酸素発生形循環式呼吸器	<T 8157> 電動ファン付き呼吸用保護具 <T 8161-1,2> 聴覚保護具（防音保護具） <M 7601> 圧縮酸素形循環式呼吸器 <M 7611> 一酸化炭素用自己救命器 （COマスク） <M 7651> 閉鎖循環式酸素自己救命器 <Z 4809> 放射性物質による汚染に対する防護服 <Z 4810> 放射性汚染防護用ゴム手袋 <Z 4811> 放射性汚染防護用作業靴 <T 8122> 生物学的危険物質に対する防護服

< >内はJIS番号

労働衛生保護具

引火性の物の蒸気または可燃性ガスが爆発の危険のある濃度に達するおそれのある箇所においては、非防爆タイプの電動ファン付き呼吸用保護具（PAPR）を使用することができません。

呼吸用保護具は、要求防護係数を上回る指定防護係数を有するものを選択する必要があります。法令で呼吸用保護具の種類が規定されている場合には、法令に定める有効な性能を有するものを労働者に使用させなければなりません。

電動ファン付き呼吸用保護具に付属する警報装置が警報を発したら、速やかに安全な場所に移動して、新しいろ過材もしくは吸収缶または充電された電池との交換を行うことが必要です。電動ファン付き呼吸用保護具が故障し、電動ファンが停止した場合は、速やかに退避してください。

（2）化学防護手袋

SDSを確認し、同項目の「8　ばく露防止および保護措置」で「皮膚」「skin」の記載のあるものは、皮膚に影響を与えたり、皮膚から吸収（ばく露）されて健康障害を起こしたりする可能性のある化学物質です。使用する化学物質に対して、劣化しにくく（耐劣化性）、透過や浸透しにくい（耐透過性、耐浸透性）保護手袋を使用する必要があります。

化学防護手袋の選択、使用に当たっては、平成29年1月12日付け基発0112第6号に基づき、次に掲げる事項について特に留意してください。

ア　化学防護手袋の選択に当たっての留意点

① 使用されている材料によって、防護性能、作業性、機械的強度が変わるため、対象とする有害な化学物質を考慮して作業に適した手袋を選択すること。

② 取扱説明書に記載された試験化学物質に対する耐透過性クラスを参考とし、作業に使用する化学物質の種類および化学物質の使用時間に応じた耐透過性を有し、作業性の良いものを選ぶ

第3章　職業性疾病予防対策

こと。

イ　化学防護手袋使用に当たっての留意点

① 着用する前に傷、孔あき、亀裂等がないことを確認すること。

② 使用可能時間を超えて使用しない、作業を中断しても使用時間は延長しないこと。

③ 強度向上の目的で、他の手袋と二重装着しても使用時間は延長しないこと。

④ 脱ぐときは、付着している化学物質が身体に付着しないよう留意すること。

なお、新たな化学物質規制の制度の導入によって、皮膚等への障害を引き起こしうる化学物質を製造・取扱う業務に労働者を従事させる場合、物質の有害性に応じて、労働者に障害等防止用保護具を使用させる義務・努力義務が定められました（125ページ参照）。

（3）聴覚保護具

騒音職場で作業者の騒音性難聴の発生を防止するため対策の一つとして聴覚保護具が使用されます。

「騒音障害防止のためのガイドラインの改訂について」（令和5年4月20日付け基発0420第2号）によって、作業場の種類により等価騒音レベルの測定方法（作業環境測定、個人ばく露測定、定点測定、推計による方法）が定められています。等価騒音レベルの測定結果等が、第Ⅱ管理区分または85dB以上90dB未満の場合では、必要に応じ、聴覚保護具を使用させること。第Ⅲ管理区分または90dB以上の場合では、聴覚保護具を使用させなければなりません。

聴覚保護具には、耳栓とイヤーマフ（耳覆い）があり、遮音性能を表す数値（JIS T 8161-1に基づき測定された遮音値）であるSNR値やHML値などが示されています。騒音測定の結果（ばく露騒音レベル）からSNR値等を差し引いた値が概ね70-80dBの範囲に収まる製品（必要かつ十分な遮音値のもの）を選ぶことが必要です。

危険作業等において安全確保のための周囲の音（警告音等）を聞

202

労働衛生保護具

く必要がある場合や会話が必要な作業の場合においては、遮音値が必要以上に大きい聴覚保護具を選定すると、オーバープロテクションになります。周囲の状況が分かりづらく危険察知が遅れる、コミュニケーションに支障がでるなどのリスクに繋がりますので、過剰な遮音をしないように留意してください。

　作業場の騒音レベルが高く、耳栓だけでは十分な防音効果が望めない場合には、イヤーマフを併用することも有効です。また、人の耳の形状は一人ひとり異なりますので、その人の耳によくフィットする聴覚保護具を選択する必要があります。

　聴覚保護具も呼吸用保護具と同様に、正しく装着されないと示されている遮音効果が望めません。聴覚保護具の使用方法の教育を行うとともに、遮音性能測定器を使用して作業者一人ひとりが必要な遮音効果が得られているかどうかの確認（フィットテスト）を行うことが推奨されています。

203

フィットテスト

　金属アーク溶接作業等を継続して行う屋内作業場では、溶接ヒュームの個人ばく露濃度測定結果に基づき、選択された呼吸用保護具のうち、面体を有するものを作業者に使用させるときには、1年以内ごとに1回定期的に、使用させる保護具が適切に装着されていることを確認するために、JIS T 8150に定めるフィットテストを実施することが令和5年4月1日から義務付けられました。

　上記以外の事業場であって、リスクアセスメントに基づくリスク低減措置として呼吸用保護具を労働者に使用させる事業場においては、技術上の指針の7－4および呼吸用保護具の選択、使用通達に定めるところにより、1年以内ごとに1回、フィットテストを実施することが同じく令和5年4月1日から義務付けられました。

　また、令和6年4月1日からは、作業環境測定の評価結果が第3管理区分に区分された場合、評価結果が改善するまでの間は有効な呼吸用保護具を使用させなければなりません。この場合も1年以内ごとに1回、定期に、呼吸用保護具が適切に装着されていることをフィットテストで確認することが義務付けられます。

フィットテストの概要

（1）フィットテストとは

　面体を有する呼吸用保護具は、顔に密着していなければ最適な性能を得られません。被験者が所定の動作を行い、面体と顔との密着性を評価する試験を「フィットテスト」といいます。フィットテストの主要な目的は、使用させている（または使用させようとしている）面体の製品モデルやサイズが装着者に適しているか否か、および適切に装着させることができることを確認することです。フィットテストに用いた面体の製品モデルおよびサイズで合格が得られた場合は、それを使用すればよいことになります。不合格の場合は、サイズや製品モデルが異なるものでフィットテストを行って合格する面体を探さなければなりません。フィットテストでは、普段使用している面体を用いることもできますが、その場合は、いつもどおりのメンテナンスがなされているものを使用しなければなりません。

（2）フィットテストの種類

　フィットテストには、「定量的フィットテスト」と「定性的フィットテスト」があります。定量的フィットテストは、面体外側の大気粉じんが面体の接顔部から（ろ過材からではない）面体内側へ漏れ込む量を、計測装置を用いて数値として計測する方法です。この数値を「フ

労働衛生保護具

ィットファクタ」といい、面体外側の大気粉じん濃度と内側の大気粉じん濃度の比で表されます。フィットファクタが大きいほど密着性が高い（フィットしている）といえます。計測されたフィットファクタが、半面形面体で100、全面形面体で500を超えれば合格となります。

また、定性的フィットテストは、呼吸用保護具を装着した被験者に、フードを被せて甘味（または苦み）のある試験液を噴霧し、甘味（または苦み）を感じるか否かを調べる方法です。定性的フィットテストで甘味または苦みを感じなければ、フィットファクタ100を上回っているとみなすことができます。定性的フィットテストは半面形面体をもつ呼吸用保護具についてのみ行われます。

中災防では、マスクフィットテスト実施者養成研修を実施しています。

★お問合せ先

中災防・労働衛生調査分析センター	TEL：03-3452-6377
中災防・北海道安全衛生サービスセンター	TEL：011-512-2031
中災防・東北安全衛生サービスセンター	TEL：022-261-2821
中災防・中部安全衛生サービスセンター	TEL：052-682-1731
中災防・大阪労働衛生総合センター	TEL：06-6448-3464（代）
中災防・中国四国安全衛生サービスセンター	TEL：082-238-4707
中災防・九州安全衛生サービスセンター	TEL：092-437-1664

| 第4章 | 作業環境の評価に基づく作業環境管理 |

労働安全衛生法では、粉じんを発散する作業場等一定の有害な業務を行う作業場については、定期的に作業環境測定を行い、その結果の評価に基づいて、適切な改善措置を講じなければならないこととしています。この作業環境測定が義務付けられている作業場の種類、測定回数、測定結果の保存期間等はⅣ.1.(15)アのとおりです。

なお、有害な業務が行われる屋外作業場等が少なくないことから屋外作業場等の作業環境管理を図ることを目的とした「屋外作業場等における作業環境管理に関するガイドライン」（平成17年3月31日付け基発第0331017号）が定められていますので、留意する必要があります。

1 作業環境測定の方法

作業環境測定は、労働者の働いている環境の状態を把握し、その結果に基づいて設備改善等の措置を講じるために行うもので、その結果は作業場の実態を的確に表していなければなりません。したがって作業環境測定は、客観性があり、かつ、十分な精度が要求されることになります。そこで、労働安全衛生法では、作業環境測定を、厚生労働大臣が定める作業環境測定基準に従って行うこととしています。

作業環境測定の方法は二種類あります。一つは、作業場所の「無作為に選定した定点で試料採取」するいわゆる「A・B測定」です。もう一つは、「作業者に試料採取機器を装着して作業場所の試料採取」する「C・D測定」（個人サンプリング法）です。C・D測定の対象となるのは、①特定化学物質のうち管理濃度等の値が低いベリリウムおよびその化合物、マンガンおよびその化合物を含む13物質

作業環境測定結果の評価と事後措置

（低管理濃度特定化学物質等）ならびに鉛およびその化合物の作業環境測定と、②有機溶剤および特別有機溶剤の作業環境測定のうち、塗装作業等の発散源の場所が一定しない作業の作業環境測定です。

　作業環境測定基準には、作業環境測定を行うべき対象ごとに、①単位作業場所の設定方法、②測定点の設定方法、③測定時刻および測定時間の選定方法、④測定に用いる機器の種類、が定められています。また、作業環境測定には、単位作業場所の平均的な濃度を把握するためのA測定（またはC測定）と、単位作業場所で有害物の発散源に近接する場所で作業が行われる時間のうち、最も濃度が高くなると思われる時間とその作業位置でA測定（またはC測定）に追加して行うB測定（またはD測定）とがあります。

　作業環境測定を適切に実施するためには、事前の調査が非常に重要です。測定点の設定についても、それを正しく行うためには、作業場の状況、労働者の行動範囲、測定対象物等の性質などを熟知しておく必要があります。

2　作業環境測定結果の評価と事後措置

　作業環境測定結果の評価は、作業環境評価基準に従って、作業環境の状態を第1管理区分、第2管理区分および第3管理区分の3つに区分することによって行います。この作業環境評価基準は、作業場における作業環境管理の良否を判断するための基準を示したもので、作業環境測定を行わなければならない作業場のうち、粉じん、特定化学物質、石綿、鉛および有機溶剤に係るものに適用されます。

　作業環境測定結果の評価および各管理区分における作業場の状態と講ずべき措置の内容は**表15**のとおりです。

　また、特定化学物質、鉛、有機溶剤を対象とした作業環境測定で、第3管理区分に区分された場合には、測定結果の評価の記録、評価結果に基づく措置、措置後の効果確認のための測定とその結果の評価を、第2管理区分に区分された場合には、測定結果の評価の記録、

第4章 作業環境の評価に基づく作業環境管理

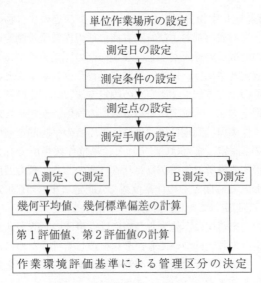

図31 作業環境測定のフローシート

表15 管理区分と管理区分に応じて講ずべき措置

作業区分	作業場の状態	講ずべき措置
第1管理区分	当該単位作業場所のほとんど（95％以上）の場所で気中有害物質の濃度が管理濃度を超えない状態	現在の管理の継続的維持に努める
第2管理区分	当該単位作業場所の気中有害物質の濃度の平均が管理濃度を超えない状態	施設、設備、作業工程または作業方法の点検を行い、その結果に基づき、作業環境を改善するため必要な措置を講ずるよう努める
第3管理区分	当該単位作業場所の気中有害物質の濃度の平均が管理濃度を超える状態	① 施設、設備、作業工程または作業方法の点検を行い、その結果に基づき、作業環境を改善するために必要な措置を講ずる ② 有効な呼吸用保護具を使用する ③ （産業医等が必要と認める場合には）健康診断の実施その他労働者の健康の保持を図るため必要な措置を講ずる

作業環境測定士制度

作業環境を改善するために講ずる措置を、労働者に周知しなければなりません。なお、令和6年4月1日より、作業環境測定結果が第3管理区分の事業場に対する措置が強化されます。詳しくは第3章1.(4)ア(ト) を参照してください。

妊娠や出産、授乳機能に影響のある26の化学物質については、第3管理区分に区分された作業場における業務等は、女性労働者の就業が禁止されます（V. 2参照）。

なお、(公社)日本作業環境測定協会では、全国の作業環境測定機関を対象に模擬作業環境測定結果報告書による試験、クロスチェック試料等の分析結果の集計・解析を行い、デザイン、サンプリングから分析に至る作業環境測定に関する技術上の問題点を明らかにし、各測定機関の精度管理体制と測定技術の精度を評価することによって、必要な指導を行う総合精度管理事業を実施しています。

3　作業環境測定士制度

作業場の実態を的確に把握できるような作業環境測定を実施するためには、作業環境中の有害要因が人体に与える影響、生産工程、作業方法等による労働衛生上の問題、測定対象物の性質、干渉物質の影響の排除等に関する知識と高度の測定技術を身に付けた者が測定を行う必要があります。そのため、作業環境測定士制度が設けられており、作業環境測定を行うべき作業場のうち指定作業場（Ⅳ. 1.(15)ア中○印を付したもの）の測定を行うに当たっては、自社の作業環境測定士に行わせるか、作業環境測定機関に委託しなければならないこととなっています。

作業環境測定士になるには、原則として作業環境測定士試験に合格した後、厚生労働大臣または都道府県労働局長の登録を受けた登録講習機関の実施する講習を修了し、指定登録機関で登録を受ける必要があります。作業環境測定士には、デザイン・サンプリング、分析（解析を含む。）を行うことができる第1種作業環境測定士と、

209

第4章　作業環境の評価に基づく作業環境管理

デザイン・サンプリング、簡易測定器による分析業務のみができる第2種作業環境測定士があります。

ただし、個人サンプリング法のデザインおよびサンプリングを実施できるのは、個人サンプリング法について登録を受けている作業環境測定士になります。また、作業環境測定を作業環境測定機関に委託する場合には、個人サンプリング法について登録を受けている作業環境測定機関でなければなりません。

詳細は、「個人サンプリング法による作業環境測定及びその結果の評価に関するガイドライン（令和2年2月17日付け基発0217第1号：https://www.mhlw.go.jp/content/11302000/000595744.pdf)」を参照してください。

4　作業環境測定の記録のモデル様式

作業環境測定の精度の確保を図るため、粉じんならびに有機溶剤、鉛、特定化学物質および石綿に係る作業環境測定の記録については、厚生労働省からモデル様式（令和2年8月5日付け基発0805第1号）が示されています。

5　局所排気装置等の設置および定期自主検査の実施

有害物の発散源の近くに局所排気装置等を設けて有害物の拡散を防止することは、有害物のばく露を防止する上で有効な対策です。

このため、有機溶剤中毒予防規則、鉛中毒予防規則、特定化学物質障害予防規則、石綿障害予防規則および粉じん障害防止規則において、局所排気装置等の設置および必要な性能、またはその性能を維持するために定期自主検査の実施が定められています。

局所排気装置等の定期自主検査は1年以内ごとに1回、定期に行う必要があり、その結果、異常を認めた場合は直ちに補修しなければなりません。また、適切かつ有効な検査とするため、検査項目、

検査方法、判定基準等を定めた定期自主検査指針が示されています。局所排気装置、プッシュプル型換気装置および除じん装置について、それぞれ平成20年自主検査指針公示第1号、第2号および第3号が公表されています。

6 局所排気装置等の設置の特例

平成24年の有機溶剤中毒予防規則等の一部を改正する省令により、密閉設備、局所排気装置またはプッシュプル型換気装置（以下、「局排等」という。）以外の発散防止抑制措置を講じることにより、作業環境測定の結果が第1管理区分となるときは、所轄労働基準監督署長の許可を受けて、局排等を設けないことができるとされています。

作業環境測定および溶接ヒュームの濃度の測定は、中災防の地区安全衛生サービスセンター（近畿安全衛生サービスセンターおよび支所を除く）および大阪労働衛生総合センターにお問い合わせください。

★お問合せ先

中災防・北海道安全衛生サービスセンター	TEL：011-512-2031
中災防・東北安全衛生サービスセンター	TEL：022-261-2821
中災防・関東安全衛生サービスセンター	TEL：03-5484-6701
中災防・中部安全衛生サービスセンター	TEL：052-682-1731
中災防・大阪労働衛生総合センター	TEL：06-6448-3784
中災防・中国四国安全衛生サービスセンター	TEL：082-238-4707
中災防・九州安全衛生サービスセンター	TEL：092-437-1664

第5章	災害後の復旧・復興における労働衛生対策

1 復旧・復興時における労働衛生対策

　東日本大震災の発生から12年が経過した現在も、被災地では復旧・復興工事が継続されており、工事の際の労働災害が発生しています。また、これ以降も、平成28年4月には熊本地方を震源とする地震、平成30年7月には西日本を中心とする豪雨、同年9月には北海道胆振地方中東部を震源とする地震により甚大な被害が発生し、令和元年9月の房総半島台風（台風15号）、10月の東日本台風（台風19号）、令和2年7月の豪雨によっても甚大な被害が発生し、これらの災害後の被災地における復旧・復興工事においても労働災害が発生しています。

　災害後の復旧・復興時における労働者の労働衛生対策について、必要な事項を以下にまとめます。

（1）復旧・復興時における健康管理

　復旧・復興に関わる作業において、労働者は以下のような有害要因にさらされる可能性があり、健康管理に配慮する必要があります。

ア　有害化学物質等のばく露

　がれき等の処理等によって発生する粉じんの吸入や、有害化学物質の容器の破損等による有害なガス、蒸気の吸入または接触によるばく露が想定され、これらによる短期的または中長期的健康影響を考慮する必要があります。

イ　感染症

　災害発生後は衛生害虫の大量発生が想定され、がれきに含まれるレジオネラ菌による発症（レジオネラ肺炎、ポンティアック

復旧・復興時における労働衛生対策

熱）、釘等の踏み抜きによる破傷風、山林などに入っての作業ではツツガムシ病、さらにはネズミ、蚊などを媒介とする感染症に配慮する必要があります。さらに、飛沫および接触することにより感染する感染症（新型コロナウイルス、季節性インフルエンザウイルス、ノロウイルスなど）を踏まえた感染防止対策を考慮する必要があります。とくに、新型コロナウイルス感染症に関しては、厚生労働省「新型コロナウイルス感染症について」（https://www.mhlw.go.jp/stf/seisakunitsuite/bunya/0000164708_00001.html）や国土交通省「建設業における新型コロナウイルス感染予防対策ガイドライン」（https://www.mlit.go.jp/totikensangyo/const/content/001412231.pdf）等を参照し、感染症予防対策に十分配慮する必要があります。

ウ　メンタルヘルス不調

　被災した労働者にあっては、被災前とは異なる生活、労働環境等による疲労蓄積、過重労働状態等および多種多様な要因による高ストレス状態の継続、また外部から入った労働者についても、災害状況の光景を見たり、災害体験を被災者から聞く過程等で精神的打撃を受け、心や身体にストレス反応を起こすことも考えられるため、心のケアを考慮する必要があります。

　メンタルヘルス不調に関しては、避難生活を強いられた被災者に対応してもらいたい事項について、「被災地で健康を守るために（厚生労働省）」の中で、まずは休息、睡眠をできるだけとること、不定愁訴（①心配で、イライラする、怒りっぽくなる　②眠れない　③動悸、息切れ、苦しいと感じる　など）が現れた場合には無理をせず、まずは身近な人や専門の相談員に相談することを勧めています。

エ　暑さ、寒さ、腰痛、墜落、転倒、作業機械との接触等

　復旧・復興時における作業では、作業に適した環境下で作業ができないことが想定され、暑さ、寒さ、腰痛、墜落、転落、転倒等に対するリスク管理および対応措置が求められます。

第5章　災害後の復旧・復興における労働衛生対策

　最近のところでは、厚生労働省より「令和元年台風第19号による災害復旧工事における労働災害防止対策の徹底について」（令和元年10月15日付け基安安発1015第1号、基安化発1015第1号）が発出されています。この中で、①土砂崩壊災害防止対策、②土石流災害防止対策、③高所からの墜落・転落災害防止対策、④がれき処理作業における安全衛生の確保、⑤車両系建設機械を用いて作業を行う場合における安全の確保、について講ずべき措置が示されています。さらに、⑥工事に伴う作業中に窮迫した危険が生じた場合における緊急連絡体制の確立と避難の方法等の十分な周知、⑦倒壊のおそれのある家屋等の建築物への不用意な接近禁止措置、⑧粉じんを吸入するおそれのある作業における適切な呼吸用保護具の着用等の徹底、がその他の事項として盛り込まれています。

　また、「令和2年7月豪雨による災害の復旧工事における労働災害防止対策の徹底について」（令和2年7月8日付け基安安発0708第2号、基安労発0708第2号、基安化発0708第2号）においても、①土砂崩壊災害防止対策、②土石流災害防止対策、③がれき処理作業における安全確保および石綿粉じん等のばく露防止対策、④車両系建設機械を用いて作業を行う場合における安全の確保、⑤熱中症の予防、について講ずべき措置が示されています。

（2）　石綿等ばく露の防止対策

　建築物等の中には、建築時期によっては天井、床材、耐火被覆材、屋根材等に石綿が使用されているものがあるため、地震や津波等による被害を受けた建築物等の解体・改修や建材等のがれき処理などの際に石綿粉じんが飛散する可能性があります。

　このため、これらの作業に当たっては、以下の事項等に特に留意する必要があります。

ア　建築物等の解体・改修等に当たっての留意事項

　石綿障害予防規則（Ⅳ.1.(12)参照）に基づき、建築物等につ

いて石綿の含有の有無を事前に調査し、建材への石綿の含有が確認された場合は、作業計画や事前調査結果の届出、作業主任者の選任、特別教育の実施、隔離の措置、呼吸用保護具の使用など、労働者の石綿粉じんによるばく露防止対策をとる必要があります。

特に、建築物等についての石綿の含有の有無の事前調査に当たっては、所定の資格、経験を持つ人が、確実に調査を行うことが求められます。なお、石綿等の使用の有無について分析による調査を行うための試料採取に当たっては、調査する労働者に呼吸用保護具等必要なばく露防止対策を実施させた上、石綿粉じんにばく露しないよう適切に試料採取する必要があります。

イ　建材等のがれき処理等に当たっての留意事項

建材等のがれきの処理等を行う際には、以下の点に留意する必要があります。

① 労働者が石綿粉じんを吸い込まないようにするため、呼吸用保護具（防じん機能を有する電動ファン付き呼吸用保護具または防じんマスク）を使用すること。

② 石綿粉じんの飛散防止のため、作業を開始する前に予め建築物等に散水、薬液を使用することにより、湿潤な状態とすること。

③ 関係者以外の者が石綿粉じんにばく露しないように、被災者等も含め、関係者以外の者の立入りを禁止すること。

2　放射線障害防止対策

（1）　事故由来廃棄物等処分業務の放射線障害防止対策

除染の進展に伴い、原発事故由来の放射性物質に汚染された廃棄物や土壌の処分業務が本格的に実施されており、これらの事故由来廃棄物等の処分の業務（以下、「処分業務」という。）に従事する労働者の放射線障害防止対策が必要となっています。これに対応するため厚生労働省は、電離放射線障害防止規則（以下、この章において「電離則」という。）の一部の改正（平成25年7月1日施行）を

第5章　災害後の復旧・復興における労働衛生対策

行いました（以下、「改正電離則」という。）。また、放射線障害防止対策のより一層、的確な推進を図るために、「事故由来廃棄物等処分業務に従事する労働者の放射線障害防止のためのガイドライン」（制定：平成25年4月12日付け基発0412第2号、改正：令和5年4月27日付け基発0427第6号）（以下、「ガイドライン」という。）を公表しています。

改正電離則では、処分業務を行う事業者（以下、「処分事業者」という。）に対して施設等が満たすべき要件、処分業務に従事する労働者に対する特別教育の実施、作業管理等の放射線障害防止の措置をとることが義務付けられました。

なお、管理区域の設定および被ばく線量管理の方法、施設等における線量等の限度、汚染の防止のための措置、健康管理のための措置などについては、ほぼ旧電離則が適用されます。

以下、改正電離則とガイドラインについて概要を示します。

ア　被ばく管理の対象および被ばく線量管理の方法

(ア)　処分業務の対象とする事故由来廃棄物等は、除染による除去土壌や汚染廃棄物（草木、汚泥など）で放射性セシウム濃度が10,000Bq/kgを超えるものとされ、これ以外にこれらの処分の過程で濃縮等により放射性セシウム以外の放射性同位元素の数量および濃度が電離則で規定する値を超えたものをいう。

(イ)　事故由来廃棄物等処分業務とは、中間処理（選別、破砕、圧縮、濃縮、焼却等）、中間貯蔵、最終処分（埋立て）、これらの施設、設備の保守点検作業や修理作業が含まれる。

(ウ)　管理区域内に立ち入る労働者を対象として外部被ばく線量の測定を行わなければならない。また、内部被ばくのおそれのある区域に立ち入る労働者については内部被ばくによる線量の測定も行うこと。

イ　事故由来廃棄物等の処分のための施設が満たす要件

(ア)　外部放射線による実効線量と空気中放射性物質による実効線量の合計が1.3mSv/3カ月を超えるおそれのある区域または放

放射線障害防止対策

射性物質の表面密度が表面汚染限度の10分の1（4 Bq/c㎡）を超えるおそれのある区域を管理区域としなければならない。

(イ) 事故由来廃棄物等の処分のための施設には、破砕等設備、貯蔵施設、焼却炉、埋立施設などがあるが、密閉されていない事故由来廃棄物等を取り扱う作業を行う場合には、一定の構造要件に適合した事故由来廃棄物等取扱施設内で行うこと。

ウ 作業の管理等

(ア) 処分事業者は、処分業務に係る作業を行うときは、作業規程を定め、これにより作業を行うとともに、労働者に周知する。

(イ) 処分事業者は、事故由来廃棄物等に汚染された設備の解体、改造、修理、清掃、点検等を行う場合において、施設を分解し、または設備の内部に立ち入る作業などを行うとき等は、事前に、所轄の労働基準監督署長に作業届を提出しなければならない。

エ 内部被ばく防止のための措置

処分事業者は、身体、内部汚染防止のため、放射能濃度の区分および高濃度粉じん作業の有無に応じて、有効な呼吸保護具および有効な保護衣類等を労働者に使用させること。

オ 労働者教育

処分事業者は、事故由来廃棄物等処分業務を行う労働者に対して、特別の教育を行うこと。

カ 作業環境測定

管理区域に該当する部分については外部放射線による線量当量率の測定を、事故由来廃棄物等取扱施設については空気中放射性物質濃度の測定を1月以内ごとに1回、定期に測定し、その結果を記録して、5年間保存しなければならない。なお、空気中放射性物質濃度の測定は、作業環境測定士の資格を持ったものでなければ測定できない。

キ 健康管理のための措置

事故由来廃棄物処分業務に常時従事する者で管理区域に立ち入る労働者に対して、雇入時、配置替えの際、およびその後6カ月

217

以内ごとに１回、電離放射線健康診断を行わなければならない。その結果（個人票）は、受診者に通知するとともに、その結果を30年間保存（５年間保存した後、（公財）放射線影響協会に引き渡すことができる。）しなければならない。

ク　除染特別地域等における特例

　　除染特別地域等に処分事業場を設置する場合や設置された処分事業場で除去土壌の埋立てを行う場合には、その地域が一定の事故由来放射性物質による汚染があることを考慮して、電離則で定められた基準等に特例が設けられている。

（２）　除染等業務に従事する労働者の放射線障害防止対策

　　厚生労働省は、「東日本大震災により生じた放射性物質により汚染された土壌等を除染するための業務等に係る電離放射線障害防止規則」（以下、この章において「除染電離則」という。）を公布し、平成24年１月１日から施行しています。また、除染等業務における放射線障害防止対策のより一層的確な推進を図る観点から、除染電離則に規定された事項に加え、事業者が実施すべき事項のうち重要なものを一体的に示した「除染等業務に従事する労働者の放射線障害防止のためのガイドライン」（制定：平成23年12月22日付け基発1222第６号、改正：令和５年４月27日付け基発0427第６号）を公表しています。以下に概要を示します。

ア　被ばく管理の対象および被ばく線量管理の方法

　(ア)　放射性物質汚染対処特別措置法により指定された、除染特別地域および汚染状況重点調査地域内における(a)土壌等の除染等の業務、(b)汚染廃棄物または除去土壌の収集、運搬または保管の業務および、(c)特定汚染土壌等取扱業務（(a)および(b)を除く。）（以下、「除染等業務」という。）を行う事業者（以下、「除染等事業者」という。）は、労働者の被ばく線量等を次により測定する。

　①　作業場所の平均空間線量率が2.5μSv/h超の区域

放射線障害防止対策

外部被ばく：個人線量計による測定

内部被ばく：作業内容および取り扱う土壌等の放射性物質の濃度等に応じて測定

② 作業場所の平均空間線量率が2.5μSv/h以下の区域

外部被ばく：個人線量計による測定が望ましいが、作業者が複数いる場合は、代表者測定等でも差し支えない

※特定汚染土壌等取扱業務については作業場所の平均空間線量率が2.5μSv/h以下の場所で従事する者は不要。

なお、作業場所の平均空間線量率が2.5μSv/hを超える場所において行われる除染等業務以外の業務である「特定線量下業務」についても、被ばく限度、外部被ばくの線量測定、労働者への特別教育などの措置が定められています（「特定線量下業務に従事する労働者の放射線障害防止のためのガイドライン」制定：平成24年6月15日付け基発0615第6号、改正：令和5年4月27日付け基発0427第6号）。

イ 労働者教育

除染等事業者は、作業を指揮する者に対して一定の教育を行うほか、労働者に対しては、特別の教育を行うこと。

ウ 健康管理のための措置

除染等業務に常時従事する労働者に対し、雇入れ時、当該業務に配置換え時、およびその後6カ月に1回、定期に、除染電離放射線健康診断を実施し、その結果に基づき個人票を作成し30年間保存（5年間保存した後または当該除染等業務従事者が離職した後は、(公財)放射線影響協会に引き渡すことができる。）すること。

（3） 事故由来廃棄物等処分業務および除染等業務にかかる放射線障害防止対策（共通事項）

ア 安全衛生管理体制

(ｱ) 処分業務・除染等業務を行う元方事業者は、処分業務・除染等業務に係る安全衛生管理が適切に行われるよう、処分業務・

219

第5章 災害後の復旧・復興における労働衛生対策

除染等業務の実施を統括管理する者から、安全衛生統括者を選任し、以下を実施させなければなりません。

a 関係請負人に対し、安全衛生管理の職務を行う者を選任させ、連絡調整等を行わせる。

b すべての関係請負人を含めた安全衛生協議組織を1カ月以内ごとに1回、定期に開催する。

c 関係請負人が作成する作業計画または作業規程の作成等に関する指導または援助を行う。

(イ) 元方事業者は、放射線管理者を選任し、安全衛生統括者の指揮のもと、関係請負人の労働者の被ばく管理も含めた一元管理を実施することとされています。

(ウ) 処分または除染等事業者は、事業場の規模に応じ、衛生管理者または安全衛生推進者を選任し、被ばく線量の測定および結果の記録等の業務、汚染検査等の業務、身体・内部汚染の防止、労働者に対する教育、健康管理のための措置に関する技術的事項を管理させなければなりません。

処分または除染等事業者は、事業場の規模にかかわらず、放射線管理担当者を選任し、被ばく線量の測定および結果の記録等の業務、汚染検査等の業務等を行わせなければなりません。

イ 指定緊急作業従事者等への対応

処分または除染等事業者は、東京電力福島第一原子力発電所における緊急作業に従事した労働者を処分業務または除染等業務に就かせる場合は、次に掲げる事項を実施しなければなりません。

a 電離則第59条の2に基づく報告を厚生労働大臣（厚生労働省労働衛生課あて）に行う。

① 健康診断の個人票の写しを健康診断実施後、遅滞なく提出する。

② 3カ月ごとの月の末日に、「指定緊急作業従事者等に係る線量等管理実施状況報告書」（電離則様式第3号）を提出する。

b 「原子力施設等における緊急作業従事者等の健康の保持増
進のための指針」（平成23年東京電力福島第一原子力発電所
における緊急作業従事者等の健康の保持増進のための指針公
示第5号、改正：平成27年8月31日）に基づき、保健指導等
を実施するとともに、緊急作業従事期間中に50mSvを超える
被ばくをした者に対して必要な検査等を実施しなければなり
ません。

ウ　被ばく線量登録管理制度

　処分業務や除染等業務を行う労働者の放射線障害防止について
は、電離則および除染電離則を確実に遵守するための民間の取組
みとして、これらの業務等に従事する労働者の被ばく線量等を一
元管理する制度（被ばく線量登録管理制度）が設立されました。

　厚生労働省では、「除染等業務従事者等被ばく線量登録管理制
度について」（平成25年12月26日付け基発1226第17号）で本制度
への参加を促しています。

安全行動調査

ヒューマンエラーの傾向を
見える化してみませんか？

安全行動調査とは

日常の行動に関する７８の質問に「はい」「いいえ」で答えることにより、
「エラー傾向」「パーソナリティー傾向」を分析します

分析結果から、その人がその時点で**どのようなエラーを発生しやすいのか、
性格的な特徴が**あるのかを知ることができます

心理学分野等の専門家及び企業の安全担当者の意見を参考に
中災防が開発した調査です

質問と個人の結果は日本語のほか、英語、インドネシア語、
タイ語、ベトナム語の**４ヵ国語に対応**しています

約３８万人の利用実績があります（２０２３年３月末現在）

詳しい資料はこちら

安全行動調査　検索

https://www.jisha.or.jp/oshms/survey.html

お問合せ　技術支援部安全衛生管理支援課
　　　　　TEL　03-3452-6404

JISHA
Japan Industrial Safety & Health Association
中災防
中央労働災害防止協会

第IV編 労働衛生関係法令・指針・通達等

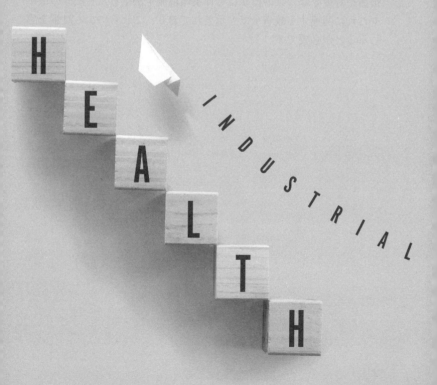

労働安全衛生法（昭和47年法律第57号）は、労働基準法と相まって、労働災害の防止に関する総合的、計画的な対策を推進することにより、職場における労働者の安全と健康を確保し、さらに快適な職場環境の形成を促進することを目的として定められているものです。

労働安全衛生法には、これらの目的を達成するために事業者等が講ずべき措置や労働者が実施すべき事項等が定められていますが、具体的な内容については、労働安全衛生法施行令や労働安全衛生規則、粉じん障害防止規則等の厚生労働省令において定められています(Ⅳ. 1参照)。

また、健康障害の防止や労働者の健康の保持増進のために必要な措置や対策等は、このほかにも作業環境測定法やじん肺法等の法律やこれに関連する政省令でも示されており、これらによる対策を講じることが必要です。

労働衛生に関する主な法令

労働安全衛生法
- 労働安全衛生法施行令
- 労働安全衛生規則
- 有機溶剤中毒予防規則
- 鉛中毒予防規則
- 四アルキル鉛中毒予防規則
- 特定化学物質障害予防規則
- 高気圧作業安全衛生規則
- 電離放射線障害防止規則
- 東日本大震災により生じた放射性物質により汚染された土壌等を除染するための業務等に係る電離放射線障害防止規則
- 酸素欠乏症等防止規則
- 事務所衛生基準規則
- 粉じん障害防止規則
- 石綿障害予防規則

作業環境測定法
- 作業環境測定法施行令
- 作業環境測定法施行規則

じん肺法
- じん肺法施行規則

1 労働衛生関係法令等

(1) 労働衛生管理体制

	総括安全衛生管理者（法第10条）	衛 生 管 理 者（法第12条）
選任すべき事業場	次に掲げる業種の区分に応じ、常時掲げる数以上の労働者を使用する事業場 1　林業、鉱業、建設業、運送業および清掃業　100人 2　製造業（物の加工業を含む。）、電気業、ガス業、熱供給業、水道業、通信業、各種商品卸売業、家具・建具・じゅう器等卸売業、各種商品小売業、家具・建具・じゅう器小売業、燃料小売業、旅館業、ゴルフ場業、自動車整備業および機械修理業　300人 3　その他の業種　1000人	常時50人以上の労働者を使用する事業場 次の表の左欄に掲げる事業場の規模に応じて、同表の右欄に掲げる数以上の衛生管理者を選任すること。 表1
選任に関する要件	当該事業場においてその事業の実施を統括管理する者	常時1,000人を超える労働者を使用する事業場または常時500人を超える労働者を使用し、かつ法定の有害業務に常時30人以上の労働者を従事させている事業場では、衛生管理者のうち、少なくとも一人を専任とする。 当該事業場に専属の者で、次に掲げる業種の区分に応じ、それぞれに掲げる者 ①　農林畜水産業、鉱業、建設業、製造業（物の加工業を含む。）、電気業、ガス業、水道業、熱供給業、運送業、自動車整備業、機械修理業、医療業および清掃業 　　第一種衛生管理者免許もしくは衛生工学衛生管理者免許を有する者または医師、歯科医師、労働衛生コンサルタント、その他厚生労働大臣の定める者 ②　その他の業種　①に掲げる者のほか、第二種衛生管理者免許を有する者 　　なお、2人以上の衛生管理者を選任する場合においては、そのうち1人は労働衛生コンサルタント（専属でない）から選任することができる。
業務の内容	安全管理者、衛生管理者等を指揮することおよび次の業務を統括管理すること 1　労働者の危険または健康障害を防止するための措置に関すること 2　労働者の安全または衛生のための教育の実施に関すること 3　健康診断の実施その他健康の保持増進のための措置に関すること 4　労働災害の原因の調査および再発防止対策に関すること 5　安全衛生に関する方針の表明に関すること 6　法第28条の2第1項または、第57条の3第1項および第2項の危険性または有害性等の調査およびその結果に基づき講ずる措置に関すること 7　安全衛生に関する計画の作成、実施、評価および改善に関すること	①　総括安全衛生管理者の統括管理する業務のうち衛生に係る技術的事項を管理すること ②　少なくとも毎週1回作業場等を巡視し、設備、作業方法または衛生状態に有害のおそれがあるときは、直ちに、労働者の健康障害を防止するため必要な措置を講じること

表1
事業場の規模（常時使用する労働者数）	衛生管理者数
50人以上200人以下	1人
200人を超え500人以下	2人
500人を超え1000人以下	3人
1000人を超え2000人以下	4人
2000人を超え3000人以下	5人
3000人を超える場合	6人

衛生推進者等（法第12条の2）	産　業　医（法第13条）
常時10人以上50人未満の労働者を使用する非工業的業種*の事業場ごとに衛生推進者を選任し、衛生に係る業務を担当させる。 　なお、安全管理者を選任すべき業種にあっては安全衛生推進者を選任する。 *非工業的業種：左頁に掲げる、総括安全衛生管理者を選任すべき事業場の業種の区分のうち「3　その他の業種」に該当する業種をいう。	常時50人以上の労働者を使用する事業場（常時3000人を超える労働者を使用する事業場にあっては、2人以上を選任する。） 　なお、常時1,000人以上の労働者を使用する事業場または一定の有害業務に常時500人以上の労働者を従事させる事業場にあっては、その事業場に専属の者を選任する。
以下の①および②の者は当該事業場に専属の者であること。③の者の場合は専属でなくても可。 ①　都道府県労働局長の登録を受けた者が行う講習を修了した者 ②　大学卒業後1年以上、高等学校または中等教育学校卒業後3年以上、その他5年以上事業場の衛生の実務（安全衛生推進者にあっては安全衛生の実務）に従事した経験を有する者 ③　労働安全コンサルタント、労働衛生コンサルタント、その他厚生労働大臣が定める者	医師のうち次の要件を備えた者 ①　労働者の健康管理等を行うのに必要な医学に関する研修であって、厚生労働大臣の指定する者が行うものを修了した者 ②　産業医科大学等の卒業者であって、その大学が行う実習を履修したもの ③　労働衛生コンサルタント試験（保健衛生）に合格した者 ④　大学において労働衛生に関する科目を担当する教授、准教授または講師の職にある者、またはあった者
総括安全衛生管理者の統括管理する以下の業務を担当すること。 1　労働者の危険または健康障害を防止するための措置に関すること 2　労働者の安全または衛生のための教育の実施に関すること 3　健康診断の実施その他健康の保持増進のための措置に関すること 4　労働災害の原因の調査および再発防止対策に関すること 5　安全衛生に関する方針の表明に関すること 6　法第28条の2第1項または、第57条の3第1項および第2項の危険性または有害性等の調査およびその結果に基づき講ずる措置に関すること 7　安全衛生に関する計画の作成、実施、評価および改善に関すること （衛生推進者にあっては衛生に係る業務に限る。）	①　健康診断および保健指導等の実施と事後措置 ②　長時間労働者の面接指導と事後措置 ③　ストレスチェックの実施および面接指導と事後措置 ④　作業環境の維持管理 ⑤　作業の管理 ⑥　その他労働者の健康管理 ⑦　健康教育、健康相談その他労働者の健康の保持増進を図るための措置 ⑧　衛生教育 ⑨　労働者の健康障害の原因の調査および再発防止のための措置 ⑩　少なくとも毎月1回 (注) 作業場等を巡視し、作業方法または衛生状態に有害のおそれがあるときは、直ちに、労働者の健康障害を防止するため必要な措置を講じること

（注）事業者から毎月1回以上一定の情報提供を受けている場合は少なくとも2月に1回。

(2) 有機溶剤中毒予防規則

規制内容等 ＼ 物質			有機則条文	第1種有機溶剤等	第2種有機溶剤等	第3種有機溶剤等
設備	屋内作業場等のうちタンク等の内部以外の場所	密閉装置	5	○ ┐	○ ┐	－
		局所排気装置		○ ├ のいずれか	○ ├ のいずれか	－
		プッシュプル型換気装置		○ ┘	○ ┘	－
		全体換気装置		×	×	－
	タンク等の内部	吹付け作業	密閉装置	6—①②	○ ┐	○ ┐	○ ┐
			局所排気装置		○ ├ のいずれか	○ ├ のいずれか	○ ├ のいずれか
			プッシュプル型換気装置		○ ┘	○ ┘	○ ┘
			全体換気装置		×	×	×
		吹付け作業以外	密閉装置	6—①②	○ ┐	○ ┐	○ ┐
			局所排気装置		○ ├ のいずれか	○ ├ のいずれか	○ ├ のいずれか
			プッシュプル型換気装置		○ ┘	○ ┘	○ ┘
			全体換気装置		×	×	○
管理	作業主任者の選任		19	○	○	○
	定期自主検査およびその記録		20、20の2、21	○	○	○
	点検		22	○	○	○
	補修		23	○	○	○
	掲示		24	○	○	○
	区分表示		25	○赤	○黄	○青
測定	測定、評価およびその記録		28、28の2	○	○	×
その他	健康診断		29	○	○	○（タンク等の内部に限る）
	貯蔵		35	○	○	○
	空容器の処理		36	○	○	○
	計画の届出		安衛則	○	○	○
	表示（法57）		法57	○	○	○

●有機溶剤：令別表第6の2の有機溶剤
●有機溶剤等：有機溶剤または有機溶剤含有物（有機溶剤と有機溶剤以外の物との混合物で、有機溶剤を当該有機溶剤混合物の重量の5％を超えて含有するもの）

1 第1種有機溶剤等
　① 次の有機溶剤　1・2-ジクロルエチレン、二硫化炭素
　② ①の物のみから成る混合物
　③ ①の物と当該物以外の物との混合物で、①の物を当該混合物の重量の5％を超えて含有するもの
2 第2種有機溶剤等
　① 次の有機溶剤　アセトン、イソブチルアルコール、イソプロピルアルコール、イソペンチルアルコール、エチルエーテル、エチレングリコールモノエチルエーテル、エチレングリコールモノエチルエーテルアセテート、エチレングリコールモノ-ノルマル-ブチルエーテル、エチレングリコールモノメチルエーテル、オルト-ジクロルベンゼン、キシレン、クレゾール、クロルベンゼン、酢酸イソブチル、酢酸イソプロピル、酢酸イソペンチル、酢酸エチル、酢酸ノルマル-ブチル、酢酸ノルマル-プロピル、酢酸ノルマル-ペンチル、酢酸メチル、シクロヘキサノール、シクロヘキサノン、N・N-ジメチルホルムアミド、テトラヒドロフラン、1・1・1-トリクロルエタン、トルエン、ノルマルヘキサン、1-ブタノール、2-ブタノール、メタノール、メチルエチルケトン、メチルシクロヘキサノール、メチルシクロヘキサノン、メチル-ノルマル-ブチルケトン
　② ①の物のみから成る混合物
　③ ①の物と当該物以外の物との混合物で、①の物または1の①の物を当該有機溶剤混合物の重量の5％を超えて含有するもので1の③以外のもの
3 第3種有機溶剤等
　有機溶剤等のうち第1種有機溶剤等および第2種有機溶剤等以外のもの
　ガソリン、コールタールナフサ、石油エーテル、石油ナフサ、石油ベンジン、テレビン油、ミネラルスピリット

(3) 鉛中毒予防規則

設備等 / 作業	鉛則1条 イ 鉛の製錬、精錬	ロ 銅等の製錬、精錬	ハ 鉛蓄電池	ニ 電線等	ホ 鉛合金等	ヘ 鉛化合物	ト 鉛ライニング	令別表4第8 含鉛塗料のかき落し等	令別表4第9 鉛装置内業務	令別表4第10 鉛装置の解体	令別表4第11 転写紙	鉛則1条 チ 含鉛塗料等	リ はんだ付け	ヌ 釉薬	ル 絵付け	ヲ 焼入れ等	令別表4第17 文選・植字	鉛則1条ワ 清掃
焙焼	⊗																	
焼結	⊗																	
溶鉱炉	⊗	⊗																
転炉		⊗																
溶融	●	⊗	●	○	●	●	○					⊗				●		
鋳造（込）	●		●		●	●						○						
焼成	⊗	⊗				⊗												
粉砕	●	●			●								●					
破砕	●	●			●				○		○							
混合	●	●			●								●					
ふるい分け	●	●			●								●					
容器詰め	●	●			●													
加工			○		○													
組立て			○															
溶接			○		○	○			○									
溶断			○		○				○									
切断			○		○													
練粉			●			●							●					
煆焼						⊗												
攪拌						●												
溶着							○											
溶射							○											
蒸着							○											
仕上げ							●											
加熱									○									
圧延									○									
粉まき等												●						
はんだ付け													○＊					
施釉														○				
絵付															○			
作業主任者	※	※	※	※	※	※	※	※	※	※	※							
測定および評価	※	※	※	※	※	※	※	※		※							※	
健康診断	①	①	①	①	①	①	①	①	①	①	①	①	①	②	②	②	②	①

（注）1　⊗印は、当該装置および当該装置に設置を規定した局所排気装置またはプッシュプル型換気装置に用後処理装置（用後処理装置とは、排気・排液に含まれる有害物を取り除く装置をいい、除じん装置等が該当する）の設置を規定しているもの。

2　●印は、当該作業場に局所排気装置またはプッシュプル型換気装置および用後処理装置の設置を規定しているもの。

3　○印は、当該作業場に局所排気装置またはプッシュプル型換気装置の設置を規定しているもの。（ただし、はんだ付け業務＊については全体換気装置も可。）

4　※印は、選任、実施について規定しているもの。

5　健康診断欄については、①は6カ月以内ごとに1回、②は1年以内ごとに1回定期に実施する必要があることを示したものである。

(4) 四アルキル鉛中毒予防規則

規制内容等 業務（ ）内は条文	装置等の密閉構造	3側面の開放	作業場所の隔離	不浸透性の床	シャワー・洗面設備・洗浄用の養油槽	専用の休憩室	更衣用のロッカー	ドラフト	局所排気装置	換気装置 囲い式またはブース式	退避用設備および器具	作業方法	送風マスク	防毒マスク	保護前掛衣	保護手袋	保護長靴	保護帽子	作業主任者の選任	薬品等の備付け	洗身	立入禁止	特別教育	ならびに報告記録	健康診断および	能力講習等	容器等	計画の届出（安衛則）
混入 (4)	○	○	○		○		○	○				①ドラム缶中の四アルキル鉛は、残らず吸引すること。 ②吸引後のドラム缶は直ちに密栓し、その外部の汚染を除去すること。	○	○		○	○		○	○		○	○		○	○		○
装置等の修理等 (5)												作業のはじめに、四アルキル鉛等の汚染を除去すること。この場合汚染除去業務に係る措置をとること。	○	○		○	○			○	○		○		○	○		○
タンク内 (6)～(7)										○	○	①タンク内部洗浄等の事前措置をとること。 ②監視者を配置すること。 ③換気装置を作業前および作業中稼働すること。 ④換気効果を確認すること。	○			○	○	○	○	○	○	○	○		○	○		
残さい物の取扱い (8)												①残さい物の廃棄は、焼却等によること。 ②廃液の廃棄は希釈その他の方法により十分除毒した後処理すること。			○	○	○		○	○		○		○	○		○	
ドラム缶等の取扱い (9)												作業のはじめにドラム缶等容器およびこれらが置いてある場所を点検すること。	○		○	○	○		○	○	○（手洗いで可）	○	○					
研究 (10)								○								○				○	○（手洗で可）	○	○					
汚染除去 通気不十分な場所 (11)①										○	○	①監視者を配置すること。 ②換気装置を作業前および作業中稼働すること。 ③作業終了後、汚染除去の確認をすること。			○	○	○	○	○	○	○	○	○		○			
上記以外の場所 (11)②													○ 備付		○	○	○		○	○		○	○		○			
(12)のソ加リ鉛ンガ使用									○										○									

230

(5) 特定化学物質障害予防規則　　その1

法令	規制内容	①黄りんマッチ	②ベンジジン及びその塩	③四-アミノジフェニル及びその塩	④石綿（石綿分析用試料等を除く）	⑤四-ニトロジフェニル及びその塩	⑥ビス（クロロメチル）エーテル	⑦ベータ-ナフチルアミン及びその塩	⑧ベンゼンゴムのり	①ジクロルベンジジン及びその塩	②アルファ-ナフチルアミン及びその塩	③塩素化ビフェニル（PCB）	④オルト-トリジン及びその塩	⑤ジアニシジン及びその塩	⑥ベリリウム及びその化合物
区分	禁止物質	○	○	○	○	○	○	○	○						
特定化学物質	第1類物質									○	○	○	○	○	○
	特定第2類物質														
	特別有機溶剤等														
	オーラミン等														
	管理第2類物質														
	第3類物質														
	第3類物質等														
	特別管理物質									○	○	○	○	○	○
労働安全衛生法	55 製造等の禁止	○	○	○	○	○	○	○	○						
	56 製造の許可									○	○	○	○	○	○
	57～57の2 表示等・通知・リスクアセスメント									○	○	○	○	○	○
	59 労働衛生教育（雇入れ時）													○	○
	67 健康管理手帳（対象）		○		○		○	○							○
	67 健康管理手帳（要件）		3ヵ月		(注)6		3年	3ヵ月							3ヵ月・(注)4
特定化学物質障害予防規則	3 第1類物質の取扱い設備				石綿障害予防規則の規制による					○	○	○	○	○	○
	4 特定第2類物質等の製造等に係る設備（密閉式）														
	4 （局排）														
	4 （プッシュブル）														
	5 特定第2類物質又は管理第2類物質に係る設備（密閉式）														
	5 （局排）														
	5 （プッシュブル）														
	7 局排の性能									制	制	0.01mg	制	制	0.001mg
	9～12 用後処理装置の設備（除じん）									○	○	○	○	○	○
	（排ガス）														
	（排液）														
	（残さい物処理）														
	12の2 ぼろ等の処理														
	第4章 漏えいの防止														
	21 床の構造									○	○	○	○	○	○
	24 立入り禁止の措置									○	○	○	○	○	○
	25 容器等									○	○	○	○	○	○
	27 特定化学物質作業主任者の選任									○	○	○	○	○	○
	36 作業環境の測定（実施）									○	○	○	○	○	○
	36 作業環境の測定（記録の保存）									30	30	3	30	30	30
	作業環境測定の結果の評価（実施）														
	作業環境測定の結果の評価（記録の保存）											3			
	36の2 管理濃度											0.01mg/㎥			0.001mg/㎥
	37 休憩室									○	○	○	○	○	○
	38 洗浄設備									○	○	○	○	○	○
	38の2 喫煙等の禁止									○	○	○	○	○	○
	38の3 掲示									○	○	○	○	○	○
	38の4 作業記録									○	○	○	○	○	○
	第5章の2 特別規定														
	39・40 健康診断（雇入、定期）		○			○	○	○		○	○	○	○	○	○*
	（配転後）		○							○	○	○	○	○	○
	（記録の保存）		5			5	5	5		30	30	5	30	30	30
	42 緊急診断														
	53 記録の報告														

（注）
1　「健康管理手帳」の「要件」の欄中の数字は、健康管理手帳の交付要件としての当該業務の従事期間を示す。
2　「局排の性能」の欄中、数字は「厚生労働大臣が定める値」（空気1㎥当たりに占める重量、容積）を示し、「制」とあるのは「厚生労働大臣が定める値」で、ガス状の物質は制御風速0.5m/sec.、粒子状の物質は1.0m/sec.　である。
3　「作業環境測定」および「健康診断」の「記録の保存」の欄中の数字は、保存年数を示す。
4　両肺野にベリリウムによる慢性の結節性陰影があること。

法令	規制内容	7 ベンゾトリクロリド	1 アクリルアミド	2 アクリロニトリル	3 アルキル水銀化合物	3の2 インジウム化合物	3の3 エチルベンゼン	4 エチレンイミン	5 エチレンオキシド	6 塩化ビニル	7 塩素	8 オーラミン	8の2 オルト-トルイジン	9 オルト-フタロジニトリル
区分（特定化学物質）	禁止物質 第1類物質	○												
	第2類物質 特定第2類物質			○	○			○	○	○	○			
	第2類物質 特別有機溶剤等						○							
	第2類物質 オーラミン等											○		
	第2類物質 管理第2類物質		○			○								○
	第3類物質													
	第3類物質等													
	特別管理物質	○				○	○	○	○	○		○	○	
労働安全衛生法	55 製造等の禁止	○												
	56 製造の許可	○												
	57~57の3 表示等・通知・リスクアセスメント	○	○	○	○	○	○	○	○	○	○	○	○	○
	59 労働衛生教育（雇入れ時）	○										○		○
	67 健康管理手帳 対象	○								○			○	
	67 健康管理手帳 要件	3年								4年			5年	
特定化学物質障害予防規則	3 第1類物質の取扱い設備	○												
	4 特定第2類物質等の製造等に係る設備 密閉式			○	○		第38条の8により有機則の適用	○	○	○	○			
	4 局排			○	○			○	○	○	○			
	4 プッシュプル			○	○			○	○	○	○			
	5 特定第2類物質又は管理第2類物質に係る設備 密閉式		○			○						○		○
	5 局排		○			○						○		○
	5 プッシュプル		○			○						○		○
	7 局排の性能	0.05㎤	0.1mg	2㎤	0.01mg	制		0.05㎤	1.8mg又は1㎤	2㎤	0.5㎤	制	1㎤	0.01mg
	9~12 用後処理装置の設備 除じん													
	9~12 排ガス													
	9~12 排液				○									
	9~12 残さい物処理				○									
	12の2 ぼろ等の処理	○	○	○	○	○		○	○	○	○	○	○	○
	第4章 漏えいの防止													
	21 床の構造	○	○	○	○	○		○	○	○	○	○	○	○
	24 立入り禁止の措置	○	○	○	○	○		○	○	○	○	○	○	○
	25 容器等	○	○	○	○	○		○	○	○	○	○	○	○
	27 特定化学物質作業主任者の選任	○	○	○	○	○	有	○	○	○	○	○	○	○
	36 作業環境の測定 実施	○	○	○	○	○		○	○	○	○	○	○	○
	36 記録の保存	30	3	3	3	30		30	30	30	3	30	30	3
	36の2 作業環境測定の評価 結果の評価 実施	○	○	○	○	○		○	○	○	○	○	○	○
	36の2 記録の保存	30	3	3	3	30		30	30	30	3	30	30	3
	36の2 管理濃度	0.05 ppm	0.1 mg/m³	2 ppm	0.01 mg/m³		20 ppm	0.05 ppm	1 ppm	2 ppm	0.5 ppm		1 ppm	0.01 mg/m³
	37 休憩室	○	○	○	○	○		○	○	○	○	○	○	○
	38 洗浄設備	○	○	○	○	○		○	○	○	○	○	○	○
	38の2 喫煙等の禁止	○				○	○	○	○	○		○	○	
	38の3 掲示	○				○	○	○	○	○		○	○	
	38の4 作業記録	○				○	有機則	○	○	○		○	○	
	第5章の2 特別規定						有機則							
	39・40 健康診断 雇入、定期・配転後	○	○	○	○	○		○	※	○	○	○	○	○
	39・40 記録の保存	30	5	5	5	30		30	30	30	5	30	30	5
	42 緊急診断	○	○	○	○	○		○	○	○	○	○	○	○
	53 記録の報告	○				○	○	○	○	○		○	○	

5　定期健康診断の○印は6月以内ごとに1回行う。ただし＊印は1年以内ごとに1回胸部エックス線直接撮影による検査を行うこと。

6　①両肺野に石綿による不整形陰影があり、または石綿による胸膜肥厚があること（これについては、石綿を製造し、または取り扱う業務以外の周辺業務の場合も含む。）、②石綿等の製造作業、石綿等が使用されている保温材、耐火被覆材等の張付け、補修、除去の作業、石綿等の吹付けの作業または石綿等が吹き付けられた建築物、工作物等の解体、破砕等の作業に1年以上従事した経験を有し、かつ初めて石

その2

10	11	11の2	12	13	13の2	14	15	15の2	16	17	18	18の2	18の3	18の4	19	19の2	19の3	19の4	19の5	20	21	22
カドミウム及びその化合物	クロム酸及びその塩	クロロホルム	クロロメチルメチルエーテル	五酸化バナジウム	コバルト及びその無機化合物	コールタール	酸化プロピレン	三酸化二アンチモン	シアン化カリウム	シアン化水素	シアン化ナトリウム	四塩化炭素	1・4-ジオキサン	1・2-ジクロロエタン	3・3'-ジクロロ-4・4'-ジアミノジフェニルメタン	1・2-ジクロロプロパン	ジクロロメタン	ジメチル-2・2-ジクロロビニルホスフェイト	1・1-ジメチルヒドラジン	臭化メチル	重クロム酸及びその塩	水銀及びその無機化合物
		○					○			○						○			○	○	○	
	○												○	○	○							
○	○			○	○	○	○			○	○										○	○
		○					○		○							○						
	○							○								○						
○	○			○	○	○	○			○	○										○	○
○	○			○	○	○	○			○	○										○	○
		○			○																	
	4年					5年										注7					4年	
		○					○			○		第38条の8により有機則の適用				○	○		○	○	○	
		○					○			○						○	○		○	○	○	
○	○	○		○	○	○	○		○	○	○					○	○		○	○	○	○
○	○	○		○	○	○	○		○	○	○					○	○		○	○	○	○
0.05 mg	0.05 mg	制		0.03 mg	0.02 mg	0.2 mg	2 cm³	アンチモンとして0.1mg	3 mg	3 cm³	3 mg	第38条の8により有機則の適用			0.005 mg	1		0.1mg	0.01mg	1 cm³	0.05 mg	0.025 mg
○	○			○	○	○				○	○					○	○				○	○
								○			○											
○	○			○	○	○	○			○	○					○	○				○	○
		○					○			○						○	○					
○	○	○		○	○	○	○		○	○	○					○	○				○	○
○	○	○		○	○	○	○		○	○	○					○	○				○	○
		有			○							有	有	有		有	有					
3	30	30	30	3	30	30	3	3	3	30	30	3	3	30	30	3	3	30	30	30	3	3
3	30		30	3	30	30	3	3	3	30	30	3	3	30	30	3	3	30	30	30	3	3
0.05 mg/m³	0.05 mg/m³	3 ppm		0.03 mg/m³	0.02 mg/m³	ベンゼン可溶性成分として0.2mg/m³	2 ppm	アンチモンとして0.1mg/m³	3 mg/m³	3 ppm	3 mg/m³	5 ppm	10 ppm	10 ppm	0.005 mg/m³	1 ppm	50 ppm	0.1 mg/m³	0.01 ppm	1 ppm	0.05 mg/m³	0.025 mg/m³
○	○			○	○	○	○			○	○					○	○				○	○
○	○			○	○	○	○			○	○					○	○				○	○
○	○			○	○	○	○			○	○					○	○				○	○
		○					○									○	○					
		有機則					○					有機則				有機則				○		
○	○			○	○	○	○			○	○					○	○				○	○
5	30	30	30	5	30	30	5	5	5	30	30	5	5	30	30	5	5	30	30	30	5	5
○	○	○		○	○	○	○		○	○	○					○	○				○	○

綿等の粉じんにばく露した日から10年以上を経過していること、③石綿等を取り扱う作業（②の作業を除く）に10年以上従事した経験を有していること、等のいずれかに該当すること。

7　屋内作業場等における印刷機その他の設備の清掃の業務に2年以上従事した経験を有すること。

8　※のエチレンオキシド、ホルムアルデヒドについては、特化則健康診断はないが、安衛則第45条に基づき一般定期健康診断を6月以内ごとに1回行う必要がある。

令区分 → 規制内容 ↓	22の2 スチレン	22の3 1・1・2・2-テトラクロロエタン	22の4 テトラクロロエチレン	22の5 トリクロロエチレン	23 トリレンジイソシアネート	23の2 ナフタレン	23の3 ニッケル化合物	24 ニッケルカルボニル	25 ニトログリコール	26 パラ-ジメチルアミノアゾベンゼン	27 パラ-ニトロクロルベンゼン	27の2 砒素及びその化合物	28 弗化水素	29 ベータ-プロピオラクトン
区分 禁止物質														
第1類物質														
特定化学物質 第2類物質 特定第2類物質					○		○	○		○		○	○	○
特別有機溶剤等	○	○	○	○										
オーラミン等														
管理第2類物質						○			○		○			
第3類物質														
第3類物質等														
特別管理物質	○	○	○	○		○	○	○		○		○		○
労働安全衛生法 55 製造等の禁止														
56 製造の許可														
57〜57の3 表示等・通知・リスクアセスメント	○	○	○	○	○	○	○	○	○	○	○	○	○	○
59 労働衛生教育（雇入れ時）	○	○	○	○	○	○	○	○	○	○	○	○	○	○
67 健康管理手帳 対象												○		
67 健康管理手帳 要件												5年		
特定化学物質障害予防規則 3 第1類物質の取扱い設備	← 第38条の8により有機則の適用 →													
4 特定第2類物質等の製造等に係る設備 密閉式					○		○	○		○		○	○	○
4 局排					○		○	○		○		○	○	○
4 プッシュプル					○		○	○		○		○	○	○
5 特定第2類物質又は管理第2類物質に係る設備 密閉式					○	○	○	○	○	○	○	○	○	○
5 局排					○	○	○	○	○	○	○	○	○	○
5 プッシュプル					○	○	○	○	○	○	○	○	○	○
7 局排の性能					0.005cm³	10cm³	0.1mg	0.007mg又は0.001cm³	0.05cm³	制	0.6mg	0.003mg	0.5cm³	0.5cm³
9〜12 用後処理装置の設備 除じん														
9〜12 排ガス					○		○	○		○		○		○
9〜12 排液													○	
9〜12 残さい物処理														
12の2 ぼろ等の処理					○	○	○	○	○	○	○	○	○	○
第4章 漏えいの防止					○	○	○	○	○	○	○	○	○	○
21 床の構造					○	○	○	○	○	○	○	○	○	○
24 立入り禁止の措置					○	○	○	○	○	○	○	○	○	○
25 容器等					○	○	○	○	○	○	○	○	○	○
27 特定化学物質作業主任者の選任	有	有	有	有	○	○	○	○	○	○	○	○	○	○
36 作業環境の測定 実施	○	○	○	○	○	○	○	○	○	○	○	○	○	○
36 記録の保存	30	30	30	30	3	30	30	30	3	30	3	30	3	30
36の2 作業環境測定の結果の評価 実施	○	○	○	○	○	○	○	○	○	○	○	○	○	○
36の2 記録の保存	30	30	30	30	3	30	30	30	3	30	3	30	3	30
管理濃度	20 ppm	1 ppm	25 ppm	10 ppm	0.005 ppm	10 ppm	0.1 mg/m³	0.001 ppm	0.05 ppm		0.6 mg/m³	0.003 mg/m³	0.5 ppm	0.5 ppm
37 休憩室					○	○	○	○	○	○	○	○	○	○
38 洗浄設備	○	○	○	○	○	○	○	○	○	○	○	○	○	○
38の2 喫煙等の禁止					○	○	○	○	○	○	○	○	○	○
38の3 掲示					○	○	○	○	○	○	○	○	○	○
38の4 作業記録	○	○	○	○		○	○	○		○		○		○
新5章の2 特別規定	有機則													
39・40 健康診断 雇入・定期・配転後	○	○	○	○	○	○	○	○	○	○*	○	○	○	○
39・40 記録の保存	30	30	30	30	5	30	30	30	5	30	5	30	5	30
42 緊急診断					○	○	○	○	○	○	○	○	○	○
53 記録の報告	○	○	○	○		○	○	○		○		○		○

（7〜38の4欄のうち 22の2〜22の5 の設備関係欄は「第38条の8により有機則の適用」）

9 エチルベンゼン、クロロホルム、四塩化炭素、1・4-ジオキサン、1・2-ジクロロエタン、ジクロロメタン、スチレン、1・1・2・2-テトラクロロエタン、テトラクロロエチレン、トリクロロエチレン、メチルイソブチルケトン、コバルト及びその無機化合物、酸化プロピレン、三酸化二アンチモン、1・2-ジクロロプロパン、ジメチル-2・2-ジクロロビニルホスフェイト、ナフタレン、リフラクトリーセラミックファイバーは、作業の種類によって適用除外の規定がある。

その3

	30	31	31の2	32	33	33の2	34	34の2	34の3	35	36	1	2	3	4	5	6	7	8	その他					
	ベンゼン	ペンタクロルフェノール及びそのナトリウム塩	ホルムアルデヒド	マゼンタ	マンガン及びその化合物	メチルイソブチルケトン	沃化メチル	溶接ヒューム	リフラクトリーセラミックファイバー	硫化水素	硫酸ジメチル	アンモニア	一酸化炭素	塩化水素	硝酸	二酸化硫黄	フェノール	ホスゲン	硫酸	アクロレイン	硫化ナトリウム	1・3-ブタジエン	1・4-ジクロロ-2-ブテン	硫酸ジエチル	1・3-プロパンスルトン
	○		○				○			○	○														
						○																			
				○																					
		○			○		○	○																	
												○	○	○	○	○	○	○	○						
	○		○							○	○														
	○		○							○	○														
	○	○	○	○	○	○	○	○	○	○	○	○	○	○	○	○	○	○	○						◆
	○	○	○	○	○	○	○	○	○	○	○	○	○	○	○	○	○	○	○						◆
	○		○	○			○			○	○														◆
	○		○	○						○	○														
	○		○	○						○															
	○		○			○				○	○											◆	◆	◆	
	○		○	○		○				○	○											◆	◆	◆	
	○		○			○				○	○											◆	◆	◆	
	1 cm³	0.5 mg	0.1 cm³	制	0.05 mg	第38条の8により有機則の適用	2 cm³		0.3本/cm³	1 cm³	0.1 cm³											制	0.005 cm³	制	
	○		○				○			○	○														
	○		○							○	○									○					
												○	○					○		○					
	○		○	○	○			○		○	○	○	○	○	○	○	○	○	○						◆
	○		○								○	○	○	○	○	○	○	○	○						一部 ◆
	○		○	○			○			○	○	○	○	○	○	○	○	○	○						◆
	○		○	○						○	○	○	○	○	○	○	○	○	○						◆
	○		○	○	○			有		○	○	○	○	○	○	○	○	○	○						◆
	○		○	○		有	○			○	○	○	○	○	○	○	○	○	○						
	30	3	30	30	3	30	3			30	3	3													
	30	3	30				3			30	3	3													
	30	3	30			3	30			30	3	3													
	1 ppm	0.5 mg/m³	0.1 ppm		マンガンとして 0.05mg/m³	20 ppm	2 ppm		0.3本/cm³	1 ppm	0.1 ppm														
	○	○	○	○		○	○		○	○	○														
	○	○	○	○		○	○		○	○	○														
	○		○	○			○				○											◆	◆	◆	◆
	○		○	○							○											◆	◆	◆	◆
	○	○	※	○	○	有機則	○	○		○	○											◆	◆	◆	◆
	○		○	○			○				○														
	30	5	5	30	5	30	5	5		30	5	5	○	○	○	○	○	○	○	○			◆	◆	◆	◆

10 「特定化学物質作業主任者の選任」の欄の「有」は有機溶剤作業主任者講習を修了した者から選任する。

11 ◆は該当条文と同様の内容を特別規定（特化則第38条の17～第38条の19）で定めていることを示す。

(6) 高気圧作業安全衛生規則

項目 条文		高圧室内作業 大気圧を超える気圧下	高圧室の気圧下 ゲージ圧0.1MPa以上	潜水業務を行う者 水中	潜水業務を行う者 水深10m以上の場所
事業者の責務	1	○		○	
定義	1の2	○		○	
作業室の気積	2	○			
気こう室の床面積および気積	3	○			
送気管の配管等	4	○			
空気清浄装置	5	○			
排気管	6	○			
圧力計	7		○※1		
異常温度の自動警報装置	7の2	○			
のぞき窓等	7の3	○			
避難用具等	7の4	○			
空気槽	8	○			
空気清浄装置等	9	○			
作業主任者	10	○			
特別の教育	11	○			
潜水士免許	12			○	
作業計画	12の2	○		○	
立入禁止	13	○			
加圧の速度	14	○			
ガス分圧の制限	15	○			
酸素ばく露量の制限	16	○			
有害ガスの抑制	17	○			
減圧の速度等	18	○			
減圧の特例等	19	○			
減圧時の措置	20	○			
作業の状況の記録等	20の2	○		○	
連絡	21	○			
設備の点検および修理	22	○			
使用開始時の点検	22の2	○			
事故が発生した場合の措置	23	○			
排気沈下の場合の措置	24	○			
発破を行った場合の措置	25	○			
火傷等の防止	25の2	○	←※2		
刃口の下方の掘下げの制限	25の3	○			
高圧室内作業主任者の携行器具	26	○			
作業計画等の準用	27			△	△
送気量および送気圧	28			○	
ボンベからの給気を受けて行う潜水業務	29				○
圧力調整器	30			○	
浮上の特例等	32			○	
さがり綱	33			○	
設備等の点検および修理	34			○	
連絡員	36			○	
潜水業務における携行物等	37			○	
健康診断	38	○		○	
健康診断の結果	39	○		○	
医師からの意見聴取	39の2	○			
健康診断の結果の通知	39の3	○		○	
健康診断結果報告	40	○		○	
病者の就業禁止	41	○		○	
再圧室の設置	42		○		○
立入禁止	43		○		○
再圧室の使用	44		○		
再圧室の点検	45		○		
危険物等の持込禁止	46		○		○
圧気工法による作業を行う仕事の届出	安衛則 89,90	○			

(注)　△印（27条）は、12条の2および20条の2の規定（水深10m以上の場合における潜水業務に限る。）並びに15条、16条および18条の規定（潜水作業者）についての準用規定である。

　※1　第6項についてのみ、ゲージ圧0.1MPa以上の気圧下に限る。

　※2　内部の気体が酸素、窒素又はヘリウムである場所について酸素分圧の一定条件のもと、溶接作業可。

(7) 電離放射線障害防止規則　　その1

項目	電離則条文	1 医療用	1 工業用等	2	3	4	ガンマ線透過写真撮影の業務	5 荷電粒子を加速する装置から発生した電離放射線の取扱いの業務	5 核燃料物質等取扱業務	5 原子炉施設における使用済燃料取扱業務	5 事故由来廃棄物等処分業務	6 原子炉の運転の業務	7 坑内における核原料物質の掘採の業務	準用規定(注)4
放射線障害防止の基本原則	1	○	○	○	○	○	○	○	○	○	○	○	○	
定義等	2	○	○	○	○	○	○	○	○	○	○	○	○	
管理区域の明示等	3	○	○	○	○	○	○	○	○	○	○	○	○	
施設等における線量の限度	3の2	○	○	○	○	○	○	○	○	○	○	○	○	
放射線業務従事者の被ばく限度（実効線量）	4	○	○	○	○	○	○	○	○	○	○	○	○	
〃 （等価線量）	5	○	○	○	○	○	○	○	○	○	○	○	○	
〃 （妊娠中）	6	○	○	○	○	○	○	○	○	○	○	○	○	
緊急作業時における被ばく限度	7	○	○	○	○	○	○	○	○	○	○	○	○	
特例緊急被ばく限度	7の2									○	○			
〃	7の3									○	○			
線量の測定	8	○	○	○	○	○	○	○	○	○	○	○	○	
線量の測定結果の確認、記録、30年保存、通知等	9	○	○	○	○	○	○	○	○	○	○	○	○	
照射筒等の使用	10	○	○											
ろ過板の使用	11	○	○											
間接撮影時の措置	12	○	○											
透視時の措置	13	○	○											
標識の掲示	14			○		○								
放射線装置室	15	○	○											○
警報装置等の設置	17			○		○								
線源付近の立入禁止	18	○	○											○
透過写真の撮影時の措置等	18の2	○	○											
放射線源の取出し等	18の3						○							
〃	18の4						○							
定期自主検査	18の5						○							
〃	18の6						○							
定期自主検査の記録	18の7						○							
点検	18の8						○							
補修等	18の9						○							
放射線源の収納等	18の10					○	○							
放射線源の点検等	19					○	○							
放射性物質取扱作業室	22								○	○	○			○
放射性物質取扱作業室の構造等	23								○	○	○			
空気中の放射性物質の濃度	24												○	
	25									○	○注1	○		
飛来防止設備等の設置	26								○	○	○			

※　計画の届出については、平成6年7月1日より、本規則から労働安全衛生規則へ統合。

(注)1　第41条の9の規定による準用。条文によっては「放射性物質」を「事故由来廃棄物等」に、「放射性物質取扱作業室」を「事故由来廃棄物等取扱施設」に読み替える等の読み替え規定あり。

政令別表第2　対象業務／電離則条文・項目

項目	条文	1 エックス線装置の使用または当該装置の検査の業務を伴う（医療用）	1（工業用等）	2 サイクロトロン、ベータトロンその他の荷電粒子を加速する装置の使用または当該装置の検査の業務を伴うこれらの検査の業務またはその発生する装置の発生を伴うその業務	3 エックス線管もしくはケノトロンのガス抜きまたはエックス線の発生を伴うこれらの検査の業務	4 放射性物質を装備している機器のガンマ線透過写真撮影の業務	5 放射性物質または、これによって汚染された物の取扱いの業務（荷電粒子を加速する装置等により発生した放射線によって汚染された物の取扱いの業務）	加工施設、再処理施設、使用済燃料貯蔵施設、廃棄物埋設施設、廃棄物管理施設、使用施設等における核燃料物質等取扱業務	原子炉施設における核燃料物質等取扱業務	事故由来廃棄物等処分業務	6 原子炉の運転の業務	7 坑内における核原料物質の掘採の業務	準用規定（注）4
放射性物質取扱用具	27						○	○	○	○注1	○		
放射性物質がこぼれたとき等の措置	28						○	○	○	○注2	○		
放射性物質取扱作業室内の汚染検査	29						○	○	○	○注1	○		
汚染除去用具等の汚染検査	30						○	○	○	○注1	○		
退去者の汚染検査	31						○	○	○	○注2			○
持出し物品の汚染検査	32						○	○	○	○注2			○
貯蔵施設	33						○	○	○	○注1	○		
排気または排液の施設	34						○	○	○	○注1	○		
焼却炉	35						○	○	○	○注2	○		
保管廃棄施設	36						○	○	○	○注1	○		
容器	37						○	○	○	○注3	○		
呼吸用保護具	38						○	○	○	○注1	○		
保護衣類、履物等	39						○	○	○	○注1	○		
作業衣	40						○	○	○	○注1	○		
保護具等の汚染除去	41						○	○	○	○注1	○		
喫煙等の禁止	41の2						○	○	○	○注1	○	○	○
事故由来廃棄物等処分事業場の境界の明示	41の3									○			
事故由来廃棄物等取扱施設	41の4									○			○
事故由来廃棄物等取扱施設の構造等	41の5									○注3			
破砕等設備	41の6									○			
ベルトコンベア等の運搬設備	41の7									○			○
埋立施設	41の8									○			○
準用（読替え規定）	41の9									注1			○
除染特別地域等における特例	41の10									注2,3			
加工施設等における作業規程	41の11							○					
原子炉施設における作業規程	41の12								○				
事故由来廃棄物等の処分の業務に係る作業における作業規程	41の13									○			
事故由来廃棄物等の処分の業務に係る作業の届出	41の14									○			
事故時の退避	42	○	○	○	○	○	○	○	○	○	○	○	○
事故に関する報告	43	○	○	○	○	○	○	○	○	○	○	○	○
診察等	44	○	○	○	○	○	○	○	○	○	○	○	○
事故に関する測定および記録	45	○	○	○	○	○	○	○	○	○	○	○	
エックス線作業主任者の選任	46		○		○								
エックス線作業主任者の職務	47		○		○								

（注）2　第41条の10第2項により、除染特別地域等において事故由来廃棄物等の処分の業務を行う場合の特例あり。

その2

項目 / 対象業務	電離則条文	1 エックス線装置又はその使用装置の検査等の業務 医療用	1 工業用等	2 サイクロトロン、ベータトロンその他の使用装置等の検査の業務	3 エックス線管もしくはケノトロンのガス抜き又はエックス線の発生を伴う検査の業務	4 放射性物質を装備している機器 ガンマ線透過写真撮影の業務	5 放射性物質又はこれにより汚染された物の取扱いの業務 加工施設、再処理施設、使用施設	5 原子炉施設における核燃料物質等取扱業務	5 使用済燃料物質等処分業務	5 事故由来廃棄物等処分業務	6 原子炉の運転の業務	7 坑内における核原料物質の掘採業務	準用規定（注）4
ガンマ線透過写真撮影作業主任者の選任	52の2					○							
ガンマ線透過写真撮影作業主任者の職務	52の3					○							
透過写真撮影作業者の特別の教育	52の5		○										
加工施設において核燃料物質等を取り扱う業務に係る特別の教育	52の6						○						
原子炉施設において核燃料物質等を取り扱う業務に係る特別の教育	52の7							○			△		
事故由来廃棄物等の処分の業務に係る特別の教育	52の8									○			
特例緊急作業に係る特別教育	52の9							○			○		
作業環境測定を行うべき作業場	53	○	○	○	○	○	○	○	○	○	○	○	
線量当量率等の測定等	54	○	○	○	○	○	○	○	○	○	○	○	
放射性物質の濃度の測定	55	○	○	○	○	○	○	○	○	○	○	○	
健康診断の実施	56	○	○	○	○	○	○	○	○	○	○	○	
〃	56の2	○	○	○	○	○	○	○	○	○	○	○	
〃	56の3	○	○	○	○	○	○	○	○	○	○	○	
健康診断の結果の記録、30年保存	57	○	○	○	○	○	○	○	○	○	○	○	
健康診断の結果についての医師からの意見聴取	57の2	○	○	○	○	○	○	○	○	○	○	○	
健康診断の結果の通知	57の3	○	○	○	○	○	○	○	○	○	○	○	
健康診断結果報告	58	○	○	○	○	○	○	○	○	○	○	○	
健康診断等に基づく措置	59	○	○	○	○	○	○	○	○	○	○	○	
指定緊急作業従事者等に係る記録等の提出	59の2	○	○	○	○	○	○	○	○	○	○	○	
緊急作業実施状況報告	59の3	○	○	○	○	○	○	○	○	○	○	○	
測定器の備付け	60	○	○	○	○	○	○	○	○	○	○	○	
透過写真撮影用ガンマ線照射装置による作業の届出	61					○							
記録等の引渡し	61の2	○	○	○	○	○	○	○	○	○	○	○	○
調整	61の3	○	○	○	○	○	○	○	○	○	○	○	
配置替えの際の健康診断みなし規定	61の4	○	○	○	○	○	○	○	○	○	○	○	○

（注）3　第41条の10第1項により、除染特別地域等における除去土壌の埋立てにおいて、第41条の10第1項の要件に該当する場合は、第41条の9において準用する第37条（第4項を除く）および第41条の5の規定は適用されない。

（注）4　第62条の規定により、放射線業務を行う事業場内において、放射線業務以外の業務を行う事業の事業者及び労働者に準用するもの。

(8) 東日本大震災により生じた放射性物質により汚染された土壌等を除染するための業務等に係る電離放射線障害防止規則

除染電離則条文	規制内容 / 対象業務	除染等業務 染土壌等の業務除	等廃棄物業務収集	特定汚染土壌等取扱業務 2.5μSv/h超	特定汚染土壌等取扱業務 2.5μSv/h以下	業務特定線量下
3	被ばく限度	○	○	○	○	
4	妊娠と診断された女性の被ばく限度	○	○	○	○	
5	線量の測定　外部被ばく線量測定	○	○	○	△(注)1	
5	線量の測定　内部被ばく線量測定・検査	○(注)2	○(注)2	○(注)2		
6	線量の測定結果の確認、記録等　1mSv/日超のおそれ　毎日確認	○	○	○		
6	算定・記録・30年間保存	○	○	○	△(注)1	
6	従事者に通知	○	○	○	△(注)1	
7	事前調査　事前調査・結果の記録	○	○	○(注)3	○(注)3	
7	結果の概要を労働者に明示	○	○	○(注)3	○(注)3	
8	作業計画　作業計画の策定	○	○	○		
8	関係労働者に周知	○	○	○		
9	作業の指揮者	○	○	○		
10	作業の届出（2.5μSv/h超）	○		○		
11	医師の診察又は処置、所轄監督署長への報告	○	○	○		
12	粉じんの発散を抑制するための措置	○(注)4	○(注)4			
13	容器の使用等		○			
14	退出者の汚染検査	○	○	○	○	
15	持出し物品の汚染検査	○	○	○	○	
16	保護具	○(注)5	○(注)5	○(注)5	○(注)5	
17	保護具の汚染除去	○	○	○	○	
18	喫煙等の禁止、労働者への明示	○	○	○	○	
19	除染等業務に係る特別の教育	○	○	○	○	
20	健康診断	○(注)6	○(注)6	○(注)6		
21	健康診断の結果の記録、30年間保存	○	○	○		
22	健康診断の結果についての医師からの意見聴取	○	○	○		
23	健康診断の結果の通知	○	○	○		
24	健康診断結果報告	○	○	○		
25	健康診断等に基づく措置	○	○	○		
25の2	特定線量下業務従事者の被ばく限度					○
25の3	妊娠と診断された女性の被ばく限度					○
25の4	線量の測定（外部被ばくによる線量測定）					○
25の5	線量の測定結果の確認、記録等　1mSv/日超のおそれ　毎日確認					○
25の5	算定・記録・30年間保存					○
25の5	従事者に通知					○
25の6	事前調査　事前調査・結果の記録					(注)3
25の6	結果の概要を労働者に明示					(注)3
25の7	医師の診察又は処置、所轄監督署長への報告					○
25の8	特定線量下業務に係る特別の教育					○
25の9	被ばく歴の調査・記録・30年保存					○
26	放射線測定器の備え付け	○	○	○	○	○
27	事業廃止の際の被ばく線量の記録の引渡し	○	○	○	△(注)1	
27	離職の際又は事業廃止の際の従事者への記録の写しの交付	○	○	○	△(注)1	
28	事業廃止の際の健康診断個人票の引渡し	○	○	○		
28	離職の際又は事業廃止の際の従事者への健康診断個人票の写しの交付	○	○	○		
29	調整（被ばく線量のみなし規定）	○	○	○	△(注)1	○
30	調整（健康診断のみなし規定）	○(注)6	○(注)6	○(注)6		

(注) 1　平均空間線量率が2.5μSv/h以下の場所においてのみ特定汚染土壌等取扱業務に従事する者は不要。2.5μSv/h以下のみならず、2.5μSv/hを超える場所においても業務が見込まれる者には、2.5μSv/h以下の場所においても措置が必要。

2　平均空間線量率が2.5μSv/hを超える場所において、次により測定又は検査を行う。
（平成23年厚生労働省告示第468号）

	50万Bq/kgを超える汚染土壌等 （高濃度汚染土壌等）	高濃度汚染土壌等以外
粉じんの濃度が10mg/㎥を超える作業 （高濃度粉じん作業）	3月に1回の内部被ばく測定	スクリーニング検査
高濃度粉じん作業以外の作業	スクリーニング検査	スクリーニング検査 （突発的に高い粉じんにばく露された場合に限る。）

3　作業開始前及び同一の場所で継続して作業中、2週間につき一度

4　高濃度汚染土壌又は高濃度粉じん作業の場合

5　次の保護具を使用（平成23年厚生労働省告示第468号）

	50万Bq/kgを超える汚染土壌等 （高濃度汚染土壌等）	高濃度汚染土壌等以外
粉じんの濃度が10mg/㎥を超える作業 （高濃度粉じん作業）	粒子捕集効率が95％以上の防じんマスク、全身化学防護服、長袖の衣服ならびに不浸透性の保護手袋（綿手袋と二重）及び長靴	粒子捕集効率が80％以上の防じんマスク、長袖の衣服、保護手袋及び不浸透性の長靴
高濃度粉じん作業以外の作業	粒子捕集効率が80％以上の防じんマスク、長袖の衣服並びに不浸透性の保護手袋（綿手袋と二重）及び長靴	粒子捕集効率が80％以上の防じんマスク（※）、長袖の衣服、保護手袋及び不浸透性の長靴

※　草木や腐葉土等を取り扱う作業の場合は、サージカルマスク等でも可

6　除染電離則による健康診断のほか、特定業務従事者健康診断（安衛則第45条：6月以内ごとに1回の一般定期健康診断）の対象。

(9) 酸素欠乏症等防止規則
(第2章　一般的防止措置)

防止措置の内容	則条文	1 特殊な地層に接しまたは通ずる井戸等の内部	2 長期間使用されていない井戸等の内部	3 ケーブル等を収容するための暗きょ等の内部	3の2 雨水等が滞留している暗きょ等の内部	3の3 海水が滞留している熱交換器等の内部	4 相当期間密閉されていた鋼製のボイラー等の内部	5 石炭等空気中の酸素を吸収する物質を入れてある貯蔵施設の内部	6 乾性油のペイントで内部が塗装された地下室等通風不十分な施設の内部	7 穀物の貯蔵、果菜の熟成等に使用しているサイロ等の内部	8 しょう等発酵する物を入れてあるタンク等の内部	9 し尿、パルプ液等腐敗分解しやすい物質を入れてあるタンク等の内部	10 ドライアイスを使用している冷蔵庫、冷凍庫、船倉等の内部	11 窒素等不活性の気体を入れてあり、または入れたことのある施設の内部
酸素の濃度の測定	3	○	○	○	○	○	○	○	○	○	○	○	○	○
硫化水素の濃度の測定	3					○						○		
測定器具の備付け	4	○	○	○	○	○	○	○	○	○	○	○	○	○
換気(酸素濃度18%以上に)	5	○	○	○	○	○	○	○	○	○	○	○	○	○
換気(硫化水素濃度10ppm以下に)	5					○						○		
保護具の使用等	5の2	○	○	○	○	○	○	○	○	○	○	○	○	○
要求性能墜落制止用器具等	6	○	○	○	○	○	○	○	○	○	○	○	○	○
保護具等の点検	7	○	○	○	○	○	○	○	○	○	○	○	○	○
人員の点検	8	○	○	○	○	○	○	○	○	○	○	○	○	○
関係者以外の立入禁止	9	○	○	○	○	○	○	○	○	○	○	○	○	○
近接する作業場所との連絡	10	○	○	○	○	○	○	○	○	○	○	○	○	○
作業主任者の選任	11	○	○	○	○	○	○	○	○	○	○	○	○	○
特別の教育	12	○	○	○	○	○	○	○	○	○	○	○	○	○
監視人等	13	○	○	○	○	○	○	○	○	○	○	○	○	○
緊急時の退避	14	○	○	○	○	○	○	○	○	○	○	○	○	○
避難・救出用具の備付け等	15	○	○	○	○	○	○	○	○	○	○	○	○	○
救出作業時の空気呼吸器の使用	16	○	○	○	○	○	○	○	○	○	○	○	○	○
診察および処置	17	○	○	○	○	○	○	○	○	○	○	○	○	○
事故等の報告	29	○	○	○	○	○	○	○	○	○	○	○	○	○

(10) 事務所衛生基準規則

その1

<table>
<tr><td colspan="3">項　　　　目</td><td>事務所則</td><td>基　　　準</td><td>備　　　考</td></tr>
<tr><td rowspan="26">事務室の環境管理</td><td colspan="2">気　　　積</td><td>2</td><td>10m³／人以上とすること</td><td>定員により計算すること</td></tr>
<tr><td colspan="2">窓その他の開口部</td><td>3①</td><td>最大開放部分の面積を床面積の20分の1以上とすること</td><td>20分の1未満のとき換気設備を設けること</td></tr>
<tr><td rowspan="2">室内空気の環境基準</td><td>一酸化炭素</td><td rowspan="2">3②</td><td>50ppm以下とすること</td><td>検知管等により測定すること</td></tr>
<tr><td>二酸化炭素</td><td>5,000ppm以下　〃</td><td>〃</td></tr>
<tr><td rowspan="2">温度</td><td>10℃以下のとき</td><td>4①</td><td>暖房等の措置を行うこと</td><td></td></tr>
<tr><td>冷房実施のとき</td><td>4②</td><td>外気温より著しく低くしないこと</td><td></td></tr>
<tr><td rowspan="16">空　気</td><td rowspan="6">空気調和設備または機械換気設備</td><td>浮遊粉じん（約10マイクロメートル以下）</td><td rowspan="3">5①</td><td>0.15mg/m³以下とすること</td><td>デジタル粉じん計、ろ紙じんあい計等により測定すること</td></tr>
<tr><td>一酸化炭素</td><td>10ppm以下　〃</td><td>検知管等により測定すること</td></tr>
<tr><td>二酸化炭素</td><td>1,000ppm以下　〃</td><td></td></tr>
<tr><td>ホルムアルデヒド</td><td></td><td>0.1mg/m³以下　〃</td><td>2・4-ジニトロフェニルヒドラジン捕集-高速液体クロマトグラフ法、4-アミノ-3-ヒドラジノ-5-メルカプト-1・2・4-トリアゾール法により測定すること</td></tr>
<tr><td>気　流</td><td></td><td>5②</td><td>0.5m/s以下</td><td>0.2m/s以上の測定可能な風速計により測定すること</td></tr>
<tr><td rowspan="2">空気調和設備</td><td>室　温</td><td rowspan="2">5③</td><td>18℃以上28℃以下になるように努めること</td><td>0.5度目盛の温度計により測定すること</td></tr>
<tr><td>相対湿度</td><td>40%以上70%以下　〃</td><td>0.5度目盛の乾湿球の湿度計（アウグスト乾湿計、アスマン通風乾湿計）</td></tr>
<tr><td colspan="2">作業環境測定（安衛法施行令第21条第5号の室）</td><td>7</td><td>室温、外気温、相対湿度、一酸化炭素、二酸化炭素について2月以内ごとに1回、定期に行うことただし、室温および湿度については、1年間、基準を満たし、かつ、今後1年間もその状況が継続すると見込まれる場合は、春（3～5月）または秋（9～11月）、夏（6～8月）、冬（12～2月）の年3回の測定とすることができる</td><td>測定結果を記録し、3年間保存すること</td></tr>
<tr><td colspan="2">ホルムアルデヒド</td><td>7の2</td><td>室の建築、大規模の修繕、大規模の模様替を行った場合は、当該室の使用を開始した日以後最初に到来する6月から9月までの期間に1回、測定すること</td><td>2・4-ジニトロフェニルヒドラジン捕集-高速液体クロマトグラフ法、4-アミノ-3-ヒドラジノ-5-メルカプト-1・2・4-トリアゾール法により測定すること</td></tr>
<tr><td rowspan="4">燃焼器具</td><td colspan="2">室又は箇所の換気</td><td>6①</td><td>排気筒、換気扇、その他の換気設備を設けること</td><td></td></tr>
<tr><td colspan="2">器具の点検</td><td>6②</td><td>異常の有無の点検を毎日行うこと</td><td></td></tr>
<tr><td rowspan="2">室又は箇所の空気の環境基準</td><td>一酸化炭素</td><td rowspan="2">6③</td><td>50ppm以下とすること</td><td>検知管等により測定すること</td></tr>
<tr><td>二酸化炭素</td><td>5,000ppm以下　〃</td><td>〃</td></tr>
</table>

243

項		目	事務所則	基　　　　準	備　　　　考
事務室の環境管理	空気調和設備	冷却塔　水質	9の2	水道法第4条に規定する水質基準に適合させること	
		冷却塔　点検		使用開始時、使用を開始した後、1月以内ごとに1回、定期に行うこと	冷却水についても同様に点検を行うこと 点検の結果、必要に応じて清掃、換水を行うこと （1月を超える期間使用しない冷却塔に係る当該使用しない期間は、該当しない。）
		冷却塔　清掃		1年以内ごとに1回、定期に行うこと	冷却塔水の水管についても同様に清掃を行うこと
		加湿装置　水質		水道法第4条に規定する水質基準に適合させるための措置をとること	
		加湿装置　点検		使用開始時、使用を開始した後、1月以内ごとに1回、定期に行うこと	点検の結果、必要に応じて清掃を行うこと （1月を超える期間使用しない加湿装置に係る当該使用しない期間は、該当しない。）
		加湿装置　清掃		1年以内ごとに1回、定期に行うこと	
		空気調和設備の排水受け　点検		使用開始時、使用を開始した後、1月以内ごとに1回、定期に行うこと	点検の結果、必要に応じて清掃を行うこと （1月を超える期間使用しない排水受けに係る当該使用しない期間は、該当しない。）
	機械による換気のための設備の点検		9	初めて使用するとき、分解して改造、修理したときおよび2月以内ごとに1回定期的に行うこと	結果を記録し、3年間保存すること
	採光・照明	照度　一般的な事務作業	10	300ルクス以上	
		照度　付随的な事務作業		150ルクス以上	
		採光・照明の方法		①明暗の対照を少なくすること（局所照明と全般照明を併用）	局所照明に対する全般照明の比は約10分の1以上が望ましい
				②まぶしさをなくすこと	光源と眼とを結ぶ線と視線とがなす角度は30度以上が望ましい
		照明設備の点検		6月以内ごとに1回、定期に行うこと	
	騒音の伝ぱ防止等	タイプライター等の事務用機器を、5台以上集中して作業を行わせる場合	12	①作業室を専用室とすること	
				②専用室はしゃ音および吸音の機能をもつ天井および隔壁とすること	

244

その2

項　　　　目			事務所則	基　　準	備　　考
清	給水	水質基準	13	水道法第4条に規定する水質基準に適合すること	地方公共団体等の行う検査によること
		給水せんにおける水に含まれる残留塩素（通常）		遊離残留塩素の場合0.1ppm以上とすること	
				結合残留塩素の場合0.4ppm 〃	
		給水せんにおける水に含まれる残留塩素（汚染等の場合）		遊離残留塩素の場合0.2ppm 〃	
				結合残留塩素の場合1.5ppm 〃	
	排　水　設　備		14	汚水の漏出防止のための補修およびそうじを行うこと	
	清掃等の実施	大掃除	15	6月以内ごとに1回、定期に、統一的に行うこと	
		ねずみ、昆虫等（発生場所、生息場所、侵入経路、被害の状況の調査）		6月以内ごとに1回、定期に、統一的に行うこと	調査の結果に基づいて、ねずみ、昆虫等の発生を防止するため必要な措置を講じること
		ねずみ、昆虫等（殺そ剤、殺虫剤）		医薬品、医療機器等の品質、有効性及び安全性の確保等に関する法律の承認を受けた医薬品または医薬部外品を用いること	
	廃　棄　物		16	労働者は、廃棄物を一定の場所に棄てること	
潔	便所	区　　別	17	男性用と女性用に分けること	同時に就業する労働者の数が常時10人以内の場合は、特例として男女の区別のない独立個室型の便所でも可
		男性用大便所		同時に就業する男性労働者の数が60人以内の場合、1個以上とすること 60人を超える60人又はその端数を増すごとに1を加えた数	独立個室型の便所を設ける場合は算定基準とする労働者数について独立個室型1個につき、男女それぞれ10人ずつを減じることができる
		男性用小便所		同時に就業する男性労働者の数が30人以内の場合、1個以上とすること 30人を超える30人又はその端数を増すごとに1を加えた数	
		女性用便所		同時に就業する女性労働者の数が20人以内の場合、1個以上とすること 20人を超える20人又はその端数を増すごとに1を加えた数	
		便　　池		汚物が土中に浸透しない構造とすること	
		手洗い設備		流出する清浄な水を十分に供給すること	
		独立個室型の便所	17の2	四方を壁等で囲まれた1個の便房により構成される便所であること	男性用・女性用便所の設置基準に反映できること
	洗　　面		18	洗面設備を設けること	
	被服汚染の作業			更衣設備を設けること	
	被服湿潤の作業			被服の乾燥設備を設けること	

245

項　　　　目		事務所則	基　　　準	備　　　考
休 養	休　　　憩	19	休憩の設備を設けるよう努めること	
	夜間の睡眠、仮眠	20	睡眠または仮眠の設備を設けること	男性用、女性用に区別すること 寝具等必要な用品を備え、かつ、疾病感染を予防する措置を講ずること
	50人以上または女性30人以上	21	が床することのできる休養室または休養所を設けること	男性用、女性用に区別すること
	持続的立業	22	いすを備え付けること	
救急用具の備え付け		23	負傷者の手当に必要な用具、材料を備えること	備え付け場所および使用方法を周知すること 救急用具等を常時清潔に保つこと

(11) 粉じん障害防止規則

「いずれかの措置」= 湿式型衝撃式削岩機／湿潤な状態に保つための設備／密閉する設備／局所排気装置／プッシュプル型換気装置（いずれか、条文4）

粉じん作業	湿式型衝撃式削岩機	湿潤な状態に保つための設備	密閉する設備	局所排気装置	プッシュプル型換気装置	全体換気装置	換気装置	粉じん濃度の測定	除じん装置	特別の教育	休憩設備	掲示	清掃	作業環境測定および評価 [注2]	呼吸用保護具	計画の届出 [注3]
粉じん則条文	←	4			→	5	6／6の2	6の3	10	22	23	23の2	24	26／26の2	27	安衛則
特定粉じん作業（規則別表第二） 屋内		△	△	○	△				△	○	○	○	○	○		△
特定粉じん作業（規則別表第二） 坑内	△ 1号のみ	○	△ 2号のみ						○	○		○				
特定粉じん作業以外の粉じん作業 ＞ 呼吸用保護具を使用すべき作業（規則別表第三） 坑外 屋内						○				○	○	○			○	
特定粉じん作業以外の粉じん作業 ＞ 呼吸用保護具を使用すべき作業（規則別表第三） 坑外 屋外										○		○			○	
特定粉じん作業以外の粉じん作業 ＞ 呼吸用保護具を使用すべき作業（規則別表第三） 坑内							○	○		○		○			○	
特定粉じん作業以外の粉じん作業 ＞ 呼吸用保護具を使用すべき作業（規則別表第三） タンク内等										○		○			○	
特定粉じん作業以外の粉じん作業 ＞ その他の作業 坑外 屋内						○				○	○	○	○			
特定粉じん作業以外の粉じん作業 ＞ その他の作業 坑外 屋外										○		○				
特定粉じん作業以外の粉じん作業 ＞ その他の作業 坑内							○	○		○		○				

（注）
1　△印は、一部のものについて規制があることを示す。
2　呼吸用保護具を使用すべき作業の中で、所定の作業については防じん機能を有する電動ファン付き呼吸用保護具等を使用するよう定められている。
3　計画の届出は、△印以外にも場合により適用になることがある。

⑿ 石綿障害予防規則
（工事開始前まで）

石綿則条文	規制内容	すべての解体・改修工事		
	工事の種類	建築物	工作物	船舶
3	事前調査の実施、記録の3年保存	○	○	○
3	事前調査に関する資格者要件	○※1	○※2	○※1
4	作業計画の作成（石綿含有建材がある場合）	○	○	○
4の2	事前調査結果等の報告（工事開始前まで）	○※3	○※4	○※5
(安衛則90)	計画の届出（工事開始の14日前まで）	○※6	○※6	○※6

(注)※1 事前調査に関する資格者要件（石綿則第3条）については、令和5年10月1日から施行
　　※2 事前調査に関する資格者要件（石綿則第3条）については、令和8年1月1日から施行
　　※3 床面積80㎡以上の解体工事または請負金額100万円以上の改修工事に限る
　　※4 請負金額100万円以上の特定の工作物の解体工事または改修工事に限る
　　※5 総トン数が20トン以上の船舶に係る解体工事または改修工事に限る
　　※6 吹付石綿等（レベル1建材）または石綿含有保温材等（レベル2建材）がある場合に限る
　　　　建設業・土石採取業以外の事業者にあっては、作業の届出（工事開始前まで）が適用

（工事開始後（石綿含有建材を扱う作業に限る））

石綿則条文	主な規制内容	吹付石綿、保温材等の除去等	けい酸カルシウム板第1種の破砕等	仕上塗材の電動工具による除去	スレート板等の形成品の除去
3	事前調査結果の作業場への備え付け、掲示	○	○	○	○
19・20	石綿作業主任者の選任・職務実施	○	○	○	○
27	作業者に対する特別教育の実施	○	○	○	○
6	作業場所の隔離	○	○	○	
6	隔離空間の負圧維持・点検・解除前の除去完了確認	○			
13	作業時に建材を湿潤な状態にする	○	○	○	○
14	呼吸用保護具、保護衣等の使用	○	○	○	○
15	関係者以外の立入禁止・表示	○	○	○	○
34	石綿作業場であることの掲示	○	○	○	○
35	作業者ごとの作業の記録・40年保存	○	○	○	○
35の2	作業実施状況の写真等による記録・3年保存	○	○	○	○
40～43	作業者に対する石綿健康診断の実施	○	○	○	○

⒀　**健康診断項目**

ア　一般健康診断

　⑺　雇入時の健康診断（安衛則第43条）

　　労働安全衛生規則第43条では、労働者を雇い入れた際に、次の項目について健康診断を行うことが義務づけられています。
　　①　既往歴および業務歴の調査
　　②　自覚症状および他覚症状の有無の検査
　　③　身長、体重、腹囲、視力および聴力（1,000ヘルツおよび4,000ヘルツの音に係る聴力）の検査
　　④　胸部エックス線検査
　　⑤　血圧の測定
　　⑥　貧血検査（血色素量、赤血球数）
　　⑦　肝機能検査（GOT、GPT、γ-GTP）
　　⑧　血中脂質検査（LDLコレステロール、HDLコレステロール、血清トリグリセライド）
　　⑨　血糖検査
　　⑩　尿検査（尿中の糖および蛋白の有無の検査）
　　⑪　心電図検査
　（注）　雇入時の健康診断では、健康診断項目の省略等はありません。

　⑷　定期健康診断（安衛則第44条）

　　労働安全衛生規則第44条では、1年以内ごとに1回定期に健康診断を行うことが義務づけられています。健康診断項目は次のとおりです。
　　①　既往歴および業務歴の調査
　　②　自覚症状および他覚症状の有無の検査
　　③　身長、体重、腹囲、視力および聴力（1,000ヘルツおよび4,000ヘルツの音に係る聴力）の検査
　　④　胸部エックス線検査および喀痰検査
　　⑤　血圧の測定

⑥ 貧血検査（血色素量、赤血球数）

⑦ 肝機能検査（GOT、GPT、γ-GTP）

⑧ 血中脂質検査（LDLコレステロール、HDLコレステロール、血清トリグリセライド）

⑨ 血糖検査

⑩ 尿検査（尿中の糖および蛋白の有無の検査）

⑪ 心電図検査

○ 健康診断項目の省略

　次の場合、医師が必要でないと認めるときは健診項目を省略することができます。

　○　・身長については、20歳以上の者

　　　・腹囲については、a）40歳未満の者（35歳の者を除く。）、b）妊娠中の女性その他の者であって、その腹囲が内臓脂肪の蓄積を反映していないと診断されたもの、c）BMI（次の算式により算出した値をいう。以下同じ。）が20未満である者　$BMI = \dfrac{体重(kg)}{身長(m)^2}$、d）自ら腹囲を測定し、その値を申告した者（BMIが22未満である者に限る。）

　○　聴力検査等

　　　45歳未満の者（35歳および40歳の者を除く）については医師が適当と認める聴力（1,000ヘルツまたは4,000ヘルツの音に係る聴力を除く）の検査方法によることができます。

　○　胸部エックス線検査については、40歳未満の者（20歳、25歳、30歳、および35歳の者を除く）で次のいずれにも該当しないもの。a）病院等一定の施設で業務に従事する者、b）常時粉じん作業に従事する労働者で管理区分1の者または従事させたことのある労働者で現に粉じん作業以外の常時従事している管理区分2の労働者

　○　喀痰検査については、a）胸部エックス線検査によって病変の発見されない者、b）胸部エックス線検査によって結核

発病のおそれがないと診断された者、ｃ）胸部エックス線検
査の項に掲げる者

○　⑥～⑨と⑪の検査については、40歳未満の者（35歳の者を
除く）

(ｳ)　特定業務従事者の健康診断（安衛則第45条）

　深夜業、坑内労働等の特定の業務（労働安全衛生規則第13条第
１項第３号の業務）に従事する労働者には、当該業務への配置替
えの際および６カ月以内ごとに１回定期に健康診断を行うことが
義務づけられています。健康診断項目は、通常の定期健康診断項
目と同じです。

　省略基準等についても通常の定期健康診断の場合と同じですが、
さらに次の省略等が認められています。

○　健康診断項目の省略

　胸部エックス線検査については１年以内に１回、定期に行えば
よいとされています。

　貧血検査、肝機能検査、血中脂質検査、血糖検査および心電図
検査については、前回（６カ月以内）その検査項目について健診
を受けた者については、医師が必要でないと認めるときは省略す
ることができます。

○　聴力検査

　1,000ヘルツおよび4,000ヘルツの純音を用いるオージオメータ
による聴力の検査を原則としますが、前回（６カ月以内）このよ
うな聴力検査を受けた者、または45歳未満の者（35歳および40歳
の者を除く）については、医師が適当と認める検査方法によるこ
とができます。

(エ)　海外派遣労働者の健康診断（安衛則第45条の２）

海外に派遣されて働く労働者の健康管理のため、事業者には６カ月以上海外に派遣される労働者についてその派遣前および帰国後に医師による健康診断が義務づけられています。健康診断項目は次のとおりです。

①　既往歴および業務歴の調査
②　自覚症状および他覚症状の有無の検査
③　身長、体重、腹囲、視力および聴力（1,000ヘルツおよび4,000ヘルツの音に係る聴力）の検査
④　胸部エックス線検査および喀痰（かくたん）検査
⑤　血圧の測定
⑥　貧血検査（血色素量、赤血球数）
⑦　肝機能検査（GOT、GPT、γ-GTP）
⑧　血中脂質検査（LDLコレステロール、HDLコレステロール、血清トリグリセライド）
⑨　血糖検査
⑩　尿検査（尿中の糖および蛋白の有無の検査）
⑪　心電図検査

（医師が必要と認める場合に行う項目）

⑫　腹部画像検査（胃部エックス線検査、腹部超音波検査）
⑬　血液中の尿酸の量の検査
⑭　Ｂ型肝炎ウイルス抗体検査
⑮　ABO式およびRh式の血液型検査（派遣時に限る。）
⑯　糞便塗抹検査（帰国時に限る。）

○　健康診断項目の省略

身長の検査および喀痰（かくたん）検査は、医師が必要でないと認めるときは省略できます。この場合省略基準は、一般定期健康診断の場合と同じです。

労働安全衛生規則第43条（雇入時健診）、第44条（定期健診）、第45条（特定業務従事者の健診）または労働安全衛生法第66条第

２項（特殊健診）の健康診断を受けた者については、当該健康診断実施の日から６カ月間は同一の検査項目を省略することができます。

(ｵ) 給食従業員の検便（安衛則第47条）

事業に附属する食堂または炊事場における給食の業務に従事する労働者に対して、雇入れまたは配置替えの際、検便による健康診断を行わなければなりません。

(ｶ) 自発的健康診断（安衛法第66条の２）

常時使用される労働者であって、過去６カ月間に平均して１カ月当たり４回以上、深夜業（午後10時から午前５時までの間における業務をいう。）に従事した労働者は、自ら受けた一定の健康診断の結果を証明する書面を事業者に提出できます。事業者は、その他の労働安全衛生法上の健康診断と同様、その結果が有所見であった場合、医師からの意見聴取、適切な就業上の措置などの事後措置を講じなければなりません。なお、自発的健康診断の項目は、定期健康診断項目（安衛則第44条）と同一です。また、事業者に自発的健康診断の結果を提出することができるのは、当該健康診断を受けた日から３カ月以内です。

イ 業務別特殊健康診断
　(ｱ) 法令で義務付けられているもの
　　法令で義務付けられた特別の項目による健康診断を行う必要のある業務は次のとおりです。なお、健康診断に当たっては、各条文に基づき実施しなければいけません。

法　令　名		対　象　業　務　等	健診項目等の条文
じん肺法		じん肺にかかるおそれのある粉じん作業（じん肺則第2条、同則別表）	じん肺法第3条
労働安全衛生法	有機溶剤中毒予防規則	有機溶剤を取り扱う業務またはそのガス、蒸気を発散する場所における業務（安衛法施行令第22条第1項第6号）	有機則第29条
	鉛中毒予防規則	鉛等を取り扱う業務またはその蒸気、粉じんを発散する場所における業務（安衛法施行令第22条第1項第4号）	鉛則第53条
	四アルキル鉛中毒予防規則	四アルキル鉛の製造、混入、取扱いの業務またはそのガス、蒸気を発散する場所における業務（安衛法施行令第22条第1項第5号）	四アルキル則第22条
	特定化学物質障害予防規則	1　特定化学物質（第1類および第2類、安衛法施行令別表第3）を製造し、もしくは取り扱う業務または製造等が禁止されている有害物質（安衛法施行令第16条）を試験研究のため製造し、もしくは使用する業務（安衛法施行令第22条第1項第3号） 2　ベンジジン、ベータナフチルアミン等の物（安衛法施行令第22条第2項）を過去に製造し、または取り扱っていたことのある労働者で現に使用しているもの（安衛法施行令第22条第2項）	特化則第39条同則別表第3、第4
		3　特定有機溶剤混合物に係る業務（特化則第2条の2第1号イからハに掲げる特別有機溶剤業務）	同則第41条の2（有機則第29条準用）
	高気圧作業安全衛生規則	高圧室内業務または潜水業務（安衛法施行令第22条第1項第1号）	高圧則第38条
	電離放射線障害防止規則	エックス線、その他の有害放射線にさらされる業務（安衛法施行令第22条第1項第2号）	電離則第56条
	東日本大震災により生じた放射性物質により汚染された土壌等を除染するための業務等に係る電離放射線障害防止規則	エックス線、その他の有害放射線にさらされる業務（安衛法施行令第22条第1項第2号）	除染電離則第20条
	石綿障害予防規則	1　石綿等を取り扱い、または試験研究のためまたは石綿分析用試料等の製造に伴い石綿の粉じんを発散する場所における業務（安衛法施行令第22条第1項第3号） 2　石綿等の製造、または取り扱いに伴い石綿の粉じんを発散する場所における業務に従事させたことのある労働者で現に使用しているもの（安衛法施行令第22条第2項）	石綿則第40条
	労働安全衛生規則（歯科医師による健康診断）	安衛法施行令第22条第3項に掲げる塩酸、硝酸等歯またはその支持組織に有害な物のガス、蒸気または粉じんを発散する場所における業務	安衛則第48条

254

(ｲ)　通達で示されているもの

　　（昭和31年 5 月18日付け基発第308号ほか）

　　　通達で健康診断を実施するよう示されている業務等は次のとおりです。

---

①　紫外線・赤外線にさらされる業務

②　著しい騒音を発生する屋内作業場などにおける騒音作業

③　黄りんを取り扱う業務、またはりんの化合物のガス、蒸気もしくは粉じんを発散する場所における業務

④　有機りん剤を取り扱う業務またはそのガス、蒸気もしくは粉じんを発散する場所における業務

⑤　亜硫酸ガスを発散する場所における業務

⑥　二硫化炭素を取り扱う業務またはそのガスを発散する場所における業務（有機溶剤業務に係るものを除く。）

⑦　ベンゼンのニトロアミド化合物を取り扱う業務またはそれらのガス、蒸気もしくは粉じんを発散する場所における業務

⑧　脂肪族の塩化または臭化化合物（有機溶剤として法規に規定されているものを除く。）を取り扱う業務またはそれらのガス、蒸気もしくは粉じんを発散する場所における業務

⑨　砒素化合物（アルシンまたは砒化ガリウムに限る。）を取り扱う業務またはそのガス、蒸気もしくは粉じんを発散する場所における業務

⑩　フェニル水銀化合物を取り扱う業務またはそのガス、蒸気もしくは粉じんを発散する場所における業務

⑪　アルキル水銀化合物（アルキル基がメチル基またはエチル基であるものを除く。）を取り扱う業務またはそのガス、蒸気もしくは粉じんを発散する場所における業務

⑫　クロルナフタリンを取り扱う業務またはそのガス、蒸気もしくは粉じんを発散する場所における業務

⑬　沃素を取り扱う業務またはそのガス、蒸気もしくは粉じんを発散する場所における業務

⑭　米杉、ネズコ、リョウブまたはラワンの粉じん等を発散する場所における業務

⑮　超音波溶着機を取り扱う業務

⑯　メチレンジフェニルイソシアネート（M.D.Ⅰ）を取り扱う業務またはこのガスもしくは蒸気を発散する場所における業務

⑰　フェザーミル等飼肥料製造工程における業務

⑱　クロルプロマジン等フェノチアジン系薬剤を取り扱う業務

⑲　キーパンチャーの業務

⑳　都市ガス配管工事業務（一酸化炭素）

㉑　地下駐車場における業務（排気ガス）

㉒　チェーンソー使用による身体に著しい振動を与える業務

㉓　チェーンソー以外の振動工具（さく岩機、チッピングハンマー等）の取扱いの業務

㉔　重量物取扱い業務、介護作業等腰部に著しい負担のかかる作業

㉕　金銭登録の業務

㉖　引金付工具を取り扱う作業

㉗　情報機器作業

㉘　レーザー機器を取り扱う業務またはレーザー光線にさらされるおそれのある業務

（注）②はⅢの第3章の7「騒音障害の防止対策」を参照してください。

　　㉒は「チエンソー取扱い業務に係る健康管理の推進について」（昭和50年10月20日付け基発第610号、改正平成21年7月10日付け基発0710第1号）を参照してください。

　　㉓は「振動工具（チエンソー等を除く。）の取扱い等の業務に係る特殊健康診断について」（昭和49年1月28日付け基発第45号）、「振動工具の取扱い業務に係る特殊健康診断の実施手技について」（昭和50年10月20日付け基発第609号）および上

記㉒で示した通達の「チエンソー取扱い業務に係る健康管理指針」を参照してください。

㉔はⅢの第3章の9「職場における腰痛予防対策」を参照してください。

㉗はⅣ.2.(3)「情報機器作業における労働衛生管理のためのガイドライン」を参照してください。

ウ　健康診断実施後の措置

労働安全衛生法第66条の4、第66条の5の規定により、事業者は、健康診断の結果、医師等の意見を踏まえ、労働者の健康を保持するため必要があると認めるときは、当該労働者の実情を考慮して、就業場所の変更、作業の転換、労働時間の短縮、深夜業の回数の減少、昼間勤務への転換等の措置を講ずるほか、作業環境測定の実施、施設・設備の設置または整備、医師等の意見の衛生委員会もしくは安全衛生委員会または労働時間等設定改善委員会への報告その他の適切な措置を講じなければならないこととされています（「健康診断結果に基づき事業者が講ずべき措置に関する指針」（平成8年10月1日付け健康診断結果措置指針公示第1号）参照）。

安全衛生情報センターのホームページで、上記の法令や通達のほかさまざまな安全衛生に関する情報を入手できます。
ホームページアドレス　https://www.jaish.gr.jp/

⒁ 計画の届出一覧（衛生関係）

届 出 の 対 象	関係法令等
（有害な機械等の設置等） 　次に掲げる機械等の設置もしくは移転または主要構造部分の変更	法88条1項・2項 安衛則86条・88条
・　有機則に示す密閉装置もしくは局所排気装置、プッシュプル型換気装置または全体換気装置（移動式を除く。）	安衛則別表7-13号
・　鉛等または焼結鉱等の粉じんの発散源の密閉装置、局所排気装置またはプッシュプル型換気装置	安衛則別表7-14号
・　四アルキル鉛をガソリンに混入する業務に用いる機械または装置	安衛則別表7-15号
・　特定化学物質「第1類物質」または「特定第2類物質等」を製造する設備	安衛則別表7-16号
・　「特定第2類物質」または「第3類物質」を製造し、または取り扱う特定化学設備（移動式を除く。）、およびその附属設備	安衛則別表7-17号
・　「特定第2類物質」または「管理第2類物質」のガス、蒸気または粉じんが発散する屋内作業場における発散抑制の設備	安衛則別表7-18号
・　特化則に示す排ガス処理装置であって、アクロレインに係るもの	安衛則別表7-19号
・　特化則に示す排液処理装置	安衛則別表7-20号
・　特化則に示す1,3-ブタジエン等、硫酸ジエチル等、1,3-プロパンスルトン等に係る発散抑制の設備（屋外に設置されるものを除く。）	安衛則別表7-20の2号、20の3号、20の4号
・　電離則に示す放射線装置	安衛則別表7-21号
・　事務所則に示す空気調和設備または機械換気設備で中央管理方式のもの	安衛則別表7-22号
・　粉じん則別表第2第6号および第8号に掲げる特定粉じん発生源を有する機械または設備ならびに同表第14号の型ばらし装置	安衛則別表7-23号
・　特定粉じん発生源または粉じん則第27条第1項ただし書の局所排気装置またはプッシュプル型換気装置	安衛則別表7-24号
・　石綿等の粉じんが発散する屋内作業場に設ける発散抑制の設備	安衛則別表7-25号
（大規模な建設工事） 　ゲージ圧力が0.3MPa以上の圧気工法による作業を行う仕事	法88条2項 安衛則89条・91条
（一定規模以上の建設工事等） 　次に掲げる仕事	法88条3項 安衛則90条・91条
・　圧気工法による作業を行う仕事（上記の仕事を除く。）	
・　耐火建築物または準耐火建築物で石綿等が吹き付けられているものにおける石綿等の除去の作業を行う仕事	
・　ダイオキシン類対策特別措置法施行令別表第1第5号に掲げる廃棄物焼却炉（火格子面積が2m²以上または焼却能力が1時間当たり200kg以上のものに限る。）を有する廃棄物の焼却施設に設置された廃棄物焼却炉、集じん機等の設備の解体等の仕事	
・　石綿が含まれている保温材等の除去等の仕事	

必要な書類等は、最寄りの労働基準監督署までお問い合わせ下さい。

258

⒂ 作業環境管理関係

ア 作業環境測定を行うべき作業場（労働安全衛生法施行令第21条）

作業場の種類 （労働安全衛生法施行令第21条）		関連規則	測定項目	測定回数	記録の 保存年
○1	土石、岩石、鉱物、金属または炭素の粉じんを著しく発散する屋内作業場	粉じん則 26条	空気中の粉じん濃度、遊離けい酸含有率	6月以内ごとに1回	7
2	暑熱、寒冷または多湿の屋内作業場	安衛則 607条	気温、湿度、ふく射熱	半月以内ごとに1回	3
3	著しい騒音を発する屋内作業場	安衛則 590条 591条	等価騒音レベル	6月以内ごとに1回(注1)	3
4	坑内作業場 　(1)炭酸ガスの停滞場所	安衛則 592条 603条 612条	空気中の炭酸ガス濃度	1月以内ごとに1回	3
	(2)通気設備のある坑内		通 気 量	半月以内ごとに1回	3
	(3)28℃を超える場所		気 温	半月以内ごとに1回	3
5	中央管理方式の空気調和設備を設けている建築物の室で、事務所の用に供されるもの	事務所則 7条	空気中の一酸化炭素および二酸化炭素の含有率、室温および外気温、相対湿度	2月以内ごとに1回 (注2)	3
6	放射線業務を行う作業場 ○(1)放射線業務を行う管理区域	電離則 53条 54条 55条	外部放射線による線量当量率	1月以内ごとに1回(注3)	5
	○(2)放射性物質取扱作業室 ○(3)事故由来廃棄物等取扱施設 　(4)坑内核原料物質掘採場所		空気中の放射性物質の濃度	1月以内ごとに1回	5
○7	第1類もしくは第2類の特定化学物質を製造し、または取り扱う屋内作業場など	特化則 36条	空気中の第1類物質または第2類物質の濃度	6月以内ごとに1回	3 特別管理物質については30年間
	特定有機溶剤混合物を製造し、または取り扱う屋内作業場	特化則 36条の5	空気中の特別有機溶剤および有機溶剤の濃度	6月以内ごとに1回	3
	石綿等を取り扱い、もしくは試験研究のため製造し、または石綿分析用試料等を製造する屋内作業場	石綿則 36条	空気中の石綿の濃度	6月以内ごとに1回	40
○8	一定の鉛業務を行う屋内作業場	鉛則 52条	空気中の鉛濃度	1年以内ごとに1回	3
※9	酸素欠乏危険場所において作業を行う場合の当該作業場	酸欠則 3条	空気中の酸素濃度硫化水素発生危険場所の場合は同時に硫化水素濃度	その日の作業開始前	3
○10	有機溶剤を製造し、または取り扱う屋内作業場	有機則 28条	空気中の有機溶剤濃度	6月以内ごとに1回	3

作業場の種類の欄に○印の作業場は指定作業場であり、測定は作業環境測定士または作業環境測定機関が行わせなければならない。※印の作業場の測定は、酸素欠乏危険作業主任者に行わせる。

(注)　1　施設、設備、作業工程または作業方法を変更した場合には、遅滞なく測定する。
　　　2　室温および相対湿度については、1年間基準を満たし、かつ、今後1年間もその状況が継続すると見込まれる場合は、春または秋、夏および冬の年3回。
　　　3　放射線装置を固定して使用する場合において使用の方法および遮へい物の位置が一定しているとき、または3.7ギガベクレル以下の放射性物質を装備している機器を使用するときは6月以内ごとに1回。

イ　作業環境測定基準（昭和51年労働省告示第46号）の概要

条番号	測定の種類	測定点の定め方等	試料空気の採取方法等	採取した試料の分析方法等
2の2	鉱物性粉じん中の遊離けい酸の含有率			① エックス線回折分析方法 ② 重量分析方法
2	鉱物性粉じん	① 測定点は、単位作業場所の床面上に6m以下の等間隔で引いた縦の線と横の線との交点の床上50cm以上150cm以下の位置とすること。（A測定）ただし、単位作業場所における空気中の測定対象物質の濃度がほぼ均一であることが明らかなときは、6mを超える等間隔で引いた縦の線と横の線との交点とすることができる。	㋑ 分粒装置を用いるろ過捕集方法 ㋺ 相対濃度指示方法（1以上の測定点において、㋑の方法を同時に行う場合に限る。）㋩ 第1管理区分が2年以上継続した単位作業場所であって、所轄労働基準監督署長の許可を受けた場合（以下「許可単位作業場所」という。）は、相対濃度指示方法（定期に較正された測定機器を用い、一定の質量濃度変換係数を用いる場合に限る。）	重量分析方法 かっこ書きは重量分析方法
10の2	石綿	② 測定点は単位作業場所について5以上とすること。ただし、単位作業場所が著しく狭い場合であって、当該単位作業場所における空気中の測定対象物質の濃度がほぼ均一であることが明らかなときは、この限りでない。③ 測定は、作業が定常的に行われている時間に行うこと。④ 測定対象物質の発散源に近接する場所において作業が行われる単位作業場所にあっては、A測定のほか、当該作業が行われる時間のうち、空気中の測定対象物質の濃度が最も高くなると思われる時間に、当該作業が行われる位置において測定を行うこと。（B測定）⑤ 1の測定点における試料空気の採取時間は、10分間以上継続した時間とすること。	ろ過捕集方法	計数方法
10	特定化学物質		㋑ 物質の種類に応じ、液体捕集方法、固体捕集方法、直接捕集方法、ろ過捕集方法または同等以上の方法が定められている。 ㋺ アクリロニトリル、エチレンオキシド、塩化ビニル、塩素、クロロホルム、シアン化水素、四塩化炭素、臭化メチル、スチレン、テトラクロロエチレン、トリクロロエチレン、弗化水素、ベンゼン、ホルムアルデヒド、硫化水素については、妨害物質のない場合に限り検知管方式またはこれと同等以上の性能を有する測定機器を用いる方法。 ㋩ ㋺の物質または㋺に掲げる物質以外の特別有機溶剤については、許可単位作業場所では、検知管方式の測定機器またはこれと同等以上の性能を有する測定機器を用いる方法（1以上の測定点において、㋑の方法を同時に行う場合に限る。）	物質の種類に応じ、吸光光度分析方法、蛍光光度分析方法、ガスクロマトグラフ分析方法、高速液体クロマトグラフ分析方法、原子吸光分析方法、誘導結合プラズマ質量分析方法、重量分析方法または同等以上の方法が定められている。
11	鉛	ただし、相対濃度指示方法、直接捕集方法または検知管方式による測定機器もしくはこれと同等以上の性能を有する測定	ろ過捕集方法または同等以上の方法	吸光光度分析方法、もしくは原子吸光分析方法またはこれらと同等以上の性能を有する分析方法
13	有機溶剤		㋑ 物質の種類に応じ、液体捕集方法、固体捕集方法、直接捕集方法または同等以上の方法が定められている。	物質の種類に応じ、吸光光度分析方法、ガスクロマトグラフ分析方法または同等以上の方法が定められている。

条番号	測定の種類	事項		測定点の定め方等	試料空気の採取方法等	採取した試料の分析方法等
13	有機溶剤			機器を用いる方法による試料空気の採取については、この限りでない。	(ロ) アセトン、イソブチルアルコール、イソプロピルアルコール、イソペンチルアルコール、エチルエーテル、キシレン、クレゾール、クロルベンゼン、酢酸イソブチル、酢酸イソプロピル、酢酸エチル、酢酸ノルマル-ブチル、シクロヘキサノン、1・2-ジクロルエチレン、N・N-ジメチルホルムアミド、テトラヒドロフラン、1・1・1-トリクロルエタン、トルエン、二硫化炭素、ノルマルヘキサン、2-ブタノール、メチルエチルケトン、メチルシクロヘキサノンについては、妨害物質のない場合に限り検知管方式の測定機器またはこれと同等以上の性能を有する測定機器を用いる方法。 (ハ) (ロ)の物質またはクロロホルム、四塩化炭素、スチレン、テトラクロロエチレン、トリクロロエチレンを主成分とする混合有機溶剤等については、許可単位作業場所では、検知管方式による測定機器またはこれと同等以上の性能を有する測定機器を用いる方法(1以上の測定点において、(イ)の方法を同時に行う場合に限る。)	
7・8・9	電離放射線	放射性物質	粒子状	単位作業場所について、測定を行うこと。	液体捕集方法またはろ過捕集方法	① 全アルファ放射能計測方法、全ベータ放射能計測方法、全ガンマ放射能計測方法等のうち、当該放射性物質の濃度の測定に最も適した方法 ② 放射化学分析方法 ③ 蛍光光度分析方法(気中ウラン濃度の測定に限る。)
			ガス状		液体捕集方法、固体捕集方法、直接捕集方法または冷却凝縮捕集方法	
					直接濃度指示方法	
		外部放射線による線量当量率	ベータ線・中性子線	単位作業場所について、測定を行うこと。	70マイクロメートル線量当量率または70マイクロメートル線量当量を適切に測定できるもの	
					1センチメートル線量当量率または1センチメートル線量当量を適切に測定できるもの	
			ガンマ線またはエックス線		1センチメートル線量当量率もしくは1センチメートル線量当量または70マイクロメートル線量当量率若しくは70マイクロメートル線量当量を適切に測定できるもの	
3	気温・湿度等	気温および湿度		測定点は、単位作業場所について、当該単位作業場所の中央部の床上50cm以上150cm以下の位置に、1以上とすること。	0.5度目盛のアスマン通風乾湿計	
		ふく射熱		熱源ごとに、作業場所で熱源に最も近い位置とすること。	0.5度目盛の黒球寒暖計	

261

条番号	測定の種類	事項	測定点の定め方等	試料空気の採取方法等	採取した試料の分析方法等
4	騒　音		① 測定点は、単位作業場所の床面上に6m以下の等間隔で引いた縦の線と横の線との交点の床上120cm以上150cm以下の位置（設備等があって測定が著しく困難な場所を除く。）とすること。この場合において測定点は、単位作業場所について5以上となるようにすること。（A測定） ② 音源に近接する場所において作業が行われる単位作業場所にあっては、騒音レベルが最も大きくなると思われる時間に、当該作業が行われる位置において測定を行う。（B測定） ③ 1の測定点における等価騒音レベルの測定時間は、10分間以上継続した時間とすること。	① 等価騒音レベルを測定できるものであること。 ② 周波数補正回路のA特性を使用すること。	
5	坑内における測定	CO₂濃度	測定点は、坑内における切羽と坑口の中間の位置および切羽に、それぞれ1以上とすること。	検知管方式による炭酸ガス検定器	
		気　温		0.5度目盛の温度計	
6	建築物の室における測定	COの含有率	① 測定点は、建築物の室の中央部の床上75cm以上120cm以下の位置に1以上とすること。 ② 測定は、建築物の室の通常の使用時間中に行うこと。	検知管方式による一酸化炭素検定器	
		CO₂の含有率		検知管方式による炭酸ガス検定器	
		室温および外気温		0.5度目盛の温度計	
		相対湿度		0.5度目盛の乾湿球の湿度計	
12		酸　素	測定点は、当該作業場における空気中の酸素および硫化水素の濃度の分布の状況を知るために適当な位置に、5以上とすること。	酸素計または検知管方式による酸素検定器	
		硫化水素		検知管方式による硫化水素検定器	

注：「測定点の定め方等」および「試料空気の採取方法等」では、鉱物性粉じん（高濃度の遊離けい酸を含むものを除く。）、一部の特定化学物質、鉛および有機溶剤の場合、作業者に試料採取機器を装着する個人サンプリング法によることができる。（令和5年10月1日から適用）

ウ　作業環境評価基準（昭和63年労働省告示第79号）の概要

作業環境評価基準では、次により評価を行います。

Ａ測定のみを実施した場合の評価

Ａ測定		
第1評価値＜管理濃度	第2評価値≦管理濃度 ≦第1評価値	管理濃度＜第2評価値
第1管理区分	第2管理区分	第3管理区分

注）「作業環境測定基準」によりＡ測定のみ実施すれば足りる場合

Ａ測定およびＢ測定を実施した場合の評価

		Ａ測定		
		第1評価値 ＜管理濃度	第2評価値≦管理濃度 ≦第1評価値	管理濃度＜ 第2評価値
Ｂ測定	Ｂ測定値＜管理濃度	第1管理区分	第2管理区分	第3管理区分
	管理濃度≦Ｂ測定値 ≦管理濃度×1.5	第2管理区分	第2管理区分	第3管理区分
	管理濃度×1.5 ＜Ｂ測定値	第3管理区分	第3管理区分	第3管理区分

　ここで、「管理濃度」とは、作業環境測定結果から当該単位作業場所の作業環境管理の良否を判断する際の管理区分を決定するための指標として作業環境評価基準に定められたものです（次頁の**表**参照）。

　また、「第1評価値」とは、単位作業場所において考え得るすべての測定点の作業時間における気中有害物質の濃度の実現値のうち、高濃度側から5％に相当する濃度の推定値、「第2評価値」とは、単位作業場所における気中有害物質の算術平均濃度の推定値であり、いずれもＡ測定値から計算で求められます。

　なお、評価は測定対象物質ごとに行いますが、混合有機溶剤の場合は、それぞれの有機溶剤の測定値をそれぞれについて定められている管理濃度で除した値の和を用いた総合評価を行います。

表　管理濃度

物の種類	管理濃度（温度25度、1気圧の空気中での濃度）
土石、岩石、鉱物、金属または炭素の粉じん	次の式により算定される値　$E = \dfrac{3.0}{1.19Q + 1}$ この式において、EおよびQは、それぞれ次の値を表すものとする。 E管理濃度(単位 mg/m³)Q当該粉じんの遊離けい酸含有率(単位 %)
アクリルアミド	0.1mg/m³
アクリロニトリル	2ppm
アルキル水銀化合物（アルキル基がメチル基又はエチル基である物に限る）	水銀として0.01mg/m³
エチルベンゼン	20ppm
エチレンイミン	0.05ppm
エチレンオキシド	1ppm
塩化ビニル	2ppm
塩素	0.5ppm
塩素化ビフェニル（PCB）	0.01mg/m³
オルト-トルイジン	1ppm
オルト-フタロジニトリル	0.01mg/m³
カドミウム及びその化合物	カドミウムとして0.05mg/m³
クロム酸及びその塩	クロムとして0.05mg/m³
クロロホルム	3ppm
五酸化バナジウム	バナジウムとして0.03mg/m³
コバルト及びその無機化合物	コバルトとして0.02mg/m³
コールタール	ベンゼン可溶性成分として0.2mg/m³
酸化プロピレン	2ppm
三酸化二アンチモン	アンチモンとして0.1mg/m³
シアン化カリウム	シアンとして3mg/m³
シアン化水素	3ppm
シアン化ナトリウム	シアンとして3mg/m³
四塩化炭素	5ppm
1·4-ジオキサン	10ppm
1·2-ジクロロエタン（二塩化エチレン）	10ppm
3·3'-ジクロロ-4·4'-ジアミノジフェニルメタン	0.005mg/m³
1·2-ジクロロプロパン	1ppm
ジクロロメタン（二塩化メチレン）	50ppm
ジメチル-2·2-ジクロロビニルホスフェイト（DDVP）	0.1mg/m³
1·1-ジメチルヒドラジン	0.01ppm
臭化メチル	1ppm
重クロム酸及びその塩	クロムとして0.05mg/m³
水銀及びその無機化合物（硫化水銀を除く）	水銀として0.025mg/m³
スチレン	20ppm
1·1·2·2-テトラクロロエタン(四塩化アセチレン)	1ppm
テトラクロロエチレン（パークロルエチレン）	25ppm
トリクロロエチレン	10ppm
トリレンジイソシアネート	0.005ppm
ナフタレン	10ppm
ニッケル化合物（ニッケルカルボニルを除き、粉状の物に限る）	ニッケルとして0.1mg/m³
ニッケルカルボニル	0.001ppm
ニトログリコール	0.05ppm
パラ-ニトロクロルベンゼン	0.6mg/m³
砒素及びその化合物(アルシン及び砒化ガリウムを除く)	砒素として0.003mg/m³
弗化水素	0.5ppm

ベーター-プロピオラクトン	0.5ppm
ベリリウム及びその化合物	ベリリウムとして0.001mg/m³
ベンゼン	1ppm
ベンゾトリクロリド	0.05ppm
ペンタクロルフェノール（ＰＣＰ）及びそのナトリウム塩	ペンタクロルフェノールとして0.5mg/m³
ホルムアルデヒド	0.1ppm
マンガン及びその化合物	マンガンとして0.05mg/m³
メチルイソブチルケトン	20ppm
沃化メチル	2ppm
リフラクトリーセラミックファイバー	5μm以上の繊維として0.3本/cm³
硫化水素	1ppm
硫酸ジメチル	0.1ppm
石綿	5μm以上の繊維として0.15本/cm³
鉛及びその化合物	鉛として0.05mg/m³
アセトン	500ppm
イソブチルアルコール	50ppm
イソプロピルアルコール	200ppm
イソペンチルアルコール（イソアミルアルコール）	100ppm
エチルエーテル	400ppm
エチレングリコールモノエチルエーテル（セロソルブ）	5ppm
エチレングリコールモノエチルエーテルアセテート（セロソルブアセテート）	5ppm
エチレングリコールモノ-ノルマル-ブチルエーテル（ブチルセロソルブ）	25ppm
エチレングリコールモノメチルエーテル（メチルセロソルブ）	0.1ppm
オルト-ジクロルベンゼン	25ppm
キシレン	50ppm
クレゾール	5ppm
クロルベンゼン	10ppm
酢酸イソブチル	150ppm
酢酸イソプロピル	100ppm
酢酸イソペンチル（酢酸イソアミル）	50ppm
酢酸エチル	200ppm
酢酸ノルマル-ブチル	150ppm
酢酸ノルマル-プロピル	200ppm
酢酸ノルマル-ペンチル（酢酸ノルマル-アミル）	50ppm
酢酸メチル	200ppm
シクロヘキサノール	25ppm
シクロヘキサノン	20ppm
1・2-ジクロルエチレン（二塩化アセチレン）	150ppm
Ｎ・Ｎ-ジメチルホルムアミド	10ppm
テトラヒドロフラン	50ppm
1・1・1-トリクロルエタン	200ppm
トルエン	20ppm
二硫化炭素	1ppm
ノルマルヘキサン	40ppm
1-ブタノール	25ppm
2-ブタノール	100ppm
メタノール	200ppm
メチルエチルケトン	200ppm
メチルシクロヘキサノール	50ppm
メチルシクロヘキサノン	50ppm
メチル-ノルマル-ブチルケトン	5ppm

⒃ 表示義務および通知義務の対象となる化学物質等とその裾切り値一覧

①表示対象裾切り値（重量％）（安衛則第 30 条、第 31 条関係）

②通知対象裾切り値（重量％）（安衛則第 34 条の 2、第 34 条の 2 の 2）

令第17条別表第3第1号に定めるもの

物質名	CAS 番号	①	②
ジクロルベンジジン及びその塩	–	0.1	0.1
例）3, 3'-ジクロルベンジジン	91-94-1		
アルファーナフチルアミン及びその塩	–	1	1
例）アルファーナフチルアミン	134-32-7		
塩素化ビフェニル（別名PCB）	–	0.1	0.1
オルトートリジン及びその塩	–	1	1
例）3, 3'-オルトートリジン	119-93-7		
ジアニシジン及びその塩	–	1	0.1
例）3, 3'-ジアニシジン	119-90-4		
ベリリウム及びその化合物	–	0.1	0.1
ベンゾトリクロリド	98-07-7	0.1	0.1

令第18条、第18条の2別表第9に定めるもの

物質名	CAS 番号	①	②
アクリルアミド	79-06-1	0.1	0.1
アクリル酸	79-10-7	1	1
アクリル酸エチル	140-88-5	1	0.1
アクリル酸ノルマルーブチル	141-32-2	1	0.1
アクリル酸2-ヒドロキシプロピル	999-61-1	1	0.1
アクリル酸メチル	96-33-3	1	0.1
アクリロニトリル	107-13-1	1	0.1
アクロレイン	107-02-8	1	1
アジ化ナトリウム	26628-22-8	1	1
アジピン酸	124-04-9	1	1
アジポニトリル	111-69-3	1	1
亜硝酸イソブチル	542-56-3	1	0.1
アスファルト	8052-42-4	1	0.1
アセチルアセトン	123-54-6	1	1
アセチルサリチル酸（別名アスピリン）	50-78-2	0.3	0.1
アセトアミド	60-35-5	1	0.1
アセトアルデヒド	75-07-0	1	0.1
アセトニトリル	75-05-8	1	1
アセトフェノン	98-86-2	1	1
アセトン	67-64-1	1	1
アセトンシアノヒドリン	75-86-5	1	1
アニリン	62-53-3	1	0.1
アミド硫酸アンモニウム	7773-06-0	1	1
2-アミノエタノール	141-43-5	1	1
4-アミノ-6-ターシャリ-ブチル-3-メチルチオ-1, 2, 4-トリアジン-5(4H)-オン（別名メトリブジン）	21087-64-9	1	1
3-アミノ-1H-1, 2, 4-トリアゾール（別名アミトロール）	61-82-5	1	0.1
4-アミノ-3, 5, 6-トリクロロピリジン-2-カルボン酸（別名ピクロラム）	1918-02-1	1	1

物質名	CAS 番号	①	②
2-アミノピリジン	504-29-0	1	1
亜硫酸水素ナトリウム	7631-90-5	1	1
アリルアルコール	107-18-6	1	1
1-アリルオキシ-2, 3-エポキシプロパン	106-92-3	1	0.1
アリル水銀化合物	–	1	1
アリルーノルマループロピルジスルフィド	2179-59-1	1	0.1
亜りん酸トリメチル	121-45-9	1	1
アルキルアルミニウム化合物	–	1	1
アルキル水銀化合物	–		
例）ジエチル水銀	627-44-1	0.3	0.1
例）ジメチル水銀	593-74-8		
3-(アルファーアセトニルベンジル)-4-ヒドロキシクマリン（別名ワルファリン）	81-81-2	0.3	0.1
アルファ, アルファージクロロトルエン	98-87-3	0.1	0.1
アルファーメチルスチレン	98-83-9	1	1
アルミニウム	7429-90-5	1	1
アルミニウム水溶性塩	–	1	1
アンチモン及びその化合物（三酸化二アンチモンを除く。）	–	1	1
アンモニア	7664-41-7	0.2	0.1
石綿（石綿分析用試料等）	1332-21-4	0.1	0.1
3-イソシアナトメチル-3, 5, 5-トリメチルシクロヘキシル=イソシアネート	4098-71-9	1	0.1
イソシアン酸メチル	624-83-9	0.3	0.1
イソプレン	78-79-5	1	0.1
N-イソプロピルアニリン	768-52-5	1	1
N-イソプロピルアミノホスホン酸O-エチル-O-(3-メチル-4-メチルチオフェニル)(別名フェナミホス)	22224-92-6	1	0.1
イソプロピルアミン	75-31-0	1	1
イソプロピルエーテル	108-20-3	1	1
3'-イソプロポキシ-2-トリフルオロメチルベンズアニリド（別名フルトラニル）	66332-96-5	1	1
イソペンチルアルコール（別名イソアミルアルコール）	123-51-3	1	1
イソホロン	78-59-1	1	0.1
一塩化硫黄	10025-67-9	1	1
一酸化炭素	630-08-0	0.3	0.1
一酸化窒素	10102-43-9	1	1
一酸化二窒素	10024-97-2	0.3	0.1
イットリウム及びその化合物	–	1	1
イプシロン-カプロラクタム	105-60-2	1	1
2-イミダゾリジンチオン	96-45-7	0.3	0.1

266

物質名	CAS番号	①	②
4,4'-(4-イミノシクロヘキサ-2,5-ジエニリデンメチル)ジアニリン塩酸塩（別名CIベイシックレッド9）	569-61-9	1	1
インジウム	7440-74-6	1	1
インジウム化合物	–	0.1	0.1
インデン	95-13-6	1	1
ウレタン	51-79-6	0.1	0.1
エタノール	64-17-5	0.1	0.1
エタンチオール	75-08-1	1	1
エチリデンノルボルネン	16219-75-3	1	1
エチルアミン	75-04-7	1	1
エチルエーテル	60-29-7	1	1
エチル-セカンダリー-ペンチルケトン	541-85-5	1	1
エチル-パラ-ニトロフェニルチオノベンゼンホスホネイト（別名EPN）	2104-64-5	1	1
O-エチル-S-フェニル=エチルホスホノチオロチオナート（別名ホノホス）	944-22-9	1	1
2-エチルヘキサン酸	149-57-5	0.3	0.1
エチルベンゼン	100-41-4	0.1	0.1
エチルメチルケトンペルオキシド	1338-23-4	1	1
N-エチルモルホリン	100-74-3	1	1
エチレン	74-85-1	1	1
エチレンイミン	151-56-4	0.1	0.1
エチレンオキシド	75-21-8	0.1	0.1
エチレングリコール	107-21-1	1	1
エチレングリコールモノイソプロピルエーテル	109-59-1	1	1
エチレングリコールモノエチルエーテル（別名セロソルブ）	110-80-5	0.3	0.1
エチレングリコールモノエチルエーテルアセテート（別名セロソルブアセテート）	111-15-9	0.3	0.1
エチレングリコールモノ-ノルマル-ブチルエーテル（別名ブチルセロソルブ）	111-76-2	1	1
エチレングリコールモノブチルエーテルアセテート	112-07-2	1	1
エチレングリコールモノメチルエーテル（別名メチルセロソルブ）	109-86-4	0.3	0.1
エチレングリコールモノメチルエーテルアセテート	110-49-6	0.3	0.1
エチレンクロロヒドリン	107-07-3	0.1	0.1
エチレンジアミン	107-15-3	1	1
1,1'-エチレン-2,2'-ビピリジニウム=ジブロミド（別名ジクアット）	85-00-7	1	1
2-エトキシ-2,2-ジメチルエタン	637-92-3	1	1
2-(4-エトキシフェニル)-2-メチルプロピル=3-フェノキシベンジルエーテル（別名エトフェンプロックス）	80844-07-1	1	1
エピクロロヒドリン	106-89-8	0.1	0.1
1,2-エポキシ-3-イソプロポキシプロパン	4016-14-2	1	1
2,3-エポキシ-1-プロパナール	765-34-4	1	0.1
2,3-エポキシ-1-プロパノール	556-52-5	0.1	0.1
2,3-エポキシプロピル=フェニルエーテル	122-60-1	1	0.1
エメリー	1302-74-5	1	1
エリオナイト	12510-42-8	0.1	0.1

物質名	CAS番号	①	②
塩化亜鉛	7646-85-7	1	0.1
塩化アリル	107-05-1	1	0.1
塩化アンモニウム	12125-02-9	1	1
塩化シアン	506-77-4	1	1
塩化水素	7647-01-0	0.2	0.1
塩化チオニル	7719-09-7	1	1
塩化ビニル	75-01-4	0.1	0.1
塩化ベンジル	100-44-7	1	0.1
塩化ベンゾイル	98-88-4	1	1
塩化ホスホリル	10025-87-3	1	1
塩素	7782-50-5	1	1
塩素化カンフェン（別名トキサフェン）	8001-35-2	1	0.1
塩素化ジフェニルオキシド	31242-93-0	1	1
黄りん	12185-10-3	1	0.1
4,4'-オキシビス(2-クロロアニリン)	28434-86-8	1	0.1
オキシビス(チオホスホン酸)O,O,O',O'-テトラエチル（別名スルホテップ）	3689-24-5	1	1
4,4'-オキシビスベンゼンスルホニルヒドラジド	80-51-3	1	1
オキシビスホスホン酸四ナトリウム	7722-88-5	1	1
オクタクロロナフタレン	2234-13-1	1	1
1,2,4,5,6,7,8,8-オクタクロロ-2,3,3a,4,7,7a-ヘキサヒドロ-4,7-メタノ-1H-インデン（別名クロルデン）	57-74-9	1	0.1
2-オクタノール	123-96-6	1	1
オクタン	異性体	1	1
例） n-オクタン	111-65-9		
オゾン	10028-15-6	1	0.1
オメガ-クロロアセトフェノン	532-27-4	1	0.1
オーラミン	492-80-8	1	1
オルト-アニシジン	90-04-0	1	0.1
オルト-クロロスチレン	2039-87-4	1	1
オルト-クロロトルエン	95-49-8	1	1
オルト-ジクロロベンゼン	95-50-1	1	1
オルト-セカンダリー-ブチルフェノール	89-72-5	1	1
オルト-ニトロアニソール	91-23-6	1	1
オルト-フタロジニトリル	91-15-6	1	1
過酸化水素	7722-84-1	1	0.1
ガソリン	8006-61-9	1	1
カテコール	120-80-9	1	0.1
カドミウム及びその化合物	–	0.1	0.1
カーボンブラック	1333-86-4	1	0.1
カルシウムシアナミド	156-62-7	1	0.1
ぎ酸	64-18-6	1	1
ぎ酸エチル	109-94-4	1	1
ぎ酸メチル	107-31-3	1	1
キシリジン	1300-73-8	1	0.1
2,3-キシリジン	87-59-2		
2,4-キシリジン	95-68-1		
2,5-キシリジン	95-78-3		
2,6-キシリジン	87-62-7		
3,4-キシリジン	95-64-7		
3,5-キシリジン	108-69-0		

物質名		CAS番号	①	②
キシレン		1330-20-7		
	o-キシレン	95-47-6	0.3	0.1
	m-キシレン	108-38-3		
	p-キシレン	106-42-3		
銀及びその水溶性化合物		–	1	0.1
クメン		98-82-8	1	0.1
グルタルアルデヒド		111-30-8	1	0.1
クレオソート油		61789-28-4	0.1	0.1
クレゾール		1319-77-3		
	o-クレゾール	95-48-7	1	0.1
	m-クレゾール	108-39-4		
	p-クレゾール	106-44-5		
クロム及びその化合物(クロム酸及びクロム酸塩並びに重クロム酸及び重クロム酸塩を除く。)		–	1	0.1
クロム酸及びクロム酸塩		–	0.1	0.1
	重クロム酸及びクロム酸塩	–	0.1	0.1
	クロロアセチル=クロリド	79-04-9	1	1
クロロアセトアルデヒド		107-20-0	1	1
クロロアセトン		78-95-5	1	1
クロロエタン(別名塩化エチル)		75-00-3	1	0.1
2-クロロ-4-エチルアミノ-6-イソプロピルアミノ-1,3,5-トリアジン(別名アトラジン)		1912-24-9	1	0.1
4-クロロ-オルト-フェニレンジアミン		95-83-0	1	0.1
クロロ酢酸		79-11-8	1	1
クロロジフルオロメタン(別名HCFC-22)		75-45-6	1	0.1
2-クロロ-6-トリクロロメチルピリジン(別名ニトラピリン)		1929-82-4	1	1
2-クロロ-1,1,2-トリフルオロエチルジフルオロメチルエーテル(別名エンフルラン)		13838-16-9	1	0.1
1-クロロ-1-ニトロプロパン		600-25-9	1	1
クロロピクリン		76-06-2	1	1
クロロフェノール		25167-80-0	1	0.1
	o-クロロフェノール	95-57-8	1	0.1
	m-クロロフェノール	108-43-0	1	0.1
	p-クロロフェノール	106-48-9	1	0.1
2-クロロ-1,3-ブタジエン		126-99-8	1	0.1
1-クロロ-2-プロパノール		127-00-4	1	1
2-クロロ-1-プロパノール		78-89-7	1	1
2-クロロプロピオン酸		598-78-7	1	1
2-クロロベンジリデンマロノニトリル		2698-41-1	1	1
クロロベンゼン		108-90-7	1	0.1
クロロペンタフルオロエタン(別名CFC-115)		76-15-3	1	1
クロロホルム		67-66-3	1	0.1
クロロメタン(別名塩化メチル)		74-87-3	0.3	0.1
4-クロロ-2-メチルアニリン及びその塩酸塩		95-69-2 / 3165-93-3	0.1	0.1
O-3-クロロ-4-メチル-2-オキソ-2H-クロメン-7-イル=O',O'-ジエチル=ホスホロチオアート		56-72-4	1	1
クロロメチルメチルエーテル		107-30-2	0.1	0.1
軽油		64741-44-2	1	0.1

物質名		CAS番号	①	②
けつ岩油		68308-34-9	0.1	0.1
結晶質シリカ		14808-60-7他	0.1	0.1
ケテン		463-51-4	1	1
ゲルマン		7782-65-2	1	1
鉱油		–	1	0.1
五塩化りん		10026-13-8	1	1
固形パラフィン		8002-74-2	1	1
五酸化バナジウム		1314-62-1	0.1	0.1
コバルト及びその化合物		–	0.1	0.1
五弗化臭素		7789-30-2	1	1
コールタール		–	0.1	0.1
コールタールナフサ		–	1	0.1
酢酸		64-19-7	1	1
酢酸エチル		141-78-6	1	0.1
酢酸1,3-ジメチルブチル		108-84-9	1	1
酢酸鉛		301-04-2	0.3	0.1
酢酸ビニル		108-05-4	1	0.1
酢酸ブチル		下記		
	酢酸n-ブチル	123-86-4	1	0.1
	酢酸イソブチル	110-19-0		
	酢酸 tert-ブチル	540-88-5		
	酢酸 sec-ブチル	105-46-4	1	0.1
酢酸プロピル		下記		
	酢酸n-プロピル	109-60-4	1	0.1
	酢酸イソプロピル	108-21-4		
酢酸ベンジル		140-11-4	1	0.1
酢酸ペンチル(別名酢酸アミル)		異性体		
例)	酢酸n-ペンチル	628-63-7		
	酢酸イソペンチル	123-92-2	1	0.1
	酢酸 sec-ペンチル	626-38-0		
	酢酸3-ペンチル	620-11-1		
酢酸メチル		79-20-9	1	0.1
サチライシン		9014-01-1	1	0.1
三塩化りん		7719-12-2	1	1
酸化亜鉛		1314-13-2	1	0.1
酸化アルミニウム		1344-28-1	1	1
酸化カルシウム		1305-78-8	1	0.1
酸化チタン(IV)		13463-67-7	1	0.1
酸化鉄		1309-37-1	1	0.1
1,2-酸化ブチレン		106-88-7	1	0.1
酸化プロピレン		75-56-9	0.1	0.1
酸化メチル		141-79-7	1	0.1
三酸化二ほう素		1303-86-2	1	0.1
三臭化ほう素		10294-33-4	1	1
三弗化アルミニウム		7784-18-1	1	0.1
三弗化塩素		7790-91-2	1	1
三弗化ほう素		7637-07-2	1	1
次亜塩素酸カルシウム		7778-54-3	1	0.1
N,N'-ジアセチルベンジジン		613-35-4	1	0.1
ジアセトンアルコール		123-42-2	1	0.1
ジアゾメタン		334-88-3	0.2	0.1
シアナミド		420-04-2	1	0.1
2-シアノアクリル酸エチル		7085-85-0	1	0.1

物質名	CAS番号	①	②
2-シアノアクリル酸メチル	137-05-3	1	0.1
2,4-ジアミノアニソール	615-05-4	1	0.1
4,4'-ジアミノジフェニルエーテル	101-80-4	1	0.1
4,4'-ジアミノジフェニルスルフィド	139-65-1	1	0.1
4,4'-ジアミノ-3,3'-ジメチルジフェニルメタン	838-88-0	1	0.1
2,4-ジアミノトルエン	95-80-7	1	0.1
四アルキル鉛	-		
例) テトラエチル鉛	78-00-2	-	0.1
テトラメチル鉛	75-74-1		
シアン化カリウム	151-50-8	1	1
シアン化カルシウム	592-01-8	1	1
シアン化水素	74-90-8	1	1
シアン化ナトリウム	143-33-9	1	1
ジイソブチルケトン	108-83-8	1	1
ジイソプロピルアミン	108-18-9	1	1
ジエタノールアミン	111-42-2	1	1
2-(ジエチルアミノ)エタノール	100-37-8	1	1
ジエチルアミン	109-89-7	1	1
ジエチルケトン	96-22-0	1	1
ジエチル-パラ-ニトロフェニルチオホスフェイト(別名パラチオン)	56-38-2	1	1
1,2-ジエチルヒドラジン	1615-80-1	1	1
N・N-ジエチルヒドロキシルアミン	3710-84-7	1	1
ジエチレングリコールモノブチルエーテル	112-34-5	1	1
ジエチレントリアミン	111-40-0	0.3	1
四塩化炭素	56-23-5	1	0.1
1,4-ジオキサン	123-91-1	1	1
1,4-ジオキサン-2,3-ジイルジチオビス(チオホスホン酸)O,O,O',O'-テトラエチル(別名ジオキサチオン)	78-34-2	1	1
1,3-ジオキソラン	646-06-0	1	1
シクロヘキサノール	108-93-0	1	1
シクロヘキサノン	108-94-1	1	1
シクロヘキサン	110-82-7	1	1
シクロヘキシルアミン	108-91-8	0.1	1
2-シクロヘキシルビフェニル	10470-01-6	1	1
シクロヘキセン	110-83-8	1	1
シクロペンタジエニルトリカルボニルマンガン	12079-65-1	1	1
シクロペンタジエン	542-92-7	1	1
シクロペンタン	287-92-3	1	1
ジクロロアセチレン	7572-29-4	1	1
ジクロロエタン	下記		
1,1-ジクロロエタン	75-34-3	1	0.1
1,2-ジクロロエタン	107-06-2		
ジクロロエチレン	下記		
1,1-ジクロロエチレン	75-35-4	1	0.1
1,2-ジクロロエチレン	540-59-0		
ジクロロ酢酸	79-43-6	1	0.1
3,3'-ジクロロ-4,4'-ジアミノジフェニルメタン	101-14-4	0.1	1
ジクロロジフルオロメタン(別名CFC-12)	75-71-8	1	1

物質名	CAS番号	①	②
1,3-ジクロロ-5,5-ジメチルイミダゾリジン-2,4-ジオン	118-52-5	1	1
3,5-ジクロロ-2,6-ジメチル-4-ピリジノール(別名クロピドール)	2971-90-6	1	1
ジクロロテトラフルオロエタン(別名CFC-114)	76-14-2	1	1
2,2-ジクロロ-1,1,1-トリフルオロエタン(別名HCFC-123)	306-83-2	1	1
1,1-ジクロロ-1-ニトロエタン	594-72-9	1	1
3-(3,4-ジクロロフェニル)-1,1-ジメチル尿素(別名ジウロン)	330-54-1	1	1
2,4-ジクロロフェノキシエチル硫酸ナトリウム	136-78-7	1	1
2,4-ジクロロフェノキシ酢酸	94-75-7	1	0.1
1,4-ジクロロ-2-ブテン	764-41-0	0.1	0.1
ジクロロフルオロメタン(別名HCFC-21)	75-43-4	1	1
1,2-ジクロロプロパン	78-87-5	0.1	0.1
2,2-ジクロロプロピオン酸	75-99-0	1	1
1,3-ジクロロプロペン	542-75-6	1	0.1
ジクロロメタン(別名二塩化メチレン)	75-09-2	1	0.1
四酸化オスミウム	20816-12-0	1	1
ジシアン	460-19-5	1	1
ジシクロペンタジエニル鉄	102-54-5	1	1
ジシクロペンタジエン	77-73-6	1	1
2,6-ジ-ターシャリ-ブチル-4-クレゾール	128-37-0	1	1
1,3-ジチオラン-2-イリデンマロン酸ジイソプロピル(別名イソプロチオラン)	50512-35-1	1	1
ジチオりん酸O-エチル-O-(4-メチルチオフェニル)-S-ノルマル-プロピル(別名スルプロホス)	35400-43-2	1	1
ジチオりん酸O,O-ジエチル-S-(2-エチルチオエチル)(別名ジスルホトン)	298-04-4	1	1
ジチオりん酸O,O-ジエチル-S-エチルチオメチル(別名ホレート)	298-02-2	1	1
ジチオりん酸O,O-ジエチル-S-(ターシャリーブチルチオメチル)(別名テルブホス)	13071-79-9	1	1
ジチオりん酸O,O-ジメチル-S-[(4-オキソ-1,2,3-ベンゾトリアジン-3(4H)-イル)メチル](別名アジンホスメチル)	86-50-0	1	1
ジチオりん酸O,O-ジメチル-S-1,2-ビス(エトキシカルボニル)エチル(別名マラチオン)	121-75-5	1	1
ジナトリウム=4-[(2,4-ジメチルフェニル)アゾ]-3-ヒドロキシ-2,7-ナフタレンジスルホナート(別名ポンソーMX)	3761-53-3		0.1
ジナトリウム=8-[[3,3'-ジメチル-4'-[[4-[[(4-メチルフェニル)スルホニル]オキシ]フェニル]アゾ][1,1'-ビフェニル]-4-イル]アゾ]-7-ヒドロキシ-1,3-ナフタレンジスルホナート(別名CIアシッドレッド114)	6459-94-5	1	1
ジナトリウム=3-ヒドロキシ-4-[(2,4,5-トリメチルフェニル)アゾ]-2,7-ナフタレンジスルホナート(別名ポンソー3R)	3564-09-8	1	0.1
2,4-ジニトロトルエン	121-14-2	1	0.1
ジニトロベンゼン	25154-54-5	1	0.1

物質名	CAS 番号	①	②
2-(ジ-ノルマル-ブチルアミノ)エタノール	102-81-8	1	1
ジ-ノルマル-プロピルケトン	123-19-3	1	1
ジビニルベンゼン	1321-74-0	1	0.1
ジフェニルアミン	122-39-4	1	0.1
ジフェニルエーテル	101-84-8	1	1
1,2-ジブロモエタン(別名EDB)	106-93-4	0.1	0.1
1,2-ジブロモ-3-クロロプロパン	96-12-8	0.1	0.1
ジブロモジフルオロメタン	75-61-6	1	1
ジベンゾイルペルオキシド	94-36-0	1	1
ジボラン	19287-45-7	1	1
N,N-ジメチルアセトアミド	127-19-5	1	0.1
N,N-ジメチルアニリン	121-69-7	1	1
[4-[[4-(ジメチルアミノ)フェニル][4-[エチル(3-スルホベンジル)アミノ]フェニル]メチリデン]シクロヘキサン-2,5-ジエン-1-イリデン](エチル)(3-スルホナトベンジル)アンモニウムナトリウム塩(別名ベンジルバイオレット4B)	1694-09-3	1	0.1
ジメチルアミン	124-40-3	1	1
ジメチルエチルメルカプトエチルチオホスフェイト(別名メチルジメトン)	8022-00-2	1	1
ジメチルエトキシシラン	14857-34-2	1	1
ジメチルカルバモイル=クロリド	79-44-7	0.1	0.1
ジメチル-2,2-ジクロロビニルホスフェイト(別名DDVP)	62-73-7	1	1
ジメチルジスルフィド	624-92-0	1	1
ジメチル=2,2,2-トリクロロ-1-ヒドロキシエチルホスホナート(別名DEP)	52-68-6	1	1
N,N-ジメチルニトロソアミン	62-75-9	0.1	0.1
ジメチル-パラ-ニトロフェニルチオホスフェイト(別名メチルパラチオン)	298-00-0	1	1
ジメチルヒドラジン	下記		
1,1-ジメチルヒドラジン	57-14-7	0.1	0.1
1,2-ジメチルヒドラジン	540-73-8		
1,1'-ジメチル-4,4'-ビピリジニウム=ジクロリド(別名パラコート)	1910-42-5	1	1
1,1'-ジメチル-4,4'-ビピリジニウム二メタンスルホン酸塩	2074-50-2	1	1
2-(4,6-ジメチル-2-ピリミジニルアミノカルボニルアミノスルホニル)安息香酸メチル(別名スルホメチュロンメチル)	74222-97-2	1	1
N,N-ジメチルホルムアミド	68-12-2	0.3	1
1-[(2,5-ジメトキシフェニル)アゾ]-2-ナフトール(別名シトラスレッドナンバー2)	6358-53-8	1	1
臭化エチル	74-96-4	1	0.1
臭化水素	10035-10-6	1	1
臭化メチル	74-83-9	1	0.1
重クロム酸及び重クロム酸塩	–	0.1	0.1
しゅう酸	144-62-7	1	1
臭素	7726-95-6	1	1
臭素化ビフェニル	–	1	0.1
硝酸	7697-37-2	1	1
硝酸アンモニウム	6484-52-2	–	–
硝酸ノルマル-プロピル	627-13-4	1	1

物質名	CAS 番号	①	②
しょう脳	76-22-2	1	1
シラン	7803-62-5	1	1
ジルコニウム化合物	–	1	1
人造鉱物繊維(リフラクトリーセラミックファイバーを除く。)	–	1	1
リフラクトリーセラミックファイバー	142844-00-6	1	0.1
水銀及びその無機化合物	–	0.3	0.1
水酸化カリウム	1310-58-3	1	1
水酸化カルシウム	1305-62-0	1	1
水酸化セシウム	21351-79-1	1	1
水酸化ナトリウム	1310-73-2	1	1
水酸化リチウム	1310-65-2	0.3	0.1
水素化ビス(2-メトキシエトキシ)アルミニウムナトリウム	22722-98-1	1	1
水素化リチウム	7580-67-8	0.3	0.1
すず及びその化合物	–	1	1
スチレン	100-42-5	0.3	0.1
ステアリン酸亜鉛	557-05-1	1	1
ステアリン酸ナトリウム	822-16-2	1	1
ステアリン酸鉛	1072-35-1	1	1
ステアリン酸マグネシウム	557-04-0	1	1
ストリキニーネ	57-24-9	1	1
石油エーテル	–	1	1
石油ナフサ	–	1	1
石油ベンジン	–	1	1
セスキ炭酸ナトリウム	533-96-0	1	1
セレン及びその化合物	–	1	0.1
2-ターシャリーブチルイミノ-3-イソプロピル-5-フェニルテトラヒドロ-4H-1,3,5-チアジアジン-4-オン(別名ブプロフェジン)	69327-76-0	1	1
タリウム及びその水溶性化合物	–	0.1	0.1
炭化けい素	409-21-2	0.1	0.1
タングステン及びその水溶性化合物	–	1	1
タンタル及びその酸化物	–	1	1
チオジ(パラ-フェニレン)-ジオキシ-ビス(チオホスホン酸)O,O,O',O'-テトラメチル(別名テメホス)	3383-96-8	1	1
チオ尿素	62-56-6	1	0.1
4,4'-チオビス(6-ターシャリーブチル-3-メチルフェノール)	96-69-5	1	1
チオフェノール	108-98-5	1	1
チオりん酸O,O-ジエチル-O-(2-イソプロピル-6-メチル-4-ピリミジニル)(別名ダイアジノン)	333-41-5	1	0.1
チオりん酸O,O-ジエチル-エチルチオエチル(別名ジメトン)	8065-48-3	1	1
チオりん酸O,O-ジエチル-O-(6-オキソ-1-フェニル-1,6-ジヒドロ-3-ピリダジニル)(別名ピリダフェンチオン)	119-12-0	1	1
チオりん酸O,O-ジエチル-O-(3,5,6-トリクロロ-2-ピリジル)(別名クロルピリホス)	2921-88-2	1	1
チオりん酸O,O-ジエチル-O-[4-(メチルスルフィニル)フェニル](別名フェンスルホチオン)	115-90-2	1	1

物質名	CAS 番号	①	②
チオりん酸O, O-ジメチル-O-(2, 4, 5-トリクロロフェニル)(別名ロンネル)	299-84-3	1	0.1
チオりん酸O, O-ジメチル-O-(3-メチル-4-ニトロフェニル)(別名フェニトロチオン)	122-14-5	1	0.1
チオりん酸O, O-ジメチル-O-(3-メチル-4-メチルチオフェニル)(別名フェンチオン)	55-38-9	1	0.1
デカボラン	17702-41-9	1	1
鉄水溶性塩	–	1	1
1, 4, 7, 8-テトラアミノアントラキノン(別名ジスパースブルー1)	2475-45-8	1	0.1
テトラエチルチウラムジスルフィド(別名ジスルフィラム)	97-77-8	1	0.1
テトラエチルピロホスフェイト(別名TEPP)	107-49-3	1	1
テトラエトキシシラン	78-10-4	1	1
1, 1, 2, 2-テトラクロロエタン(別名四塩化アセチレン)	79-34-5	1	1
N-(1, 1, 2, 2-テトラクロロエチルチオ)-1, 2, 3, 6-テトラヒドロフタルイミド(別名キャプタフォル)	2425-06-1	0.1	0.1
テトラクロロエチレン(別名パークロロエチレン)	127-18-4	0.1	0.1
4, 5, 6, 7-テトラクロロ-1, 3-ジヒドロベンゾ[c]フラン-2-オン(別名フサライド)	27355-22-2	1	1
テトラクロロジフルオロエタン(別名CFC-112)	76-12-0	1	1
2, 3, 7, 8-テトラクロロジベンゾ-1, 4-ジオキシン	1746-01-6	0.1	0.1
テトラクロロナフタレン	1335-88-2	1	1
テトラナトリウム=3, 3′-[(3, 3′-ジメチル-4, 4′-ビフェニリレン)ビス(アゾ)]ビス[5-アミノ-4-ヒドロキシ-2, 7-ナフタレンジスルホナート](別名トリパンブルー)	72-57-1	1	0.1
テトラナトリウム=3, 3′-[(3, 3′-ジメトキシ-4, 4′-ビフェニリレン)ビス(アゾ)]ビス[5-アミノ-4-ヒドロキシ-2, 7-ナフタレンジスルホナート](別名CIダイレクトブルー15)	2429-74-5	1	0.1
テトラニトロメタン	509-14-8	1	0.1
テトラヒドロフラン	109-99-9	1	0.1
テトラヒドロメチル無水フタル酸	11070-44-3	1	0.1
テトラフルオロエチレン	116-14-3	1	1
1, 1, 2, 2-テトラブロモエタン	79-27-6	1	1
テトラブロモメタン	558-13-4	1	1
テトラメチルこはく酸ニトリル	3333-52-6	1	1
テトラメチルチウラムジスルフィド(別名チウラム)	137-26-8	0.1	0.1
テトラメトキシシラン	681-84-5	1	1
テトリル	479-45-8	1	0.1
テルフェニル	26140-60-3	1	1
テルル及びその化合物	–	1	1
テレビン油	8006-64-2	1	1
テレフタル酸	100-21-0	1	1
銅及びその化合物	–	1	1
灯油	8008-20-6	1	1
トリエタノールアミン	102-71-6	1	0.1

物質名		CAS 番号	①	②
トリエチルアミン		121-44-8	1	1
トリクロロエタン		下記		
	1, 1, 1-トリクロロエタン	71-55-6	1	0.1
	1, 1, 2-トリクロロエタン	79-00-5		
トリクロロエチレン		79-01-6	0.1	0.1
トリクロロ酢酸		76-03-9	1	1
1, 1, 2-トリクロロ-1, 2, 2-トリフルオロエタン		76-13-1	1	1
トリクロロナフタレン		1321-65-9	1	1
1, 1, 1-トリクロロ-2, 2-ビス(4-クロロフェニル)エタン(別名DDT)		50-29-3	0.1	0.1
1, 1, 1-トリクロロ-2, 2-ビス(4-メトキシフェニル)エタン(別名メトキシクロル)		72-43-5	1	0.1
2, 4, 5-トリクロロフェノキシ酢酸		93-76-5	0.3	0.1
トリクロロフルオロメタン(別名CFC-11)		75-69-4	1	1
1, 2, 3-トリクロロプロパン		96-18-4	0.1	0.1
1, 2, 4-トリクロロベンゼン		120-82-1	1	1
トリクロロメチルスルフェニル=クロリド		594-42-3	1	1
N-(トリクロロメチルチオ)-1, 2, 3, 6-テトラヒドロフタルイミド(別名キャプタン)		133-06-2	1	1
トリシクロヘキシルすず=ヒドロキシド		13121-70-5	1	1
1, 3, 5-トリス(2, 3-エポキシプロピル)-1, 3, 5-トリ ア ジン-2, 4, 6(1H, 3H, 5H)-トリオン		2451-62-9	1	1
トリス(N, N-ジメチルジチオカルバメート)鉄(別名ファーバム)		14484-64-1	1	1
トリニトロトルエン		118-96-7	1	1
トリフェニルアミン		603-34-9	1	1
トリブロモメタン		75-25-2	1	1
2-トリメチルアセチル-1, 3-インダンジオン		83-26-1	1	1
トリメチルアミン		75-50-3	1	1
トリメチルベンゼン		25551-13-7	1	1
トリレンジイソシアネート		異性体		
例) 2, 4-トリレンジイソシアネート		584-84-9	1	0.1
例) 2, 6-トリレンジイソシアネート		91-08-7		
トルイジン		26915-12-8		
	o-トルイジン	95-53-4	0.1	0.1
	m-トルイジン	108-44-1		
	p-トルイジン	106-49-0		
トルエン		108-88-3	0.3	0.1
ナフタレン		91-20-3	1	1
1-ナフチルチオ尿素		86-88-4	1	1
1-ナフチル-N-メチルカルバメート(別名カルバリル)		63-25-2	1	1
鉛及びその無機化合物		–	0.1	0.1
二亜硫酸ナトリウム		7681-57-4	1	1
ニコチン		54-11-5	1	1
二酸化硫黄		7446-09-5	1	1
二酸化塩素		10049-04-4	1	1
二酸化窒素		10102-44-0	1	0.1

物質名		CAS番号	①	②
二硝酸プロピレン		6423-43-4	1	1
ニッケル		7440-02-0	1	0.1
	ニッケル化合物	－	0.1	0.1
	ニッケルカルボニル	13463-39-3		
ニトリロ三酢酸		139-13-9	1	0.1
5-ニトロアセナフテン		602-87-9	1	0.1
ニトロエタン		79-24-3	1	1
ニトログリコール		628-96-6	1	1
ニトログリセリン		55-63-0	1	1
ニトロセルローズ		9004-70-0	－	－
N-ニトロソモルホリン		59-89-2	1	0.1
ニトロトルエン		1321-12-6		
	o-ニトロトルエン	88-72-2	0.1	0.1
	m-ニトロトルエン	99-08-1		
	p-ニトロトルエン	99-99-0		
ニトロプロパン		下記		
	1-ニトロプロパン	108-03-2	1	1
	2-ニトロプロパン	79-46-9		
ニトロベンゼン		98-95-3	1	0.1
ニトロメタン		75-52-5	1	1
乳酸ノルマル-ブチル		138-22-7	1	1
二硫化炭素		75-15-0	0.3	0.1
ノナン		異性体	1	1
例）	n-ノナン	111-84-2		
ノルマル-ブチルアミン		109-73-9	1	1
ノルマル-ブチルエチルケトン		106-35-4	1	1
ノルマル-ブチル-2,3-エポキシプロピルエーテル		2426-08-6	1	1
N-［1-（N-ノルマル-ブチルカルバモイル）-1H-2-ベンゾイミダゾリル］カルバミン酸メチル（別名ベノミル）		17804-35-2	0.1	0.1
白金及びその水溶性塩		－	1	0.1
ハフニウム及びその化合物		－	1	1
パラ-アニシジン		104-94-9	1	1
パラ-クロロアニリン		106-47-8	1	0.1
パラ-ジクロロベンゼン		106-46-7	0.3	0.1
パラ-ジメチルアミノアゾベンゼン		60-11-7	1	0.1
パラ-ターシャリ-ブチルトルエン		98-51-1	0.3	0.1
パラ-ニトロアニリン		100-01-6	1	1
パラ-ニトロクロロベンゼン		100-00-5	1	0.1
パラ-フェニルアゾアニリン		60-09-3	1	0.1
パラ-ベンゾキノン		106-51-4	1	1
パラ-メトキシフェノール		150-76-5	1	1
バリウム及びその水溶性化合物		－	1	1
ピクリン酸		88-89-1	－	－
ビス（2,3-エポキシプロピル）エーテル		2238-07-5	1	1
1,3-ビス［(2,3-エポキシプロピル）オキシ］ベンゼン		101-90-6	1	1
ビス（2-クロロエチル）エーテル		111-44-4	1	1
ビス（2-クロロエチル）スルフィド（別名マスタードガス）		505-60-2	0.1	0.1
N,N-ビス（2-クロロエチル）メチルアミン-N-オキシド		126-85-2	0.1	0.1

物質名		CAS番号	①	②
ビス（ジチオりん酸）S,S′-メチレン-O,O,O′,O′-テトラエチル（別名エチオン）		563-12-2	1	1
ビス（2-ジメチルアミノエチル）エーテル		3033-62-3	1	1
砒素及びその化合物		－	0.1	0.1
ヒドラジン		302-01-2	1	0.1
ヒドラジン一水和物		7803-57-8	1	0.1
ヒドロキノン		123-31-9	0.1	0.1
4-ビニル-1-シクロヘキセン		100-40-3	1	1
4-ビニルシクロヘキセンジオキシド		106-87-6	1	1
ビニルトルエン		25013-15-4	1	1
N-ビニル-2-ピロリドン		88-12-0	1	1
ビフェニル		92-52-4	1	1
ピペラジン二塩酸塩		142-64-3	1	1
ピリジン		110-86-1	1	1
ピレトラム		8003-34-7	1	1
フェニルイソシアネート		103-7-9	1	1
フェニルオキシラン		96-09-3	0.1	0.1
フェニルヒドラジン		100-63-0	1	1
フェニルホスフィン		638-21-1	1	1
フェニレンジアミン		25265-76-3		
	o-フェニレンジアミン	95-54-5	1	0.1
	m-フェニレンジアミン	108-45-2		
	p-フェニレンジアミン	106-50-3		
フェノチアジン		92-84-2	1	1
フェノール		108-95-2	0.1	0.1
フェロバナジウム		12604-58-9	1	1
1,3-ブタジエン		106-99-0	0.1	0.1
ブタノール		下記		
	1-ブタノール	71-36-3	1	0.1
	2-ブタノール	78-92-2		
	イソブタノール	78-83-1		
	tert-ブタノール	75-65-0		
フタル酸ジエチル		84-66-2	1	0.1
フタル酸ジ-ノルマル-ブチル		84-74-2	0.3	0.1
フタル酸ジメチル		131-11-3	1	1
フタル酸ビス（2-エチルヘキシル）（別名DEHP）		117-81-7	0.3	0.1
ブタン		下記		
	n-ブタン	106-97-8	1	1
	イソブタン	75-28-5		
2,3-ブタンジオン（別名ジアセチル）		431-03-8	1	1
1-ブタンチオール		109-79-5	1	1
弗化カルボニル		353-50-4	1	1
弗化ビニリデン		75-38-7	1	1
弗化ビニル		75-02-5	0.1	0.1
弗素及びその水溶性無機化合物		－	1	0.1
例）	弗化水素	7664-39-3		
2-ブテナール		123-73-9	0.1	0.1
ブテン（異性体略号）		25167-67-3	1	1
	1-ブテン	106-98-9	1	1
	2-ブテン	107-01-7	1	1
	イソブテン	115-11-7	1	1

物質名	CAS番号	①	②
フルオロ酢酸ナトリウム	62-74-8	1	1
フルフラール	98-01-1	1	0.1
フルフリルアルコール	98-00-0	1	1
1,3-プロパンスルトン	1120-71-4	0.1	0.1
プロピオンアルデヒド	123-38-6	1	1
プロピオン酸	79-09-4	1	1
プロピルアルコール	下記		
n-プロピルアルコール	71-23-8	1	0.1
イソプロピルアルコール	67-63-0		
プロピレンイミン	75-55-8	1	0.1
プロピレングリコールモノメチルエーテル	107-98-2	1	1
2-プロピン-1-オール	107-19-7	1	1
プロペン	115-07-1	1	1
ブロモエチレン	593-60-2	0.1	0.1
2-ブロモ-2-クロロ-1,1,1-トリフルオロエタン(別名ハロタン)	151-67-7	1	0.1
ブロモクロロメタン	74-97-5	1	1
ブロモジクロロメタン	75-27-4	1	1
5-ブロモ-3-セカンダリ-ブチル-6-メチル-1,2,3,4-テトラヒドロピリミジン-2,4-ジオン(別名ブロマシル)	314-40-9	1	0.1
ブロモトリフルオロメタン	75-63-8	1	1
1-ブロモプロパン	106-94-5	1	0.1
2-ブロモプロパン	75-26-3	0.3	0.1
3-ブロモ-1-プロペン(別名臭化アリル)	106-95-6	1	1
ヘキサクロロエタン	67-72-1	1	1
1,2,3,4,10,10-ヘキサクロロ-6,7-エポキシ-1,4,4a,5,6,7,8,8a-オクタヒドロ-エキソ-1,4-エンド-5,8-ジメタノナフタレン(別名ディルドリン)	60-57-1	0.3	0.1
1,2,3,4,10,10-ヘキサクロロ-6,7-エポキシ-1,4,4a,5,6,7,8,8a-オクタヒドロ-エンド-1,4-エンド-5,8-ジメタノナフタレン(別名エンドリン)	72-20-8	1	1
1,2,3,4,5,6-ヘキサクロロシクロヘキサン(別名リンデン)	608-73-1	1	0.1
ヘキサクロロシクロペンタジエン	77-47-4	1	0.1
ヘキサクロロナフタレン	1335-87-1	1	1
1,4,5,6,7,7-ヘキサクロロビシクロ[2,2,1]-5-ヘプテン-2,3-ジカルボン酸(別名クロレンド酸)	115-28-6	1	0.1
1,2,3,4,10,10-ヘキサクロロ-1,4,4a,5,8,8a-ヘキサヒドロ-エキソ-1,4-エンド-5,8-ジメタノナフタレン(別名アルドリン)	309-00-2	1	1
ヘキサクロロヘキサヒドロメタノベンゾジオキサチエピンオキサイド(別名ベンゾエピン)	115-29-7	1	1
ヘキサクロロベンゼン	118-74-1	0.3	0.1
ヘキサヒドロ-1,3,5-トリニトロ-1,3,5-トリアジン(別名シクロナイト)	121-82-4	1	1
ヘキサフルオロアセトン	684-16-2	1	0.1
ヘキサフルオロアルミン酸三ナトリウム	13775-53-6	1	1
ヘキサフルオロプロペン	116-15-4	1	1
ヘキサメチルホスホリックトリアミド	680-31-9	0.1	0.1
ヘキサメチレンジアミン	124-09-4	1	0.1

物質名	CAS番号	①	②
ヘキサメチレン=ジイソシアネート	822-06-0	1	0.1
ヘキサン	異性体	1	0.1
例) n-ヘキサン	110-54-3		
1-ヘキセン	592-41-6	1	1
ベーターブチロラクトン	3068-88-0,36536-46-6	1	0.1
ベータープロピオラクトン	57-57-8	0.1	0.1
1,4,5,6,7,8,8-ヘプタクロロ-2,3-エポキシ-3a,4,7,7a-テトラヒドロ-4,7-メタノ-1H-インデン(別名ヘプタクロルエポキシド)	1024-57-3	0.3	0.1
1,4,5,6,7,8,8-ヘプタクロロ-3a,4,7,7a-テトラヒドロ-4,7-メタノ-1H-インデン(別名ヘプタクロル)	76-44-8	0.3	0.1
ヘプタン	異性体	1	1
例) n-ヘプタン	142-82-5		
ペルオキソ二硫酸アンモニウム	7727-54-0	1	1
ペルオキソ二硫酸カリウム	7727-21-1	1	1
ペルオキソ二硫酸ナトリウム	7775-27-1	1	1
ペルフルオロオクタン酸	335-67-1	0.3	0.1
ペルフルオロオクタン酸アンモニウム塩	3825-26-1	1	0.1
ベンジルアルコール	100-51-6	1	1
ベンゼン	71-43-2	0.1	0.1
1,2,4-ベンゼントリカルボン酸1,2-無水物	552-30-7	1	1
ベンゾ[a]アントラセン	56-55-3	1	1
ベンゾ[a]ピレン	50-32-8	0.1	0.1
ベンゾフラン	271-89-6	1	1
ベンゾ[e]フルオラセン	205-99-2	0.1	0.1
ペンタクロロナフタレン	1321-64-8	1	1
ペンタクロロニトロベンゼン	82-68-8	1	0.1
ペンタクロロフェノール(別名PCP)及びそのナトリウム塩	87-86-5,131-52-2	0.3	0.1
1-ペンタナール	110-62-3	1	1
1,1,3,3,3-ペンタフルオロ-2-(トリフルオロメチル)-1-プロペン(別名PFIB)	382-21-8	1	1
ペンタボラン	19624-22-7	1	1
ペンタン	下記		
n-ペンタン	109-66-0	1	1
イソペンタン	78-78-4		
ネオペンタン	463-82-1		
ほう酸	10043-35-3	0.3	0.1
ほう酸ナトリウム	1303-96-4	1	0.1
ホスゲン	75-44-5	1	1
ポルトランドセメント	65997-15-1	1	1
(2-ホルミルヒドラジノ)-4-(5-ニトロ-2-フリル)チアゾール	3570-75-0	1	1
ホルムアミド	75-12-7	0.3	0.1
ホルムアルデヒド	50-00-0	0.1	0.1
マゼンタ	632-99-5	1	1
マンガン	7439-96-5	0.3	0.1
無機マンガン化合物	-	1	0.1
ミネラルスピリット(ミネラルシンナー、ペトロリウムスピリット、ホワイトスピリット及びミネラルターペンを含む。)	64742-47-8	1	1
無水酢酸	108-24-7	1	1

273

物質名	CAS番号	①	②
無水フタル酸	85-44-9	1	0.1
無水マレイン酸	108-31-6	1	0.1
メタ-キシリレンジアミン	1477-55-0	1	0.1
メタクリル酸	79-41-4	1	1
メタクリル酸メチル	80-62-6	1	1
メタクリロニトリル	126-98-7	0.3	1
メタ-ジシアノベンゼン	626-17-5	1	1
メタノール	67-56-1	0.3	0.1
メタンスルホン酸エチル	62-50-0	0.1	0.1
メタンスルホン酸メチル	66-27-3	0.1	0.1
メチラール	109-87-5	1	1
メチルアセチレン	74-99-7	1	1
N-メチルアニリン	100-61-8	1	1
2,2'-[[4-(メチルアミノ)-3-ニトロフェニル]アミノ]ジエタノール(別名HCブルーナンバー1)	2784-94-3	1	0.1
N-メチルアミノホスホン酸O-(4-ターシャリ-ブチル-2-クロロフェニル)-O-メチル(別名クルホメート)	299-86-5	1	1
メチルアミン	74-89-5	0.1	0.1
メチルイソブチルケトン	108-10-1	1	0.1
メチルエチルケトン	78-93-3	1	1
N-メチルカルバミン酸2-イソプロピルオキシフェニル(別名プロポキスル)	114-26-1	0.1	0.1
N-メチルカルバミン酸2,3-ジヒドロ-2,2-ジメチル-7-ベンゾ[b]フラニル(別名カルボフラン)	1563-66-2	1	1
N-メチルカルバミン酸2-セカンダリ-ブチルフェニル(別名フェノブカルブ)	3766-81-2	1	1
メチルシクロヘキサノール	25639-42-3	1	1
メチルシクロヘキサノン	1331-22-2	1	1
メチルシクロヘキサン	108-87-2	1	1
2-メチルシクロペンタジエニルトリカルボニルマンガン	12108-13-3	1	1
2-メチル-4,6-ジニトロフェノール	534-52-1	0.1	0.1
2-メチル-3,5-ジニトロベンズアミド(別名ジニトルミド)	148-01-6	1	1
メチル-ターシャリ-ブチルエーテル(別名MTBE)	1634-04-4	1	0.1
5-メチル-1,2,4-トリアゾロ[3,4-b]ベンゾチアゾール(別名トリシクラゾール)	41814-78-2	1	1
2-メチル-4-(2-トリルアゾ)アニリン	97-56-3	0.1	1
メチルナフタレン	下記		
1-メチルナフタレン	90-12-0	1	1
2-メチルナフタレン	91-57-6		
2-メチル-5-ニトロアニリン	99-55-8	1	1
2-メチル-1-ニトロアントラキノン	129-15-7	1	0.1
N-メチル-N-ニトロソカルバミン酸エチル	615-53-2	1	
メチル-ノルマル-ブチルケトン	591-78-6	1	1
メチル-ノルマル-ペンチルケトン	110-43-0	1	1
メチルヒドラジン	60-34-4	1	0.1
メチルビニルケトン	78-94-4	1	0.1
N-メチル-2-ピロリドン	872-50-4	1	0.1
1-[(2-メチルフェニル)アゾ]-2-ナフトール(別名オイルオレンジSS)	2646-17-5	1	0.1

物質名	CAS番号	①	②
メチルプロピルケトン	107-87-9	1	1
5-メチル-2-ヘキサノン	110-12-3	1	1
4-メチル-2-ペンタノール	108-11-2	1	1
2-メチル-2,4-ペンタンジオール	107-41-5	1	1
2-メチル-N-[3-(1-メチルエトキシ)フェニル]ベンズアミド(別名メプロニル)	55814-41-0	1	1
S-メチル-N-(メチルカルバモイルオキシ)チオアセチミデート(別名メソミル)	16752-77-5	1	1
メチルメルカプタン	74-93-1	1	1
4,4'-メチレンジアニリン	101-77-9	1	0.1
メチレンビス(4,1-シクロヘキシレン)=ジイソシアネート	5124-30-1	1	0.1
メチレンビス(4,1-フェニレン)=ジイソシアネート(別名MDI)	101-68-8	1	1
2-メトキシ-5-メチルアニリン	120-71-8	1	0.1
1-(2-メトキシ-2-メチルエトキシ)-2-プロパノール	34590-94-8	1	1
2-メトキシ-2-メチルブタン(別名ターシャリ-アミルメチルエーテル)	994-05-8	1	1
メルカプト酢酸	68-11-1	1	0.1
モリブデン及びその化合物	-	1	0.1
モルホリン	110-91-8	1	1
沃素	7553-56-2	1	0.1
沃素化合物(沃化物)	-	1	1
沃化メチル	74-88-4	1	1
ヨードホルム	75-47-8	1	1
硫化カルボニル	463-58-1	1	1
硫化ジメチル	75-18-3	1	1
硫化水素	7783-06-4	1	1
硫化水素ナトリウム	16721-80-5	1	1
硫化ナトリウム	1313-82-2	1	1
硫化りん	下記		
五硫化りん	1314-80-3	1	1
三硫化四りん	1314-85-8		
硫黄	7664-93-9	1	1
硫酸ジイソプロピル	2973-10-6	1	0.1
硫酸ジエチル	64-67-5	0.1	0.1
硫酸ジメチル	77-78-1	0.1	0.1
りん化水素	7803-51-2	1	1
りん酸	7664-38-2	1	1
りん酸ジ-ノルマル-ブチル	107-66-4	1	1
りん酸ジ-ノルマル-ブチル=フェニル	2528-36-1	1	1
りん酸1,2-ジブロモ-2,2-ジクロロエチル=ジメチル(別名ナレド)	300-76-5	1	1
りん酸ジメチル=(E)-1-(N,N-ジメチルカルバモイル)-1-プロペン-2-イル(別名ジクロトホス)	141-66-2	1	1
りん酸ジメチル=(E)-1-(N-メチルカルバモイル)-1-プロペン-2-イル(別名モノクロトホス)	6923-22-4	1	1
りん酸ジメチル=1-メトキシカルボニル-1-プロペン-2-イル(別名メビンホス)	7786-34-7	1	1
りん酸トリ(オルト-トリル)	78-30-8	1	1
りん酸トリス(2,3-ジブロモプロピル)	126-72-7	0.1	0.1
りん酸トリ-ノルマル-ブチル	126-73-8	1	1

物質名	CAS 番号	①	②
りん酸トリフェニル	115-86-6	1	1
レゾルシノール	108-46-3	1	0.1
六塩化ブタジエン	87-68-3	1	0.1
ロジウム及びその化合物	-	1	0.1
ロジン	8050-09-7	1	0.1
ロテノン	83-79-4	1	1

※CAS 番号は参考として示したものであり、構造異性体等が存在する場合に異なる CAS 番号が割り振られることがあるが、対象物質の当否の判断は物質名で行うものとする。CAS番号欄の「-」は、特定されないもの。
※①②欄の「-」は裾切り値の設定がないことを示す。
注：令和4年2月24日公布（令和6年4月1日施行）の改正政令により新たに令別表第9に追加された234物質の裾切り値とCAS登録番号の一覧は、独立行政法人労働者健康安全機構労働安全衛生総合研究所のホームページ
（https://www.jniosh.johas.go.jp/groups/ghs/arikataken_report.html）にて公開している。

2　労働衛生関係指針・通達等（概要）

(1)　第10次粉じん障害防止総合対策（抄）

（令和5年3月30日　基発0330第3号）

推進期間：令和5年度から令和9年度までの5か年間		
粉じん障害を防止するため事業者が重点的に講ずべき措置		
1　呼吸用保護具の適正な選択及び使用の徹底	(1)　保護具着用管理責任者の選任及び呼吸用保護具の適正な選択と使用等の推進	平成17年2月7日付け基発第0207006号「防じんマスクの選択、使用等について」（編注・現在は令和5年5月25日付け基発0525第3号「防じんマスク、防毒マスク及び電動ファン付き呼吸用保護具の選択、使用等について」）等に基づき、「保護具着用管理責任者」を選任し、防じんマスクの適正な選択等の業務に従事させる。
		顔面とマスクの接地面に皮膚障害がある場合等は、漏れ率の測定や公益社団法人日本保安用品協会が実施する「保護具アドバイザー養成・確保等事業」にて養成された保護具アドバイザーに相談をすること等により呼吸用保護具の適正な使用を確保。
	(2)　電動ファン付き呼吸用保護具（編注・現在は防じん機能を有する電動ファン付き呼吸用保護具。以下同じ。）の使用	電動ファン付き呼吸用保護具は、防じんマスクを使用する場合と比べて、一般的に防護係数が高く身体負荷が軽減されるなどの観点から、より有効な健康障害防止措置であり、じん肺法第20条の3の規定により粉じんにさらされる程度を低減させるための措置の一つとして使用。
	(3)　改正省令に関する対応	令和4年5月の労働安全衛生規則等の一部を改正する省令（令和4年厚生労働省令第91号）による改正において、第三管理区分に区分された場所で、かつ、作業環境測定の評価結果が第三管理区分に区分され、その改善が困難な場所では、厚生労働大臣の定めるところにより、濃度を測定し、その結果に応じて労働者に有効な呼吸用保護具を使用させること、当該呼吸用保護具に係るフィットテストを実施することが義務付けられた（令和6年4月1日施行）ため、これらの改正内容に基づき適切な呼吸用保護具の着用等を行う。
2　ずい道等建設工事における粉じん障害防止対策	(1)　ずい道等建設工事における粉じん対策に関するガイドラインに基づく対策の徹底	「ずい道等建設工事における粉じん対策に関するガイドライン」（平成12年12月26日付け基発第768号の2。以下「ずい道粉じん対策ガイドライン」という。）に基づき、粉じん濃度が2mg/m³となるよう、措置を講じる。必要に応じ、建設業労働災害防止協会の「令和2年粉じん障害防止規則等改正対応版ずい道等建設工事における換気技術指針」（令和3年4月）も参照。
		次の作業において、労働者に使用させなければならない呼吸用保護具は電動ファン付き呼吸用保護具に限られ、切羽に近接する場所の空気中の粉じん濃度等に応じて、有効なものとする必要があることに留意。

		その使用には、粉じん作業中にファンが有効に作動することが必要であるため、予備電池の用意や休憩室での充電設備の備え付け等を実施。 ① 動力を用いて鉱等を掘削する場所における作業 ② 動力を用いて鉱物等を積み込み、又は積み卸す場所における作業 ③ コンクリート等を吹き付ける場所における作業
	(2) 健康管理対策の推進 ア じん肺健康診断の結果に応じた措置の徹底	じん肺法に基づくじん肺健康診断の結果に応じて、当該事業場における労働者の実情等を勘案しつつ、粉じんばく露の低減措置又は粉じん作業以外の作業への転換措置を実施。
	イ 健康管理システム	粉じん作業を伴うずい道等建設工事を施行する事業者は、ずい道等建設労働者が工事毎に就業先を変えることが多い状況に鑑み、事業者が行う健康管理や就業場所の変更等、就業上適切な措置を講じやすくするために、平成31年3月に運用を開始した健康情報等の一元管理システムについて、労働者本人の同意を得た上で、労働者の健康情報等を登録するよう努める。
	ウ じん肺有所見労働者に対する健康管理教育等の推進	じん肺有所見労働者のじん肺の増悪の防止を図るため、産業医等による継続的な保健指導を実施するとともに「じん肺有所見者に対する健康管理教育のためのガイドライン」（平成9年2月3日付け基発第70号）に基づく健康管理教育を推進。 じん肺有所見労働者は、喫煙が加わると肺がんの発生リスクがより一層上昇すること、禁煙により発生リスクの低下が期待できることから、事業者は、じん肺有所見労働者に対し、肺がん検診の受診及び禁煙について強く働きかけを実施。
	(3) 元方事業者の講ずべき措置の実施の徹底等	元方事業者は、ずい道粉じん対策ガイドラインに基づき、粉じん対策に係る計画の調整、教育に対する指導及び援助、清掃作業日の統一、関係請負人に対する技術上の指導等を実施。
3 じん肺健康診断の着実な実施		じん肺法に基づき、じん肺健康診断を実施し、毎年じん肺健康管理実施状況報告を提出。労働者のじん肺健康診断に関する記録の作成には、粉じん作業職歴を可能な限り記載し、作成した記録を保存。
4 離職後の健康管理の推進		粉じん作業に従事し、じん肺管理区分が管理2又は管理3の離職予定者に対し、「離職するじん肺有所見者のためのガイドブック」（平成29年3月策定。以下「ガイドブック」という。）を配付するとともに、ガイドブック等を活用し、離職予定者に健康管理手帳の交付申請の方法等について周知すること。その際、特に、じん肺合併症予防の観点から、積極的な禁煙の働きかけを実施。 粉じん作業に従事させたことがある労働者が、離職により事業者の管理から離れるに当たり、雇用期間内に受けた最終のじん肺健康診断結果証明書の写し等、離職後

277

		の健康管理に必要な書類をとりまとめ、求めに応じて労働者に提供。
5 その他地域の実情に即した事項		地域の実情をみると、引き続き、アーク溶接作業と岩石等の裁断等の作業、金属等の研磨作業、屋外における岩石・鉱物の研磨作業若しくはばり取り作業及び屋外における鉱物等の破砕作業に係る粉じん障害防止対策の推進を図る必要があり、事業者は、必要に応じ、これらの粉じん障害防止対策等について、第9次粉じん障害防止総合対策の「粉じん障害を防止するため事業者が重点的に講ずべき措置」の以下の措置を実施。
	(1) アーク溶接作業と岩石等の裁断等作業に係る粉じん障害防止対策	ア　改正粉じん則及び改正じん肺法施行規則（平成24年4月1日施行）の内容に基づく措置の徹底 イ　局所排気装置、プッシュプル型換気装置等の普及を通じた作業環境の改善 ウ　呼吸用保護具の着用の徹底及び適正な着用の推進 エ　健康管理対策の推進 オ　じん肺に関する予防及び健康管理のための教育の徹底
	(2) 金属等の研磨作業に係る粉じん障害防止対策	ア　特定粉じん発生源に対する措置の徹底等 イ　特定粉じん発生源以外の粉じん作業に係る局所排気装置等の普及を通じた作業環境の改善 ウ　局所排気装置等の適正な稼働並びに検査及び点検の実施 エ　作業環境測定の実施及びその結果の評価に基づく措置の徹底 オ　特別教育の徹底 カ　呼吸用保護具の着用の徹底及び適正な着用の推進 キ　たい積粉じん対策の推進 ク　健康管理対策の推進
	(3) 屋外における岩石・鉱物の研磨作業又はばり取り作業に係る粉じん障害防止対策	屋外における岩石・鉱物の研磨作業又はばり取り作業に労働者を従事させる場合には、呼吸用保護具の使用を徹底。 　その要旨について、当該作業場の見やすい場所への掲示、衛生委員会等での説明、粉じん障害防止総合対策推進強化月間及び粉じん対策の日を活用した普及啓発等を実施。
	(4) 屋外における鉱物等の破砕作業に係る粉じん障害防止対策	屋外における鉱物等の破砕作業に労働者を従事させる場合には、呼吸用保護具の使用を徹底。 　呼吸用保護具の使用を徹底するため、その要旨を当該作業場の見やすい場所への掲示、衛生委員会等での説明、粉じん障害防止総合対策推進強化月間及び粉じん対策の日を活用した普及啓発等を実施。
6　その他の粉じん作業又は業種に係る粉じん障害防止対策		上記の措置に加え、作業環境測定の結果、じん肺新規有所見労働者の発生数、職場巡視の結果等を踏まえ、適切な粉じん障害防止対策を推進。

(2) 職場における腰痛予防対策指針（抄）

1．重量物取扱い作業（平成25年6月18日　基発0618第1号）（改正　令和2年8月28日　基発0828第1号）

項　目	内　　　　容
・自動化 ・省力化	重量物の取扱い作業については、適切な動力装置等により自動化し、それが困難な場合は、台車、補助機器の使用等により人力の負担を軽減することを原則とすること。例えば、倉庫の荷役作業においては、リフターなどの昇降装置や自動搬送装置等を有する貨物自動車を採用したり、ローラーコンベヤーや台車・二輪台車などの補助機器や道具を用いるなど、省力化を図ること。
人力による重量物の取扱い	イ　人力による重量物取扱い作業が残る場合には、作業速度、取扱い物の重量の調整等により、腰部に負担がかからないようにすること。 ロ　満18歳以上の男子労働者が人力のみにより取り扱う物の重量は、体重のおおむね40％以下となるように努めること。満18歳以上の女子労働者では、さらに男性が取り扱うことのできる重量の60％位までとすること。 ハ　ロの重量を超える重量物を取り扱わせる場合、適切な姿勢にて身長差の少ない労働者2人以上にて行わせるように努めること。この場合、各々の労働者に重量が均一にかかるようにすること。
荷姿の改善・重量の明示等	イ　荷物はかさばらないようにし、かつ、適切な材料で包装し、できるだけ確実に把握することのできる手段を講じて、取扱いを容易にすること。 ロ　取り扱う物の重量は、できるだけ明示すること。 ハ　著しく重心の偏っている荷物は、その旨を明示すること。 ニ　荷物の持上げや運搬等では、手カギ、吸盤等の補助具の活用を図り、持ちやすくすること。 ホ　荷姿が大きい場合や重量がかさむ場合は、小分けにして、小さく、軽量化すること。
作業姿勢・動作	労働者に対し、次の事項に留意させること。 　重量物を取り扱うときは、急激な身体の移動をなくし、前屈やひねり等の不自然な姿勢はとらず、かつ、身体の重心の移動を少なくする等できるだけ腰部に負担をかけない姿勢で行うこと。具体的には、次の事項にも留意させること。 イ　重量物を持ち上げたり、押したりする動作をするときは、できるだけ身体を対象物に近づけ、重心を低くするような姿勢を取ること。 ロ　はい付け又ははいくずし作業においては、できるだけ、はいを肩より上で取り扱わないこと。 ハ　床面等から荷物を持ち上げる場合には、片足を少し前に出し、膝を曲げ、腰を十分に降ろして当該荷物をかかえ、膝を伸ばすことによって立ち上がるようにすること。 ニ　腰をかがめて行う作業を排除するため、適切な高さの作業台等を利用すること。 ホ　荷物を持ち上げるときは呼吸を整え、腹圧を加えて行うこと。 ヘ　荷物を持った場合には、背を伸ばした状態で腰部のひねりが少なくなるようにすること。 ト　2人以上での作業の場合、可能な範囲で、身長差の大きな労働者同士を組み合わせないようにすること。

279

項　目	内　　　　　容
取扱い時間	イ　取り扱う物の重量、取り扱う頻度、運搬距離、運搬速度など、作業による負荷に応じて、小休止・休息をとり、また他の軽作業と組み合わせる等により、連続した重量物取扱い時間を軽減すること。 ロ　単位時間内における取扱い量を、労働者に過度の負担とならないよう適切に定めること。
その他	イ　必要に応じて腰部保護ベルトの使用を考えること。腰部保護ベルトについては、一律に使用させるのではなく、労働者ごとに効果を確認してから使用の適否を判断すること。 ロ　長時間車両を運転した後に重量物を取り扱う場合は、小休止・休息及びストレッチングを行った後に作業を行わせること。 ハ　指針本文「健康管理」や「労働衛生教育等」により、腰部への負担に応じて適切に健康管理、労働衛生教育等を行うこと。

2. 立ち作業

項　目	内　　　　　容
作業機器、作業台の配置	作業機器及び作業台の配置は、前屈、過伸展等の不自然な姿勢での作業を避けるため、労働者の上肢長、下肢長等の体型を考慮したものとする。
他作業との組合せ	長時間の連続した立位姿勢保持を避けるため、腰掛け作業等、他の作業を組み合わせる。
椅子の配置	イ　他作業との組合せが困難であるなど、立ち作業が長時間継続する場合には、椅子を配置し、作業の途中で腰掛けて小休止・休息が取れるようにすること。また、座面の高い椅子等を配置し、立位に加え、椅座位でも作業ができるようにすること。 ロ　椅子は座面の高さ、背もたれの角度等を調整できる背当て付きの椅子を用いることが望ましい。それができない場合には、適当な腰当て等を使用させること。また、椅子の座面等を考慮して作業台の下方の空間を十分に取り、膝や足先を自由に動かせる空間を取ること。
片足置き台の使用	両下肢をあまり使用しない作業では、作業動作や作業位置に応じた適当な高さの片足置き台を使用させること。
小休止・休息	立ち作業を行う場合には、おおむね1時間につき、1、2回程度小休止・休息を取らせ、下肢の屈伸運動やマッサージ等を行わせることが望ましい。
その他	イ　床面が硬い場合は、立っているだけでも腰部への衝撃が大きいので、クッション性のある作業靴やマットを利用して、衝撃を緩和すること。 ロ　寒冷下では筋が緊張しやすくなるため、冬期は足もとの温度に配慮すること。 ハ　指針本文「健康管理」や「労働衛生教育等」により、腰部への負担に応じて適切に健康管理、労働衛生教育等を行うこと。

3．座り作業

項　目	内　　　　　　容
腰掛け作業	イ　椅子の改善 　　座面の高さ、奥行きの寸法、背もたれの寸法と角度及び肘掛けの高さが労働者の体格等に合った椅子、又はそれらを調節できる椅子を使用させること。椅子座面の体圧分布及び硬さについても配慮すること。 ロ　机・作業台の改善 　　机・作業台の高さや角度、机・作業台と椅子との距離は、調節できるように配慮すること。 ハ　作業姿勢等 　　労働者に対し、次の事項に留意させること。 　(イ)　椅子に深く腰を掛けて、背もたれで体幹を支え、履物の足裏全体が床に接する姿勢を基本とすること。また、必要に応じて、滑りにくい足台を使用すること。 　(ロ)　椅子と大腿下部との間には、手指が押し入る程度のゆとりがあり、大腿部に無理な圧力が加わらないようにすること。 　(ハ)　膝や足先を自由に動かせる空間を取ること。 　(ニ)　前傾姿勢を避けること。また、適宜、立ち上がって腰を伸ばす等姿勢を変えること。 ニ　作業域 　　腰掛け作業における作業域は、労働者が不自然な姿勢を強いられない範囲とすること。肘を起点として円弧を描いた範囲内に作業対象物を配置すること。
座作業	直接床に座る座作業は、仙腸関節、股関節等に負担がかかるため、できる限り避けるよう配慮すること。やむを得ず座作業を行わせる場合は、労働者に対し、次の事項に留意させること。 イ　同一姿勢を保持しないようにするとともに、適宜、立ち上がって腰を伸ばすようにすること。 ロ　あぐらをかく姿勢を取るときは、適宜、臀部が高い位置となった姿勢が取れるよう、座ぶとん等を折り曲げて臀部をその上に載せて座ること。

4．福祉・医療分野等における介護・看護作業

項　目	内　　　　　　容
腰痛発生に関与する要因の把握	介護・看護作業等に従事する労働者の腰痛の発生には、「介護・看護等の対象となる人（以下「対象者」という。）の要因」「労働者の要因」「福祉用具（機器や道具）の状況」「作業姿勢・動作の要因」「作業環境の要因」「組織体制」「心理・社会的要因」等の様々な要因が関与していることから、これらを的確に把握する。
リスクの評価（見積り）	具体的な介護・看護等の作業を想定して、労働者の腰痛の発生に関与する要因のリスクを見積もる。リスクの見積りに関しては、個々の要因ごとに「高い」「中程度」「低い」などと評価を行い、当該介護・看護等の作業のリスクを評価する。 （なお、本格的なリスクアセスメントを導入するまでの簡易な方法として、実施すべき改善対策を選択・提案するアクション・チェックリストの活用も考えられる。　※注「職場における腰痛予防対策指針」解説より）

項　目	内　　　容
リスクの回避・低減措置の検討及び実施	評価したリスクの大きさや緊急性などを考慮して、リスク回避・低減措置の優先度等を判断しつつ、次に掲げるような、腰痛の発生要因に的確に対処できる対策の内容を決定する。 　イ　対象者の残存機能等の活用 　　対象者が自立歩行、立位保持、座位保持が可能かによって介護・看護の程度が異なることから、対象者の残存機能と介助への協力度等を踏まえた介護・看護方法を選択すること。 　ロ　福祉用具の利用 　　福祉用具（機器・道具）を積極的に使用すること。 　ハ　作業姿勢・動作の見直し 　(イ)　抱上げ 　　移乗介助、入浴介助及び排泄介助における対象者の抱上げは、労働者の腰部に著しく負担がかかることから、全介助の必要な対象者には、リフト等を積極的に使用することとし、原則として人力による人の抱上げは行わせないこと。また、対象者が座位保持できる場合にはスライディングボード等の使用、立位保持できる場合にはスタンディングマシーン等の使用を含めて検討し、対象者に適した方法で移乗介助を行わせること。 　　人力による荷物の取扱い作業の要領については、「１．重量物取扱い作業」によること。 　(ロ)　不自然な姿勢 　　ベッドの高さ調節、位置や向きの変更、作業空間の確保、スライディングシート等の活用により、前屈やひねり等の姿勢を取らせないようにすること。特に、ベッドサイドの介護・看護作業では、労働者が立位で前屈にならない高さまで電動で上がるベッドを使用し、各自で作業高を調整させること。 　　不自然な姿勢を取らざるを得ない場合は、前屈やひねりの程度を小さくし、壁に手をつく、床やベッドの上に膝を着く等により身体を支えることで腰部にかかる負担を分散させ、また不自然な姿勢をとる頻度及び時間も減らすこと。 　ニ　作業の実施体制 　　ロの福祉用具の使用が困難で、対象者を人力で抱え上げざるを得ない場合は、対象者の状態及び体重等を考慮し、できるだけ適切な姿勢にて身長差の少ない２名以上で作業すること。労働者の数は、施設の構造、勤務体制、作業内容及び対象者の心身の状況に応じ必要数を確保するとともに、適正に配置し、負担の大きい業務が特定の労働者に集中しないよう十分配慮すること。 　ホ　作業標準の策定 　　腰痛の発生要因を排除又は低減できるよう、作業標準を策定すること。作業標準は、対象者の状態、職場で活用できる福祉用具（機器や道具）の状況、作業人数、作業時間、作業環境等を考慮して、対象者ごとに、かつ、移乗、入浴、排泄、おむつ交換、食事、移動等の介助の種類ごとに策定すること。作業標準は、定期的及び対象者の状態が変わるたびに見直すこと。 　ヘ　休憩、作業の組合せ 　(イ)　適宜、休憩時間を設け、その時間にはストレッチングや安楽な姿勢が取れるようにすること。また、作業時間中にも、小休止・休息が取れるようにすること。 　(ロ)　同一姿勢が連続しないよう、できるだけ他の作業と組み合わせること。

項　目	内　　　　　容
	ト　作業環境の整備 　(イ)　温湿度、照明等の作業環境を整えること。 　(ロ)　通路及び各部屋には車いすやストレッチャー等の移動の障害となるような段差等を設けないこと。また、それらの移動を妨げないように、機器や設備の配置を考えること。機器等にはキャスター等を取り付けて、適宜、移動できるようにすること。 　(ハ)　部屋や通路は、動作に支障がないように十分な広さを確保すること。また、介助に必要な福祉用具（機器や道具）は、出し入れしやすく使用しやすい場所に収納すること。 　(ニ)　休憩室は、空調を完備し、適切な温度に保ち、労働者がくつろげるように配慮するとともに、交替勤務のある施設では仮眠が取れる場所と寝具を整備すること。 　(ホ)　対象者の家庭が職場となる訪問介護・看護では、腰痛予防の観点から作業環境の整備が十分なされていないことが懸念される。このことから、事業者は各家庭に説明し、腰痛予防の対応策への理解を得るよう努めること。 チ　健康管理 　長時間労働や夜勤に従事し、腰部に著しく負担を感じている者は、勤務形態の見直しなど、就労上の措置を検討すること。その他、指針本文の「健康管理」により、適切に健康管理を行うこと。 リ　労働衛生教育等 　特に次の(イ)～(ハ)に留意しつつ、指針本文の「労働衛生教育等」により適切に労働衛生教育等を行うこと。 　(イ)　教育・訓練 　　労働者には、腰痛の発生に関与する要因とその回避・低減措置について適切な情報を与え、十分な教育・訓練ができる体制を確立すること。 　(ロ)　協力体制 　　腰痛を有する労働者及び腰痛による休業から職場復帰する労働者に対して、組織的に支援できる協力体制を整えること。 　(ハ)　指針・マニュアル等 　　職場ごとに課題や現状を考慮した腰痛予防のための指針やマニュアル等を作成すること。
リスクの再評価、対策の見直し及び実施継続	事業者は、定期的な職場巡視、聞き取り調査、健診、衛生委員会等を通じて、職場に新たな負担や腰痛が発生していないかを確認する体制を整備すること。問題がある場合には、速やかにリスクを再評価し、リスク要因の回避・低減措置を図るため、作業方法の再検討、作業標準の見直しを行い、新たな対策の実施又は検討を担当部署や衛生委員会に指示すること。特に問題がなければ、現行の対策を継続して実施すること。また、腰痛等の発生報告も欠かすことなく行うこと。

5．車両運転等の作業

項　目	内　　　　　容
腰痛の発生要因に関与する要因の把握	長時間の車両運転等に従事する労働者の腰痛の発生には、「作業姿勢・動作」「振動ばく露及びばく露時間」「座席及び操作装置等の配置」「荷物の積み卸し作業」「作業場の環境」「組織体制」「心理・社会的要因」等の様々な要因が関与していることから、これらを的確に把握すること。
リスクの評価（見積り）	具体的な車両運転等の作業を想定して、労働者の腰痛の発生に関与する要因ごとにリスクを見積もる。リスクの見積りに関しては、要因の把握で指摘した腰痛に関連する要因がどの程度のリスクに相当するか、「高い」「中程度」「低い」の定性的な評価を行い、当該運転労働等の作業のリスクを評価する。リスクの見積りからリスクの回避・低減措置の実施につなげるに当たっては、「アクション・チェックリスト」も参考になる。
リスクの回避・低減措置の検討及び実施	リスク評価で評価したリスクの重大性や緊急性などを考慮して、リスク低減措置の優先度を判断しつつ、次に掲げるような、要因に的確に対処できる対策の内容を決定する。 イ　運転座席の改善等 　運転座席は、座面・背もたれ角度が調整可能、腰背部の安定した支持、運転に伴う振動の減衰効果に優れたものに改善されることが望ましい。このような運転座席を導入することで、運転に伴う拘束姿勢や不安定な姿勢・動作や振動のリスクを低減することが可能となる。また、運転作業開始前に操作性を確認し、座面角度、背もたれ角度、座席の位置等の適正な調整を行わせることも重要となる。 　振動減衰に優れた運転座席への改善やこうした構造を有する車両の採用ができない場合には、クッション等を用いて振動の軽減に努めること。 ロ　車両運転等の時間管理 　運転座席への拘束姿勢を強いられ、振動にばく露する長時間の車両運転等の作業は腰痛を発生させる懸念があるため、総走行距離や一連続運転時間等の時間管理を適切に行い、適宜、小休止・休息を取らせるようにすること。小休止・休息の際は車両から降りてストレッチング等を行い、筋疲労からの回復を十分図ること。また、車両運転が深夜に及ぶ際には、仮眠の確保等についても配慮する必要がある。仮眠の確保等は腰痛予防だけでなく、安全運転という観点からも極めて重要である。 ハ　荷物の積み卸し作業 　人力による荷物の取扱い作業の要領は「1.重量物取扱い作業」によること。 　なお、長時間車両を運転した後に重量物を取り扱う場合は、小休止・休息及びストレッチングを行った後に作業を行わせること。 ニ　構内作業場の環境の改善 　不要な振動ばく露の軽減や労働者の転倒やつまずきを防止するため、床面の凹凸をなくし、作業の安全が確保できる程度の照明を確保し、さらには、労働者が寒冷にさらされることのないよう、温湿度の管理にも心がけること。 ホ　その他 　車両運転等の作業に従事する際は、動きやすい作業服や滑りにくい靴、必要な保護具を着用させること。

項　目	内　　　　　容
	指針本文の「健康管理」や「労働衛生教育等」により、腰部への負担に応じて適切に健康管理、労働衛生教育等を実施すること。
リスクの再評価、対策の見直し及び実施継続	事業者は、定期的な職場巡視、聞き取り調査、健診、衛生委員会等を通じて、職場に新たな負担や腰痛が発生していないかを確認する体制を整備すること。問題がある場合には、速やかにリスクを再評価し、リスク要因の回避・低減措置を図るため、作業方法や作業環境等の再検討や見直しを行い、新たな対策の実施又は検討を担当部署や衛生委員会に指示すること。特に問題がなければ、現行の対策を継続して実施すること。また、腰痛等の発生報告も欠かすことなく行うこと。

(3) 情報機器作業における労働衛生管理のためのガイドライン（抄）

$$\left(\begin{array}{l}\text{令和元年7月12日　基発0712第3号}\\\text{改正　令和3年12月1日　基発1201第7号}\end{array}\right)$$

項目	内　　　　　容
作業環境管理	作業者の心身の負担を軽減し、作業者が支障なく作業を行うことができるよう、照明、採光、グレアの防止、騒音の低減措置等について、下記の基準を定め、情報機器作業に適した作業環境管理を行うこと。 (1) 照明及び採光 　イ　室内は、できる限り明暗の対照が著しくなく、かつ、まぶしさを生じさせないようにすること。 　ロ　ディスプレイを用いる場合の書類上及びキーボード上における照度は300ルクス以上とし、作業しやすい照度とすること。 　　　また、ディスプレイ画面の明るさ、書類及びキーボード面における明るさと周辺の明るさの差はなるべく小さくすること。 　ハ　ディスプレイ画面に直接又は間接的に太陽光等が入射する場合は、必要に応じて窓にブラインド又はカーテン等を設け、適切な明るさとなるようにすること。 　ニ　間接照明等のグレア防止用照明器具を用いること。 　ホ　その他グレアを防止するための有効な措置を講ずること。 (2) 情報機器等 　　情報機器を事業場に導入する際には、作業者への健康影響を考慮し、作業者が行う作業に最も適した機器を選択し導入すること。 　(イ)　デスクトップ型機器　　(ロ)　ノート型機器 　(ハ)　タブレット、スマートフォン等　　(ニ)　その他の情報機器 　(ホ)　ソフトウェア　　(ヘ)　椅子　　(ト)　机又は作業台 (3) 騒音の低減措置 　　情報機器及び周辺機器から不快な騒音が発生する場合には、騒音の低減措置を講じること。 (4) その他 　　換気、温度及び湿度の調整、空気調和、静電気除去、休憩等のための設備等について事務所衛生基準規則に定める措置等を講ずること。
作業管理	(1) 作業時間等 　イ　一日の作業時間 　　　情報機器作業が過度に長時間にわたり行われることのないように指導すること。

項目	内　　　　　容
作業管理	ロ　一連続作業時間及び作業休止時間 　一連続作業時間が1時間を超えないようにし、次の連続作業までの間に10分～15分の作業休止時間を設け、かつ、一連続作業時間内において1回～2回程度の小休止を設けるよう指導すること。 ハ　業務量への配慮 　作業者の疲労の蓄積を防止するため、個々の作業者の特性を十分に配慮した無理のない適度な業務量となるよう配慮すること。 (3)　調整 　作業者に自然で無理のない姿勢で情報機器作業を行わせるため、次の事項を作業者に留意させ、椅子の座面の高さ、机又は作業台の作業面の高さ、キーボード、マウス、ディスプレイの位置等を総合的に調整させ、また作業者に作業姿勢等を留意させること。
情報機器等及び作業環境の維持管理	作業環境を常に良好な状態に維持し、情報機器作業に適した情報機器等の状況を確保するため、日常の点検、定期点検及び清掃を行い、必要に応じ、改善措置を講じること。
健康管理	作業者の健康状態を正しく把握し、健康障害の防止を図るため、作業者に対して、次により健康管理を行うこと。 (1)　健康診断等 イ　健康診断 　情報機器作業者に対して、所定の項目について、配置前及び定期に健康診断を行うこと。 ロ　健康診断結果に基づく事後措置 　健康診断によって早期に発見した健康阻害要因を詳細に分析し、必要に応じ保健指導等の健康管理を進めるとともに、作業方法、作業環境等の改善を図ること。 (2)　健康相談 メンタルヘルス、健康上の不安、慢性疲労、ストレス等による症状、自己管理の方法等についての健康相談の機会を設けるよう努めること。 (3)　職場体操等 　就業の前後又は就業中に、体操、ストレッチ、リラクゼーション、軽い運動等を行うことが望ましいこと。

項目	内　　　　　容
労働衛生教育	情報機器作業に従事する作業者及び当該作業者を直接管理する者に対して労働衛生教育を実施すること。また、新たに情報機器作業に従事する作業者に対しては、情報機器作業の習得に必要な訓練を行うこと。
配慮事項	(1)　高齢者に対する配慮事項 　高齢者の作業者については、照明条件やディスプレイに表示する文字の大きさ等を作業者ごとに見やすいように設定するとともに、過度の負担にならないように作業時間や作業密度に対する配慮を行うことが望ましいこと。 (2)　障害等を有する作業者に対する配慮事項 　情報機器作業の入力装置であるキーボードとマウスなどが使用しにくい障害等を有する者には、必要に応じ音声入力装置等を使用できるようにするなどの対策を講じること。 　また、適切な視力矯正によってもディスプレイを読み取ることが困難な者には、必要に応じ拡大ディスプレイ、弱視者用ディスプレイ等を使用できるようにするなどの対策を講じること。 (3)　テレワークを行う労働者に対する配慮事項 　本ガイドラインのほか、「テレワークの適切な導入及び実施の推進のためのガイドライン」（令和3年3月25日）を参照して必要な健康確保措置を講じること。 　その際、事業者が業務のために提供している作業場以外でテレワークを行う場合については、事務所衛生基準規則、労働安全衛生規則及び本ガイドラインの衛生基準と同等の作業環境となるよう、テレワークを行う労働者に助言等を行うことが望ましい。 (4)　自営型テレワーカーに対する配慮事項 　注文者は、「自営型テレワークの適正な実施のためのガイドライン」（平成30年2月2日）に基づき、情報機器作業の適切な実施方法等の健康を確保するための手法について、自営型テレワーカーに情報提供することが望ましい。 　また、情報提供の際は、必要に応じて本ガイドラインを参考にし、情報提供することが望ましい。

情報機器作業の作業区分

別紙

作業区分	作業区分の定義	作業の例
作業時間又は作業内容に相当程度拘束性があると考えられるもの （全ての者が健診対象）	1日に4時間以上情報機器作業を行う者であって、次のいずれかに該当するもの ・作業中は常時ディスプレイを注視する、又は入力装置を操作する必要がある ・作業中、労働者の裁量で適宜休憩を取ることや作業姿勢を変更することが困難である	・コールセンターで相談対応（その対応録をパソコンに入力） ・モニターによる監視・点検・保守 ・パソコンを用いた校正・編集・デザイン ・プログラミング ・CAD作業 ・伝票処理 ・テープ起こし（音声の文書化作業） ・データ入力
上記以外のもの （自覚症状を訴える者のみ健診対象）	上記以外の情報機器作業対象者	・上記の作業で4時間未満のもの ・上記の作業で4時間以上ではあるが労働者の裁量による休憩をとることができるもの ・文書作成作業 ・経営等の企画・立案を行う業務（4時間以上のものも含む） ・主な作業として会議や講演の資料作成を行う業務（4時間以上のものも含む） ・経理業務（4時間以上のものも含む） ・庶務業務（4時間以上のものも含む） ・情報機器を使用した研究（4時間以上のものも含む）

注：「作業の例」に掲げる例はあくまで例示であり、実際に行われている（又は行う予定の）作業内容を踏まえ、「作業区分の定義」に基づき判断すること。

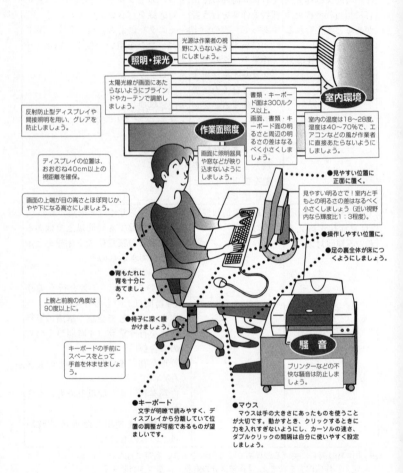

⑷　労働安全衛生マネジメントシステムに関する指針

$$\left(\begin{array}{l}\qquad\qquad\quad\text{平成11年 4 月30日　労働省告示第53号}\\ \text{改正　令和元年 7 月 1 日　厚生労働省告示第54号}\end{array}\right)$$

（目的）

第 1 条　この指針は、事業者が労働者の協力の下に一連の過程を定めて継続的に行う自主的な安全衛生活動を促進することにより、労働災害の防止を図るとともに、労働者の健康の増進及び快適な職場環境の形成の促進を図り、もって事業場における安全衛生の水準の向上に資することを目的とする。

第 2 条　この指針は、労働安全衛生法（昭和47年法律第57号。以下「法」という。）の規定に基づき機械、設備、化学物質等による危険又は健康障害を防止するため事業者が講ずべき具体的な措置を定めるものではない。

（定義）

第 3 条　この指針において次の各号に掲げる用語の意義は、それぞれ当該各号に定めるところによる。

1　労働安全衛生マネジメントシステム　事業場において、次に掲げる事項を体系的かつ継続的に実施する安全衛生管理に係る一連の自主的活動に関する仕組みであって、生産管理等事業実施に係る管理と一体となって運用されるものをいう。

イ　安全衛生に関する方針（以下「安全衛生方針」という。）の表明

ロ　危険性又は有害性等の調査及びその結果に基づき講ずる措置

ハ　安全衛生に関する目標（以下「安全衛生目標」という。）の設定

ニ　安全衛生に関する計画（以下「安全衛生計画」という。）の作成、実施、評価及び改善

2　システム監査　労働安全衛生マネジメントシステムに従って行う措置が適切に実施されているかどうかについて、安全衛生

計画の期間を考慮して事業者が行う調査及び評価をいう。

（適用）

第4条　労働安全衛生マネジメントシステムに従って行う措置は、事業場又は法人が同一である二以上の事業場を一の単位として実施することを基本とする。ただし、建設業に属する事業の仕事を行う事業者については、当該仕事の請負契約を締結している事業場及び当該事業場において締結した請負契約に係る仕事を行う事業場を併せて一の単位として実施することを基本とする。

（安全衛生方針の表明）

第5条　事業者は、安全衛生方針を表明し、労働者及び関係請負人その他の関係者に周知させるものとする。

②　安全衛生方針は、事業場における安全衛生水準の向上を図るための安全衛生に関する基本的考え方を示すものであり、次の事項を含むものとする。

1　労働災害の防止を図ること。

2　労働者の協力の下に、安全衛生活動を実施すること。

3　法又はこれに基づく命令、事業場において定めた安全衛生に関する規程（以下「事業場安全衛生規程」という。）等を遵守すること。

4　労働安全衛生マネジメントシステムに従って行う措置を適切に実施すること。

（労働者の意見の反映）

第6条　事業者は、安全衛生目標の設定並びに安全衛生計画の作成、実施、評価及び改善に当たり、安全衛生委員会等（安全衛生委員会、安全委員会又は衛生委員会をいう。以下同じ。）の活用等労働者の意見を反映する手順を定めるとともに、その手順に基づき、労働者の意見を反映するものとする。

（体制の整備）

第7条　事業者は、労働安全衛生マネジメントシステムに従って行う措置を適切に実施する体制を整備するため、次の事項を行うも

のとする。

1　システム各級管理者（事業場においてその事業の実施を統括管理する者（法人が同一である二以上の事業場を一の単位として労働安全衛生マネジメントシステムに従って行う措置を実施する場合には、当該単位においてその事業の実施を統括管理する者を含む。）及び製造、建設、運送、サービス等の事業実施部門、安全衛生部門等における部長、課長、係長、職長等の管理者又は監督者であって、労働安全衛生マネジメントシステムを担当するものをいう。以下同じ。）の役割、責任及び権限を定めるとともに、労働者及び関係請負人その他の関係者に周知させること。

2　システム各級管理者を指名すること。

3　労働安全衛生マネジメントシステムに係る人材及び予算を確保するよう努めること。

4　労働者に対して労働安全衛生マネジメントシステムに関する教育を行うこと。

5　労働安全衛生マネジメントシステムに従って行う措置の実施に当たり、安全衛生委員会等を活用すること。

（明文化）

第8条　事業者は、次の事項を文書により定めるものとする。

1　安全衛生方針

2　労働安全衛生マネジメントシステムに従って行う措置の実施の単位

3　システム各級管理者の役割、責任及び権限

4　安全衛生目標

5　安全衛生計画

6　第6条、次項、第10条、第13条、第15条第1項、第16条及び第17条第1項の規定に基づき定められた手順

②　事業者は、前項の文書を管理する手順を定めるとともに、この手順に基づき、当該文書を管理するものとする。

（記録）

第9条 事業者は、安全衛生計画の実施状況、システム監査の結果等労働安全衛生マネジメントシステムに従って行う措置の実施に関し必要な事項を記録するとともに、当該記録を保管するものとする。

（危険性又は有害性等の調査及び実施事項の決定）

第10条 事業者は、法第28条の2第2項に基づく指針及び法第57条の3第3項に基づく指針に従って危険性又は有害性等を調査する手順を定めるとともに、この手順に基づき、危険性又は有害性等を調査するものとする。

② 事業者は、法又はこれに基づく命令、事業場安全衛生規程等に基づき実施すべき事項及び前項の調査の結果に基づき労働者の危険又は健康障害を防止するため必要な措置を決定する手順を定めるとともに、この手順に基づき、実施する措置を決定するものとする。

（安全衛生目標の設定）

第11条 事業者は、安全衛生方針に基づき、次に掲げる事項を踏まえ、安全衛生目標を設定し、当該目標において一定期間に達成すべき到達点を明らかとするとともに、当該目標を労働者及び関係請負人その他の関係者に周知するものとする。

1 前条第1項の規定による調査結果

2 過去の安全衛生目標の達成状況

（安全衛生計画の作成）

第12条 事業者は、安全衛生目標を達成するため、事業場における危険性又は有害性等の調査の結果等に基づき、一定の期間を限り、安全衛生計画を作成するものとする。

② 安全衛生計画は、安全衛生目標を達成するための具体的な実施事項、日程等について定めるものであり、次の事項を含むものとする。

1 第10条第2項の規定により決定された措置の内容及び実施時

期に関する事項

2　日常的な安全衛生活動の実施に関する事項

3　健康の保持増進のための活動の実施に関する事項

4　安全衛生教育及び健康教育の内容及び実施時期に関する事項

5　関係請負人に対する措置の内容及び実施時期に関する事項

6　安全衛生計画の期間に関する事項

7　安全衛生計画の見直しに関する事項

（安全衛生計画の実施等）

第13条　事業者は、安全衛生計画を適切かつ継続的に実施する手順を定めるとともに、この手順に基づき、安全衛生計画を適切かつ継続的に実施するものとする。

②　事業者は、安全衛生計画を適切かつ継続的に実施するために必要な事項について労働者及び関係請負人その他の関係者に周知させる手順を定めるとともに、この手順に基づき、安全衛生計画を適切かつ継続的に実施するために必要な事項をこれらの者に周知させるものとする。

（緊急事態への対応）

第14条　事業者は、あらかじめ、労働災害発生の急迫した危険がある状態（以下「緊急事態」という。）が生ずる可能性を評価し、緊急事態が発生した場合に労働災害を防止するための措置を定めるとともに、これに基づき適切に対応するものとする。

（日常的な点検、改善等）

第15条　事業者は、安全衛生計画の実施状況等の日常的な点検及び改善を実施する手順を定めるとともに、この手順に基づき、安全衛生計画の実施状況等の日常的な点検及び改善を実施するものとする。

②　事業者は、次回の安全衛生計画を作成するに当たって、前項の日常的な点検及び改善並びに次条の調査等の結果を反映するものとする。

（労働災害発生原因の調査等）

第16条 事業者は、労働災害、事故等が発生した場合におけるこれらの原因の調査並びに問題点の把握及び改善を実施する手順を定めるとともに、労働災害、事故等が発生した場合には、この手順に基づき、これらの原因の調査並びに問題点の把握及び改善を実施するものとする。

（システム監査）

第17条 事業者は、定期的なシステム監査の計画を作成し、第5条から前条までに規定する事項についてシステム監査を適切に実施する手順を定めるとともに、この手順に基づき、システム監査を適切に実施するものとする。

② 事業者は、前項のシステム監査の結果、必要があると認めるときは、労働安全衛生マネジメントシステムに従って行う措置の実施について改善を行うものとする。

（労働安全衛生マネジメントシステムの見直し）

第18条 事業者は、前条第1項のシステム監査の結果を踏まえ、定期的に、労働安全衛生マネジメントシステムの妥当性及び有効性を確保するため、安全衛生方針の見直し、この指針に基づき定められた手順の見直し等労働安全衛生マネジメントシステムの全般的な見直しを行うものとする。

(5) 労働者の心身の状態に関する情報の適正な取扱いのために事業者が講ずべき措置に関する指針（抄）

> 平成30年9月7日　労働者の心身の状態に
> 関する情報の適正な取扱い指針公示第1号
> 改正　令和4年3月31日　労働者の心身の状態に
> 関する情報の適正な取扱い指針公示第2号

1　趣旨・総論（略）

2　心身の状態の情報の取扱いに関する原則

(1) 心身の状態の情報を取り扱う目的

　事業者が心身の状態の情報を取り扱う目的は、労働者の健康確保措置の実施や事業者が負う民事上の安全配慮義務の履行であり、そのために必要な心身の状態の情報を適正に収集し、活用する必要がある。

　一方、労働者の個人情報を保護する観点から、現行制度においては、事業者が心身の状態の情報を取り扱えるのは、労働安全衛生法令及びその他の法令に基づく場合や本人が同意している場合のほか、労働者の生命、身体の保護のために必要がある場合であって、本人の同意を得ることが困難であるとき等とされているので、上記の目的に即して、適正に取り扱われる必要がある。

(2) 取扱規程を定める目的

　心身の状態の情報が、労働者の健康確保措置の実施や事業者が負う民事上の安全配慮義務の履行の目的の範囲内で適正に使用され、事業者による労働者の健康確保措置が十全に行われるよう、事業者は、当該事業場における取扱規程を定め、労使で共有することが必要である。

(3) 取扱規程に定めるべき事項

　取扱規程に定めるべき事項は、具体的には以下のものが考えられる。

　① 心身の状態の情報を取り扱う目的及び取扱方法

② 心身の状態の情報を取り扱う者及びその権限並びに取り扱う心身の状態の情報の範囲

③ 心身の状態の情報を取り扱う目的等の通知方法及び本人同意の取得方法

④ 心身の状態の情報の適正管理の方法

⑤ 心身の状態の情報の開示、訂正等（追加及び削除を含む。以下同じ。）及び使用停止等（消去及び第三者への提供の停止を含む。以下同じ。）の方法

⑥ 心身の状態の情報の第三者提供の方法

⑦ 事業承継、組織変更に伴う心身の状態の情報の引継ぎに関する事項

⑧ 心身の状態の情報の取扱いに関する苦情の処理

⑨ 取扱規程の労働者への周知の方法

　なお、②については、個々の事業場における心身の状態の情報を取り扱う目的や取り扱う体制等の状況に応じて、部署や職種ごとに、その権限及び取り扱う心身の状態の情報の範囲等を定めることが適切である。

(4) 取扱規程の策定の方法

　事業者は、取扱規程の策定に当たっては、衛生委員会等を活用して労使関与の下で検討し、策定したものを労働者と共有することが必要である。この共有の方法については、就業規則その他の社内規程等により定め、当該文書を常時作業場の見やすい場所に掲示し、又は備え付ける、イントラネットに掲載を行う等の方法により周知することが考えられる。

　なお、衛生委員会等を設置する義務がない常時50人未満の労働者を使用する事業場（以下「小規模事業場」という。）においては、事業者は、必要に応じて労働安全衛生規則（昭和47年労働省令第32号）第23条の2に定める関係労働者の意見を聴く機会を活用する等により、労働者の意見を聴いた上で取扱規程を策定し、労働者と共有することが必要である。

また、取扱規程を検討又は策定する単位については、当該企業及び事業場の実情を踏まえ、事業場単位ではなく、企業単位とすることも考えられる。

⑸　心身の状態の情報の適正な取扱いのための体制の整備

　心身の状態の情報の取扱いに当たっては、情報を適切に管理するための組織面、技術面等での措置を講じることが必要である。

　⑼の表の右欄に掲げる心身の状態の情報の取扱いの原則のうち、特に心身の状態の情報の加工に係るものについては、主に、医療職種を配置している事業場での実施を想定しているものである。

　なお、健康診断の結果等の記録については、事業者の責任の下で、健康診断を実施した医療機関等と連携して加工や保存を行うことも考えられるが、その場合においても、取扱規程においてその取扱いを定めた上で、健康確保措置を講じるために必要な心身の状態の情報は、事業者等が把握し得る状態に置く等の対応が必要である。

⑹　心身の状態の情報の収集に際しての本人同意の取得

　⑼の表の①及び②に分類される、労働安全衛生法令において労働者本人の同意を得なくても収集することのできる心身の状態の情報であっても、取り扱う目的及び取扱方法等について、労働者に周知した上で収集することが必要である。また、⑼の表の②に分類される心身の状態の情報を事業者等が収集する際には、取り扱う目的及び取扱方法等について労働者の十分な理解を得ることが望ましく、取扱規程に定めた上で、例えば、健康診断の事業者等からの受診案内等にあらかじめ記載する等の方法により労働者に通知することが考えられる。さらに、⑼の表の③に分類される心身の状態の情報を事業者等が収集する際には、個人情報の保護に関する法律第17条第2項に基づき、労働者本人の同意を得なければならない。

⑺　取扱規程の運用

　事業者は、取扱規程について、心身の状態の情報を取り扱う者等の関係者に教育し、その運用が適切に行われるようにするとともに、適宜、その運用状況を確認し、取扱規程の見直し等の措置を行うこ

とが必要である。

取扱規程の運用が適切に行われていないことが明らかになった場合は、事業者は労働者にその旨を説明するとともに、再発防止に取り組むことが必要である。

(8) 労働者に対する不利益な取扱いの防止

事業者は、心身の状態の情報の取扱いに労働者が同意しないことを理由として、又は、労働者の健康確保措置及び民事上の安全配慮義務の履行に必要な範囲を超えて、当該労働者に対して不利益な取扱いを行うことはあってはならない。

以下に掲げる不利益な取扱いを行うことは、一般的に合理的なものとはいえないので、事業者は、原則としてこれを行ってはならない。なお、不利益な取扱いの理由が以下に掲げるもの以外のものであったとしても、実質的に以下に掲げるものに該当する場合には、当該不利益な取扱いについても、行ってはならない。

① 心身の状態の情報に基づく就業上の措置の実施に当たり、例えば、健康診断後に医師の意見を聴取する等の労働安全衛生法令上求められる適切な手順に従わないなど、不利益な取扱いを行うこと。

② 心身の状態の情報に基づく就業上の措置の実施に当たり、当該措置の内容・程度が聴取した医師の意見と著しく異なる等、医師の意見を勘案し必要と認められる範囲内となっていないもの又は労働者の実情が考慮されていないもの等の労働安全衛生法令上求められる要件を満たさない内容の不利益な取扱いを行うこと。

③ 心身の状態の情報の取扱いに労働者が同意しないことや心身の状態の情報の内容を理由として、以下の措置を行うこと。

(a) 解雇すること

(b) 期間を定めて雇用される者について契約の更新をしないこと

(c) 退職勧奨を行うこと

(d) 不当な動機・目的をもってなされたと判断されるような配置転換又は職位（役職）の変更を命じること

(e) その他労働契約法等の労働関係法令に違反する措置を講じること

(9) 心身の状態の情報の取扱いの原則（情報の性質による分類）

心身の状態の情報の取扱いを担当する者及びその権限並びに取り扱う心身の状態の情報の範囲等の、事業場における取扱いの原則について、労働安全衛生法令及び心身の状態の情報の取扱いに関する規定がある関係法令の整理を踏まえて分類すると、次の表のとおりとなる。

心身の状態の情報の分類	左欄の分類に該当する心身の状態の情報の例	心身の状態の情報の取扱いの原則
① 労働安全衛生法令に基づき事業者が直接取り扱うこととされており、労働安全衛生法令に定める義務を履行するために、事業者が必ず取り扱わなければならない心身の状態の情報	(a) 健康診断の受診・未受診の情報 (b) 長時間労働者による面接指導の申出の有無 (c) ストレスチェックの結果、高ストレスと判定された者による面接指導の申出の有無 (d) 健康診断の事後措置について医師から聴取した意見 (e) 長時間労働者に対する面接指導の事後措置について医師から聴取した意見 (f) ストレスチェックの結果、高ストレスと判定された者に対する面接指導の事後措置について医師から聴取した意見	全ての情報をその取扱いの目的の達成に必要な範囲を踏まえて、事業者等が取り扱う必要がある。 ただし、それらに付随する健康診断の結果等の心身の状態の情報については、②の取扱いの原則に従って取り扱う必要がある。
② 労働安全衛生法令に基づき事業者が労働者本人の同意を得ずに収集することが可能であるが、事業場ごとの取扱規程により	(a) 健康診断の結果（法定の項目） (b) 健康診断の再検査の結果（法定の項目と同一のものに限る） (c) 長時間労働者に対する面接指導の結果	事業者等は、当該情報の取扱いの目的の達成に必要な範囲を踏まえて、取り扱うことが適切である。そのため、事業場の状況に応じて、 ・情報を取り扱う者を制

301

事業者等の内部における適正な取扱いを定めて運用することが適当である心身の状態の情報	(d) ストレスチェックの結果、高ストレスと判定された者に対する面接指導の結果	限する ・情報を加工する等、事業者等の内部における適切な取扱いを取扱規程に定め、また、当該取扱いの目的及び方法等について労働者が十分に認識できるよう、丁寧な説明を行う等の当該取扱いに対する労働者の納得性を高める措置を講じた上で、取扱規程を運用する必要がある。
③ 労働安全衛生法令において事業者が直接取り扱うことについて規定されていないため、あらかじめ労働者本人の同意を得ることが必要であり、事業場ごとの取扱規程により事業者等の内部における適正な取扱いを定めて運用することが必要である心身の状態の情報	(a) 健康診断の結果（法定外項目） (b) 保健指導の結果 (c) 健康診断の再検査の結果（法定の項目と同一のものを除く。） (d) 健康診断の精密検査の結果 (e) 健康相談の結果 (f) がん検診の結果 (g) 職場復帰のための面接指導の結果 (h) 治療と仕事の両立支援等のための医師の意見書 (i) 通院状況等疾病管理のための情報	個人情報の保護に関する法律に基づく適切な取扱いを確保するため、事業場ごとの取扱規程に則った対応を講じる必要がある。

※ 高齢者の医療の確保に関する法律（昭和57年法律第80号。以下「高確法」という。）第27条第3項及び健康保険法（大正11年法律第70号）第150条第2項その他の医療保険各法の規定において、医療保険者は、事業者に対し、健康診断の結果（高確法第27条第3項の規定に基づく場合は、特定健康診査及び特定保健指導の実施に関する基準（平成19年厚生労働省令第157号。以下「実施基準」という。）第2条各号に掲げる項目に関する記録の写しに限り、また、健康保険法その他の医療保険各法の規定に基づく場合は、実施基準第2条各号に掲げる項目に関する記録の写しその他健康保険法第150条第1項等の規定により被保険者等の健康の保持増進のために必要な事業を行うに当たって医療保険者が必要と認める情報に限る。）の提供を求めることができることとされている。このため、事業者は、これらの規定に基づく医療保険者の求めに応じて健康診断の結果を提供する場合は、労働者本人の同意を得ずに提供することができる。

③の心身の状態の情報について、「あらかじめ労働者本人の同意を得ることが必要」としているが、個人情報の保護に関する法律第20条第2項各号に該当する場合は、あらかじめ労働者本人の同意は不要である。また、労働者本人が自発的に事業者に提出した心身の状態の情報については、「あらかじめ労働者本人の同意」を得たものと解されるが、当該情報について事業者等が医療機関等に直接問い合わせる場合には、別途、労働者本人の同意を得る必要がある。

⑽　小規模事業場における取扱い

　小規模事業場においては、産業保健業務従事者の配置が不十分である等、⑼の原則に基づいた十分な措置を講じるための体制を整備することが困難な場合にも、事業場の体制に応じて合理的な措置を講じることが必要である。

　この場合、事業場ごとに心身の状態の情報の取扱いの目的の達成に必要な範囲で取扱規程を定めるとともに、特に、⑼の表の②に該当する心身の状態の情報の取扱いについては、衛生推進者を選任している場合は、衛生推進者に取り扱わせる方法や、取扱規程に基づき適切に取り扱うことを条件に、取り扱う心身の状態の情報を制限せずに事業者自らが直接取り扱う方法等が考えられる。

3　心身の状態の情報の適正管理

⑴　心身の状態の情報の適正管理のための規程

　心身の状態の情報の適正管理のために事業者が講ずべき措置としては以下のものが挙げられる。

　これらの措置は個人情報の保護に関する法律において規定されているものであり、事業場ごとの実情を考慮して、適切に運用する必要がある。

　　①　心身の状態の情報を必要な範囲において正確・最新に保つための措置

　　②　心身の状態の情報の漏えい、滅失、改ざん等の防止のための措置（心身の状態の情報の取扱いに係る組織的体制の整備、正当な権限を有しない者からのアクセス防止のための措置等）

　　③　保管の必要がなくなった心身の状態の情報の適切な消去等

　　このため、心身の状態の情報の適正管理に係る措置については、これらの事項を踏まえ、事業場ごとに取扱規程に定める必要がある。

　　なお、特に心身の状態の情報の適正管理については、企業や事業場ごとの体制、整備等を個別に勘案し、その運用の一部又は全

部を本社事業場において一括して行うことも考えられる。

(2) 心身の状態の情報の開示等

労働者が有する、本人に関する心身の状態の情報の開示や必要な訂正等、使用停止等を事業者に請求する権利についても、ほとんどの心身の状態の情報が、機密性が高い情報であることに鑑みて適切に対応する必要がある。

(3) 小規模事業場における留意事項

小規模事業者においては、「個人情報の保護に関する法律についてのガイドライン（通則編）」（平成28年個人情報保護委員会告示第6号）（略）の「10（別添）講ずべき安全管理措置の内容」も参照しつつ、取り扱う心身の状態の情報の数量及び心身の状態の情報を取り扱う労働者数が一定程度にとどまること等を踏まえ、円滑にその義務を履行し得るような手法とすることが適当である。

4 定義 （略）

(6)　過重労働による健康障害防止のための総合対策（抄）

$$\left(\begin{array}{ll}\text{平成18年3月17日　基発第0317008号}\\\text{改正　令和2年4月1日　基発0401第11号、雇均発0401第4号}\end{array}\right)$$

　労働者が疲労を回復することができないような長時間にわたる過重労働を排除していくとともに、労働者に疲労の蓄積を生じさせないようにするため、労働者の健康管理に係る措置を適切に実施することが重要である。

　本総合対策は、事業者が講ずべき措置（別添「過重労働による健康障害を防止するため事業者が講ずべき措置」をいう。）を定めるとともに、当該措置が適切に講じられるよう国が行う周知徹底、指導等の所要の措置をとりまとめたものであり、これらにより過重労働による健康障害を防止することを目的とするものである。

（別添）過重労働による健康障害を防止するため事業者が講ずべき措置

1　趣旨（略）

2　時間外・休日労働時間等の削減

(1)　時間外労働は本来臨時的な場合に行われるものであり、また、時間外・休日労働時間（休憩時間を除き1週間当たり40時間を超えて労働させた場合におけるその超えた時間をいう。以下同じ。）が1月当たり45時間を超えて長くなるほど、業務と脳・心臓疾患の発症との関連性が強まるとの医学的知見が得られている。このようなことを踏まえ、事業者は、労基法第36条の規定に基づく協定（以下「36協定」という。）の締結に当たっては、労働者の過半数で組織する労働組合又は労働者の過半数を代表する者とともにその内容が「労働基準法第36条第1項の協定で定める労働時間の延長及び休日の労働について留意すべき事項等に関する指針」（平成30年厚生労働省告示第323号）に適合したものとなるようにするものとする。

　　また、労基法第36条第3項に規定する限度時間（以下「限度時

間」という。）を超えて時間外・休日労働をさせることができる場合をできる限り具体的に定めなければならず、「業務の都合上必要な場合」、「業務上やむを得ない場合」など恒常的な長時間労働を招くおそれがあるものを定めることは認められないことに留意するとともに、限度時間を超え時間外・休日労働させることができる時間を限度時間にできる限り近づけるように協定するよう努めなければならないものとする。

さらに、1月当たり45時間を超えて時間外労働を行わせることが可能である場合であっても、事業者は、実際の時間外労働を1月当たり45時間以下とするよう努めるものとする。

加えて、事業者は、休日労働についても削減に努めるものとする。

(2)　事業者は、「労働時間の適正な把握のために使用者が講ずべき措置に関するガイドライン」（平成29年1月20日策定）に基づき、労働時間の適正な把握を行うものとする。

(3)　事業者は、労基法第41条の2第1項の規定により労働する労働者（以下「高度プロフェッショナル制度適用者」という。）を除き、裁量労働制の適用者や労基法第41条各号に掲げる労働者（以下「管理監督者等」という。）を含む全ての労働者について、安衛法第66条の8の3の規定により労働時間の状況を把握し、同法第66条の8第1項又は第66条の8の2第1項に基づく医師による面接指導を実施するなど健康確保のための責務があることなどに十分留意し、当該労働者に対し、過重労働とならないよう十分な注意喚起を行うなどの措置を講ずるよう努めるものとする。

(4)　事業者は、高度プロフェッショナル制度適用者に対して、労基法第41条の2第1項第3号に基づく健康管理時間の把握、同項第4号に基づく休日確保措置（以下「休日確保措置」という。）、同項第5号に基づく選択的措置（以下「選択的措置」という。）及び同項第6号に基づく健康・福祉確保措置（以下「健康・福祉確保措置」という。）を実施するものとする。

3 年次有給休暇の取得促進

　事業者は、労基法第39条第7項に基づき、年5日間の年次有給休暇について時季を指定し確実に取得させるとともに、年次有給休暇を取得しやすい職場環境づくり、同条第6項に基づく年次有給休暇の計画的付与制度の活用等により年次有給休暇の取得促進を図るものとする。

4 労働時間等の設定の改善

　労働時間等設定改善法第4条第1項に基づく、労働時間等設定改善指針（平成20年厚生労働省告示第108号。以下「改善指針」という。）においては、事業主及びその団体が労働時間等の設定の改善（労働時間、休日数、年次有給休暇を与える時季、深夜業の回数、終業から始業までの時間その他の労働時間等に関する事項について労働者の健康と生活に配慮するとともに多様な働き方に対応したものへと改善することをいう。）について適切に対処するために必要な事項を定めている。今般の働き方改革関連を推進するための関係法律の整備に関する法律の施行に伴い、改善指針が改正されたところであり、事業者は、過重労働による健康障害を防止する観点から、労働時間等設定改善法及び改善指針に留意しつつ、必要な措置を講じるよう努めるものとする。

　特に、労働時間等設定改善法において努力義務として規定された勤務間インターバル制度は、労働者の生活時間や睡眠時間を確保するためのものであり、過重労働による健康障害の防止にも資することから、事業者はその導入に努めるものとする。

5 労働者の健康管理に係る措置の徹底

(1) 健康管理体制の整備、健康診断の実施等

ア 健康管理体制の整備

　(ア) 事業者は、安衛法に基づき、産業医、衛生管理者、衛生推進者等を選任し、その者に事業場における健康管理に関する職務

等を適切に行わせる等健康管理に関する体制を整備するものとする。

　なお、常時使用する労働者が50人未満の事業場の場合には、産業保健総合支援センターの地域窓口（以下「地域産業保健センター」という。）の活用を図るものとする。

(イ)　事業者は、安衛法第13条の規定等に基づき、産業医に対し、以下の情報を提供するものとする。なお、労働者数が50人未満の事業場であって、同法第13条の2の規定に基づき、労働者の健康管理等を行うのに必要な医学に関する知識を有する医師又は保健師（以下「医師等」という。）を選任した事業者は、以下の情報を医師等に提供するよう努めるものとする。

　　a　既に講じた健康診断実施後の措置、長時間労働者若しくは高度プロフェッショナル制度適用者に対する面接指導実施後の措置若しくは労働者の心理的な負担の程度を把握するための検査の結果に基づく面接指導実施後の措置又は講じようとする措置の内容に関する情報（これらの措置を講じない場合にあっては、その旨及びその理由）

　　b　時間外・休日労働時間が1月当たり80時間を超えた労働者の氏名及び当該労働者に係る当該超えた時間に関する情報又は健康管理時間（労基法第41条の2第1項第3号の規定等に基づき、事業場内にいた時間と事業場外において労働した時間との合計の時間をいう。以下同じ。）が、1週間当たり40時間を超えた場合におけるその超えた時間について、1月当たり80時間を超えた高度プロフェッショナル制度適用者の氏名及び当該適用者に係る当該超えた時間に関する情報

　　c　a及びbに掲げるもののほか、労働者の作業環境、労働時間、作業態様、作業負荷の状況、深夜業等の回数・時間数などの労働者の業務に関する情報のうち、産業医が労働者の健康管理等を適切に行うために必要と認める情報

(ウ)　事業者は、安衛法第13条の規定等に基づき、労働者の健康管

理等について産業医から勧告を受けたときは、当該勧告を受けた後遅滞なく、当該勧告の内容及び当該勧告を踏まえて講じた措置又は講じようとする措置の内容を、措置を講じない場合にあってはその旨及びその理由を衛生委員会又は安全衛生委員会（以下「衛生委員会等」という。）に報告しなければならないものとする。

(エ)　事業者は、安衛法第13条の３の規定等に基づき、産業医等が労働者からの健康相談に応じ、適切に対応するために必要な体制の整備を次のとおり実施するものとする。

　　a　事業者は、産業医の業務の具体的な内容、産業医に対する健康相談の申出の方法（健康相談の日時・場所等を含む。）及び産業医による労働者の心身の状態に関する情報の取扱いの方法について労働者に周知するものとする。

　　b　医師等を選任した事業者は、医師等の業務の具体的な内容、医師等による健康相談の申出の方法（健康相談の日時・場所等を含む。）及び医師等による労働者の心身の状態に関する情報の取扱いの方法について労働者に周知するよう努めるものとする。

(オ)　衛生委員会等における調査審議

　　事業者は、安衛法第18条の規定等に基づき、衛生委員会等を毎月１回以上開催するものとする。

　　また、衛生委員会等において、以下に掲げる（略）長時間労働者等に対する面接指導及び労働者のメンタルヘルス対策に関する事項等について、調査審議するものとする。

　　なお、常時使用する労働者が50人未満の事業者においては、関係労働者の意見を聴くための機会を設ける等労働者の意見が反映されるよう努めるものとする。（中略）

イ　健康診断の実施

(ア)　健康診断の実施

　　事業者は、安衛法第66条から第66条の７までに基づき、健康

診断、健康診断結果についての医師からの意見聴取、健康診断実施後の措置、保健指導等を確実に実施するものとする。特に、深夜業を含む業務に常時従事する労働者に対しては、6月以内ごとに1回の健康診断を実施しなければならないことに留意するものとする。なお、医師からの意見聴取の際には、事業者は労働時間等に関する情報を提供することが適当であること。

(イ) 自発的健康診断制度の活用等

事業者は、安衛法第66条の2に基づく深夜業に従事する労働者を対象とした自発的健康診断制度や、労働者災害補償保険法（昭和22年法律第50号）第26条に基づく血圧等一定の健康診断項目に異常の所見がある労働者を対象とした二次健康診断等給付制度の活用について、労働者への周知に努めるものとするとともに、労働者からこれらの制度を活用した健康診断の結果の提出があったときには、安衛法第66条の5に基づく事後措置についても講ずる必要があることについて留意するものとする。

ウ 健康教育等

事業者は、安衛法第69条に基づき、労働者の健康保持増進を図るための措置を継続的かつ計画的に実施するものとする。

(2) 長時間にわたる時間外・休日労働を行った労働者に対する面接指導等（高度プロフェッショナル制度適用者を除く。）

ア 労働時間の状況の把握（略）

イ 産業医及び労働者への労働時間に関する情報の通知（略）

ウ 面接指導等の実施等（略）

エ 面接指導を実施するための手続等の整備（略）

オ 常時使用する労働者が50人未満の事業者の対応（略）

(3) 高度プロフェッショナル制度適用者に対する面接指導等

ア 健康管理時間の把握（略）

イ 産業医への健康管理時間に関する情報提供及び高度プロフェッショナル制度適用者への健康管理時間の開示（略）

ウ 面接指導の実施等（略）

エ　面接指導を実施するための手続等の整備（略）

オ　常時使用する労働者が50人未満の事業者の対応（略）

カ　選択的措置及び健康・福祉確保措置（略）

(4)　メンタルヘルス対策の実施

ア　メンタルヘルス対策の実施

　「メンタルヘルス指針」に基づき、衛生委員会等における調査審議を通じて策定した「心の健康づくり計画」に基づき、事業者は、心の健康問題の特性を考慮しつつ、健康情報を含む労働者の個人情報の保護及び労働者の意思の尊重に留意しながら、労働者の心の健康の保持増進のための措置を実施するものとする。

　具体的には、ストレスチェック制度の活用や職場環境等の改善を通じてメンタルヘルス不調を未然に防止する一次予防、メンタルヘルス不調を早期に発見し適切な措置を行う二次予防、メンタルヘルス不調となった労働者の職場復帰支援を行う三次予防に取り組むものとする。

　また、教育研修、情報提供並びに「セルフケア」、「ラインによるケア」、「事業場内産業保健スタッフ等によるケア」及び「事業場外資源によるケア」の4つのメンタルヘルスケアが継続的かつ計画的に行われるようにするものとする。

イ　ストレスチェックの実施

　安衛法第66条の10により、事業者は、常時使用する労働者に対して1年以内ごとに1回、ストレスチェックを実施し、申出のあった高ストレス者に対して医師による面接指導を行うとともに、就業上の措置について医師の意見を聴き、その意見を勘案して必要な措置を講じること（以上をまとめて「ストレスチェック制度」という。）が義務付けられている（常時使用する労働者が50人未満の事業者においては、努力義務）。

　このため、事業者は、「ストレスチェック指針」に基づき、ストレスチェック制度を適切に実施する必要がある。

　なお、ストレスチェックの実施によって、過重労働が原因とな

ったメンタルヘルス不調が認められ、就業上の措置が必要となる場合があり得る。このため、事業者は、上記(2)又は(3)の長時間労働者等を対象とした面接指導等の対応だけでなく、高ストレス者に対する面接指導の結果及び当該結果に基づく就業上の措置に係る医師の意見も活用して、過重労働による健康障害防止対策に取り組むこと。

(5) 過重労働による業務上の疾病を発生させた場合の措置

事業者は、過重労働による業務上の疾病を発生させた場合には、産業医等の助言を受け、又は必要に応じて労働衛生コンサルタントの活用を図りながら、次により原因の究明及び再発防止の徹底を図るものとする。

ア 原因の究明

労働時間の適正管理、労働時間及び勤務の不規則性、拘束時間の状況、出張業務の状況、交替制勤務・深夜勤務の状況、作業環境の状況、精神的緊張を伴う勤務の状況、健康診断及び面接指導等の結果等について、多角的に原因の究明を行うこと。

イ 再発防止

上記アの結果に基づき、衛生委員会等の調査審議を踏まえ、上記2から5の(3)までの措置に則った再発防止対策を樹立し、その対策を適切に実施すること。

(6) 労働者の心身の状態に関する情報の取扱い

安衛法第104条第3項の規定に基づく、健康情報の適正な取扱い指針により、事業者は、事業場における取扱規程を策定することによって、労働者の心身の状態に関する情報を適正に管理するものとする。

⑺ 労働者の心の健康の保持増進のための指針（抄）

$$\left(\begin{array}{ll} & \text{平成18年 3 月31日} \quad \text{健康保持増進のための指針公示第 3 号} \\ \text{改正} & \text{平成27年11月30日} \quad \text{健康保持増進のための指針公示第 6 号} \end{array}\right)$$

1 趣旨

　本指針は、労働安全衛生法（昭和47年法律第57号）第70条の 2 第 1 項の規定に基づき、同法第69条第 1 項の措置の適切かつ有効な実施を図るための指針として、事業場において事業者が講ずる労働者の心の健康の保持増進のための措置（以下「メンタルヘルスケア」という。）が適切かつ有効に実施されるよう、メンタルヘルスケアの原則的な実施方法について定めるものであり、事業者は、本指針に基づき、各事業場の実態に即した形で積極的に取り組んでいくことが重要である。

2 メンタルヘルスケアの基本的考え方

　職場に存在するストレス要因は、労働者自身の力だけでは取り除くことができないものもあることから、労働者の心の健康づくりを推進していくためには、職場環境の改善も含め、事業者は、自らがストレスチェック制度を含めた事業場におけるメンタルヘルスケアを積極的に推進することを表明するとともに、衛生委員会又は安全衛生委員会（以下「衛生委員会等」という。）において十分調査審議を行い、メンタルヘルスケアに関する事業場の現状とその問題点を明確にし、その問題点を解決する具体的な実施事項等についての基本的な計画（以下「心の健康づくり計画」という。）を策定・実施するとともに、ストレスチェック制度の実施方法等に関する規程を策定し、制度の円滑な実施を図る必要がある。また、心の健康づくり計画の実施に当たっては、ストレスチェック制度の活用や職場環境等の改善を通じて、メンタルヘルス不調を未然に防止する「一次予防」、メンタルヘルス不調を早期に発見し、適切な措置を行う「二次予防」及びメンタルヘルス不調となった労働者の職場復帰を支援等を行う「三次予防」が円滑に行われるようにする必要がある。

313

これらの取組においては、教育研修、情報提供及び「セルフケア」、「ラインによるケア」、「事業場内産業保健スタッフ等によるケア」並びに「事業場外資源によるケア」の4つのメンタルヘルスケアが継続的かつ計画的に行われるようにすることが重要である。

さらに、事業者は、メンタルヘルスケアを推進するに当たっては、心の健康問題の特性を考慮しつつ、健康情報を含む労働者の個人情報の保護及び労働者の意思の尊重に留意することが重要である。また、人事労務管理と密接に関係する要因によって影響を受けるため、人事労務管理と連携する必要がある。さらに、職場のストレス要因のみならず、家庭・個人生活等の職場外のストレス要因の影響を受けている場合も多いことなどにも留意する必要がある。

3　衛生委員会等における調査審議

メンタルヘルスケアの推進に当たっては、労使、産業医、衛生管理者等で構成される衛生委員会等を活用することが効果的であり、労働安全衛生規則第22条において、衛生委員会の付議事項として「労働者の精神的健康の保持増進を図るための対策の樹立に関すること」が規定されている。4に掲げる心の健康づくり計画の策定はもとより、その実施体制の整備等の具体的な実施方策や個人情報の保護に関する規程等の策定等に当たっては、衛生委員会等において十分調査審議を行うことが必要である。

また、ストレスチェック制度に関しては、心理的な負担の程度を把握するための検査及び面接指導の実施並びに面接指導結果に基づき事業者が講ずべき措置に関する指針（平成27年4月15日心理的な負担の程度を把握するための検査等指針公示第1号。以下「ストレスチェック指針」という。）により、衛生委員会等においてストレスチェックの実施方法等について調査審議を行い、その結果を踏まえてストレスチェック制度の実施に関する規程を定めることとされていることから、ストレスチェック制度に関する調査審議とメンタルヘルスケアに関する調査審議を関連付けて行うことが望ましい。

なお、衛生委員会等の設置義務のない小規模事業場においても、労働者の意見が反映されるようにすることが必要である。

4　心の健康づくり計画

メンタルヘルスケアは、中長期的視点に立って、継続的かつ計画的に行われるようにすることが重要である。このため、事業者は衛生委員会等において十分調査審議を行い、心の健康づくり計画を策定することが必要である。

また、メンタルヘルスケアを効果的に推進するためには、心の健康づくり計画の中で、事業者自らが事業場におけるメンタルヘルスケアを積極的に推進することを表明するとともに、その実施体制を確立する必要があり、その実施においては、実施状況等を適切に評価し、評価結果に基づき必要な改善を行うことにより、メンタルヘルスケアの一層の充実・向上に努めることが望ましい。

心の健康づくり計画で定めるべき事項は次に掲げるとおりである。

① 事業者がメンタルヘルスケアを積極的に推進する旨の表明に関すること。

② 事業場における心の健康づくりの体制の整備に関すること。

③ 事業場における問題点の把握及びメンタルヘルスケアの実施に関すること。

④ メンタルヘルスケアを行うために必要な人材の確保及び事業場外資源の活用に関すること。

⑤ 労働者の健康情報の保護に関すること。

⑥ 心の健康づくり計画の実施状況の評価及び計画の見直しに関すること。

⑦ その他労働者の心の健康づくりに必要な措置に関すること。

なお、ストレスチェック制度は、各事業場の実情に即して実施されるメンタルヘルスケアに関する一次予防から三次予防までの総合的な取組の中に位置付けることが重要であることから、心の健康づくり計画において、その位置付けを明確にすることが望ましい。ま

た、ストレスチェック制度の実施に関する規程の策定を心の健康づくり計画の一部として行っても差し支えない。

5　4つのメンタルヘルスケアの推進

本指針においては、メンタルヘルスケアを4つのケアに分類している。

(1) セルフケア（労働者が自ら行うストレスへの気づきと対処）

・事業者は、労働者に対して、セルフケアに関する教育研修、情報提供を行うこと。

・事業者は、労働者自身が管理監督者や事業場内産業保健スタッフ等に自発的に相談しやすい環境を整備すること。

・ストレスへの気付きを促すためには、ストレスチェック制度によるストレスチェックの実施が重要であり、特別の理由がない限り、すべての労働者がストレスチェックを受けることが望ましいこと。さらに、ストレスへの気付きのためには、ストレスチェックとは別に、随時、セルフチェックを行う機会を提供することも効果的であること。

(2) ラインによるケア（管理監督者が行う職場環境等の改善と相談への対応）

・管理監督者は、作業環境、作業方法、労働時間等の職場環境等を評価して具体的な問題点を把握し、改善を図ること。

・管理監督者は、個々の労働者に過度な長時間労働、過重な疲労、心理的負荷、責任等が生じないようにする等の配慮を行うこと。

・管理監督者は、日常的に、労働者からの自発的な相談に対応するよう努めること。

・事業者は、管理監督者に対して、ラインによるケアに関する教育研修等を行うこと。

(3) 事業場内産業保健スタッフ等によるケア（産業医等による専門的ケア）
 ・事業者は、事業場内産業保健スタッフ等に対して、教育研修、知識修得等の機会の提供を図ること。
 ・事業者は、メンタルヘルスケアに関する方針を明示し、実施すべき事項を委嘱又は指示すること。
 ・事業者は、事業場内産業保健スタッフ等が、労働者の自発的相談やストレスチェック結果の通知を受けた労働者からの相談等を受けることができる制度及び体制を、それぞれの事業場内の実態に応じて整えること。
 ・事業者は、産業医等の助言、指導等を得ながら事業場のメンタルヘルスケアの推進の実務を担当する事業場内メンタルヘルス推進担当者を、事業場内産業保健スタッフ等の中から選任するよう努めること。ただし、事業場内メンタルヘルス推進担当者は、労働者のメンタルヘルスに関する個人情報を取り扱うことから、労働者について解雇、昇進又は異動に関して直接の権限を持つ監督的地位にある者（以下「人事権を有する者」という。）を選任することは適当でないこと。なお、ストレスチェック制度においては、労働安全衛生規則第52条の10第2項により、ストレスチェックを受ける労働者について人事権を有する者は、ストレスチェックの実施の事務に従事してはならないこととされていることに留意すること。
 ・一定規模以上の事業場にあっては、事業場内に又は企業内に、心の健康づくり専門スタッフや保健師等を確保し、活用することが望ましい。
(4) 事業場外資源によるケア
 ・事業者は、必要に応じ、それぞれの役割に応じた事業場外資源を活用することが望ましい。ただし、事業場外資源を活用する場合は、メンタルヘルスケアに関するサービスが適切に実施できる体制や、情報管理が適切に行われる体制が整備さ

れているか等について、事前に確認することが望ましい。

6　メンタルヘルスに関する個人情報の保護への配慮

　健康情報を含む労働者の個人情報の保護に関しては、個人情報の保護に関する法律及び関連する指針等が定められており、個人情報を事業の用に供する個人情報取扱事業者に対して、個人情報の利用目的の公表や通知、目的外の取扱いの制限、安全管理措置、第三者提供の制限などを義務づけている。メンタルヘルスケアを進めるに当たっては、事業者は、これらの法令等を遵守し、労働者の健康情報の適正な取扱いに努めなければならない。

7　心の健康に関する情報を理由とした不利益な取扱いの防止

(1)　事業者による労働者に対する不利益取扱いの防止

　　事業者が、メンタルヘルスケア等を通じて労働者の心の健康に関する情報を把握した場合において、その情報は当該労働者の健康確保に必要な範囲で利用されるべきものであり、事業者が、当該労働者の健康の確保に必要な範囲を超えて、当該労働者に対して不利益な取扱いを行うことはあってはならない。

　　このため、労働者の心の健康に関する情報を理由として、以下に掲げる不利益な取扱いを行うことは、一般的に合理的なものとはいえないため、事業者はこれらを行ってはならない。なお、不利益な取扱いの理由が労働者の心の健康に関する情報以外のものであったとしても、実質的にこれに該当するとみなされる場合には、当該不利益な取扱いについても、行ってはならない。

①　解雇すること。

②　期間を定めて雇用される者について契約の更新をしないこと。

③　退職勧奨を行うこと。

④　不当な動機・目的をもってなされたと判断されるような配

置転換又は職位（役職）の変更を命じること。

⑤　その他の労働契約法等の労働関係法令に違反する措置を講じること。

(2)　派遣先事業者による派遣労働者に対する不利益取扱いの防止

次に掲げる派遣先事業者による派遣労働者に対する不利益な取扱いについては、一般的に合理的なものとはいえないため、派遣先事業者はこれを行ってはならない。なお、不利益な取扱いの理由がこれ以外のものであったとしても、実質的にこれに該当するとみなされる場合には、当該不利益な取扱いについても行ってはならない。

①　心の健康に関する情報を理由とする派遣労働者の就業上の措置について、派遣元事業者からその実施に協力するよう要請があったことを理由として、派遣先事業者が、当該派遣労働者の変更を求めること。

②　本人の同意を得て、派遣先事業者が派遣労働者の心の健康に関する情報を把握した場合において、これを理由として、医師の意見を勘案せず又は当該派遣労働者の実情を考慮せず、当該派遣労働者の変更を求めること。

(8) 心の健康問題により休業した労働者の職場復帰支援の手引き
   （概要）

$$\left(\begin{array}{l} \text{平成16年10月　厚生労働省発表} \\ \text{改訂　平成21年３月} \\ \text{改訂　平成24年７月} \end{array} \right)$$

○　本手引きは、心の健康問題により休業し、医学的に業務に復帰
　するのに問題がない程度に回復した労働者を対象として、実際の
　職場復帰にあたり、事業者が行う職場復帰支援の内容を示したも
　のです。

○　事業場においては、本手引きを参考にしながら個々の事業場の
　実態に即して、職場復帰の手順、内容及び関係者の役割等を含め
　た職場復帰支援プログラムを策定し、組織的かつ計画的に取り組
　む必要があります。

　　さらに、職場復帰に関する体制や規程の整備を図るとともに、
　これらのことを労働者へ周知することを求めています。

○　事業場における職場復帰支援プログラムの実施にあたっては、
　労働者のプライバシーに十分配慮しながら事業場内産業保健スタ
　ッフ等を中心に労働者、管理監督者が互いに充分な連携をとると
　ともに、併せて精神科主治医との連携を図りつつ取り組むことが
　重要です。

　　また、職場復帰をする労働者ごとに、具体的な職場復帰日、管
　理監督者の業務上の配慮及び人事労務管理上の対応等の支援の内
　容を当該労働者の状況を踏まえて定めた職場復帰支援プランを策
　定する必要があります。

○　職場復帰支援の流れは、病気休業開始から職場復帰後のフォロ
　ーアップまで次の５つのステップからなっています（別紙）。

別紙

職場復帰支援の流れ

〈第1ステップ〉病気休業開始及び休業中のケア

ア 病気休業開始時の労働者からの
　診断書（病気休業診断書）の提出
イ 管理監督者によるケア及び事業
　場内産業保健スタッフ等によるケア

ウ 病気休業期間中の労働者の安心
　感の醸成のための対応
エ その他

↓

〈第2ステップ〉主治医による職場復帰可能の判断

ア 労働者からの職場復帰の意思表
　示と職場復帰可能の判断が記され
　た診断書の提出

イ 産業医による精査
ウ 主治医への情報提供

↓

〈第3ステップ〉職場復帰の可否の判断及び職場復帰支援プランの作成

ア 情報の収集と評価
　(ｱ) 労働者の職場復帰に対する意
　　思の確認
　(ｲ) 産業医等による主治医からの
　　意見収集
　(ｳ) 労働者の状態等の評価
　(ｴ) 職場環境等の評価
　(ｵ) その他
イ 職場復帰の可否についての判断

ウ 職場復帰支援プランの作成
　(ｱ) 職場復帰日
　(ｲ) 管理監督者による業務上の配
　　慮
　(ｳ) 人事労務管理上の対応
　(ｴ) 産業医等による医学的見地か
　　らみた意見
　(ｵ) フォローアップ
　(ｶ) その他

↓

〈第4ステップ〉最終的な職場復帰の決定

ア 労働者の状態の最終確認
イ 就業上の措置等に関する意見書
　の作成

ウ 事業者による最終的な職場復帰
　の決定
エ その他

↓

職 場 復 帰

↓

〈第5ステップ〉職場復帰後のフォローアップ

ア 疾患の再燃・再発、新しい問題
　の発生等の有無の確認
イ 勤務状況および業務遂行能力の
　評価
ウ 職場復帰支援プランの実施状況
　の確認

エ 治療状況の確認
オ 職場復帰支援プランの評価と見
　直し
カ 職場環境等の改善等
キ 管理監督者、同僚等への配慮等

⑼　心理的な負担の程度を把握するための検査及び面接指導の実施並びに面接指導結果に基づき事業者が講ずべき措置に関する指針（抄）

> 平成27年 4 月15日
> 心理的な負担の程度を把握するための検査等指針公示第 1 号
> 改正　平成30年 8 月22日
> 心理的な負担の程度を把握するための検査等指針公示第 3 号

1　趣旨　（略）
2　ストレスチェック制度の基本的な考え方　（略）
3　ストレスチェック制度の実施に当たっての留意事項　（略）

4　ストレスチェック制度の手順

　ストレスチェック制度に基づく取組は、次に掲げる手順で実施するものとする。

　ア　基本方針の表明

　　事業者は、法、規則及び本指針に基づき、ストレスチェック制度に関する基本方針を表明する。

　イ　ストレスチェック及び面接指導

　　①　衛生委員会等において、ストレスチェック制度の実施方法等について調査審議を行い、その結果を踏まえ、事業者がその事業場におけるストレスチェック制度の実施方法等を規程として定める。

　　②　事業者は、労働者に対して、医師、保健師又は厚生労働大臣が定める研修を修了した歯科医師、看護師、精神保健福祉士若しくは公認心理師（以下「医師等」という。）によるストレスチェックを行う。

　　③　事業者は、ストレスチェックを受けた労働者に対して、当該ストレスチェックを実施した医師等（以下「実施者」という。）から、その結果を直接本人に通知させる。

　　④　ストレスチェック結果の通知を受けた労働者のうち、高ス

トレス者として選定され、面接指導を受ける必要があると実施者が認めた労働者から申出があった場合は、事業者は、当該労働者に対して、医師による面接指導を実施する。

⑤ 事業者は、面接指導を実施した医師から、就業上の措置に関する意見を聴取する。

⑥ 事業者は、医師の意見を勘案し、必要に応じて、適切な措置を講じる。

ウ 集団ごとの集計・分析

① 事業者は、実施者に、ストレスチェック結果を一定規模の集団ごとに集計・分析させる。

② 事業者は、集団ごとの集計・分析の結果を勘案し、必要に応じて、適切な措置を講じる。

5 衛生委員会等における調査審議 （略）
6 ストレスチェック制度の実施体制の整備 （略）

7 ストレスチェックの実施方法等

(1) 実施方法

ア ストレスチェックの定義 （略）

イ ストレスチェックの調査票

　事業者がストレスチェックに用いる調査票は、規則第52条の9第1項第1号から第3号までに規定する3つの領域に関する項目が含まれているものであれば、実施者の意見及び衛生委員会等での調査審議を踏まえて、事業者の判断により選択することができるものとする。

　なお、事業者がストレスチェックに用いる調査票としては、別添の「職業性ストレス簡易調査票」を用いることが望ましい。

ウ ストレスの程度の評価方法及び高ストレス者の選定方法・基準

(ｱ) 個人のストレスの程度の評価方法

　事業者は、ストレスチェックに基づくストレスの程度の評価

323

を実施者に行わせるに当たっては、点数化した評価結果を数値で示すだけでなく、ストレスの状況をレーダーチャート等の図表で分かりやすく示す方法により行わせることが望ましい。

(イ) 高ストレス者の選定方法

　次の①又は②のいずれかの要件を満たす者を高ストレス者として選定するものとする。この場合において、具体的な選定基準は、実施者の意見及び衛生委員会等での調査審議を踏まえて、事業者が決定するものとする。

① 調査票のうち、「心理的な負担による心身の自覚症状に関する項目」の評価点数の合計が高い者

② 調査票のうち、「心理的な負担による心身の自覚症状に関する項目」の評価点数の合計が一定以上の者であって、かつ、「職場における当該労働者の心理的な負担の原因に関する項目」及び「職場における他の労働者による当該労働者への支援に関する項目」の評価点数の合計が著しく高い者

　実施者による具体的な高ストレス者の選定は、上記の選定基準のみで選定する方法のほか、選定基準に加えて補足的に実施者又は実施者の指名及び指示のもとにその他の医師、保健師、歯科医師、看護師若しくは精神保健福祉士又は公認心理師、産業カウンセラー若しくは臨床心理士等の心理職が労働者に面談を行いその結果を参考として選定する方法も考えられる。この場合、当該面談は、法第66条の10第1項の規定によるストレスチェックの実施の一環として位置付けられる。

エ 健康診断と同時に実施する場合の留意事項

　事業者は、ストレスチェック及び法第66条第1項の規定による健康診断の自覚症状及び他覚症状の有無の検査（以下「問診」という。）を同時に実施することができるものとする。ただし、この場合において、事業者は、ストレスチェックの調査票及び健康診断の問診票を区別する等、労働者が受検・受診義務の有無及び結果の取扱いがそれぞれ異なることを認識できる

よう必要な措置を講じなければならないものとする。

(2) 実施者の役割

　　実施者は、ストレスチェックの実施に当たって、当該事業場におけるストレスチェックの調査票の選定並びに当該調査票に基づくストレスの程度の評価方法及び高ストレス者の選定基準の決定について事業者に対して専門的な見地から意見を述べるとともに、ストレスチェックの結果に基づき、当該労働者が医師による面接指導を受ける必要があるか否かを確認しなければならないものとする。

　　なお、調査票の回収、集計若しくは入力又は受検者との連絡調整等の実施の事務については、必ずしも実施者が直接行う必要はなく、実施事務従事者に行わせることができる。事業者は、実施の事務が円滑に行われるよう、実施事務従事者の選任等必要な措置を講じるものとする。

(3) 受検の勧奨

　　自らのストレスの状況について気付きを促すとともに、必要に応じ面接指導等の対応につなげることで、労働者がメンタルヘルス不調となることを未然に防止するためには、全ての労働者がストレスチェックを受けることが望ましいことから、事業者は、実施者からストレスチェックを受けた労働者のリストを入手する等の方法により、労働者の受検の有無を把握し、ストレスチェックを受けていない労働者に対して、ストレスチェックの受検を勧奨することができるものとする。なお、この場合において、実施者は、ストレスチェックを受けた労働者のリスト等労働者の受検の有無の情報を事業者に提供するに当たって、労働者の同意を得る必要はないものとする。

(4) ストレスチェック結果の通知及び通知後の対応

ア　労働者本人に対するストレスチェック結果の通知方法

　　事業者は、規則第52条の12の規定に基づき、ストレスチェック結果が実施者から、遅滞なく労働者に直接通知されるように

しなければならない。この場合において、事業者は、ストレスチェック結果のほか、次に掲げる事項を通知させることが望ましい。

① 労働者によるセルフケアに関する助言・指導
② 面接指導の対象者にあっては、事業者への面接指導の申出窓口及び申出方法
③ 面接指導の申出窓口以外のストレスチェック結果について相談できる窓口に関する情報提供

イ ストレスチェック結果の通知後の対応

(ア) 面接指導の申出の勧奨

ストレスチェックの結果、高ストレス者として選定され、面接指導を受ける必要があると実施者が認めた労働者のうち、面接指導の申出を行わない労働者に対しては、規則第52条の16第3項の規定に基づき、実施者が、申出の勧奨を行うことが望ましい。

(イ) 相談対応

事業者は、ストレスチェック結果の通知を受けた労働者に対して、相談の窓口を広げ、相談しやすい環境を作ることで、高ストレスの状態で放置されないようにする等適切な対応を行う観点から、日常的な活動の中で当該事業場の産業医等が相談対応を行うほか、産業医等と連携しつつ、保健師、歯科医師、看護師若しくは精神保健福祉士又は公認心理師、産業カウンセラー若しくは臨床心理士等の心理職が相談対応を行う体制を整備することが望ましい。

(5) ストレスチェック結果の記録及び保存

ストレスチェック結果の事業者への提供について、労働者から同意を得て、実施者からその結果の提供を受けた場合は、規則第52条の13第2項の規定に基づき、事業者は、当該ストレスチェック結果の記録を作成して、これを5年間保存しなければならない。

労働者の同意が得られていない場合には、規則第52条の11の規定に基づき、事業者は、実施者によるストレスチェック結果の記録の作成及び当該実施者を含む実施事務従事者による当該記録の保存が適切に行われるよう、記録の保存場所の指定、保存期間の設定及びセキュリティの確保等必要な措置を講じなければならない。この場合において、ストレスチェック結果の記録の保存については、実施者がこれを行うことが望ましく、実施者が行うことが困難な場合には、事業者は、実施者以外の実施事務従事者の中から記録の保存事務の担当者を指名するものとする。

実施者又は実施者以外の実施事務従事者が記録の保存を行うに当たっては、5年間保存することが望ましい。　（中略）

8　面接指導の実施方法等

(1)　面接指導の対象労働者の要件

規則第52条の15の規定に基づき、事業者は、上記7(1)ウ(イ)に掲げる方法により高ストレス者として選定された者であって、面接指導を受ける必要があると実施者が認めた者に対して、労働者からの申出に応じて医師による面接指導を実施しなければならない。

(2)　対象労働者の要件の確認方法

事業者は、労働者から面接指導の申出があったときは、当該労働者が面接指導の対象となる者かどうかを確認するため、当該労働者からストレスチェック結果を提出させる方法のほか、実施者に当該労働者の要件への該当の有無を確認する方法によることができるものとする。

(3)　実施方法

面接指導を実施する医師は、規則第52条の17の規定に基づき、面接指導において次に掲げる事項について確認するものとする。

①　当該労働者の勤務の状況（職場における当該労働者の心理

的な負担の原因及び職場における他の労働者による当該労働
者への支援の状況を含む。)

② 当該労働者の心理的な負担の状況

③ ②のほか、当該労働者の心身の状況

なお、事業者は、当該労働者の勤務の状況及び職場環境等を
勘案した適切な面接指導が行われるよう、あらかじめ、面接指
導を実施する医師に対して当該労働者に関する労働時間、労働
密度、深夜業の回数及び時間数、作業態様並びに作業負荷の状
況等の勤務の状況並びに職場環境等に関する情報を提供するも
のとする。

(4) 面接指導の結果についての医師からの意見の聴取

法第66条の10第5項の規定に基づき、事業者が医師から必要
な措置についての意見を聴くに当たっては、面接指導実施後遅
滞なく、就業上の措置の必要性の有無及び講ずべき措置の内容
その他の必要な措置に関する意見を聴くものとする。具体的に
は、次に掲げる事項を含むものとする。

ア 下表に基づく就業区分及びその内容に関する医師の判断

就業区分		就業上の措置の内容
区分	内容	
通常勤務	通常の勤務でよいもの	—
就業制限	勤務に制限を加える必要のあるもの	メンタルヘルス不調を未然に防止するため、労働時間の短縮、出張の制限、時間外労働の制限、労働負荷の制限、作業の転換、就業場所の変更、深夜業の回数の減少又は昼間勤務への転換等の措置を講じる。
要休業	勤務を休む必要のあるもの	療養等のため、休暇又は休職等により一定期間勤務させない措置を講じる。

イ 必要に応じ、職場環境の改善に関する意見

⑸　就業上の措置の決定及び実施　（略）

⑹　結果の記録及び保存　（略）

9　ストレスチェック結果に基づく集団ごとの集計・分析及び職場環境の改善　（略）

10　労働者に対する不利益な取扱いの防止　（略）

11　ストレスチェック制度に関する労働者の健康情報の保護（略）

12　その他の留意事項等　（略）

13　定義　（略）

（別添）

職業性ストレス簡易調査票

A　あなたの仕事についてうかがいます。最もあてはまるものに○を付けてください。

	そうだ	まあそうだ	ややちがう	ちがう
1. 非常にたくさんの仕事をしなければならない	1	2	3	4
2. 時間内に仕事が処理しきれない	1	2	3	4
3. 一生懸命働かなければならない	1	2	3	4
4. かなり注意を集中する必要がある	1	2	3	4
5. 高度の知識や技術が必要なむずかしい仕事だ	1	2	3	4
6. 勤務時間中はいつも仕事のことを考えていなければならない	1	2	3	4
7. からだを大変よく使う仕事だ	1	2	3	4
8. 自分のペースで仕事ができる	1	2	3	4
9. 自分で仕事の順番・やり方を決めることができる	1	2	3	4
10. 職場の仕事の方針に自分の意見を反映できる	1	2	3	4
11. 自分の技能や知識を仕事で使うことが少ない	1	2	3	4
12. 私の部署内で意見のくい違いがある	1	2	3	4
13. 私の部署と他の部署とはうまが合わない	1	2	3	4
14. 私の職場の雰囲気は友好的である	1	2	3	4
15. 私の職場の作業環境（騒音、照明、温度、換気など）はよくない	1	2	3	4
16. 仕事の内容は自分にあっている	1	2	3	4
17. 働きがいのある仕事だ	1	2	3	4

B　最近1か月間のあなたの状態についてうかがいます。最もあてはまるものに○を付けてください。

	ほとんどなかった	ときどきあった	しばしばあった	ほとんどいつもあった
1. 活気がわいてくる	1	2	3	4
2. 元気がいっぱいだ	1	2	3	4
3. 生き生きする	1	2	3	4
4. 怒りを感じる	1	2	3	4
5. 内心腹立たしい	1	2	3	4
6. イライラしている	1	2	3	4
7. ひどく疲れた	1	2	3	4
8. へとへとだ	1	2	3	4
9. だるい	1	2	3	4
10. 気がはりつめている	1	2	3	4
11. 不安だ	1	2	3	4
12. 落着かない	1	2	3	4

13. ゆううつだ	1	2	3	4
14. 何をするのも面倒だ	1	2	3	4
15. 物事に集中できない	1	2	3	4
16. 気分が晴れない	1	2	3	4
17. 仕事が手につかない	1	2	3	4
18. 悲しいと感じる	1	2	3	4
19. めまいがする	1	2	3	4
20. 体のふしぶしが痛む	1	2	3	4
21. 頭が重かったり頭痛がする	1	2	3	4
22. 首筋や肩がこる	1	2	3	4
23. 腰が痛い	1	2	3	4
24. 目が疲れる	1	2	3	4
25. 動悸や息切れがする	1	2	3	4
26. 胃腸の具合が悪い	1	2	3	4
27. 食欲がない	1	2	3	4
28. 便秘や下痢をする	1	2	3	4
29. よく眠れない	1	2	3	4

C　あなたの周りの方々についてうかがいます。最もあてはまるものに○を付けてください。

	非常に	かなり	多少	全くない

次の人たちはどのくらい気軽に話ができますか？

1. 上司	1	2	3	4
2. 職場の同僚	1	2	3	4
3. 配偶者、家族、友人等	1	2	3	4

あなたが困った時、次の人たちはどのくらい頼りになりますか？

4. 上司	1	2	3	4
5. 職場の同僚	1	2	3	4
6. 配偶者、家族、友人等	1	2	3	4

あなたの個人的な問題を相談したら、次の人たちはどのくらいきいてくれますか？

7. 上司	1	2	3	4
8. 職場の同僚	1	2	3	4
9. 配偶者、家族、友人等	1	2	3	4

D　満足度について

	満足	まあ満足	やや不満足	不満足
1. 仕事に満足だ	1	2	3	4
2. 家庭生活に満足だ	1	2	3	4

⑽　事業場における労働者の健康保持増進のための指針（概要）

$\begin{pmatrix} & 昭和63年 9 月 1 日　健康保持増進のための指針公示第 1 号 \\ 改正 & 令和 5 年 3 月31日　健康保持増進のための指針公示第11号 \end{pmatrix}$

1　趣旨（略）

2　健康保持増進対策の基本的考え方

　労働者の健康を保持増進していくためには、労働者の自助努力に加えて、事業者の行う健康管理の積極的推進が必要である。その健康管理も単に健康障害を防止するという観点のみならず、更に一歩進んで、労働生活の全期間を通じて継続的かつ計画的に心身両面にわたる積極的な健康保持増進を目指したものでなければならず、生活習慣病の発症や重症化の予防のために保健事業を実施している医療保険者と連携したコラボヘルスの推進に積極的に取り組んでいく必要がある。

　労働者の健康の保持増進のための具体的措置としては、運動指導、メンタルヘルスケア、栄養指導、口腔保健指導、保健指導等があり、各事業場の実態に即して措置を実施していくことが必要である。

　さらに、事業者は、健康保持増進対策を推進するに当たって、次の事項に留意することが必要である。

①　健康保持増進対策における対象の考え方

　健康保持増進措置は、主に生活習慣上の課題を有する労働者の健康状態の改善を目指すために個々の労働者に対して実施するものと、事業場全体の健康状態の改善や健康保持増進に係る取組の活性化等、生活習慣上の課題の有無に関わらず労働者を集団として捉えて実施するものがある。事業者はそれぞれの措置の特徴を理解したうえで、これらの措置を効果的に組み合わせて健康保持増進対策に取り組むことが望ましい。

②　労働者の積極的な参加を促すための取組

　労働者の中には健康保持増進に関心を持たない者も一定数存在すると考えられることから、これらの労働者にも抵抗なく健康保

持増進に取り組んでもらえるようにすることが重要である。加えて、労働者の行動が無意識のうちに変化する環境づくりやスポーツ等の楽しみながら参加できる仕組みづくり等に取り組むことも重要である。また、これらを通じて事業者は、労働者が健康保持増進に取り組む文化や風土を醸成していくことが望ましい。

③　労働者の高齢化を見据えた取組

労働者が高齢期を迎えても健康に働き続けるためには、心身両面の総合的な健康が維持されていることが必要であり、若年期からの運動の習慣化や、高年齢労働者を対象とした身体機能の維持向上のための取組等を通じて、加齢とともに筋力や認知機能等の心身の活力が低下するフレイルやロコモティブシンドロームの予防に取り組むことが重要である。健康保持増進措置を検討するに当たっては、このような視点を盛り込むことが望ましい。

また、加齢に伴う筋力や認知機能等の低下は転倒等の労働災害リスクにつながることから、健康状況の継続的な把握のもと、高年齢労働者の安全と健康確保のためのガイドライン（エイジフレンドリーガイドライン）に基づき対応することが重要である。

3　健康保持健康保持増進対策の推進に当たっての基本事項

事業者は、健康保持増進対策を中長期的視点に立って、継続的かつ計画的に行うため、以下の項目に沿って積極的に進めていく必要がある。また、健康保持増進対策の推進に当たっては、事業者が労働者等の意見を聴きつつ事業場の実態に即した取組を行うため、労使、産業医、衛生管理者等で構成される衛生委員会等を活用して以下の項目に取り組むとともに、各項目の内容について関係者に周知することが必要である。

なお、衛生委員会等の設置義務のない小規模事業場においても、これらの実施に当たっては、労働者等の意見が反映されるようにすることが必要である。加えて、健康保持増進対策の推進単位については、事業場単位だけでなく企業単位で取り組むことも考えられる。

(1) 健康保持増進方針の表明

　　事業者は、健康保持増進方針を表明するものとする。健康保持増進方針は、事業場における労働者の健康の保持増進を図るための基本的な考え方を示すものであり、次の事項を含むものとする。

　・事業者自らが事業場における健康保持増進を積極的に支援すること。／労働者の健康の保持増進を図ること。／労働者の協力の下に、健康保持増進対策を実施すること。／健康保持増進措置を適切に実施すること。

(2) 推進体制の確立

　　事業者は、事業場内の健康保持増進対策を推進するため、その実施体制を確立するものとする（4(1)参照）。

(3) 課題の把握

　　事業者は、事業場における労働者の健康の保持増進に関する課題等を把握し、健康保持増進対策を推進するスタッフ等の専門的な知見も踏まえ、健康保持増進措置を検討するものとする。なお、課題の把握に当たっては、労働者の健康状態等が把握できる客観的な数値等を活用することが望ましい。

(4) 健康保持増進目標の設定

　　事業者は、健康保持増進方針に基づき、把握した課題や過去の目標の達成状況を踏まえ、健康保持増進目標を設定し、当該目標において一定期間に達成すべき到達点を明らかにする。

　　また、健康保持増進対策は、中長期的視点に立って、継続的かつ計画的に行われるようにする必要があることから、目標においても中長期的な指標を設定し、その達成のために計画を進めていくことが望ましい。

(5) 健康保持増進措置の決定

　　事業者は、表明した健康保持増進方針、把握した課題及び設定した健康保持増進目標を踏まえ、事業場の実情も踏まえつつ、健康保持増進措置を決定する。

(6) 健康保持増進計画の作成

事業者は、健康保持増進目標を達成するため、健康保持増進計画を作成するものとする。健康保持増進計画は各事業場における労働安全衛生に関する計画の中に位置付けることが望ましい。

健康保持増進計画は具体的な実施事項、日程等について定めるものであり、次の事項を含むものとする。

・健康保持増進措置の内容及び実施時期に関する事項／健康保持増進計画の期間に関する事項／健康保持増進計画の実施状況の評価及び計画の見直しに関する事項

(7) 健康保持増進計画の実施

事業者は、健康保持増進計画を適切かつ継続的に実施するものとする。また、健康保持増進計画を適切かつ継続的に実施するために必要な留意すべき事項を定めるものとする。

(8) 実施結果の評価

事業者は、事業場における健康保持増進対策を、継続的かつ計画的に推進していくため、当該対策の実施結果等を評価し、新たな目標や措置等に反映させることにより、今後の取組を見直すものとする。

4 健康保持増進対策の推進に当たって事業場ごとに定める事項

(1) 体制の確立

事業者は、次に掲げるスタッフや事業場外資源等を活用し、健康保持増進対策の実施体制を整備し、確立する。

イ 事業場内の推進スタッフ

事業場における健康保持増進対策の推進に当たっては、事業場の実情に応じて、事業者が、労働衛生等の知識を有している産業医等、衛生管理者等、事業場内の保健師等の事業場内産業保健スタッフ及び人事労務管理スタッフ等を活用し、各担当における役割を定めたうえで、事業場内における体制を構築する。

また、例えば労働者に対して運動プログラムを作成し、運動実践を行うに当たっての指導を行うことができる者、労働者に

335

対してメンタルヘルスケアを行うことができる者等の専門スタッフを養成し、活用することも有効である。なお、健康保持増進措置を効果的に実施する上で、これらのスタッフは、専門分野における十分な知識・技能と労働衛生等についての知識を有していることが必要である。このため、事業者は、これらのスタッフに研修機会を与える等の能力の向上に努める。

ロ　事業場外資源

健康保持増進対策の推進体制を確立するため、事業場内のスタッフを活用することに加え、事業場が取り組む内容や求めるサービスに応じて、健康保持増進に関し専門的な知識を有する各種の事業場外資源を活用する。事業場外資源を活用する場合は、健康保持増進対策に関するサービスが適切に実施できる体制や、情報管理が適切に行われる体制が整備されているか等について、事前に確認する。事業場外資源として考えられる機関等は以下のとおり。

・労働衛生機関、中央労働災害防止協会、スポーツクラブ等の健康保持増進に関する支援を行う機関／医療保険者／地域の医師会や歯科医師会、地方公共団体等の地域資源／産業保健総合支援センター

(2)　健康保持増進措置の内容

事業者は、次に掲げる健康保持増進措置の具体的項目を実施する。

イ　健康指導

(イ)　労働者の健康状態の把握

健康指導の実施に当たっては、健康診断や必要に応じて行う健康測定等により労働者の健康状態を把握し、その結果に基づいて実施する必要がある。筋力や認知機能等の低下に伴う転倒等の労働災害を防止するため、体力の状況を客観的に把握し自らの身体機能の維持向上に取り組めるよう、具体的には以下の健康測定等を実施することが考えられる。

・転倒等のリスクを確認する身体機能セルフチェック

・加齢による心身の衰えを確認するフレイルチェック

・移動機能を確認するロコモ度テスト

　また、データヘルスやコラボヘルス等の労働者の健康保持増進対策を推進するため、労働安全衛生法に基づく定期健康診断の結果の記録等、労働者の健康状態等が把握できる客観的な数値等を医療保険者に共有することが必要であり、そのデータを医療保険者と連携して、事業場内外の複数の集団間のデータと比較し、事業場における労働者の健康状態の改善や健康保持増進に係る取組の決定等に積極的に活用することが重要である。

(ロ)　健康指導の実施

　労働者の健康状態の把握を踏まえ実施される労働者に対する健康指導については、以下の項目を含むもの又は関係するものとする。また、事業者は、希望する労働者に対して個別に健康相談等を行うように努めることが必要である。

・労働者の生活状況、希望等が十分に考慮され、運動の種類及び内容が安全に楽しくかつ効果的に実践できるよう配慮された運動指導／ストレスに対する気付きへの援助、リラクセーションの指導等のメンタルヘルスケア／食習慣や食行動の改善に向けた栄養指導／歯と口の健康づくりに向けた口腔保健指導／勤務形態や生活習慣による健康上の問題を解決するために職場生活を通して行う、睡眠、喫煙、飲酒等に関する健康的な生活に向けた保健指導

　併せて、高年齢労働者に対しては、フレイルやロコモティブシンドロームの予防を意識した健康づくり活動を実施することが重要である。なお、(イ)に掲げるフレイルチェックの結果も踏まえ、市町村が提供する一般介護予防事業等を利用できる可能性があるため、当該高年齢労働者の居住する市町村や地域包括支援センターに相談することも可能である。

ロ　その他の健康保持増進措置

　　イに掲げるもののほか、健康教育、健康相談又は、健康保持増進に関する啓発活動や環境づくり等の内容も含むものとする。なお、その他の健康保持増進措置を実施するに当たっても労働者の健康状態を事前に把握し、取組むことが有用である。

5　健康保持増進対策の推進における留意事項

(1)　課題の把握や目標の設定等においては、労働者の健康状態等を客観的に把握できる数値（例えば、定期健康診断結果や医療保険者から提供される事業場内外の複数の集団間の健康状態を比較したデータ等）を活用することが望ましい。

(2)　本指針のメンタルヘルスケア実施に当たっては、労働者の心の健康の保持増進のための指針（平成18年3月31日健康保持増進のための指針公示第3号）を踏まえて、集団や労働者の状況に応じて適切に行われる必要がある。

(3)　健康保持増進対策を進めるに当たっては、健康情報を含む労働者の個人情報の保護に関し、法令等を遵守し、労働者の健康情報の適正な取扱いを図るものとする。なお、高齢者の医療の確保に関する法律（昭和57年法律第80号）、健康保険法（大正11年法律第70号）に基づき、医療保険者から定期健康診断に関する記録の写しの提供の求めがあった場合に、事業者は当該記録の写しを医療保険者に提供しなければならない。

(4)　記録の保存（略）

6　定義（略）

(11) 事業場における治療と仕事の両立支援のためのガイドライン
（概要）

（平成28年2月23日　厚生労働省発表）
（令和5年3月改訂）

　本ガイドラインは、治療が必要な疾病を抱える労働者が、業務によって疾病を増悪させることなどがないよう、事業場において適切な就業上の措置を行いつつ、治療に対する配慮が行われるようにするため、関係者の役割、事業場における環境整備、個別の労働者への支援の進め方を含めた、事業場における取組をまとめたものである。

【ガイドラインのポイント】
＜両立支援を行うための環境整備＞
　事業場において、治療と仕事の両立支援を行うための環境整備として取り組むことが望ましい事項は以下のとおりである。
○事業者による基本方針等の表明と労働者への周知
○研修等による両立支援に関する意識啓発
○相談窓口等の明確化
○両立支援に関する制度・体制等の整備
＜両立支援の進め方＞
　治療と仕事の両立支援は以下の流れで進めることが望ましい。
① 両立支援を必要とする労働者が、支援に必要な情報を収集して事業者に提出
　労働者からの情報が不十分な場合、産業医等又は人事労務担当者等が、労働者の同意を得た上で主治医から情報収集することも可能
② 事業者が、産業医等に対して収集した情報を提供し、就業継続の可否、就業上の措置及び治療に対する配慮に関する産業医等の意見を聴取
③ 事業者が、主治医及び産業医等の意見を勘案し、就業継続の可

339

否を判断

④　事業者が労働者の就業継続が可能と判断した場合、就業上の措置及び治療に対する配慮の内容・実施時期等を事業者が検討・決定し、実施

⑤　事業者が労働者の長期の休業が必要と判断した場合、休業開始前の対応・休業中のフォローアップを事業者が行うとともに、主治医や産業医等の意見、本人の意向、復帰予定の部署の意見等を総合的に勘案し、職場復帰の可否を事業者が判断した上で、職場復帰後の就業上の措置及び治療に対する配慮の内容・実施事項等を事業者が検討・決定し、実施

<留意事項>

がん、脳卒中、肝疾患、難病、心疾患、糖尿病

<参考資料>

企業・医療機関連携マニュアル（令和3年3月改訂版）

事業場における環境整備・取組事例を踏まえた参考資料（令和5年3月版）

⑿　高年齢労働者の安全と健康確保のためのガイドライン
　　（エイジフレンドリーガイドライン）（抄）

（令和 2 年 3 月16日 基安発0316第 1 号）

第1　趣旨（略）

第2　事業者に求められる事項
1　安全衛生管理体制の確立等
　⑴　**経営トップによる方針表明及び体制整備**
　　　高齢者労働災害防止対策を組織的かつ継続的に実施するため、
　　次の事項に取り組むこと。
　　ア　経営トップ自らが、高齢者労働災害防止対策に取り組む姿
　　　勢を示し、企業全体の安全意識を高めるため、高齢者労働災
　　　害防止対策に関する事項を盛り込んだ安全衛生方針を表明す
　　　ること。
　　イ　安全衛生方針に基づき、高齢者労働災害防止対策に取り組
　　　む組織や担当者を指定する等により、高齢者労働災害防止対
　　　策の実施体制を明確化すること。
　　ウ　高齢者労働災害防止対策について、労働者の意見を聴く機
　　　会や、労使で話し合う機会を設けること。
　　エ　安全委員会、衛生委員会又は安全衛生委員会（以下「安全
　　　衛生委員会等」という。）を設けている事業場においては、
　　　高齢者労働災害防止対策に関する事項を調査審議すること。
　　　　これらの事項を実施するに当たり、以下の点を考慮すること。
　　　・高年齢労働者が、職場で気付いた労働安全衛生に関するリ
　　　　スクや働く上で負担に感じている事項、自身の不調等を相
　　　　談できるよう、企業内相談窓口を設置することや、高年齢
　　　　労働者が孤立することなくチームに溶け込んで何でも話せ
　　　　る風通しの良い職場風土づくりが効果的であること。等
　⑵　**危険源の特定等のリスクアセスメントの実施**
　　　高年齢労働者の身体機能の低下等による労働災害の発生リス

341

クについて、災害事例やヒヤリハット事例から危険源の洗い出しを行い、当該リスクの高さを考慮して高齢者労働災害防止対策の優先順位を検討すること。その結果を踏まえ、以下の2から5までに示す事項を参考に優先順位の高いものから取り組む事項を決めること。

これらの事項を実施するに当たり、以下の点を考慮すること。

・高年齢労働者の安全と健康の確保のための職場改善ツールである「エイジアクション100」のチェックリスト（別添1）を活用することも有効であること。

・サービス業のうち社会福祉施設、飲食店等では、家庭生活と同種の作業を行うため危険を認識しにくいが、作業頻度や作業環境の違いにより家庭生活における作業とは異なるリスクが潜んでいることに留意すること。等

2 職場環境の改善

(1) 身体機能の低下を補う設備・装置の導入（主としてハード面の対策）

身体機能が低下した高年齢労働者であっても安全に働き続けることができるよう、事業場の施設、設備、装置等の改善を検討し、必要な対策を講じること。

その際、以下に掲げる対策の例を参考に、高年齢労働者の特性やリスクの程度を勘案し、事業場の実情に応じた優先順位をつけて施設、設備、装置等の改善に取り組むこと。

・視力や明暗の差への対応力が低下することを前提に、通路を含めた作業場所の照度を確保するとともに、照度が極端に変化する場所や作業の解消を図ること。

・階段には手すりを設け、可能な限り通路の段差を解消すること。

・床や通路の滑りやすい箇所に防滑素材（床材や階段用シート）を採用すること。また、滑りやすい箇所で作業する労働者に防滑靴を利用させること。

・有効視野を考慮した警告・注意機器（パトライト等）を採用すること。

・熱中症の初期症状を把握できるウェアラブルデバイス等のIoT機器を利用すること。

・不自然な作業姿勢を解消するために、作業台の高さや作業対象物の配置を改善すること。

・リフト、スライディングシート等の導入により、抱え上げ作業を抑制すること。

・パソコン等を用いた情報機器作業では、照明、画面における文字サイズの調整、必要な眼鏡の使用等によって適切な視環境や作業方法を確保すること。等

(2) 高年齢労働者の特性を考慮した作業管理（主としてソフト面の対策）

敏捷性や持久性、筋力といった体力の低下等の高年齢労働者の特性を考慮して、作業内容等の見直しを検討し、実施すること。

その際、以下に掲げる対策の例を参考に、高年齢労働者の特性やリスクの程度を勘案し、事業場の実情に応じた優先順位をつけて対策に取り組むこと。

・事業場の状況に応じて、勤務形態や勤務時間を工夫することで高年齢労働者が就労しやすくすること（短時間勤務、隔日勤務、交替制勤務等）。

・高年齢労働者の特性を踏まえ、ゆとりのある作業スピード、無理のない作業姿勢等に配慮した作業マニュアルを策定し、又は改定すること。

・注意力や集中力を必要とする作業について作業時間を考慮すること。

・身体的な負担の大きな作業では、定期的な休憩の導入や作業休止時間の運用を図ること。

・一般に、年齢とともに暑い環境に対処しにくくなることを

343

考慮し、脱水症状を生じさせないよう意識的な水分補給を推奨すること。

・データ入力作業等相当程度拘束性がある作業においては、個々の労働者の特性に配慮した無理のない業務量とすること。等

3 高年齢労働者の健康や体力の状況の把握

(1) 健康状況の把握

労働安全衛生法で定める雇入時及び定期の健康診断を確実に実施すること。

その他、以下に掲げる例を参考に、高年齢労働者が自らの健康状況を把握できるような取組を実施することが望ましいこと。

・労働安全衛生法で定める健康診断の対象にならない者が、地域の健康診断等（特定健康診査等）の受診を希望する場合は、必要な勤務時間の変更や休暇の取得について柔軟な対応をすること。

・労働安全衛生法で定める健康診断の対象にならない者に対して、事業場の実情に応じて、健康診断を実施するよう努めること。等

(2) 体力の状況の把握

高年齢労働者の労働災害を防止する観点から、事業者、高年齢労働者双方が当該高年齢労働者の体力の状況を客観的に把握し、事業者はその体力に合った作業に従事させるとともに、高年齢労働者が自らの身体機能の維持向上に取り組めるよう、主に高年齢労働者を対象とした体力チェックを継続的に行うことが望ましいこと。

体力チェックの対象となる労働者から理解が得られるよう、わかりやすく丁寧に体力チェックの目的を説明するとともに、事業場における方針を示し、運用の途中で適宜当該方針を見直すこと。

具体的な体力チェックの方法として次のようなものが挙げら

れること。

　　・労働者の気付きを促すため、加齢による心身の衰えのチェック項目（フレイルチェック）等を導入すること。
　　・厚生労働省作成の「転倒等リスク評価セルフチェック票」（別添２）等を活用すること。等
　　　　体力チェックの実施に当たっては、以下の点を考慮すること。
　　・体力チェックの評価基準を設ける場合は、合理的な水準に設定し、職場環境の改善や高年齢労働者の体力の向上に取り組むことが必要であること。等

(3) **健康や体力の状況に関する情報の取扱い**

　　健康情報等を取り扱う際には、「労働者の心身の状態に関する情報の適正な取扱いのために事業者が講ずべき措置に関する指針」（平成30年９月７日労働者の心身の状態に関する情報の適正な取扱い指針公示第１号）を踏まえた対応をしなければならないことに留意すること。

　　また、労働者の体力の状況の把握に当たっては、個々の労働者に対する不利益な取扱いを防ぐため、労働者自身の同意の取得方法や労働者の体力の状況に関する情報の取扱方法等の事業場内手続について安全衛生委員会等の場を活用して定める必要があること。

4　高年齢労働者の健康や体力の状況に応じた対応

(1) **個々の高年齢労働者の健康や体力の状況を踏まえた措置**

　　脳・心臓疾患が起こる確率は加齢にしたがって徐々に増加するとされており、高年齢労働者については基礎疾患の罹患状況を踏まえ、労働時間の短縮や深夜業の回数の減少、作業の転換等の措置を講じること。

(2) **高年齢労働者の状況に応じた業務の提供**

　　労働者の健康や体力の状況は高齢になるほど個人差が拡大するとされており、個々の労働者の健康や体力の状況に応じて、

安全と健康の点で適合する業務を高年齢労働者とマッチングさせるよう努めること。

(3) 心身両面にわたる健康保持増進措置

「事業場における労働者の健康保持増進のための指針」（昭和63年９月１日健康保持増進のための指針公示第１号）や「労働者の心の健康の保持増進のための指針」（平成18年３月31日健康保持増進のための指針公示第３号）に基づき、取り組むよう努めること。

これらの事項を実施するに当たっては、以下に掲げる対策の例を参考に、リスクの程度を勘案し、事業場の実情に応じた優先順位をつけて取り組むこと。

・フレイルやロコモティブシンドロームの予防を意識した健康づくり活動を実施すること。

・保険者と企業が連携して労働者の健康づくりを効果的・効率的に実行するコラボヘルスの観点から職域単位の健康保険組合が健康づくりを実施する場合には、連携・共同して取り組むこと。等

5 安全衛生教育

(1) 高年齢労働者に対する教育

高年齢労働者を対象とした教育においては、作業内容とそのリスクについての理解を得やすくするため、十分な時間をかけ、写真や図、映像等の文字以外の情報も活用すること。中でも、高年齢労働者が、再雇用や再就職等により経験のない業種や業務に従事する場合には、特に丁寧な教育訓練を行うこと。

(2) 管理監督者等に対する教育

事業場内で教育を行う者や当該高年齢労働者が従事する業務の管理監督者、高年齢労働者と共に働く各年代の労働者に対しても、高年齢労働者に特有の特徴と高年齢労働者に対する安全衛生対策についての教育を行うことが望ましいこと。

第3 労働者に求められる事項

　生涯にわたり健康で長く活躍できるようにするために、一人ひとりの労働者は、事業者が実施する取組に協力するとともに、自己の健康を守るための努力の重要性を理解し、自らの健康づくりに積極的に取り組むことが必要である。また、個々の労働者が、自らの身体機能の変化が労働災害リスクにつながり得ることを理解し、労使の協力の下、以下の取組を実情に応じて進めることが必要である。

・高年齢労働者が自らの身体機能や健康状況を客観的に把握し、健康や体力の維持管理に努めること。なお、高齢になってから始めるのではなく、青年、壮年期から取り組むことが重要であること。

・事業者が行う労働安全衛生法で定める定期健康診断を必ず受けるとともに、短時間勤務等で当該健康診断の対象とならない場合には、地域保健や保険者が行う特定健康診査等を受けるよう努めること。等

第4 国、関係団体等による支援の活用

　事業者は、第2の事項に取り組むに当たり、以下に掲げる国、関係団体等による支援策を効果的に活用することが望ましいこと。

(1) 中小企業や第三次産業における高齢者労働災害防止対策の取組事例の活用
(2) 個別事業場に対するコンサルティング等の活用
(3) エイジフレンドリー補助金等の活用
(4) 社会的評価を高める仕組みの活用
(5) 職域保健と地域保健の連携及び健康保険の保険者との連携の仕組みの活用

（別添1）「エイジアクション100」のチェックリスト　（略）
（別添2）「転倒等リスク評価セルフチェック票」　（略）

(13) 労働災害の防止のための業務に従事する者に対する能力向上教育に関する指針

$$\begin{pmatrix} 平成元年5月22日 & 能力向上教育指針公示第1号 \\ 改正 \ 平成18年3月31日 & 能力向上教育指針公示第5号 \end{pmatrix}$$

https://www.jaish.gr.jp/anzen/hor/hombun/hor1-6/hor1-6-1-1-0.htm

(14) 事業者が講ずべき快適な職場環境の形成のための措置に関する指針

$$\begin{pmatrix} 平成4年7月1日 & 労働省告示第59号 \\ 改正 \ 平成9年9月25日 & 労働省告示第104号 \end{pmatrix}$$

https://www.jaish.gr.jp/anzen/hor/hombun/hor1-21/hor1-21-1-1-0.htm

(15) 健康診断結果に基づき事業者が講ずべき措置に関する指針

$$\begin{pmatrix} 平成8年10月1日 & 健康診断結果措置指針公示第1号 \\ 改正 \ 平成29年4月14日 & 健康診断結果措置指針公示第9号 \end{pmatrix}$$

https://www.jaish.gr.jp/anzen/hor/hombun/hor1-19/hor1-19-1-1-0.htm

(16) 職場における肝炎ウイルス感染に関する留意事項

$$\begin{pmatrix} 平成16年12月8日 & 基発第1208001号、 \\ & 職発第1208001号 \end{pmatrix}$$

https://www.jaish.gr.jp/horei/hor1-45/hor1-45-36-1-2.html

(17) 屋外作業場等における作業環境管理に関するガイドライン

$$\begin{pmatrix} 平成17年3月31日 & 基発第0331017号 \\ 改正 \ 令和2年2月7日 & 基発0207第2号 \end{pmatrix}$$

https://www.jaish.gr.jp/horei/hor1-46/hor1-46-10-1-2.html

⑱ 危険性又は有害性等の調査等に関する指針

$\left(\begin{array}{l}\text{平成18年3月10日}\\ \text{危険性又は有害性等の調査等に関する指針公示第1号}\end{array}\right)$

https://www.jaish.gr.jp/horei/hor1-47/hor1-47-5-1-3.html

⑲ 製造業（造船業を除く。）における元方事業者による
総合的な安全衛生管理のための指針

（平成18年8月1日　基発第0801010号）

https://www.jaish.gr.jp/horei/hor1-47/hor1-47-40-1-2.html

⑳ 振動障害総合対策要綱

（平成21年7月10日　基発0710第5号）

https://www.jaish.gr.jp/horei/hor1-50/hor1-50-29-1-2.html

㉑ 雇用管理分野における個人情報のうち健康情報を取り
扱うに当たっての留意事項

$\left(\begin{array}{ll}\text{平成29年5月29日} & \text{基発0529第3号}\\ \text{改正 平成31年3月29日} & \text{基発0329第4号}\end{array}\right)$

https://www.jaish.gr.jp/horei/hor1-58/hor1-58-56-1-2.html

㉒ 定期健康診断等における診断項目の取扱い等について

（平成29年8月4日　基発0804第4号）

https://www.jaish.gr.jp/anzen/hor/hombun/hor1-58/hor1-58-41-1-0.htm

㉓ 職場における受動喫煙防止のためのガイドライン

（令和元年7月1日 基発0701第1号）

https://www.jaish.gr.jp/horei/hor1-60/hor1-60-26-1-2.html

⑷　定期健康診断等における血糖検査の取扱いについて
　　　　（令和2月12月23日　基発1223第7号）

https://www.jaish.gr.jp/anzen/hor/hombun/hor1-61/hor1-61-44-1-0.htm

⑸　「ストレスチェック制度の施行を踏まえた当面のメン
　　タルヘルス対策の推進について」の一部改正について
　　　　$\left(\begin{array}{l}\text{令和4年3月31日　基発0331第31号、}\\\text{　　　　　　　　　雇均発0331第4号}\end{array}\right)$

https://www.jaish.gr.jp/anzen/hor/hombun/hor1-63/hor1-63-7-1-0.htm

○化学物質関連

⑴　化学物質等による危険性又は有害性等の調査等に関する指針

> 平成27年 9 月18日
> 危険性又は有害性等の調査等に関する指針公示第 3 号
> 改正 令和 5 年 4 月27日
> 危険性又は有害性等の調査等に関する指針公示第 4 号

1　趣旨等

　本指針は、労働安全衛生法（昭和47年法律第57号。以下「法」という。）第57条の 3 第 3 項の規定に基づき、事業者が、化学物質、化学物質を含有する製剤その他の物で労働者の危険又は健康障害を生ずるおそれのあるものによる危険性又は有害性等の調査（以下「リスクアセスメント」という。）を実施し、その結果に基づいて労働者の危険又は健康障害を防止するため必要な措置（以下「リスク低減措置」という。）が各事業場において適切かつ有効に実施されるよう、「化学物質による健康障害防止のための濃度の基準の適用等に関する技術上の指針」（令和 5 年 4 月27日付け技術上の指針公示第24号）と相まって、リスクアセスメントからリスク低減措置の実施までの一連の措置の基本的な考え方及び具体的な手順の例を示すとともに、これらの措置の実施上の留意事項を定めたものである。

　また、本指針は、「労働安全衛生マネジメントシステムに関する指針」（平成11年労働省告示第53号）に定める危険性又は有害性等の調査及び実施事項の特定の具体的実施事項としても位置付けられるものである。

2　適用

　本指針は、リスクアセスメント対象物（リスクアセスメントをしなければならない労働安全衛生法施行令（昭和47年政令第318号。以下「令」という。）第18条各号に掲げる物及び法第57条の 2 第 1 項に規定する通知対象物をいう。以下同じ。）に係るリスクアセスメントについて適用し、労働者の就業に係る全てのものを対象とす

351

る。

3 実施内容

　事業者は、法第57条の３第１項に基づくリスクアセスメントとして、(1)から(3)までに掲げる事項を、労働安全衛生規則（昭和47年労働省令第32号。以下「安衛則」という。）第34条の２の８に基づき(5)に掲げる事項を実施しなければならない。また、法第57条の３第２項に基づき、安衛則第577条の２に基づく措置その他の法令の規定による措置を講ずるほか(4)に掲げる事項を実施するよう努めなければならない。

(1) リスクアセスメント対象物による危険性又は有害性の特定

(2) (1)により特定されたリスクアセスメント対象物による危険性又は有害性並びに当該リスクアセスメント対象物を取り扱う作業方法、設備等により業務に従事する労働者に危険を及ぼし、又は当該労働者の健康障害を生ずるおそれの程度及び当該危険又は健康障害の程度（以下「リスク」という。）の見積り（安衛則第577条の２第２項の厚生労働大臣が定める濃度の基準（以下「濃度基準値」という。）が定められている物質については、屋内事業場における労働者のばく露の程度が濃度基準値を超えるおそれの把握を含む。）

(3) (2)の見積りに基づき、リスクアセスメント対象物への労働者のばく露の程度を最小限度とすること及び濃度基準値が定められている物質については屋内事業場における労働者のばく露の程度を濃度基準値以下とすることを含めたリスク低減措置の内容の検討

(4) (3)のリスク低減措置の実施

(5) リスクアセスメント結果等の記録及び保存並びに周知

4 実施体制等

(1) 事業者は、次に掲げる体制でリスクアセスメント及びリスク

低減措置（以下「リスクアセスメント等」という。）を実施するものとする。

ア　総括安全衛生管理者が選任されている場合には、当該者にリスクアセスメント等の実施を統括管理させること。総括安全衛生管理者が選任されていない場合には、事業の実施を統括管理する者に統括管理させること。

イ　安全管理者又は衛生管理者が選任されている場合には、当該者にリスクアセスメント等の実施を管理させること。

ウ　化学物質管理者（安衛則第12条の5第1項に規定する化学物質管理者をいう。以下同じ。）を選任し、安全管理者又は衛生管理者が選任されている場合にはその管理の下、化学物質管理者にリスクアセスメント等に関する技術的事項を管理させること。

エ　安全衛生委員会、安全委員会又は衛生委員会が設置されている場合には、これらの委員会においてリスクアセスメント等に関することを調査審議させること。また、リスクアセスメント等の対象業務に従事する労働者に化学物質の管理の実施状況を共有し、当該管理の実施状況について、これらの労働者の意見を聴取する機会を設け、リスクアセスメント等の実施を決定する段階において労働者を参画させること。

オ　リスクアセスメント等の実施に当たっては、必要に応じ、事業場内の化学物質管理専門家や作業環境管理専門家のほか、リスクアセスメント対象物に係る危険性及び有害性や、機械設備、化学設備、生産技術等についての専門的知識を有する者を参画させること。

カ　上記のほか、より詳細なリスクアセスメント手法の導入又はリスク低減措置の実施に当たっての、技術的な助言を得るため、事業場内に化学物質管理専門家や作業環境管理専門家等がいない場合は、外部の専門家の活用を図ることが望ましいこと。

(2) 事業者は、(1)のリスクアセスメント等の実施を管理する者等（カの外部の専門家を除く。）に対し、化学物質管理者の管理のもとで、リスクアセスメント等を実施するために必要な教育を実施するものとする。

5 実施時期

(1) 事業者は、安衛則第34条の2の7第1項に基づき、次のアからウまでに掲げる時期にリスクアセスメントを行うものとする。

ア リスクアセスメント対象物を原材料等として新規に採用し、又は変更するとき。

イ リスクアセスメント対象物を製造し、又は取り扱う業務に係る作業の方法又は手順を新規に採用し、又は変更するとき。

ウ リスクアセスメント対象物による危険性又は有害性等について変化が生じ、又は生ずるおそれがあるとき。具体的には、以下の(ア)、(イ)が含まれること。

　(ア) 過去に提供された安全データシート（以下「SDS」という。）の危険性又は有害性に係る情報が変更され、その内容が事業者に提供された場合

　(イ) 濃度基準値が新たに設定された場合又は当該値が変更された場合

(2) 事業者は、(1)のほか、次のアからウまでに掲げる場合にもリスクアセスメントを行うよう努めること。

ア リスクアセスメント対象物に係る労働災害が発生した場合であって、過去のリスクアセスメント等の内容に問題があることが確認された場合

イ 前回のリスクアセスメント等から一定の期間が経過し、リスクアセスメント対象物に係る機械設備等の経年による劣化、労働者の入れ替わり等に伴う労働者の安全衛生に係る知識経験の変化、新たな安全衛生に係る知見の集積等があった場合

ウ 既に製造し、又は取り扱っていた物質がリスクアセスメン

ト対象物として新たに追加された場合など、当該リスクアセスメント対象物を製造し、又は取り扱う業務について過去にリスクアセスメント等を実施したことがない場合

(3) 事業者は、(1)のア又はイに掲げる作業を開始する前に、リスク低減措置を実施することが必要であることに留意するものとする。

(4) 事業者は、(1)のア又はイに係る設備改修等の計画を策定するときは、その計画策定段階においてもリスクアセスメント等を実施することが望ましいこと。

6 リスクアセスメント等の対象の選定

事業者は、次に定めるところにより、リスクアセスメント等の実施対象を選定するものとする。

(1) 事業場において製造又は取り扱う全てのリスクアセスメント対象物をリスクアセスメント等の対象とすること。

(2) リスクアセスメント等は、対象のリスクアセスメント対象物を製造し、又は取り扱う業務ごとに行うこと。ただし、例えば、当該業務に複数の作業工程がある場合に、当該工程を1つの単位とする、当該業務のうち同一場所において行われる複数の作業を1つの単位とするなど、事業場の実情に応じ適切な単位で行うことも可能であること。

(3) 元方事業者にあっては、その労働者及び関係請負人の労働者が同一の場所で作業を行うこと（以下「混在作業」という。）によって生ずる労働災害を防止するため、当該混在作業についても、リスクアセスメント等の対象とすること。

7 情報の入手等

(1) 事業者は、リスクアセスメント等の実施に当たり、次に掲げる情報に関する資料等を入手するものとする。

入手に当たっては、リスクアセスメント等の対象には、定常

的な作業のみならず、非定常作業も含まれることに留意すること。

　また、混在作業等複数の事業者が同一の場所で作業を行う場合にあっては、当該複数の事業者が同一の場所で作業を行う状況に関する資料等も含めるものとすること。

ア　リスクアセスメント等の対象となるリスクアセスメント対象物に係る危険性又は有害性に関する情報（SDS等）

イ　リスクアセスメント等の対象となる作業を実施する状況に関する情報（作業標準、作業手順書等、機械設備等に関する情報を含む。）

(2)　事業者は、(1)のほか、次に掲げる情報に関する資料等を、必要に応じ入手するものとすること。

ア　リスクアセスメント対象物に係る機械設備等のレイアウト等、作業の周辺の環境に関する情報

イ　作業環境測定結果等

ウ　災害事例、災害統計等

エ　その他、リスクアセスメント等の実施に当たり参考となる資料等

(3)　事業者は、情報の入手に当たり、次に掲げる事項に留意するものとする。

ア　新たにリスクアセスメント対象物を外部から取得等しようとする場合には、当該リスクアセスメント対象物を譲渡し、又は提供する者から、当該リスクアセスメント対象物に係るSDSを確実に入手すること。

イ　リスクアセスメント対象物に係る新たな機械設備等を外部から導入しようとする場合には、当該機械設備等の製造者に対し、当該設備等の設計・製造段階においてリスクアセスメントを実施することを求め、その結果を入手すること。

ウ　リスクアセスメント対象物に係る機械設備等の使用又は改造等を行おうとする場合に、自らが当該機械設備等の管理権

原を有しないときは、管理権原を有する者等が実施した当該
機械設備等に対するリスクアセスメントの結果を入手するこ
と。
(4) 元方事業者は、次に掲げる場合には、関係請負人におけるリ
スクアセスメントの円滑な実施に資するよう、自ら実施したリ
スクアセスメント等の結果を当該業務に係る関係請負人に提供
すること。
ア 複数の事業者が同一の場所で作業する場合であって、混在
作業におけるリスクアセスメント対象物による労働災害を防
止するために元方事業者がリスクアセスメント等を実施した
とき。
イ リスクアセスメント対象物にばく露するおそれがある場所
等、リスクアセスメント対象物による危険性又は有害性があ
る場所において、複数の事業者が作業を行う場合であって、
元方事業者が当該場所に関するリスクアセスメント等を実施
したとき。

8 危険性又は有害性の特定

事業者は、リスクアセスメント対象物について、リスクアセスメ
ント等の対象となる業務を洗い出した上で、原則としてアからウま
でに即して危険性又は有害性を特定すること。また、必要に応じ、
エに掲げるものについても特定することが望ましいこと。
ア 国際連合から勧告として公表された「化学品の分類及び表示
に関する世界調和システム（GHS）」（以下「GHS」という。）
又は日本産業規格Z7252に基づき分類されたリスクアセスメン
ト対象物の危険性又は有害性（SDSを入手した場合には、当該
SDSに記載されているGHS分類結果）
イ リスクアセスメント対象物の管理濃度及び濃度基準値。これ
らの値が設定されていない場合であって、日本産業衛生学会の
許容濃度又は米国産業衛生専門家会議（ACGIH）のTLV-TWA

等のリスクアセスメント対象物のばく露限界（以下「ばく露限界」という。）が設定されている場合にはその値（SDSを入手した場合には、当該SDSに記載されているばく露限界）

ウ　皮膚等障害化学物質等（安衛則第594条の2で定める皮膚若しくは眼に障害を与えるおそれ又は皮膚から吸収され、若しくは皮膚に侵入して、健康障害を生ずるおそれがあることが明らかな化学物質又は化学物質を含有する製剤）への該当性

エ　アからウまでによって特定される危険性又は有害性以外の、負傷又は疾病の原因となるおそれのある危険性又は有害性。この場合、過去にリスクアセスメント対象物による労働災害が発生した作業、リスクアセスメント対象物による危険又は健康障害のおそれがある事象が発生した作業等により事業者が把握している情報があるときには、当該情報に基づく危険性又は有害性が必ず含まれるよう留意すること。

9　リスクの見積り

(1)　事業者は、リスク低減措置の内容を検討するため、安衛則第34条の2の7第2項に基づき、次に掲げるいずれかの方法（危険性に係るものにあっては、ア又はウに掲げる方法に限る。）により、又はこれらの方法の併用によりリスクアセスメント対象物によるリスクを見積もるものとする。

ア　リスクアセスメント対象物が当該業務に従事する労働者に危険を及ぼし、又はリスクアセスメント対象物により当該労働者の健康障害を生ずるおそれの程度（発生可能性）及び当該危険又は健康障害の程度（重篤度）を考慮する方法。具体的には、次に掲げる方法があること。

(ｱ)　発生可能性及び重篤度を相対的に尺度化し、それらを縦軸と横軸とし、あらかじめ発生可能性及び重篤度に応じてリスクが割り付けられた表を使用してリスクを見積もる方法

(イ) 発生可能性及び重篤度を一定の尺度によりそれぞれ数値化し、それらを加算又は乗算等してリスクを見積もる方法

(ウ) 発生可能性及び重篤度を段階的に分岐していくことによりリスクを見積もる方法

(エ) ILOの化学物質リスク簡易評価法（コントロール・バンディング）等を用いてリスクを見積もる方法

(オ) 化学プラント等の化学反応のプロセス等による災害のシナリオを仮定して、その事象の発生可能性と重篤度を考慮する方法

イ 当該業務に従事する労働者がリスクアセスメント対象物にさらされる程度（ばく露の程度）及び当該リスクアセスメント対象物の有害性の程度を考慮する方法。具体的には、次に掲げる方法があること。

(ア) 管理濃度が定められている物質については、作業環境測定により測定した当該物質の第一評価値を当該物質の管理濃度と比較する方法

(イ) 濃度基準値が設定されている物質については、個人ばく露測定により測定した当該物質の濃度を当該物質の濃度基準値と比較する方法

(ウ) 管理濃度又は濃度基準値が設定されていない物質については、対象の業務について作業環境測定等により測定した作業場所における当該物質の気中濃度等を当該物質のばく露限界と比較する方法

(エ) 数理モデルを用いて対象の業務に係る作業を行う労働者の周辺のリスクアセスメント対象物の気中濃度を推定し、当該物質の濃度基準値又はばく露限界と比較する方法

(オ) リスクアセスメント対象物への労働者のばく露の程度及び当該物質による有害性の程度を相対的に尺度化し、それらを縦軸と横軸とし、あらかじめばく露の程度及び有害性の程度に応じてリスクが割り付けられた表を使用してリス

クを見積もる方法

ウ　ア又はイに掲げる方法に準ずる方法。具体的には、次に掲げる方法があること。

　(ア)　リスクアセスメント対象物に係る危険又は健康障害を防止するための具体的な措置が労働安全衛生法関係法令（主に健康障害の防止を目的とした有機溶剤中毒予防規則（昭和47年労働省令第36号）、鉛中毒予防規則（昭和47年労働省令第37号）、四アルキル鉛中毒予防規則（昭和47年労働省令第38号）及び特定化学物質障害予防規則（昭和47年労働省令第39号）の規定並びに主に危険の防止を目的とした令別表第1に掲げる危険物に係る安衛則の規定）の各条項に規定されている場合に、当該規定を確認する方法。

　(イ)　リスクアセスメント対象物に係る危険を防止するための具体的な規定が労働安全衛生法関係法令に規定されていない場合において、当該物質のSDSに記載されている危険性の種類（例えば「爆発物」など）を確認し、当該危険性と同種の危険性を有し、かつ、具体的措置が規定されている物に係る当該規定を確認する方法

　(ウ)　毎回異なる環境で作業を行う場合において、典型的な作業を洗い出し、あらかじめ当該作業において労働者がばく露される物質の濃度を測定し、その測定結果に基づくリスク低減措置を定めたマニュアル等を作成するとともに、当該マニュアル等に定められた措置が適切に実施されていることを確認する方法

(2)　事業者は、(1)のア又はイの方法により見積りを行うに際しては、用いるリスクの見積り方法に応じて、7で入手した情報等から次に掲げる事項等必要な情報を使用すること。

ア　当該リスクアセスメント対象物の性状

イ　当該リスクアセスメント対象物の製造量又は取扱量

ウ　当該リスクアセスメント対象物の製造又は取扱い（以下

「製造等」という。）に係る作業の内容

エ　当該リスクアセスメント対象物の製造等に係る作業の条件及び関連設備の状況

オ　当該リスクアセスメント対象物の製造等に係る作業への人員配置の状況

カ　作業時間及び作業の頻度

キ　換気設備の設置状況

ク　有効な保護具の選択及び使用状況

ケ　当該リスクアセスメント対象物に係る既存の作業環境中の濃度若しくはばく露濃度の測定結果又は生物学的モニタリング結果

(3)　事業者は、(1)のアの方法によるリスクの見積りに当たり、次に掲げる事項等に留意するものとする。

ア　過去に実際に発生した負傷又は疾病の重篤度ではなく、最悪の状況を想定した最も重篤な負傷又は疾病の重篤度を見積もること。

イ　負傷又は疾病の重篤度は、傷害や疾病等の種類にかかわらず、共通の尺度を使うことが望ましいことから、基本的に、負傷又は疾病による休業日数等を尺度として使用すること。

ウ　リスクアセスメントの対象の業務に従事する労働者の疲労等の危険性又は有害性への付加的影響を考慮することが望ましいこと。

(4)　事業者は、一定の安全衛生対策が講じられた状態でリスクを見積もる場合には、用いるリスクの見積り方法における必要性に応じて、次に掲げる事項等を考慮すること。

ア　安全装置の設置、立入禁止措置、排気・換気装置の設置その他の労働災害防止のための機能又は方策（以下「安全衛生機能等」という。）の信頼性及び維持能力

イ　安全衛生機能等を無効化する又は無視する可能性

ウ　作業手順の逸脱、操作ミスその他の予見可能な意図的・非

意図的な誤使用又は危険行動の可能性

エ　有害性が立証されていないが、一定の根拠がある場合における当該根拠に基づく有害性

10　リスク低減措置の検討及び実施

(1)　事業者は、法令に定められた措置がある場合にはそれを必ず実施するほか、法令に定められた措置がない場合には、次に掲げる優先順位でリスクアセスメント対象物に労働者がばく露する程度を最小限度とすることを含めたリスク低減措置の内容を検討するものとする。ただし、9(1)イの方法を用いたリスクの見積り結果として、労働者がばく露される程度が濃度基準値又はばく露限界を十分に下回ることが確認できる場合は、当該リスクは、許容範囲内であり、追加のリスク低減措置を検討する必要がないものとして差し支えないものであること。

ア　危険性又は有害性のより低い物質への代替、化学反応のプロセス等の運転条件の変更、取り扱うリスクアセスメント対象物の形状の変更等又はこれらの併用によるリスクの低減

イ　リスクアセスメント対象物に係る機械設備等の防爆構造化、安全装置の二重化等の工学的対策又はリスクアセスメント対象物に係る機械設備等の密閉化、局所排気装置の設置等の衛生工学的対策

ウ　作業手順の改善、立入禁止等の管理的対策

エ　リスクアセスメント対象物の有害性に応じた有効な保護具の選択及び使用

(2)　(1)の検討に当たっては、より優先順位の高い措置を実施することにした場合であって、当該措置により十分にリスクが低減される場合には、当該措置よりも優先順位の低い措置の検討まで要するものではないこと。また、リスク低減に要する負担がリスク低減による労働災害防止効果と比較して大幅に大きく、両者に著しい不均衡が発生する場合であって、措置を講ずるこ

とを求めることが著しく合理性を欠くと考えられるときを除き、可能な限り高い優先順位のリスク低減措置を実施する必要があるものとする。

(3)　死亡、後遺障害又は重篤な疾病をもたらすおそれのあるリスクに対して、適切なリスク低減措置の実施に時間を要する場合は、暫定的な措置を直ちに講ずるほか、(1)において検討したリスク低減措置の内容を速やかに実施するよう努めるものとする。

(4)　リスク低減措置を講じた場合には、当該措置を実施した後に見込まれるリスクを見積もることが望ましいこと。

11　リスクアセスメント結果等の労働者への周知等

(1)　事業者は、安衛則第34条の2の8に基づき次に掲げる事項をリスクアセスメント対象物を製造し、又は取り扱う業務に従事する労働者に周知するものとする。

　ア　対象のリスクアセスメント対象物の名称

　イ　対象業務の内容

　ウ　リスクアセスメントの結果

　　(ｱ)　特定した危険性又は有害性

　　(ｲ)　見積もったリスク

　エ　実施するリスク低減措置の内容

(2)　(1)の周知は、安衛則第34条の2の8第2項に基づく方法によること。

(3)　法第59条第1項に基づく雇入れ時教育及び同条第2項に基づく作業変更時教育においては、安衛則第35条第1項第1号、第2号及び第5号に掲げる事項として、(1)に掲げる事項を含めること。

　　なお、5の(1)に掲げるリスクアセスメント等の実施時期のうちアからウまでについては、法第59条第2項の「作業内容を変更したとき」に該当するものであること。

(4)　事業者は(1)に掲げる事項について記録を作成し、次にリスク

アセスメントを行うまでの期間（リスクアセスメントを行った日から起算して3年以内に当該リスクアセスメント対象物についてリスクアセスメントを行ったときは、3年間）保存しなければならないこと。

12 その他

リスクアセスメント対象物以外のものであって、化学物質、化学物質を含有する製剤その他の物で労働者に危険又は健康障害を生ずるおそれのあるものについては、法第28条の2及び安衛則第577条の3に基づき、この指針に準じて取り組むよう努めること。

(2) 化学物質等の危険性又は有害性等の表示又は通知等の促進に関する指針

$$\left(\begin{array}{l} \text{平成24年 3 月16日 厚生労働省告示第133号} \\ \text{改正 令和 4 年 5 月31日 厚生労働省告示第190号} \end{array}\right)$$

（目的）

第1条　この指針は、危険有害化学物質等（労働安全衛生規則（以下「則」という。）第24条の14第1項に規定する危険有害化学物質等をいう。以下同じ。）及び特定危険有害化学物質等（則第24条の15第1項に規定する特定危険有害化学物質等をいう。以下同じ。）の危険性又は有害性等についての表示及び通知に関し必要な事項を定めるとともに、労働者に対する危険又は健康障害を生ずるおそれのある物（危険有害化学物質等並びに労働安全衛生法施行令（昭和47年政令第318号）第18条各号及び同令別表第3第1号に掲げる物をいう。以下「化学物質等」という。）に関する適切な取扱いを促進し、もって化学物質等による労働災害の防止に資することを目的とする。

（譲渡提供者による表示）

第2条　危険有害化学物質等を容器に入れ、又は包装して、譲渡し、又は提供する者は、当該容器又は包装（容器に入れ、かつ、包装して、譲渡し、又は提供する場合にあっては、その容器）に、則第24条の14第1項各号に掲げるもの（以下「表示事項等」という。）を表示するものとする。ただし、その容器又は包装のうち、主として一般消費者の生活の用に供するためのものについては、この限りでない。

②　前項の規定による表示は、同項の容器又は包装に、表示事項等を印刷し、又は表示事項等を印刷した票箋を貼り付けて行うものとする。ただし、当該容器又は包装に表示事項等の全てを印刷し、又は表示事項等の全てを印刷した票箋を貼り付けることが困難なときは、当該表示事項等（則第24条の14第1項第1号イに掲げるものを除く。）については、これらを印刷した票箋を当該容器又

は包装に結びつけることにより表示することができる。

③ 危険有害化学物質等を譲渡し、又は提供した者は、譲渡し、又は提供した後において、当該危険有害化学物質等に係る表示事項等に変更が生じた場合には、当該変更の内容について、譲渡し、又は提供した相手方に、速やかに、通知するものとする。

④ 前三項の規定にかかわらず、危険有害化学物質等に関し表示事項等の表示について法令に定めがある場合には、当該表示事項等の表示については、その定めによることができる。

（譲渡提供者による通知等）

第3条 特定危険有害化学物質等を譲渡し、又は提供する者は、則第24条の15第1項に規定する方法により同項各号の事項を、譲渡し、又は提供する相手方に通知するものとする。ただし、主として一般消費者の生活の用に供される製品として特定危険有害化学物質等を譲渡し、又は提供する場合については、この限りではない。

（事業者による表示及び文書の作成等）

第4条 事業者（化学物質等を製造し、又は輸入する事業者及び当該物の譲渡又は提供を受ける相手方の事業者をいう。以下同じ。）は、容器に入れ、又は包装した化学物質等を労働者に取り扱わせるときは、当該容器又は包装（容器に入れ、かつ、包装した化学物質等を労働者に取り扱わせる場合にあっては、当該容器。第3項において「容器等」という。）に、表示事項等を表示するものとする。

② 第2条第2項の規定は、前項の表示について準用する。

③ 事業者は、前項において準用する第2条第2項の規定による表示をすることにより労働者の化学物質等の取扱いに支障が生じるおそれがある場合又は同項ただし書の規定による表示が困難な場合には、次に掲げる措置を講ずることにより表示することができる。

  1 当該容器等に名称を表示し、必要に応じ、労働安全衛生規則

第24条の14第1項第2号の規定に基づき厚生労働大臣が定める標章（平成24年厚生労働省告示第151号）において定める絵表示を併記すること。

2　表示事項等を、当該容器等を取り扱う労働者が容易に知ることができるよう常時作業場の見やすい場所に掲示し、若しくは表示事項等を記載した一覧表を当該作業場に備え置くこと、又は表示事項等を、磁気ディスク、光ディスクその他の記録媒体に記録し、かつ、当該容器等を取り扱う作業場に当該容器等を取り扱う労働者が当該記録の内容を常時確認できる機器を設置すること。

④　事業者は、化学物質等を第1項に規定する方法以外の方法により労働者に取り扱わせるときは、当該化学物質等を専ら貯蔵し、又は取り扱う場所に、表示事項等を掲示するものとする。

⑤　事業者（化学物質等を製造し、又は輸入する事業者に限る。）は、化学物質等を労働者に取り扱わせるときは、当該化学物質等に係る則第24条の15第1項各号に掲げる事項を記載した文書を作成するものとする。

⑥　事業者は、第2条第3項又は則第24条の15第2項の規定により通知を受けたとき、第1項の規定により表示（第2項の規定により準用する第2条第2項ただし書の場合における表示及び第3項の規定により講じる措置を含む。以下この項において同じ。）をし、若しくは第4項の規定により掲示をした場合であって当該表示若しくは掲示に係る表示事項等に変更が生じたとき、又は前項の規定により文書を作成した場合であって当該文書に係る則第24条の15第1項各号に掲げる事項に変更が生じたときは、速やかに、当該通知、当該表示事項等の変更又は当該各号に掲げる事項の変更に係る事項について、その書換えを行うものとする。

（安全データシートの掲示等）

第5条　事業者は、化学物質等を労働者に取り扱わせるときは、第3条第1項の規定により通知された事項又は前条第5項の規定に

より作成された文書に記載された事項（以下この条においてこれらの事項が記載された文書等を「安全データシート」という。）を、常時作業場の見やすい場所に掲示し、又は備え付ける等の方法により労働者に周知するものとする。

② 事業者は、労働安全衛生法第28条の2第1項又は第57条の3第1項の調査を実施するに当たっては、安全データシートを活用するものとする。

③ 事業者は、化学物質等を取り扱う労働者について当該化学物質等による労働災害を防止するための教育その他の措置を講ずるに当たっては、安全データシートを活用するものとする。

（細目）

第6条 この指針に定める事項に関し必要な細目は、厚生労働省労働基準局長が定める。

(3) 建設業における有機溶剤中毒予防のためのガイドライン

(平成9年3月25日　基発第197号)

https://www.jaish.gr.jp/anzen/hor/hombun/hor1-38/hor1-38-7-1-0.htm

(4) 建設業における一酸化炭素中毒予防のためのガイドライン

(平成10年6月1日　基発第329の1号)

https://www.jaish.gr.jp/anzen/hor/hombun/hor1-39/hor1-39-11-1-0.htm

(5) 廃棄物焼却施設関連作業におけるダイオキシン類ばく露防止対策要綱

$$\left(\begin{array}{l}\text{平成13年4月25日　基発第401号の2}\\ \text{改正　平成26年11月28日　基発1128第12号}\end{array}\right)$$

https://www.jaish.gr.jp/horei/hor1-55/hor1-55-1-1-2.html

(6) 化学物質等による眼・皮膚障害防止対策の徹底について

(平成15年8月11日　基発第0811001号)

https://www.jaish.gr.jp/anzen/hor/hombun/hor1-44/hor1-44-20-1-0.htm

(7) PCB廃棄物の処理作業等における安全衛生対策要綱

(平成17年2月10日　基発第0210005号)

https://www.jaish.gr.jp/horei/hor1-46/hor1-46-2-1-3.html

(8) ナノマテリアルの労働現場におけるばく露防止等の対策について

$$\left(\begin{array}{l}\text{平成21年3月31日　基発第0331013号}\\ \text{改正　平成26年11月28日　基発1128第12号}\end{array}\right)$$

http://www.jaish.gr.jp/horei/hor1-50/hor1-50-8-1-2.html

(9) バーミキュライトが吹き付けられた建築物等の解体等
の作業に当たっての留意事項について

$$\begin{pmatrix} & 平成21年12月28日 & 基安化発1228第1号 \\ 改正 & 平成26年3月31日 & 基安化発0331第3号 \end{pmatrix}$$

https://www.jaish.gr.jp/anzen/hor/hombun/hor1-50/hor1-50-57-1-0.htm

(10) 労働安全衛生法第28条第3項の規定に基づき厚生労働
大臣が定める化学物質による健康障害を防止するための
指針

$$\begin{pmatrix} & 平成24年10月10日 & 健康障害を防止するための指針公示第23号 \\ 改正 & 令和2年2月7日 & 健康障害を防止するための指針公示第27号 \end{pmatrix}$$

https://www.jaish.gr.jp/anzen/hor/hombun/hor1-8/hor1-8-39-1-0.htm

(11) 鉛等有害物を含有する塗料の剥離やかき落とし作業に
おける労働者の健康障害防止について

$$\begin{pmatrix} 平成26年5月30日 & 基安労発0530第1号、 \\ & 基安化発0530第1号 \end{pmatrix}$$

https://www.jaish.gr.jp/anzen/hor/hombun/hor1-55/hor1-55-24-1-0.htm

(12) 鉛中毒予防規則等の「含鉛塗料」の適用について

（平成30年7月30日　基安化発0730第1号）

http://www.jaish.gr.jp/anzen/hor/hombun/hor1-59/hor1-59-30-1-0.htm

(13) 石綿障害予防規則の解説について

（令和2年10月28日　基発1028第1号）

http://www.jaish.gr.jp/anzen/hor/hombun/hor1-61/hor1-61-56-1-0.htm

⑭ 特定化学物質障害予防規則における第2類物質「溶接ヒューム」に係る関係省令等の解釈等について

（令和3年1月15日　基安化発0115第1号）

https://www.mhlw.go.jp/content/11300000/000725760.pdf

⑮ 労働安全衛生法に基づく安全データシート（SDS）の記載に係る留意事項について

（令和4年1月11日　基安化発0111第2号）

https://www.mhlw.go.jp/content/11300000/000945586.pdf

⑯ 労働安全衛生規則第12条の5第3項第2号イの規定に基づき厚生労働大臣が定める化学物質の管理に関する講習等の適用等について

$\left(\begin{array}{ll}\text{令和4年9月7日} & \text{基発0907第1号}\\ \text{改正　令和5年7月4日} & \text{基発0704第6号}\end{array}\right)$

https://www.mhlw.go.jp/content/11300000/000987122.pdf

⑰ 第三管理区分に区分された場所に係る有機溶剤等の濃度の測定の方法等の適用等について

（令和4年11月30日　基発1130第1号）

https://www.mhlw.go.jp/content/11300000/001018473.pdf

⑱ 労働安全衛生規則第577条の2第3項の規定に基づきがん原性がある物として厚生労働大臣が定めるものの適用について

$\left(\begin{array}{ll}\text{令和4年12月26日} & \text{基発1226第4号}\\ \text{改正　令和5年4月24日} & \text{基発0424第2号}\end{array}\right)$

https://www.mhlw.go.jp/content/11300000/001030129.pdf

⑴⑼　保護具着用管理責任者に対する教育の実施について
　　　　　（令和4年12月26日　基安化発1226第1号）
https://www.mhlw.go.jp/content/11300000/001031069.pdf

⑵⑼　化学物質管理専門家の要件に係る作業環境測定士に対する講習について
　　　　　（令和5年1月6日　基発0106第2号）
https://www.mhlw.go.jp/content/11300000/001035560.pdf

⑵⑴　労働安全衛生規則第592条の8等で定める有害性等の掲示内容について
　　　　　（令和5年3月29日　基発0329第32号）
https://www.jaish.gr.jp/anzen/hor/hombun/hor1-64/hor1-64-13-1-0.htm

⑵⑵　作業環境測定基準及び第三管理区分に区分された場所に係る有機溶剤等の濃度の測定の方法等の一部を改正する告示について
　　　　　（令和5年4月17日　基発0417第4号）
https://www.mhlw.go.jp/content/11300000/001088102.pdf

⑵⑶　「労働安全衛生法等の一部を改正する法律等の施行等（化学物質等に係る表示及び文書交付制度の改善関係）に係る留意事項について」の改正について
　　　　　（令和5年4月24日　基安化発0424第1号）
https://www.mhlw.go.jp/content/11300000/001089980.pdf

⑵⑷　化学物質による健康障害防止のための濃度の基準の適用等に関する技術上の指針
　　　　　（令和5年4月27日　技術上の指針公示第24号）
https://www.mhlw.go.jp/content/11300000/001091556.pdf

⑵5 労働安全衛生規則第577条の2第2項の規定に基づき厚生労働大臣が定める物及び厚生労働大臣が定める濃度の基準の適用について

(令和5年4月27日　基発0427第1号)

https://www.mhlw.go.jp/content/11300000/001091753.pdf

⑵6 防じんマスク、防毒マスク及び電動ファン付き呼吸用保護具の選択、使用等について

(令和5年5月25日　基発0525第3号)

https://www.mhlw.go.jp/content/11300000/001100842.pdf

※ 安全衛生についての法令・通達等は、安全衛生情報センターホームページ（https://www.jaish.gr.jp/）の「法令・通達」コーナーで閲覧できます。

※ 職場における化学物質対策についての関係法令・通達等は、厚生労働省ホームページ「化学物質による労働災害防止のための新たな規制について」(https://www.mhlw.go.jp/stf/seisakunitsuite/bunya/0000099121_00005.html) を参照下さい。

3 労働安全衛生法令に見る用語定義集

　安全衛生関係法令の条文の中において定義されている用語があります。衛生関係の主な用語の掲載条文を示しています。

用　語	定義条項	
〈あ〉		
安全衛生改善計画	法第79条	事業場の施設その他の事項について、労働災害の防止を図るため総合的な改善措置を講ずる必要があると認めるときに、都道府県労働局長が事業者に対し作成を指示する、当該事業場の安全又は衛生に関する改善計画
石綿健康診断	石綿則第41条	石綿則第40条各項の健康診断（法第66条第5項ただし書の場合において当該労働者が受けた健康診断を含む。）
石綿分析用試料等	令第6条	①石綿の分析のための試料の用に供される石綿、②石綿の使用状況の調査に関する知識又は技能の習得のための教育の用に供される石綿、③①又は②に掲げる物の原料又は材料として使用される石綿で厚生労働省令で定めるもの。もしくはこれらの石綿をその重量の0.1パーセントを超えて含有する製剤その他の物
一時立入労働者	除染電離則第29条	電離則第8条第1項（電離則第62条の規定において準用する場合を含む。）の管理区域に一時的に立ち入る労働者
1,3-ブタジエン等	特化則第38条の17	1.3-ブタジエン若しくは1.4-ジクロロ-2-ブテン又は1.3-ブタジエン若しくは1.4-ジクロロ-2-ブテンをその重量の1パーセントを超えて含有する製剤その他の物
エアレーション	特化則第38条の10	エチレンオキシド等が充填された滅菌器の内部を減圧した後に大気に開放することを繰り返すこと等により、滅菌器の内部のエチレンオキシド等の濃度を減少させること
汚染土壌等	除染電離則第2条⑦	除染特別地域等内における事故由来放射性物質により汚染された土壌、草木、工作物等について講ずる当該汚染に係る土壌、落葉及び落枝、水路等に堆積した汚泥等
汚染廃棄物	除染電離則第2条⑦	事故由来放射性物質により汚染された廃棄物（当該廃棄物に含まれる事故由来放射性物質のうち厚生労働大臣が定める方法によって求めるセシウム134及びセシウム137の放射能濃度の値が1万ベクレル毎キログラムを超えるものに限る。）
〈か〉		
解体等の作業	石綿則第3条	建築物、工作物又は船舶の解体、破砕等の作業（石綿等の除去の作業を含む。）
化学物質管理専門家	則第34条の2の10（R6.4.1施行）	事業場における化学物質の管理について必要な知識及び技能を有する者として厚生労働大臣が定めるもの
核原料物質	電離則第22条	原子力基本法（昭和30年法律第186号）第3条第3号に規定する核原料物質
核燃料物質	電離則第41条の11	原子力基本法第3条第2号に規定する核燃料物質

用　語	定義条項	
加工施設（核燃料物質等）	則第36条、電離則第41条の11	核原料物質、核燃料物質及び原子炉の規制に関する法律（昭和32年法律第166号）第13条第2項第2号に規定する加工施設
型式検定	法第44条の2③	法第44条の2第1項、第2項に定める検定
含鉛塗料	鉛則第12条	鉛ライニングを施し、又は鉛化合物を含有する塗料
肝機能検査	則第43条	血清グルタミックオキサロアセチックトランスアミナーゼ（GOT）、血清グルタミックピルビックトランスアミナーゼ（GPT）及びガンマ-グルタミルトランスペプチダーゼ（γ-GTP）の検査
関係請負人	法第15条	元方事業者の当該事業の仕事が数次の請負契約によって行われるときは、当該請負人の請負契約の後次のすべての請負契約の当事者である請負人
管理特定化学設備	特化則第18条の2	特定化学設備のうち発熱反応が行われる反応槽等で、異常化学反応等により第三類物質等が大量に漏えいするおそれのあるもの
機械換気設備	事務所則第5条	空気を浄化し、その流量を調節して供給することができる設備
機械譲渡者等	則第24条の13	労働者に危険を及ぼし、又は労働者の健康障害をその使用により生ずるおそれのある機械を譲渡し、又は貸与する者
緊急作業	電離則第7条	電離則第42条第1項各号のいずれかに該当する事故が発生し、同項の区域が生じた場合における放射線による労働者の健康障害を防止するための応急の作業
緊急作業従事者	除染電離則第29条	電離則第7条第1項の緊急作業に従事する放射線業務従事者及び同条第3項（電離則第62条の規定において準用する場合を含む。）の緊急作業に従事する労働者
緊急時電離放射線健康診断	電離則第57条	電離則第56条の2第1項の健康診断
金属アーク溶接等作業	特化則第38条の21	金属をアーク溶接する作業、アークを用いて金属を溶断し、又はガウンシングする作業その他の溶接ヒュームを製造し、又は取り扱う作業
空気調和設備	令第21条⑤事務所則第5条	空気を浄化し、その温度、湿度及び流量を調節して供給することができる設備
血中脂質検査	則第43条	低比重リポ蛋白コレステロール（LDLコレステロール）、高比重リポ蛋白コレステロール（HDLコレステロール）及び血清トリグリセライドの量の検査
健康管理時間	法第66条の8の4（労基法第41条の2）	（高度プロフェッショナル制度が適用となる）当該労働者が事業場内にいた時間（除外規定あり）と、事業場外において労働した時間との合計の時間
原子炉施設	則第36条電離則第41条の12	核原料物質、核燃料物質及び原子炉の規制に関する法律第23条第2項第5号に規定する試験研究用等原子炉施設及び同法第43条の3の5第2項第5号に規定する発電用原子炉施設
建築物貸与者	法第34条	安衛令第11条で定める建築物（事務所又は工場の用に供される建築物）を他の事業者に貸与する者
高圧室内	則第24条の6	潜かん工法その他の圧気工法による作業を行うための大気圧を超える気圧下の作業室又はシヤフトの内部

用　語	定義条項	
高圧室内業務請負人等	高圧則第14条	高圧室内業務の一部を請け負わせた場合における高圧室内業務に従事する者（労働者を除く。）
高圧室内作業者	高圧則第1条の2	高圧室内業務に従事する労働者
高気圧業務	高圧則第38条	高圧室内業務又は潜水業務
高気圧業務健康診断	高圧則第39条	高圧則第38条の健康診断（法第66条第5項ただし書の場合において当該労働者が受けた健康診断を含む。）
交点間距離	電離則第12条	医療用の特定エックス線装置について、照射方向に対し垂直な受像面上で直交する2本の直線を想定した場合において、それぞれの直線におけるエックス線照射野の縁との交点及び受像面の縁との交点の間の距離
高濃度汚染土壌等	除染電離則第5条②	汚染土壌等又は除去土壌若しくは汚染廃棄物（これらに含まれる事故由来放射性物質のうち厚生労働大臣が定める方法によって求めるセシウム134及びセシウム137の放射能濃度の値が50万ベクレル毎キログラムを超えるものに限る。）
個人サンプリング測定等	特化則第36条の3の2④ （R6.4.1施行）	厚生労働大臣の定めるところにより、労働者の身体に装着する試料採取器等を用いて行う測定その他の方法による測定
個人サンプリング法	測定則第3条	当該指定作業場において作業に従事する労働者の身体に装着する試料採取機器等を用いて行う作業環境測定に係るデザインおよびサンプリング（C測定・D測定）
個人サンプリング法対象特化物	測定基準則第10条⑤ （R5.10.1施行）	ベリリウム及びその化合物、アクリロニトリル、インジウム化合物、エチレンオキシド、オーラミン、オルトートルイジン、オルトーフタロジニトリル、カドミウム及びその化合物、クロム酸及びその塩、五酸化バナジウム、コバルト及びその無機化合物、酸化プロピレン、三酸化二アンチモン、3,3′ージクロロ‐4,4′ージアミノジフェニルメタン、ジメチルー2.2ージクロロビニルホスフェイト（別名DDVP）、臭化メチル、重クロム酸及びその塩、水銀及びその無機化合物（硫化水銀を除く。）、トリレンジイソシアネート、ナフタレン、パラージメチルアミノアゾベンゼン、砒（ひ）素及びその化合物（アルシン及び砒（ひ）化ガリウムを除く。）、ベンゼン、ホルムアルデヒド、マゼンタ、マンガン及びその化合物、リフラクトリーセラミックファイバー、硫酸ジメチル
〈さ〉		
再処理施設（核燃料物質等）	則第36条、電離則第41条の11	核原料物質、核燃料物質及び原子炉の規制に関する法律（昭和32年法律第166号）第44条第2項第2号に規定する再処理施設
作業環境管理専門家	特化則第36条の3の2① （R6.4.1施行）	事業場における作業環境の管理について必要な能力を有すると認められる者（当該事業場に属さない者に限る。）
酸素欠乏危険作業	酸欠則第2条	令別表第6の酸素欠乏危険場所における作業
事故由来廃棄物等	電離則第41条の3	除染電離則第2条第7項第2号イ又はロに掲げる物その他の事故由来放射性物質により汚染された物であつて、第2条第2項に規定するもの
事故由来廃棄物等取扱施設	電離則第41条の4	密封されていない事故由来廃棄物等を取り扱う作業を行う専用の作業施設

用　語	定義条項	
事故由来放射性物質	則第36条 電離則第41条の3	平成23年3月11日に発生した東北地方太平洋沖地震に伴う原子力発電所の事故により当該原子力発電所から放出された放射性物質
指定緊急作業等	電離則第59条の2	緊急作業（厚生労働大臣が指定するものに限る。）又は特例緊急作業
指定緊急作業等従事者等	電離則第59条の2	指定緊急作業等に従事し、又は従事したことのある労働者
事務所	事務所則第1条	建築基準法（昭和25年法律第201号）第2条第1号に掲げる建築物又はその一部で、事務作業（タイプライターその他の事務用機器を使用して行う作業を含む。）に従事する労働者が主として使用するもの
週平均濃度	電離則第3条	1週間における労働時間が40時間を超え、又は40時間に満たないときは、1週間の労働時間中における空気中の放射性物質の濃度の平均に当該労働時間を40時間で除して得た値を乗じて得た値
周辺作業	石綿則第35条	石綿等の取扱い又は試験研究のための製造に伴い石綿の粉じんを発散する場所における作業（石綿等を取り扱い、又は試験研究のため製造する作業を除く。）
周辺作業従事者	石綿則第35条	周辺作業に従事した労働者
受動喫煙	法第68条の2 （健康増進法第28条）	人が他人の喫煙によりたばこから発生した煙にさらされること
使用施設等（核燃料物質等）	則第36条、電離則第41条の11	核原料物質、核燃料物質及び原子炉の規制に関する法律（昭和32年法律第166号）第52条第2項第10号に規定する使用施設等（核原料物質、核燃料物質及び原子炉の規制に関する法律施行令（昭和32年政令第324号）第41条に規定する核燃料物質の使用施設等に限る。）
使用済燃料	電離則第41条の11	核原料物質、核燃料物質及び原子炉の規制に関する法律第2条第10項に規定する使用済燃料
所轄都道府県労働局長	則第4条	当該事業場の所在地を管轄する都道府県労働局長
所轄労働基準監督署長	則第2条②	当該事業場の所在地を管轄する労働基準監督署長
除去土壌	除染電離側第2条⑦	除染電離側第2条第7項第1号又は第3号の業務に伴い生じた土壌（当該土壌に含まれる事故由来放射性物質のうち厚生労働大臣が定める方法によって求めるセシウム134及びセシウム137の放射能濃度の値が1万ベクレル毎キログラムを超えるものに限る。）
除染等電離放射線健康診断	除染電離則第21条	除染電離側第20条第1項の健康診断（法第66条第5項ただし書の場合において当該除染等業務従事者が受けた健康診断を含む。）
除染特別地域	電離則第41条の10	平成23年3月11日に発生した東北地方太平洋沖地震に伴う原子力発電所の事故により放出された放射性物質による環境の汚染への対処に関する特別措置法（平成23年法律第110号）第25条第1項に規定する除染特別地域又は同法第32条第1項に規定する汚染状況重点調査地域

用　語	定義条項	
深夜業	法第66条の2	午後10時から午前5時まで（厚生労働大臣が必要であると認める場合においては、その定める地域又は期間については午後11時から午前6時まで）の間における業務
製造等禁止物質	特化則第46条	令第16条第1項各号に掲げる物
潜函等	則第377条	潜函、井筒、たて坑、井戸その他これらに準ずる建設物又は設備
潜水業務請負人等	高圧則第8条	潜水業務の一部を請け負わせた場合における潜水業務に従事する者（労働者を除く。）
潜水作業者	高圧則第8条	潜水業務に従事する労働者
装具	電離則第26条	労働者の衣服、履物、作業衣、保護具等身体に装着している物
〈た〉		
ダイオキシン類	則第592条の2	ダイオキシン類対策特別措置法（平成11年法律第105号）第2条第1項に規定するダイオキシン類
第三類物質等	特化則第13条	特定第二類物質又は第三類物質
長大ずい道	粉じん則別表第1	じん肺法施行規則（昭和35年労働省令第6号）別表第23号の長大ずい道
通知対象物	法第57条の2	労働者に危険若しくは健康障害を生ずるおそれのある物で安衛令第18条の2で定めるもの又は法第56条第1項の物。これらを譲渡し提供する者は、名称等を文書の交付その他の方法により相手先に通知しなければならない。
電磁的記録	則第52条の13	電子的方式、磁気的方式その他人の知覚によつては認識することができない方式で作られる記録であつて、電子計算機による情報処理の用に供されるもの
電離放射線	令別表第2	アルファ線、重陽子線、陽子線、ベータ線、電子線、中性子線、ガンマ線及びエックス線をいう
電離放射線健康診断	電離則第57条	電離則第56条第1項又は第56条の2第1項の健康診断（法第66条第5項ただし書の場合において当該労働者が受けた健康診断を含む）
登録型式検定機関	法第44条の2	厚生労働大臣の登録を受けて型式検定を行う機関
登録教習機関	法第77条③	法第14条、第61条第1項又は第75条第3項の規定による登録を受けて技能講習又は教習を行うもの
特定エックス線装置	電離則第10条	エックス線装置（エックス線を発生させる装置で、令別表第2第2号の装置以外のものをいう。）のうち令第13条第3項第22号に掲げるもの
特定汚染土壌等取扱業務	除染電離則第2条⑦	除染電離側第2条第7項第1号、第2号に掲げる業務以外の業務であって、特定汚染土壌等（汚染土壌等であって、当該汚染土壌等に含まれる事故由来放射性物質のうち厚生労働大臣が定める方法によって求めるセシウム134及びセシウム137の放能濃度の値が1万ベクレル毎キログラムを超えるものに限る。）を取り扱うもの
特定化学設備	令第9条の3	別表第3第2号に掲げる第二類物質のうち厚生労働省令で定めるもの又は同表第3号に掲げる第三類物質を製造し、又は取り扱う設備で、移動式以外のもの

用 語	定義条項	
特定化学物質健康診断	特化則第40条	特化則第39条第1項から第3項までの健康診断(法第66条第5項ただし書の場合において当該労働者が受けた健康診断を含む。)
特定事業	法第15条	建設業その他安衛令第7条で定める業種(造船業)に属する事業
特定第二類物質等	特化則第4条	特定第二類物質又はオーラミン等
特定粉じん作業	粉じん則第2条	粉じん作業のうち、その粉じん発生源が粉じん則別表第2に掲げる箇所であるもの
特定元方事業者	法第15条	一の場所において行う事業の仕事の一部を請負人に請け負わせているもののうち、特定事業を行うもの
特定有機溶剤混合物	特化則第36条の5	特別有機溶剤又は有機溶剤を含有する製剤その他の物(特別有機溶剤又は有機溶剤の含有量(これらの物を二以上含む場合にあつては、それらの含有量の合計)が重量の5パーセント以下のもの及び有機則第1条第1項第2号に規定する有機溶剤含有物(特別有機溶剤を含有するものを除く。)を除く。)
特別安全衛生改善計画	法第78条	重大な労働災害が発生し、再発を防止するため必要があると認めるときに、厚生労働大臣が事業者に対し作成・提出を指示する、その事業場の安全又は衛生に関する改善計画
特別教育	則第37条	法第59条第3項の特別の教育
独立個室型の便所	事務所則第17条の2①	男性用と女性用に区別しない四方を壁等で囲まれた一個の便房により構成される便所
特例緊急作業	電離則第7条の2③	特例緊急被ばく限度に係る緊急作業
特例緊急作業従事者	電離則第7条の2③	特例緊急作業に従事する者
特例緊急被ばく限度	電離則第7条の2	当該緊急作業に係る事故の状況その他の事情を勘案し、実効線量について同条第2項の規定によることが困難であると認めるとき、厚生労働大臣が別に定める、当該緊急作業に従事する間に受ける実効線量の限度の値(250ミリシーベルトを超えない範囲内に限る。)
〈な〉		
鉛業務	鉛則第1条	鉛則第1条第5号イ〜ワの業務並びに令別表第4第8号から第11号まで及び第17号に掲げる業務
鉛健康診断	鉛則第54条	鉛則第53条第1項又は第3項の健康診断(法第66条第5項ただし書の場合における当該労働者が受けた健康診断を含む)
鉛装置	鉛則第13条	粉状の鉛等又は焼結鉱等が内部に付着し、又はたい積している炉、煙道、粉砕機、乾燥器、除じん装置その他の装置
尿検査	則第43条	尿中の糖及び蛋白の有無の検査
〈は〉		
破砕等設備	電離則第41条の6	事故由来廃棄物等取扱施設の外において、事故由来廃棄物等又は汚染物の破砕、選別、圧縮又は濃縮等を行う、電離則第41条の6第1項各号に定めるところに適合する設備

379

用　語	定義条項	
発注者	法第30条②	注文者のうち、その仕事を他の者から請け負わないで注文している者
半飽和組織	高圧則第18条	厚生労働大臣が定める区間ごとに、厚生労働大臣が定めるところにより区分された人体の組織
皮膚等障害化学物質等	則第594条の２	皮膚若しくは眼に障害を与えるおそれ又は皮膚から吸収され、若しくは皮膚に侵入して、健康障害を生ずるおそれがあることが明らかな化学物質又は化学物質を含有する製剤
貧血検査	則第43条	血色素量及び赤血球数の検査
不活性気体	酸欠則第22条	令別表第６第11号の気体（ヘリウム、アルゴン、窒素、フロン、炭酸ガスその他不活性の気体）
腐食性液体	則第326条	硫酸、硝酸、塩酸、酢酸、クロールスルホン酸、か性ソーダ溶液、クレゾール等皮膚に対して腐食の危険を生ずる液体
浮遊粉じん量	事務所則第５条	１気圧、温度25度とした場合の当該空気１立方メートル中に含まれる浮遊粉じんの重量
粉じん作業	じん肺法第２条①③、じん肺則第２条、粉じん則第２条①	当該作業に従事する労働者がじん肺にかかるおそれがあると認められる作業。 じん肺則別表の作業のいずれかに該当するもの。ただし、粉じん則第２条第１項第１号ただし書の認定を受けた作業を除く。 粉じん則別表第１に掲げる作業のいずれかに該当するもの。ただし、当該作業場における粉じんの発散の程度及び作業の工程その他からみて、所轄都道府県労働局長が認定した作業を除く
放射性物質取扱作業室	電離則第22条	密封されていない放射性物質を取り扱う作業を行う専用の作業室及び作業に従事中の者専用の廊下等
放射線業務	電離則第２条③	令別表第２に掲げる業務（電離則第59条の２に規定する放射線業務以外のものにあっては、除染則第２条第７項第１号に規定する土壌等の除染等の業務、同項第２号に規定する廃棄物収集等業務、及び同項第３号に規定する特定汚染土壌等取扱業務を除く。）
放射線業務従事者	電離則第４条	管理区域内において放射線業務に従事する労働者
放射線装置	電離則第15条	①エックス線装置、②荷電粒子を加速する装置、③エックス線管若しくはケノトロンのガス抜き又はエックス線の発生を伴うこれらの検査を行う装置、④放射性物質を装備している機器、をいう
放射線装置室	電離則第15条	放射線装置を設置する専用の室
〈ま〉〈や〉		
面接指導	法第66条の８	問診その他の方法により心身の状況を把握し、これに応じて面接により必要な指導を行うこと
面接指導対象医師	則附則第19条①（R6.4.1施行）	則第52条の２第１項に定めるもののほか、労働基準法施行規則第69条の２に規定する特定医師であつて、１箇月について労働時間を延長して労働させ、及び休日において労働させる時間が100時間以上となることが見込まれる者

用　語	定義条項	
元方事業者	法第15条	当該事業の仕事の一部を請け負わせる契約が二以上あるため、その者が二以上あることとなるときは、当該請負契約のうちの最も先次の請負契約における注文者
有害ガス	高圧則第10条	一酸化炭素、メタンガス、硫化水素その他炭酸ガス以外のガスであつて、爆発、火災その他の危険又は健康障害を生ずるおそれのあるもの
有機溶剤含有物	有機則第1条	有機溶剤と有機溶剤以外の物との混合物で、有機溶剤を当該混合物の重量の5パーセントを超えて含有するもの
有機溶剤業務	有機則第1条	有機則第1条第6号イ〜ヲの業務
有機溶剤等健康診断	有機則第30条	有機則第29条第2項、第3項又は第5項の健康診断（法第66条第5項ただし書の場合における当該労働者が受けた健康診断を含む）
予備空気槽	高圧則第8条①	送気を調節するための空気槽及び事故の場合に必要な空気をたくわえてある空気槽
予備ボンベ	高圧則第8条③	事故の場合に必要な空気をたくわえてあるボンベ
〈ら〉		
リスクアセスメント	則第34条の2の7 （R6.4.1施行）	法第57条の3第1項の危険性又は有害性等の調査（主として一般消費者の生活の用に供される製品に係るものを除く。）
リスクアセスメント対象物	則第34条の2の7 （R6.4.1施行）	リスクアセスメントをしなければならない令第18条各号に掲げる物及び法第57条の2第1項に規定する通知対象物
リスクアセスメント対象物健康診断	則第577条の2⑤ （R6.4.1施行）	則第577条の2第3項及び第4項の健康診断
連絡員（高圧室内作業）	高圧則第21条	高圧室内作業者及び空気圧縮機の運転を行う者との連絡その他必要な措置を講ずるための者
連絡員（潜水作業）	高圧則第36条	空気圧縮機若しくは手押ポンプにより送気して行う潜水業務又はボンベ（潜水作業者に携行させたボンベを除く。）からの給気を受けて行う潜水業務を行うときに、潜水作業者と連絡するための者
労働災害防止業務従事者	法第99条の2	総括安全衛生管理者、安全管理者、衛生管理者、統括安全衛生責任者その他労働災害の防止のための業務に従事する者
労働災害防止計画	法第6条	労働災害の防止のための主要な対策に関する事項その他労働災害の防止に関し重要な事項を定めた計画

(注)　「法」：労働安全衛生法、「令」：労働安全衛生法施行令、「則」：労働安全衛生規則、「有機則」：有機溶剤中毒予防規則、「鉛則」：鉛中毒予防規則、「特化則」：特定化学物質障害予防規則、「高圧則」：高気圧作業安全衛生規則、「電離則」：電離放射線障害防止規則、「除染電離則」：東日本大震災により生じた放射性物質により汚染された土壌等を除染するための業務等に係る電離放射線障害防止規則、「酸欠則」：酸素欠乏症等防止規則、「事務所則」：事務所衛生基準規則、「粉じん則」：粉じん障害防止規則、「石綿則」：石綿障害予防規則、「測定則」：作業環境測定法施行規則、「じん肺則」：じん肺法施行規則、「測定基準」：作業環境測定基準

安全衛生動画配信サービス

パソコン・タブレットで効率的に安全衛生を学ぼう！

中災防では、安全衛生を楽しく気軽に学べる安全衛生動画を
サブスクリプション形式で配信しています。
社内研修や朝礼、イベントなどの機会はもちろん、テレワークや
すき間時間を活用して、安全衛生の知識習得、スキルアップを
目指しませんか？

コンテンツの一部を紹介します

- 日常の安全衛生活動
- OSHMS・ISO45001 リスクアセスメント
- 転倒災害防止対策
  - ・災害の現状
  - ・適切な靴の選び方
- 新人研修
- 保護具の種類 着用方法
- ヒューマンエラー対策
- 働く人のメンタルヘルス
- 健康づくり
- 熱中症予防
- ・KYT活動
- ・指差し呼称の効果
- ・化学物質対策の最新情報
- ・マスクフィットテスト

※記載の内容は今後作成予定のものも含めた一例です。

有料登録前に動画の一部を無料でお試しいただけます。

お問い合わせ先

中央労働災害防止協会　教育ゼロ災推進部
事業サービス企画課
〒108-0014　東京都港区芝5-35-2
☎03-3452-6186　✉doga@jisha.or.jp

JISHA 中災防

中災防 オンデマンド　検索

第V編 その他の法令・通達等

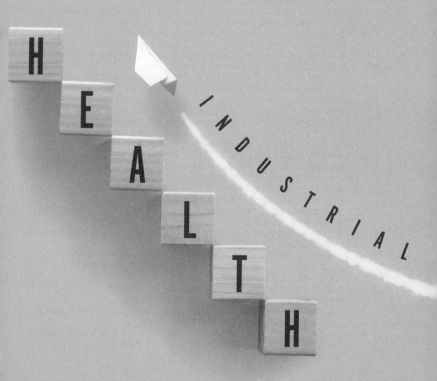

1 労働基準法施行規則第35条別表第1の2による業務上の疾病

① 業務上の負傷に起因する疾病
② 物理的因子による次に掲げる疾病
  1 紫外線にさらされる業務による前眼部疾患又は皮膚疾患
  2 赤外線にさらされる業務による網膜火傷、白内障等の眼疾患又は皮膚疾患
  3 レーザー光線にさらされる業務による網膜火傷等の眼疾患又は皮膚疾患
  4 マイクロ波にさらされる業務による白内障等の眼疾患
  5 電離放射線にさらされる業務による急性放射線症、皮膚潰瘍(かいよう)等の放射線皮膚障害、白内障等の放射線眼疾患、放射線肺炎、再生不良性貧血等の造血器障害、骨壊(え)死その他の放射線障害
  6 高圧室内作業又は潜水作業に係る業務による潜函(かん)病又は潜水病
  7 気圧の低い場所における業務による高山病又は航空減圧症
  8 暑熱な場所における業務による熱中症
  9 高熱物体を取り扱う業務による熱傷
  10 寒冷な場所における業務又は低温物体を取り扱う業務による凍傷
  11 著しい騒音を発する場所における業務による難聴等の耳の疾患
  12 超音波にさらされる業務による手指等の組織壊(え)死
  13 1から12までに掲げるもののほか、1からの疾病に付随する疾病その他物理的因子にさらされる業務に起因することの明らかな疾病
③ 身体に過度の負担のかかる作業態様に起因する次に掲げる疾病
  1 重激な業務による筋肉、腱(けん)、骨若しくは関節の疾患又は内臓脱
  2 重量物を取り扱う業務、腰部に過度の負担を与える不自然な作業姿勢により行う業務その他腰部に過度の負担のかかる業務による腰痛
  3 さく岩機、鋲(びょう)打ち機、チェーンソー等の機械器具の使用により身体に振動を与える業務による手指、前腕等の末梢(しょう)循環障害、末梢(しょう)神経障害又は運動器障害
  4 電子計算機への入力を反復して行う業務その他上肢(し)に過度の負担のかかる業務による後頭部、頸(けい)部、肩甲帯、上腕、前腕又は手指の運動器障害
  5 1から4までに掲げるもののほか、これらの疾病に付随する疾病その他身体に過度の負担のかかる作業態様の業務に起因することの明らかな疾病
④ 化学物質等による次に掲げる疾病
  1 厚生労働大臣の指定する単体たる化学物質及び化合物(合金を含む。)にさらされる業務による疾病であって、厚生労働大臣が定めるもの
  2 弗(ふっ)素樹脂、塩化ビニル樹脂、アクリル樹脂等の合成樹脂の熱分解生成物にさらされる業務による眼粘膜の炎症又は気道粘膜の炎症等の呼吸器疾患
  3 すす、鉱物油、うるし、テレビン油、タール、セメント、アミン系の樹脂硬化剤等にさらされる業務による皮膚疾患
  4 蛋(たん)白分解酵素にさらされる業務による皮膚炎、結膜炎又は鼻炎、気管支喘(ぜん)息等の呼吸器疾患
  5 木材の粉じん、獣毛のじんあい等を飛散する場所における業務又は抗生物質等にさらされる業務によるアレルギー性の鼻炎、気管支喘(ぜん)息等の呼吸器疾患
  6 落綿等の粉じんを飛散する場所における業務による呼吸器疾患
  7 石綿にさらされる業務による良性石綿胸水又はびまん性胸膜肥厚
  8 空気中の酸素濃度の低い場所における業務による酸素欠乏症
  9 1から8までに掲げるもののほか、これらの疾病に付随する疾病その他化学物質等にさらされる業務に起因することの明らかな疾病
⑤ 粉じんを飛散する場所における業務によるじん肺症又はじん肺法(昭和35年法律第30号)に規定するじん肺と合併したじん肺法施行規則(昭和35年労働省令第6号)第1条各号に掲げる疾病

⑥ 細菌、ウイルス等の病原体による次に掲げる疾病
1 患者の診療若しくは看護の業務、介護の業務又は研究その他の目的で病原体を取り扱う業務による伝染性疾患
2 動物若しくはその死体、獣毛、革その他動物性の物又はぼろ等の古物を取り扱う業務によるブルセラ症、炭疽(そ)病等の伝染性疾患
3 湿潤地における業務によるワイル病等のレプトスピラ症
4 屋外における業務による恙(つつが)虫病
5 1から4までに掲げるもののほか、これらの疾病に付随する疾病その他細菌、ウイルス等の病原体にさらされる業務に起因することの明らかな疾病
⑦ がん原性物質若しくはがん原性因子又はがん原性工程における業務による次に掲げる疾病
1 ベンジジンにさらされる業務による尿路系腫瘍(しゅよう)
2 ベーターナフチルアミンにさらされる業務による尿路系腫瘍(しゅよう)
3 4-アミノジフェニルにさらされる業務による尿路系腫瘍(しゅよう)
4 4-ニトロジフェニルにさらされる業務による尿路系腫瘍(しゅよう)
5 ビス(クロロメチル)エーテルにさらされる業務による肺がん
6 ベリリウムにさらされる業務による肺がん
7 ベンゾトリクロライドにさらされる業務による肺がん
8 石綿にさらされる業務による肺がん又は中皮腫(しゅ)
9 ベンゼンにさらされる業務による白血病
10 塩化ビニルにさらされる業務による肝血管肉腫(しゅ)又は肝細胞がん
11 3,3′-ジクロロ-4,4′-ジアミノジフェニルメタンにさらされる業務による尿路系腫瘍(しゅよう)
12 オルトートルイジンにさらされる業務による膀胱(ぼうこう)がん
13 1,2-ジクロロプロパンにさらされる業務による胆管がん
14 ジクロロメタンにさらされる業務による胆管がん
15 電離放射線にさらされる業務による白血病、肺がん、皮膚がん、骨肉腫(しゅ)、甲状腺(せん)がん、多発性骨髄腫(しゅ)又は非ホジキンリンパ腫(しゅ)
16 オーラミンを製造する工程における業務による尿路系腫瘍(しゅよう)
17 マゼンタを製造する工程における業務による尿路系腫瘍(しゅよう)
18 コークス又は発生炉ガスを製造する工程における業務による肺がん
19 クロム酸塩又は重クロム酸塩を製造する工程における業務による肺がん又は上気道のがん
20 ニッケルの製錬又は精錬を行う工程における業務による肺がん又は上気道のがん
21 砒(ひ)素を含有する鉱石を原料として金属の製錬若しくは精錬を行う工程又は無機砒(ひ)素化合物を製造する工程における業務による肺がん又は皮膚がん
22 すす、鉱物油、タール、ピッチ、アスファルト又はパラフィンにさらされる業務による皮膚がん
23 1から22までに掲げるもののほか、これらの疾病に付随する疾病その他がん原性物質若しくはがん原性因子にさらされる業務又はがん原性工程における業務に起因することの明らかな疾病
⑧ 長期間にわたる長時間の業務その他血管病変等を著しく増悪させる業務による脳出血、くも膜下出血、脳梗塞、高血圧性脳症、心筋梗塞、狭心症、心停止(心臓性突然死を含む。)、重篤な心不全若しくは大動脈解離又はこれらの疾病に付随する疾病
⑨ 人の生命にかかわる事故への遭遇その他心理的に過度の負担を与える事象を伴う業務による精神及び行動の障害又はこれに付随する疾病
⑩ 前各号に掲げるもののほか、厚生労働大臣の指定する疾病
⑪ その他業務に起因することの明らかな疾病

2　女性労働基準規則による就業制限業務

就　業　制　限　業　務	妊　婦 (妊娠中の女性)	産　婦 (産後1年を経過しない女性)	その他の女性
1　次の表の左欄に掲げる年齢の区分に応じ、それぞれ同表の右欄に掲げる重量以上の重量物を取り扱う業務<table><tr><td rowspan="2">年齢</td><td colspan="2">重量（単位、キログラム）</td></tr><tr><td>断続作業の場合</td><td>継続作業の場合</td></tr><tr><td>満16歳未満</td><td>12</td><td>8</td></tr><tr><td>満16歳以上 満18歳未満</td><td>25</td><td>15</td></tr><tr><td>満18歳以上</td><td>30</td><td>20</td></tr></table>	×	×	×
2　ボイラー（労働安全衛生法施行令第1条第3号に規定するボイラーをいう。以下において同じ。）の取扱いの業務	×	△	○
3　ボイラーの溶接の業務	×	△	○
4　つり上げ荷重が5 t 以上のクレーンもしくはデリックまたは制限荷重が5 t 以上の揚貨装置の運転の業務	×	△	○
5　運転中の原動機または原動機から中間軸までの動力伝導装置の掃除、給油、検査、修理またはベルトの掛換えの業務	×	△	○
6　クレーン、デリックまたは揚貨装置の玉掛けの業務（2人以上の者によって行う玉掛けの業務における補助作業の業務を除く。）	×	△	○
7　動力により駆動される土木建築用機械または船舶荷扱用機械の運転の業務	×	△	○
8　直径が25cm以上の丸のこ盤（横切用丸のこ盤および自動送り装置を有する丸のこ盤を除く。）またはのこ車の直径が75cm以上の帯のこ盤（自動送り装置を有する帯のこ盤を除く。）に木材を送給する業務	×	△	○
9　操車場の構内における軌道車両の入換え、連結または解放の業務	×	△	○
10　蒸気または圧縮空気により駆動されるプレス機械または鍛造機械を用いて行う金属加工の業務	×	△	○
11　動力により駆動されるプレス機械、シヤー等を用いて行う厚さが8mm以上の鋼板加工の業務	×	△	○
12　岩石または鉱物の破砕機または粉砕機に材料を送給する業務	×	△	○
13　土砂が崩壊するおそれのある場所または深さが5メートル以上の地穴における業務	×	○	○
14　高さが5 m 以上の場所で、墜落により労働者が危害を受けるおそれのあるところにおける業務	×	○	○

15 足場の組立て、解体または変更の業務（地上または床上における補助作業の業務を除く。）	×	△	○
16 胸高直径が35cm以上の立木の伐採の業務	×	△	○
17 機械集材装置、運材索道等を用いて行う木材の搬出の業務	×	△	○
18 特化則、鉛則、有機則の適用を受ける26の化学物質※を扱う作業場のうち、作業環境測定を行った結果「第3管理区分」となった屋内作業場での業務、タンク内での業務など呼吸用保護具の着用が義務付けられている業務	×	×	×
19 多量の高熱物体を取り扱う業務	×	△	○
20 著しく暑熱な場所における業務	×	△	○
21 多量の低温物体を取り扱う業務	×	△	○
22 著しく寒冷な場所における業務	×	△	○
23 異常気圧下における業務	×	△	○
24 さく岩機、びょう打機等身体に著しい振動を与える機器具を用いて行う業務	×	×	○

(注) 1. ×…就かせてはならない業務、△…申し出た場合就かせてはならない業務、○…就かせても差し支えない業務、を示す。
2. 坑内業務については、就業制限の定めがある。（労働基準法第64条の2、女性労働基準規則第1条）

※18に規定される就業制限対象化学物質と管理濃度

特定化学物質障害予防規則の適用を受けるもの	
物質名	管理濃度
1 塩素化ビフェニル（PCB）	0.01mg/㎥
2 アクリルアミド	0.1mg/㎥
3 エチルベンゼン	20ppm
4 エチレンイミン	0.05ppm
5 エチレンオキシド	1 ppm
6 カドミウム化合物	0.05mg/㎥
7 クロム酸塩	0.05mg/㎥
8 五酸化バナジウム	0.03mg/㎥
9 水銀およびその無機化合物（硫化水銀を除く）	0.025mg/㎥
10 塩化ニッケル（Ⅱ）（粉状のものに限る）	0.1mg/㎥
11 スチレン	20ppm
12 テトラクロロエチレン（パークロルエチレン）	25ppm
13 トリクロロエチレン	10ppm
14 砒素化合物（アルシンと砒化ガリウムを除く）	0.003mg/㎥
15 ベータ-プロピオラクトン	0.5ppm
16 ペンタクロロフェノール（PCP）およびそのナトリウム塩	0.5mg/㎥
17 マンガン （注）マンガン化合物は対象とならない。	0.05mg/㎥

鉛中毒予防規則の適用を受けるもの	
物質名	管理濃度
18 鉛およびその化合物	0.05mg/㎥

有機溶剤中毒予防規則の適用を受けるもの	
物質名	管理濃度
19 エチレングリコールモノエチルエーテル（セロソルブ）	5 ppm
20 エチレングリコールモノエチルエーテルアセテート（セロソルブアセテート）	5 ppm
21 エチレングリコールモノメチルエーテル（メチルセロソルブ）	0.1ppm
22 キシレン	50ppm
23 N,N-ジメチルホルムアミド	10ppm
24 トルエン	20ppm
25 二硫化炭素	1 ppm
26 メタノール	200ppm

※カドミウム、クロム、バナジウム、ニッケル、砒素の金属単体は対象とならない。
※上記3、11～13、19～26の物質を含む混合物について有機則の規定（3、11～13については特化則において準用する有機則の規定）に基づき作業環境測定を行う場合は、当該混合物として評価を行う。

387

3 派遣労働者に関する労働安全衛生法等の適用関係

(1) 労働安全衛生法の適用関係

「労働者派遣事業関係業務取扱要領」厚生労働省（令和 5 年 4 月）より

(労働者派遣法第45条)

派　遣　元	派　遣　先
・職場における安全衛生を確保する事業者の責務	・職場における安全衛生を確保する事業者の責務
・事業者等の実施する労働災害の防止に関する措置に協力する労働者の責務	・事業者等の実施する労働災害の防止に関する措置に協力する労働者の責務
・労働災害防止計画の実施に係る厚生労働大臣の勧告等	・労働災害防止計画の実施に係る厚生労働大臣の勧告等
・総括安全衛生管理者の選任等	・総括安全衛生管理者の選任等
	・安全管理者の選任等
・衛生管理者の選任等	・衛生管理者の選任等
・安全衛生推進者の選任等	・安全衛生推進者の選任等
・産業医の選任等	・産業医の選任等
	・作業主任者の選任等
	・統括安全衛生責任者の選任等
	・元方安全衛生管理者の選任等
	・店社安全衛生管理者の選任等
	・安全委員会
・衛生委員会	・衛生委員会
・安全管理者等に対する教育等	・安全管理者等に対する教育等
	・労働者の危険または健康障害を防止するための措置
	事業者の講ずべき措置
	労働者の遵守すべき事項
	事業者の行うべき調査等
	元方事業者の講ずべき措置
	特定元方事業者の講ずべき措置
	・定期自主検査
	・化学物質の有害性の調査
・安全衛生教育（雇入れ時、作業内容変更時）	・安全衛生教育（作業内容変更時、危険有害業務就業時）
	・職長教育
・危険有害業務従事者に対する教育	・危険有害業務従事者に対する教育
	・就業制限
・中高年齢者等についての配慮	・中高年齢者等についての配慮
・事業者が行う安全衛生教育に対する国の援助	・事業者が行う安全衛生教育に対する国の援助
	・作業環境測定
	・作業環境測定の結果の評価等
	・作業の管理
	・作業時間の制限
・健康診断（一般健康診断等、当該健	・健康診断（有害な業務に係る健康診

康診断結果についての意見聴取)	断等、当該健康診断結果についての意見聴取)
・健康診断(健康診断実施後の作業転換等の措置)	・健康診断(健康診断実施後の作業転換等の措置)
・健康診断の結果通知	
・医師等による保健指導	
	・労働時間の状況の把握
・医師による面接指導等	
・心理的な負担の程度を把握するための検査等(検査の実施、結果の通知、医師による面接指導、当該検査結果の意見聴取、作業転換等の措置)	
	・病者の就業禁止
	・受動喫煙の防止
・健康教育等	・健康教育等
・体育活動等についての便宜供与等	・体育活動等についての便宜供与等
	・快適な職場環境の形成のための措置
	・安全衛生改善計画等
	・機械等の設置、移転に係る計画の届出、審査等
・申告を理由とする不利益取扱禁止	・申告を理由とする不利益取扱禁止
	・使用停止命令等
・報告等[注]	・報告等[注]
・法令の周知	・法令の周知
・書類の保存等	・書類の保存等
・事業者が行う安全衛生施設の整備等に対する国の援助	・事業者が行う安全衛生施設の整備等に対する国の援助
・疫学的調査等	・疫学的調査等

(注) 派遣労働者が被災した場合は、派遣先および派遣元の事業者はそれぞれ、労働者死傷病報告を所轄労働基準監督署に提出しなければならない。

(2) じん肺法の適用関係

(派遣法第46条)

派　遣　元	派　遣　先
	・事業者及び労働者のじん肺の予防に関する適切な措置を講ずる責務 ・じん肺の予防及び健康管理に関する教育 ・じん肺健康診断の実施＊ ・じん肺管理区分の決定等＊
・じん肺健康診断の結果に基づく事業者の責務 ・粉じんにさらされる程度を軽減させるための措置 ・作業の転換 ・転換手当 ・作業転換のための教育訓練 ・政府の技術的援助等	・じん肺健康診断の結果に基づく事業者の責務 ・粉じんにさらされる程度を軽減させるための措置 ・作業の転換 ・作業転換のための教育訓練 ・政府の技術的援助等 ・法令の周知＊
・申告を理由とする不利益取扱禁止 ・報告	・申告を理由とする不利益取扱禁止 ・報告

＊印の規定は、粉じん作業に係る事業場への派遣が終了した後は、派遣元に適用。

4 労働時間等見直しガイドライン（労働時間等設定改善指針）の概要

平成20年 3 月24日　厚生労働省告示第108号
最終改正　平成30年10月30日　厚生労働省告示第375号

(1) 労働時間等の設定の改善に関する基本的な考え方

ア　労働時間等の設定の改善を含めた仕事と生活の調和の実現に向けた取組は、少子化の流れを変え、人口減少下でも多様な人材が仕事に就けるようにし、我が国の社会を持続可能で確かなものとするために必要な取組であるとともに、企業の活力や競争力の源泉である有能な人材の確保・育成・定着の可能性を高めるものでもあるので、労働時間、休日数、年次有給休暇を与える時季その他の労働時間等に関する事項について労働者の健康と生活に配慮するとともに、多様な働き方に対応したものへ改善することが重要である。

イ　このことは、労働者にとって好ましいのみならず、企業活動の担い手である労働者が心身共に充実した状態で意欲と能力を十分に発揮できるようにし、企業経営の効率化と活性化、国民経済の健全な発展にも資するものであり、企業にとって、「コスト」としてではなく「明日への投資」として積極的にとらえていく必要がある。

ウ　事業主は、週40時間労働制の導入、年次有給休暇の取得促進及び時間外・休日労働の削減に努めることが重要である。

エ　これらの改善を図るに当たって、個々の労使の話合いが十分に行われる体制の整備が重要である。

オ　経営者は、自ら主導して職場風土改革のための意識改革、柔軟な働き方の実現等に取り組み、労働時間等の設定の改善に努めることが重要である。

カ　「仕事と生活の調和（ワーク・ライフ・バランス）憲章」及び「仕事と生活の調和推進のための行動指針」を踏まえて

取り組むとともに、次世代育成支援対策推進法に規定する行動計画策定指針等を踏まえた少子化対策等にも取り組むことが必要である。

キ　このような社会全体の目標の内容も踏まえ、各企業の実情に応じて、仕事と生活の調和の実現に向けて計画的に取り組むことが必要である。

(2) 労働時間等の設定の改善のための措置（抜粋）

ア　労働時間等の設定改善委員会及び労働時間等設定改善企業委員会をはじめとする労使間の話合いの機会を整備する。

イ　年次有給休暇の完全取得を目指して、経営者の主導の下、取得の呼びかけ等による取得しやすい雰囲気づくりや、労使の年次有給休暇に対する意識の改革を図る。

ウ　雇用する労働者の健康で充実した生活のため、労働時間に関する意識の改革；「ノー残業デー」または「ノー残業ウィーク」の導入・拡充等により、時間外・休日労働の削減を図る。

エ　深夜業は、通常の労働時間と異なる特別な労働であり、労働者の健康の保持や仕事と生活の調和を図るためには、これを抑制することが望ましいことから、深夜業の回数を制限することを検討する。

オ　終業時刻と翌日の始業時刻の間に一定時間の休息を確保する勤務間インターバルは、労働者の生活時間や睡眠時間を確保し、労働者の健康の保持や仕事と生活の調和を図るために有効であることから、その導入に努める。当該一定時間を設定するに際しては、労働者の通勤時間、交替制勤務等の勤務形態や勤務実態等を十分に考慮し、仕事と生活の両立が可能な実効性ある休息が確保されるよう配慮する。

カ　一定の時刻以降に働くことを禁止し、やむを得ない場合は始業前の朝の時間帯に業務を処理する等のいわゆる朝型の働

き方は、勤務間インターバルと同様の効果をもたらすと考えられることから、その導入を検討する。やむを得ず時間外労働を行った場合は、割増賃金を適切に支払わなければならないことに留意するとともに、時間外労働をできる限り短くするよう努める。

キ　特に健康の保持増進に努める必要があると認められる労働者についても、労働安全衛生法に基づいて、健康診断の結果を踏まえた医師等の意見等を勘案し、必要があると認めるときは、労働時間等に係る措置も適切に講じること。また、病気休暇から復帰する労働者については、短時間勤務から始め、徐々に通常の勤務時間に戻すこと等円滑な職場復帰を支援するような労働時間等の設定を行う。

中災防 ストレスチェックサービス

2023年春リニューアル
～新料金設定で より利用しやすく～

ヘルスアドバイスサービス

Point ☑ 1名あたりの受検料金を**値下げ**します

ストレスチェック標準版57項目

一般料金

- 紙受検　(旧)650円[税込715円] → (新)**440**円[税込484円]　210円↓
- Web受検　(旧)540円[税込594円] → (新)**300**円[税込330円]　240円↓

☑ グループ集計
「健康リスクの評価」(仕事のストレス判定図)は
無料オプション(事業場全体に限り)

2023年4月1日からの 令和5年度 新料金
100名受検の場合：一般料金(税込)

ストレスチェック 標準版57項目の例
※有料オプションなしの場合

- 紙受検　(旧)93,940円 → (新)**79,090**円　14,850円↓
- Web受検　(旧)81,840円 → (新)**68,090**円　13,750円↓

ストレスチェック標準版57項目　紙受検　Web受検

標準的なストレスチェック

- 法定のストレスチェックで用いる調査票として厚生労働省が推奨している「職業性ストレス簡易調査票」57項目
- 多言語対応(英語、ベトナム語、中国語、インドネシア語、ポルトガル語)

総合版90項目　紙受検　Web受検

ストレスチェックと生活習慣を一緒にチェック

標準版57項目に加え、食生活、運動、飲酒、喫煙、口腔保健、生活リズム、VDT作業等に関する33項目を追加した全90項目。

ストレスチェック80項目版　Web受検

ポジティブメンタルヘルス、組織資源の向上に

標準版57項目に加え、仕事の負担、仕事の資源、ワーク・エンゲイジメント等に関する23項目を追加した「新職業性ストレス簡易調査票短縮版」

記入しやすいチェックシート わかりやすい結果リポート　紙受検

充実のグループ集計

- 中災防の「健康リスクの評価(仕事のストレス判定図)」は、全国平均値や業種平均値(中災防算出値)との比較が可能
- 活用できるオリジナルグループ集計!
「心身の反応と仕事の状況の評価(ストレスプロフィール評価)」
「回答結果の集計」

資料請求など詳しくはこちらまで

中災防 ストレスチェック 🔍

https://www.jisha.or.jp/stress-check/

全ての働く人々に安全・健康を ～ Safe Work , Safe Life ～
JISHA 中災防

中央労働災害防止協会 健康快適推進部 ストレスチェック事業課
TEL 03-3452-6403　E-mail has-thp@jisha.or.jp

主な労働衛生関係機関一覧

●厚生労働省

厚生労働省労働基準局安全衛生部労働衛生課

〒100-8916　東京都千代田区霞が関1-2-2

TEL03-5253-1111㈹　https://www.mhlw.go.jp/

●中央労働災害防止協会

本　部

〒108-0014　東京都港区芝5-35-2　安全衛生総合会館

TEL03-3452-6841㈹　https://www.jisha.or.jp/

北海道安全衛生サービスセンター

〒064-0919　北海道札幌市中央区南19条西9丁目2-25　　TEL011-512-2031

東北安全衛生サービスセンター

〒980-0011　宮城県仙台市青葉区上杉1-3-34　　TEL022-261-2821

関東安全衛生サービスセンター

〒108-0023　東京都港区芝浦3-7-12　シグマビル1階　　TEL03-5484-6701

中部安全衛生サービスセンター

〒456-0035　愛知県名古屋市熱田区白鳥1-4-19　　TEL052-682-1731

中部安全衛生サービスセンター　北陸支所

〒930-0857　富山県富山市奥田新町8-1　ボルファートとやま9階

TEL076-441-6420

近畿安全衛生サービスセンター

〒550-0001　大阪府大阪市西区土佐堀2-3-8　　TEL06-6448-3450

中国四国安全衛生サービスセンター

〒733-0003　広島県広島市西区三篠町3-25-30　　TEL082-238-4707

中国四国安全衛生サービスセンター　四国支所

〒760-0017　香川県高松市番町3-3-17　第1讃機ビル2階北側

TEL087-861-8999

九州安全衛生サービスセンター

〒812-0008　福岡県福岡市博多区東光2-16-14　　TEL092-437-1664

労働衛生調査分析センター

〒108-0014　東京都港区芝5-35-2　安全衛生総合会館8階

TEL03-3452-3976　https://www.jisha.or.jp/ohrdc/index.html

大阪労働衛生総合センター

〒550-0001　大阪府大阪市西区土佐堀2-3-8

TEL06-6448-3464㈹　https://www.jisha.or.jp/oohsc/index.html

東京安全衛生教育センター

　〒204-0024　東京都清瀬市梅園1-4-6

　　　　　　　TEL042-491-6920　https://www.jisha.or.jp/tshec/index.html

大阪安全衛生教育センター

　〒586-0052　大阪府河内長野市河合寺423-6

　　　　　　　TEL0721-65-1821　https://www.jisha.or.jp/oshec/index.html

≪安全衛生に関する情報の提供≫　法令・通達の検索等、各種情報がご覧いただけます。

安全衛生情報センターホームページ　　　　　　　　https://www.jaish.gr.jp/

●業種別労働災害防止団体

《業種別の労働衛生管理活動について》

建設業労働災害防止協会

　〒108-0014　東京都港区芝5-35-2　安全衛生総合会館7階

　　　　　　　TEL03-3453-8201　　https://www.kensaibou.or.jp/

陸上貨物運送事業労働災害防止協会

　〒108-0014　東京都港区芝5-35-2　安全衛生総合会館10階

　　　　　　　TEL03-3455-3857　　http://www.rikusai.or.jp/

港湾貨物運送事業労働災害防止協会

　〒108-0014　東京都港区芝5-35-2　安全衛生総合会館13階

　　　　　　　TEL03-3452-7201　　http://www.kouwansaibou.or.jp/

林業・木材製造業労働災害防止協会

　〒108-0014　東京都港区芝5-35-2　安全衛生総合会館13階

　　　　　　　TEL03-3452-4981　　https://www.rinsaibou.or.jp/

●公益財団法人　安全衛生技術試験協会

《免許試験、作業環境測定士試験、労働衛生コンサルタント試験について》

本　部

　〒101-0065　東京都千代田区西神田3-8-1　千代田ファーストビル東館9階

　　　　　　　TEL03-5275-1088　https://www.exam.or.jp/

北海道安全衛生技術センター

　〒061-1407　北海道恵庭市黄金北3-13　　　　　　　TEL0123-34-1171

東北安全衛生技術センター

　〒989-2427　宮城県岩沼市里の杜1-1-15　　　　　　TEL0223-23-3181

関東安全衛生技術センター

　〒290-0011　千葉県市原市能満2089　　　　　　　　TEL0436-75-1141

中部安全衛生技術センター

　〒477-0032　愛知県東海市加木屋町丑寅海戸51-5　　TEL0562-33-1161

近畿安全衛生技術センター

　〒675-0007　兵庫県加古川市神野町西之山字迎野　　TEL079-438-8481

中国四国安全衛生技術センター

〒721-0955　広島県福山市新涯町2-29-36　　　　　　TEL084-954-4661

九州安全衛生技術センター

〒839-0809　福岡県久留米市東合川5-9-3　　　　　　TEL0942-43-3381

●関係団体

《労働衛生に関する研究について》

独立行政法人 労働者健康安全機構　労働安全衛生総合研究所

〒214-8585　神奈川県川崎市多摩区長尾6-21-1

TEL044-865-6111　　https://www.jniosh.johas.go.jp/

《化学物質の有害性調査について》

独立行政法人 労働者健康安全機構　日本バイオアッセイ研究センター

〒257-0015　神奈川県秦野市平沢2445　　　　　TEL0463-82-3911(代)

https://www.johas.go.jp/jbrc/tabid/1040/Default.aspx

《産業医学について》

公益財団法人 産業医学振興財団

〒101-0048　東京都千代田区神田司町2-2-11　新倉ビル3階

TEL03-3525-8291　　https://www.zsisz.or.jp/

学校法人 産業医科大学

〒807-8555　福岡県北九州市八幡西区医生ヶ丘1-1

TEL093-603-1611(代)　https://www.uoeh-u.ac.jp/

《健康診断機関について》

公益社団法人 全国労働衛生団体連合会

〒108-0014　東京都港区芝4-11-5　田町ハラビル5階

TEL03-5442-5934　　https://www.zeneiren.or.jp/

《作業環境測定士、作業環境測定機関について》

公益社団法人 日本作業環境測定協会

〒108-0014　東京都港区芝4-4-5　三田労働基準協会ビル6階

TEL03-3456-0443　　https://www.jawe.or.jp/

《労働衛生コンサルタントについて》

一般社団法人 日本労働安全衛生コンサルタント会

〒108-0014　東京都港区芝4-4-5　三田労働基準協会ビル5階

TEL03-3453-7935　　https://www.jashcon.or.jp/

《保護具・機器等について》

公益社団法人 日本保安用品協会

〒113-0034　東京都文京区湯島2-31-15　和光湯島ビル5階

TEL03-5804-3125　　https://jsaa.or.jp/

《防じんマスク・防毒マスクの型式検定について》

公益社団法人 産業安全技術協会 本部

〒350-1328 埼玉県狭山市広瀬台2-16-26

TEL04-2955-9901 https://www.tiis.or.jp/

《労災病院、都道府県産業保健総合支援センター等について》

独立行政法人 労働者健康安全機構（産業保健課）

〒211-0021 神奈川県川崎市中原区木月住吉町1-1 事務管理棟

TEL044-431-8660 https://www.johas.go.jp/

●産業保健総合支援センター（令和5年7月現在）

＊全国統一ダイヤル ナビダイヤル TEL0570-038046（サンポヲシロウ）

全国共通の番号で、最寄りの産業保健総合支援センターにつながります。

固定電話、携帯電話、ひかり電話、公衆電話から利用可能

https://www.johas.go.jp/shisetsu/tabid/578/default.aspx

北海道産業保健総合支援センター TEL011-242-7701

〒060-0001 北海道札幌市中央区北1条西7丁目1番地 プレスト1・7ビル2階

青森産業保健総合支援センター TEL017-731-3661

〒030-0862 青森県青森市古川2-20-3 朝日生命青森ビル8階

岩手産業保健総合支援センター TEL019-621-5366

〒020-0045 岩手県盛岡市盛岡駅西通2-9-1 マリオス14階

宮城産業保健総合支援センター TEL022-267-4229

〒980-6015 宮城県仙台市青葉区中央4-6-1 SS30 15階

秋田産業保健総合支援センター TEL018-884-7771

〒010-0874 秋田県秋田市千秋久保田町6-6 秋田県総合保健センター4階

山形産業保健総合支援センター TEL023-624-5188

〒990-0047 山形県山形市旅篭町3-1-4 食糧会館4階

福島産業保健総合支援センター TEL024-526-0526

〒960-8031 福島県福島市栄町6-6 NBFユニックスビル10階

茨城産業保健総合支援センター TEL029-300-1221

〒310-0021 茨城県水戸市南町3-4-10 水戸FFセンタービル8階

栃木産業保健総合支援センター TEL028-643-0685

〒320-0811 栃木県宇都宮市大通り1-4-24 MSCビル4階

群馬産業保健総合支援センター TEL027-233-0026

〒371-0022 群馬県前橋市千代田町1-7-4 群馬メディカルセンタービル2階

埼玉産業保健総合支援センター TEL048-829-2661

〒330-0064 埼玉県さいたま市浦和区岸町7-5-19 あけぼのビル3階

千葉産業保健総合支援センター TEL043-202-3639

〒260-0013 千葉県千葉市中央区中央3-3-8 日進センタービル8階

東京産業保健総合支援センター　　　　　　　　　　　　TEL03-5211-4480
〒102-0075　東京都千代田区三番町6-14　日本生命三番町ビル３階
神奈川産業保健総合支援センター　　　　　　　　　　　TEL045-410-1160
〒221-0835　神奈川県横浜市神奈川区鶴屋町3-29-1　第６安田ビル３階
新潟産業保健総合支援センター　　　　　　　　　　　　TEL025-227-4411
〒951-8055　新潟県新潟市中央区礎町通二ノ町2077 朝日生命新潟万代橋ビル６階
富山産業保健総合支援センター　　　　　　　　　　　　TEL076-444-6866
〒930-0856　富山県富山市牛島新町5-5　インテックビル４階
石川産業保健総合支援センター　　　　　　　　　　　　TEL076-265-3888
〒920-0024　石川県金沢市西念1-1-3　コンフィデンス金沢８階
福井産業保健総合支援センター　　　　　　　　　　　　TEL0776-27-6395
〒910-0006　福井県福井市中央1-3-1　加藤ビル７階
山梨産業保健総合支援センター　　　　　　　　　　　　TEL055-220-7020
〒400-0047　山梨県甲府市徳行5-13-5　山梨県医師会館２階
長野産業保健総合支援センター　　　　　　　　　　　　TEL026-225-8533
〒380-0935　長野県長野市中御所１丁目16-11　鈴正ビル２階
岐阜産業保健総合支援センター　　　　　　　　　　　　TEL058-263-2311
〒500-8844　岐阜県岐阜市吉野町6-16　大同生命・廣瀬ビル８階
静岡産業保健総合支援センター　　　　　　　　　　　　TEL054-205-0111
〒420-0034　静岡県静岡市葵区常磐町2-13-1　住友生命静岡常磐町ビル９階
愛知産業保健総合支援センター　　　　　　　　　　　　TEL052-950-5375
〒461-0005　愛知県名古屋市東区東桜1-13-3　NHK名古屋放送センタービル２階
三重産業保健総合支援センター　　　　　　　　　　　　TEL059-213-0711
〒514-0003　三重県津市桜橋2-191-4　三重県医師会館５階
滋賀産業保健総合支援センター　　　　　　　　　　　　TEL077-510-0770
〒520-0047　滋賀県大津市浜大津1-2-22　大津商中日生ビル８階
京都産業保健総合支援センター　　　　　　　　　　　　TEL075-212-2600
〒604-8186　京都府京都市中京区車屋町通御池下ル梅屋町361-1
　　　　　　　　　　　　　　　　アーバネックス御池ビル東館５階
大阪産業保健総合支援センター　　　　　　　　　　　　TEL06-6944-1191
〒540-0033　大阪府大阪市中央区石町2-5-3　エル・おおさか南館９階
兵庫産業保健総合支援センター　　　　　　　　　　　　TEL078-230-0283
〒651-0087　兵庫県神戸市中央区御幸通6-1-20　ジイテックスアセントビル８階
奈良産業保健総合支援センター　　　　　　　　　　　　TEL0742-25-3100
〒630-8115　奈良県奈良市大宮町1-1-32　奈良交通第３ビル３階
和歌山産業保健総合支援センター　　　　　　　　　　　TEL073-421-8990
〒640-8137　和歌山県和歌山市吹上2-1-22　和歌山県日赤会館７階
鳥取産業保健総合支援センター　　　　　　　　　　　　TEL0857-25-3431
〒680-0846　鳥取県鳥取市扇町115-1　鳥取駅前第一生命ビルディング６階

島根産業保健総合支援センター　　　　　　　　　　　　TEL0852-59-5801
〒690-0003　島根県松江市朝日町477-17　松江SUNビル 7 階
岡山産業保健総合支援センター　　　　　　　　　　　　TEL086-212-1222
〒700-0907　岡山県岡山市北区下石井2-1-3　岡山第一生命ビルディング12階
広島産業保健総合支援センター　　　　　　　　　　　　TEL082-224-1361
〒730-0011　広島県広島市中区基町11-13　合人社広島紙屋町アネクス 5 階
山口産業保健総合支援センター　　　　　　　　　　　　TEL083-933-0105
〒753-0051　山口県山口市旭通り2-9-19　山口建設ビル 4 階
徳島産業保健総合支援センター　　　　　　　　　　　　TEL088-656-0330
〒770-0847　徳島県徳島市幸町3-61　徳島県医師会館 3 階
香川産業保健総合支援センター　　　　　　　　　　　　TEL087-813-1316
〒760-0050　香川県高松市亀井町2-1　朝日生命高松ビル 3 階
愛媛産業保健総合支援センター　　　　　　　　　　　　TEL089-915-1911
〒790-0011　愛媛県松山市千舟町4-5-4　松山千舟454ビル 2 階
高知産業保健総合支援センター　　　　　　　　　　　　TEL088-826-6155
〒780-0850　高知県高知市丸ノ内1-7-45　総合あんしんセンター 3 階
福岡産業保健総合支援センター　　　　　　　　　　　　TEL092-414-5264
〒812-0016　福岡県福岡市博多区博多駅南2-9-30
　　　　　　　　　　　　　　　　　福岡県メディカルセンタービル 1 階
佐賀産業保健総合支援センター　　　　　　　　　　　　TEL0952-41-1888
〒840-0816　佐賀県佐賀市駅南本町6-4　佐賀中央第一生命ビル 4 階
長崎産業保健総合支援センター　　　　　　　　　　　　TEL095-865-7797
〒852-8117　長崎県長崎市平野町3-5　建友社ビル 3 階
熊本産業保健総合支援センター　　　　　　　　　　　　TEL096-353-5480
〒860-0806　熊本県熊本市中央区花畑町9-24　住友生命熊本ビル 3 階
大分産業保健総合支援センター　　　　　　　　　　　　TEL097-573-8070
〒870-0046　大分県大分市荷揚町3-1　いちご・みらい信金ビル 6 階
宮崎産業保健総合支援センター　　　　　　　　　　　　TEL0985-62-2511
〒880-0024　宮崎県宮崎市祇園3-1　矢野産業祇園ビル 2 階
鹿児島産業保健総合支援センター　　　　　　　　　　　TEL099-252-8002
〒890-0052　鹿児島県鹿児島市上之園町25-1　中央ビル 4 階
沖縄産業保健総合支援センター　　　　　　　　　　　　TEL098-859-6175
〒901-0152　沖縄県那覇市字小禄1831-1　沖縄産業支援センター 2 階

●都道府県労働局・労働基準協会等一覧

県　名	市外	局	協　会
北海道	011	709—2311 (代)	747—6141
青　森	017	734—4113 ⒜	777—4686
岩　手	019	604—3007 ⒜	681—9911
宮　城	022	299—8839 ⒜	265—4091
秋　田	018	862—6683 ⒜	862—3362
山　形	023	624—8223 ⒜	674—0204
福　島	024	536—4603 ⒜	522—6717
茨　城	029	224—6215 ⒜	225—8881
栃　木	028	634—9117 ⒜	678—2771
群　馬	027	896—4736 ⒜	212—9275
埼　玉	048	600—6206 ⒜	822—3466
千　葉	043	221—4312 ⒜	241—2626
東　京	03	3512—1616 ⒦	6380—8305
神奈川	045	211—7353 ⒦	662—5965
新　潟	025	288—3505 ⒜	432—5353
富　山	076	432—2731 ⒜	442—3966
石　川	076	265—4424 ⒜	254—1265
福　井	0776	22—2657 ⒜	54—3323
山　梨	055	225—2855 ⒜	251—6626
長　野	026	223—0554 ⒜	223—0280
岐　阜	058	245—8103 ⒜	270—0380
静　岡	054	254—6314 ⒜	254—1012
愛　知	052	972—0256 ⒦	221—1436
三　重	059	226—2107 ⒜	227—1051
滋　賀	077	522—6650 ⒜	522—1786
京　都	075	241—3216 ⒜	353—3503
大　阪	06	6949—6500 ⒦	6942—7401
兵　庫	078	367—9153 ⒦	231—6903
奈　良	0742	32—0205 ⒜	36—2040
和歌山	073	488—1151 ⒜	446—7000
鳥　取	0857	29—1704 ⒜	52—7300
島　根	0852	31—1157 ⒜	23—1730
岡　山	086	225—2013 ⒜	225—3571
広　島	082	221—9243 ⒜	221—0725
山　口	083	995—0373 ⒜	925—1430
徳　島	088	652—9164 ⒜	634—1266
香　川	087	811—8920 ⒜	816—1401
愛　媛	089	935—5204 ⒜	927—7730
高　知	088	885—6023 ⒜	861—5566
福　岡	092	411—4798 ⒦	262—7874
佐　賀	0952	32—7176 ⒜	37—8277
長　崎	095	801—0032 ⒜	849—2450
熊　本	096	355—3186 ⒜	245—7821
大　分	097	536—3213 ⒜	585—5765
宮　崎	0985	38—8835 ⒜	25—1853
鹿児島	099	223—8279 ⒜	226—3621
沖　縄	098	868—4402 ⒜	868—2826

（注）「局」欄の「⒜」は「健康安全課」への、「⒦」は「健康課」へのダイヤルインを示します。「労働基準協会等」とは、都道府県単位の労働基準協会（連合会）、労務安全衛生協会等をいいます。

労働衛生のしおり　令和5年度

令和5年8月30日　第1版第1刷発行

編　　　者	中央労働災害防止協会
発　行　者	平　山　　　剛
発　行　所	中央労働災害防止協会

〒108-0023
東京都港区芝浦3丁目17番12号
吾妻ビル9階
電話　販　売　03（3452）6401
　　　編　集　03（3452）6209

表紙デザイン　島　田　寛　昭
印刷・製本　株式会社　光　邦

落丁・乱丁本はお取り替えいたします。　　　©JISHA 2023
ISBN978-4-8059-2116-6　C3060
中災防ホームページ　https://www.jisha.or.jp/

本書の内容は著作権法によって保護されています。
本書の全部または一部を複写（コピー），複製,転載
すること（電子媒体への加工を含む）を禁じます。

中災防

安全衛生かべしんぶん

60年の歴史!

一人ひとりに役立つテーマを取り上げ、イラストを使い対策のポイントをわかりやすく解説。職場での掲示や、朝礼、作業前ミーティングなどでご活用ください。

- 毎月2回(5日・20日)発行
- A2判変形(566×420 mm)
- 年間予約購読料 4,620円(税込) 送料サービス!
- 1部定価 242円(税込・発送料別)

デジタル版もあります
社内LANへの掲載や個人への配布には
デジタル版(PDF版)をご利用ください

これまで取り扱ったテーマ↓

バックナンバーも購入できます

定期購読の申し込み、見本紙の送付の依頼は
中央労働災害防止協会 出版事業部へ

TEL 03-3452-6401　　FAX 03-3452-2480

安全衛生図書・用品サイトのご案内 ▶ https://www.jisha.or.jp/order/

生産性映像

なぜ落ちたの お父さん ～自分の安全は自分でつくる～

DVDビデオ VJ-402D 17分 55,000円(50,000円＋税10%)

父の墜落事故が発生した理由を知るために現場を訪れた女子高校生かおりが、所長や職長から安全に対する考え方を説明してもらうドラマ形式の教材。「現場の巡視」や「危険に対する考え方」、「具体的な事例」などの説明を通して、安全の意識を高める。

イメージすれば危険が見える ～自分を守る5つの努力～

DVDビデオ VJ-408D 14分 55,000円(50,000円＋税10%)

「自分のことは自分自身で守る」という意識を高め、「どのようなことを行えばよいのか」を具体的に解説。

不注意の代償 ～ある作業員の告白～

DVDビデオ VJ-413D 20分 55,000円(50,000円＋税10%)

作業員のたった一度の「不注意」や「過ち」が、現場に対する信用を著しく失墜させ、最終的には作業員の所属企業にも及ぶ。「社会的ルール違反の怖さ」について、徹底的に教育。

現場のウッカリ・ボンヤリ防止シリーズ 全2巻

価格：全2巻セット 88,000円(80,000円＋税10%)

第1巻 私の私による私のための安全	第2巻 監督者の態度が部下を守る
DVDビデオ VJ-381D 20分	DVDビデオ VJ-382D 20分
〈自分のヒューマンエラーを防ぐ3つのポイント〉	〈部下のヒューマンエラーを防ぐ5つのポイント〉
49,500円(45,000円＋税10%)	49,500円(45,000円＋税10%)

〔お問い合わせ・お申込み先〕 公益財団法人日本生産性本部 生産性出版

東京都千代田区平河町2-13-12 TEL:03-3511-4034 FAX:03-3511-4073

職長・安全衛生責任者教育テキストのご案内

新版 職長・安全衛生責任者教育テキスト －リスクアセスメントを導入した－

作業員の安全又は衛生を確保する現場のキーパーソンである職長を対象とした「職長・安全衛生責任者教育」用テキストです。労働安全衛生法では、リスクアセスメントを実施し、労働災害を事前に防止する措置を取ることを定めていますが、リスクアセスメントの実施方法等について建設業の特徴を加味し解りやすく解説しています。

135942　A4判・208ページ
定　価　2,376円
会員価格　2,134円

職長・安全衛生責任者 能力向上教育テキスト

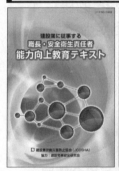

職長・安全衛生責任者教育から5年毎に行う行政通達に基づいた能力向上教育用テキストです。グループ演習の例題に対し、別冊で解答例を添付しています。

136000　A4判・94ページ
定　価　1,133円
会員価格　1,012円

<メール配信登録方法>

図書・用品ご案内

建災防公式SNSのご案内！

<Instagram> <Twitter>

これまでのメール配信に加え、InstagramとTwitterでも情報発信をしております。是非、フォローしてください！

建設業労働災害防止協会（JCOSHA）
https://www.kensaibou.or.jp/　　建災防　[検索]

化学物質の自律的管理とリスクアセスメントは……

作業環境測定士にご相談ください！

— 特定化学物質、有機溶剤等に係る指定作業場の測定のほか、**674物質**（数年後に**2,900物質**に拡大の予定）に係る作業の**リスクアセスメント**が義務づけられています

— 溶接ヒューム測定への適切な対応も求められています

> ますます厳しくなる有害物質の規制に的確に対応できる専門家こそ、作業環境測定士です。

公益社団法人日本作業環境測定協会は、作業環境測定士および作業環境測定機関を中心に、作業環境測定・評価が必要とされる企業・大学・研究機関等を会員とする組織です。皆様のご相談、ご入会をお待ちしております。

新規会員募集中！

当協会が運営する「日本作業環境測定協会認定オキュペイショナルハイジニスト」は、IOHA国際認証を得ている労働衛生リスク管理の専門家資格です。皆様のご活用・受講をお待ちしております。

公益社団法人 日本作業環境測定協会

〒108-0014　東京都港区芝4-4-5 三田労働基準協会ビル
TEL 03-3456-0443　FAX 03-3456-5854
https://www.jawe.or.jp/

やっぱりこれだ
溶接で人気の1005シリーズ

KOKEN

溶接作業に適した3つの特長
1. 溶接面と好相性のデザイン
2. 負担の少ない軽量設計
3. オゾン臭の除去にKBCフィルタ併用可能

指定防護係数10
溶接のベーシックモデル
防じんマスク
1005RR

指定防護係数14
溶接で多くの実績がある
電動ファン付き呼吸用保護具
BL-1005

指定防護係数33　NEW
溶接向け電動ファン付き
呼吸用保護具の上位モデル
BL-7005

クリーン、ヘルス、セーフティで社会に
興研株式会社　〒102-8459 東京都千代田区四番町7
TEL.03-5276-1911（大代表）

心とからだのトータルチェック

「働く人の健康の増進を目指して」
― 健康診断機関の全国組織 ―

◆ 全衛連会員機関は、高品質の健康診断サービス、保健指導・産業医業務など健康管理支援サービスを提供します。

◆ 全衛連会員機関は、健診に併せてストレスチェックを実施し、受診者にアドバイスするとともに、事業所には職場環境改善の提案を行います。

公益社団法人全国労働衛生団体連合会（全衛連）
http://www.zeneiren.or.jp

労働安全・労働衛生コンサルタントを
ご活用ください

労働安全コンサルタント／労働衛生コンサルタントは、国が行うハイレベルの試験に合格し、登録を受けた安全衛生の専門家です。安全衛生診断を行い、安全衛生改善計画の作成その他の安全衛生指導を行うのが主な職務です。安全衛生についての高度の専門技術を有していますので、皆様方の良いご相談相手になれると存じます。ぜひ労働安全・労働衛生コンサルタントをご活用下さい。

詳しくは、各都道府県の支部（又は本部）へお問合わせ下さい。

一般社団法人 日本労働安全衛生コンサルタント会

〒108-0014 東京都港区芝 4-4-5　三田労働基準協会ビル 5 階
TEL (03)3453-7935　FAX (03)3453-9647
http://www.jashcon.or.jp　E-mail info@jashcon.or.jp

健康診断・人間ドック

リハビリテーション病院
介護老人保健施設
労働衛生教育

2024年春、新潟市と三条市に健診ドック施設をオープン予定です

ＮＷ 新潟ウェルネス

一般社団法人　新潟県労働衛生医学協会

新潟県新潟市中央区川岸町1丁目39番地の5
TEL 025-267-1200

季刊ろうさい夏号VOL.58

労災保険と民事賠償の専門誌。労災補償、健康確保等に関する最新情報と専門家の解説を掲載

年4回（4月、7月、10月、1月）発行

定価：各号700円、4号分2,800円（税込）

B5判/48頁　**送料無料**

当財団のHPからお申し込みください

 公益財団法人労災保険情報センター

〒112-0004　東京都文京区後楽1-4-25　日教販ビル2F
TEL　03-5684-5514　FAX　03-5684-5522
RICホームページ　https://www.rousai-ric.or.jp

中災防の図書

強いチームをつくる！
キーワードは「心理的安全性」

青島 未佳 著

チームや組織づくりの重要なキーワードとして注目を集めている「心理的安全性」。その重要性と効果、心理的安全性を高める取り組みのポイントを紹介する。心理的安全性という言葉は聞いたことがあってもまだよく知らない人に向けて、(一社) チーム力開発研究所の理事である青島未佳氏がわかりやすく解説。

定価 275円(本体 250円＋税10%)　B5判　16ページ
ISBN 978-4-8059-2100-5 C3060　No. 21632

TEL 03-3452-6401　FAX 03-3452-2480
中央労働災害防止協会（出版事業部）

安全衛生図書・用品サイトのご案内 ▶ https://www.jisha.or.jp/index.php